大连理工大学
◀ 管理论丛 ▶

管理案例学论纲

苏敬勤·著

OUTLINE OF MANAGERIAL CASE STUDIES

科学出版社
北京

内 容 简 介

管理案例是复杂管理实践的折射和反映，但长期以来，案例的教学、科研、服务、学科建设等诸多职能分立，缺乏对其系统关系的研究，也未从理论和实践结合的高度进行有机整合。本书首先对其整合的基础进行了分析，从本体论、认识论、方法论和价值论等方面进行分析，构建了管理案例学存在的学理基础。在此基础上，从管理案例的活动和情境特点出发，对管理案例的诸多职能进行分析，构建了一个多项职能共用的、整合的管理案例系统框架，形成了管理案例学的学科基础。之后，沿着知识发现—知识传播—知识应用的逻辑链条，对其各自的情境、形成过程、演化机理、实践应用等进行了系统研究和全新阐释，形成了管理案例学的全景框架。本书基于管理实践和管理案例视角所开展的研究，可以提供一种研究现实问题的全新视角，对构建管理的中国理论可以提供方法上的借鉴，也对学界构建基于案例的学科建设系统具有启示和指导作用。

本书可供从事管理教学和研究的教师与研究人员以及管理学科和社会科学学科的研究生阅读。

图书在版编目（CIP）数据

管理案例学论纲/苏敬勤著. —北京：科学出版社，2023.8
（大连理工大学管理论丛）
ISBN 978-7-03-076052-4

Ⅰ. ①管… Ⅱ. ①苏… Ⅲ. ①管理学–案例 Ⅳ. ①C93

中国国家版本馆 CIP 数据核字（2023）第 138917 号

责任编辑：陈会迎　郝　悦/责任校对：贾伟娟
责任印制：张　伟/封面设计：有道设计

科学出版社 出版
北京东黄城根北街 16 号
邮政编码：100717
http://www.sciencep.com

北京中科印刷有限公司 印刷
科学出版社发行　各地新华书店经销
*

2023 年 8 月第 一 版　开本：720×1000　1/16
2023 年 9 月第二次印刷　印张：20 1/2
字数：410 000
定价：98.00 元
（如有印装质量问题，我社负责调换）

丛书编委会

编委会名誉主任　　王众托
编委会主任　　　　朱方伟
编委会副主任　　　叶　鑫　孙玉涛
编委会委员

党延忠	刘晓冰	成力为	王延章	张米尔
叶　鑫	曲　英	朱方伟	刘凤朝	孙玉涛
孙晓华	苏敬勤	李文立	李延喜	杨光飞
宋金波	迟国泰	陈艳莹	胡祥培	秦学志
郭崇慧				

总　　序

编写一批能够反映大连理工大学经济管理学科科学研究成果的专著，是近些年一直在推动的事情。这是因为大连理工大学作为国内最早开展现代管理教育的高校，早在1980年就在国内率先开展了引进西方现代管理教育的工作，被学界誉为"中国现代管理教育的摇篮，中国MBA教育的发祥地，中国管理案例教学法的先锋"。

大连理工大学管理教育不仅在人才培养方面取得了丰硕的成果，在科学研究方面同样也取得了令同行瞩目的成绩。在教育部第二轮学科评估中，大连理工大学的管理科学与工程一级学科获得全国第三名的成绩；在教育部第三轮学科评估中，大连理工大学的工商管理一级学科获得全国第八名的成绩；在教育部第四轮学科评估中，大连理工大学工商管理学科和管理科学与工程学科分别获得A-的成绩，是中国国内拥有两个A级管理学科的6所商学院之一。

2020年经济管理学院获得的科研经费已达到4345万元，2015年至2020年期间获得的国家级重点重大项目达到27项，同时发表在国家自然科学基金委员会管理科学部认定核心期刊的论文达到1 000篇以上，国际SCI、SSCI论文发表超800篇。近年来，虽然学院的科研成果产出量在国内高校中处于领先地位，但是在学科领域内具有广泛性影响力的学术专著仍然不多。

在许多的管理学家看来，论文才是科学研究成果最直接、最有显示度的体现，而且论文时效性更强、含金量也更高，因此出现了不重视专著也不重视获奖的现象。无疑，论文是科学研究成果的重要载体，甚至是最主要的载体，但是，管理作为自然科学与社会科学的交叉成果，其成果载体存在的方式一定会呈现出多元化的特点，其自然科学部分更多地会以论文等成果形态出现，而社会科学部分则既可以以论文的形态呈现，也可以以专著、获奖、资政建议等形态出现，并且同样会呈现出生机和活力。

2010年，大连理工大学决定组建管理与经济学部，将原管理学院、经济系合并，重组后的管理与经济学部以学科群的方式组建下属单位，设立了管理科学与工程学院、工商管理学院、经济学院以及MBA/EMBA教育中心。2019年，大连理工大学管理与经济学部更名为大连理工大学经济管理学院。目前，学院拥有10个研究所、5个教育教学实验中心和9个行政办公室，建设有两个国家级工程研究中心和实验室，六个省部级工程研究中心和实验室，以及国内最大的管理案例共享平台。

经济管理学院秉承"笃行厚学"的理念,以"扎根实践培养卓越管理人才、凝练商学新知、推动社会进步"为使命,努力建设成扎根中国的世界一流商学院,并为中国的经济管理教育做出新的、更大的贡献。因此,全面体现学院研究成果的重要载体形式——专著的出版就变得更加必要和紧迫。本套论丛就是在这个背景下产生的。

本套论丛的出版主要考虑了以下几个因素:一是先进性。要将经济管理学院教师的最新科学研究成果反映在专著中,目的是更好地传播教师最新的科学研究成果,为推进经济管理学科的学术繁荣做贡献。二是广泛性。经济管理学院下设的 10 个研究所分布在与国际主流接轨的各个领域,所以专著的选题具有广泛性。三是选题的自由探索性。我们认为,经济管理学科在中国得到了迅速的发展,各种具有中国情境的理论与现实问题众多,可以研究和解决的现实问题也非常多,在这个方面,重要的是发扬科学家进行自由探索的精神,自己寻找选题,自己开展科学研究并进而形成科学研究的成果,这样一种机制会使得广大教师遵循科学探索精神,撰写出一批对于推动中国经济社会发展起到积极促进作用的专著。四是将其纳入学术成果考评之中。我们认为,既然学术专著是科研成果的展示,本身就具有很强的学术性,属于科学研究成果,那么就有必要将其纳入科学研究成果的考评之中,而这本身也必然会调动广大教师的积极性。

本套论丛的出版得到了科学出版社的大力支持和帮助。马跃社长作为论丛的负责人,在选题的确定和出版发行等方面给予了极大的支持,帮助经济管理学院解决出版过程中遇到的困难和问题。同时特别感谢经济管理学院的同行在论丛出版过程中表现出的极大热情,没有大家的支持,这套论丛的出版不可能如此顺利。

大连理工大学经济管理学院
2021 年 12 月

前　言

从产生撰写《管理案例学论纲》一书的想法到实施，对我本人而言是一个长达十余年的心路历程。

2007年，时任全国工商管理专业学位研究生教育指导委员会（以下简称全国MBA教指委）秘书长、清华大学经济管理学院副院长的仝允桓教授找到我，针对全国MBA学员最为迫切但又一直没有有效解决的本土案例缺乏的实际，商定由大连理工大学牵头建设一个由全国MBA教指委支持的中国管理案例共享中心（China Management Case-sharing Center，CMCC），组织全国的商学院和教师共同建设案例库，希望通过多年的努力，中国管理案例共享中心的高质量入库案例可以达到3000个，以满足全国MBA学员的需求。虽然在当时看来，达到3000个案例是一个几乎不可能完成的任务，但我还是咬牙答应了，毕竟这是一件有意义的事情，我们愿意为之不懈努力。

经过十多年的努力，中国管理案例共享中心高质量的入库案例不仅达到了7000余个，远远超过之前所定的3000个的目标，还取得了其他一系列的成果：案例系列由原来单一的一般案例扩展到包括一般案例、微案例、西部案例和重点案例在内的多系列案例；案例范围由仅仅在国内使用扩展至与世界第二大案例库加拿大毅伟案例库（Ivey Publishing，IVEY）合作，优秀案例在全球发售；投稿量由第一届的不到300个增长到2021年的超过1000个；组织了有上百所全国MBA培养院校参加的全国管理案例精英赛，参赛学员数量达到当年全国MBA培养院校总入学学员数量的近三分之一，成为全国MBA教育领域影响力最大的赛事之一；在国家一级学会中国管理现代化研究会下创设了管理案例研究专业委员会这一学术组织，使管理案例第一次拥有了自己的研究重镇；获批成立了《管理案例研究与评论》这一案例领域第一种也是目前唯一一种管理案例研究领域的学术期刊，成功入选北大中文核心期刊目录和南京大学核心CSSCI[①]来源期刊扩展版目录。在此基础上，成功带动国内各个专业学位教育指导委员会、学术期刊组织等行动起来，使得案例教学与研究在国内商学院和企业等中蔚然成风，呈现一派欣欣向荣的景象：管理案例无论是在商学院教育、商科研究还是在应用领域的广泛使用都呈现出勃勃生机。

作为多年在一线组织管理案例的教学、研究和普及推广等工作的我本人的发

---

① CSSCI 表示 Chinese Social Sciences Citation Index（中文社会科学引文索引）。

现是，早先案例教学、研究与应用在现实中是由不同的人员完成的，随着案例在国内的日益普及与推广，这些分散化的队伍呈现出日益融合的趋势。一些多年只从事案例教学的教师，也对案例研究充满兴趣，其中不乏一些教师不仅能够撰写教学案例，也能在国内外高水平期刊上发表学术论文。另外，一些之前只做案例研究的教师，也对案例教学产生了兴趣，纷纷参与百篇优秀管理案例等的撰写，并且获得了荣誉。还有一些教师，在商学院的案例教学、研究之外，还基于案例撰写了大量的资政建议，进行了商业推广。"一石二鸟""一鱼三吃"等提法逐渐被越来越多的商学院教师所接受和喜闻乐见，进一步推动了管理案例教学与研究在国内的广泛开展。

随着管理案例在国内的不断推广、管理案例生态系统的不断建立和发展，一个基本问题在我头脑中浮现：案例教学、案例研究、案例应用三者的日渐融合仅是表面现象还是在其背后有着内在联系和一般规律？如果存在一般规律，那么这个规律是什么？它们有共同的学理基础吗？但是，无论是案例教学还是案例研究，都已经拥有了百年的历史，为什么鲜有人尝试将其整合起来呢？关键的问题在哪里？

带着这些问题，我们试图破解谜团，开展进一步的研究。我们发现了几个基本事实。第一，无论是案例教学还是案例研究，从流程的角度，都是首先进入企业开展深入的调研，换句话说，教学与研究的素材和数据基础虽然在深度及广度要求上有所不同，但却都是案例教学与案例研究的共同基础，而不仅仅是称谓上的相同，共同的操作手法和素材基础难道仅仅只是获取素材吗？第二，无论是案例教学还是案例研究，情境都是首位需要考虑的因素，案例研究被认为是基于情境的研究，而案例教学被认为是一种企业情境再现基础上的学习，这仅仅是巧合吗？第三，无论是案例教学还是案例研究，都强调它们的理论基础之一是基于现象发现的建构主义，而事实上，教学和研究的理论基础一般是不相同的，教学强调的是教育传播的规律，而研究强调的是研究的特点。案例教学和案例研究所具有的相同的素材来源、共同的情境基础、相近的工作流程及共用的理论构建，不得不让我们对将其整合的可能性产生浓厚的兴趣，况且从事本领域研究、教学和应用的人员众多，基础雄厚，如果它们彼此之间确实存在共同的基础，能够进行有机的整合，那么不仅对于学科的构建具有重要意义，对商科教育的普及和推广也具有重要的价值与意义。但是，可能性和现实性毕竟不是一回事，只有大胆假设基础上的充分论证和研究方可证实或者证伪我们的设想，但这并不是一个简单做做就可以完成的事情，需要大量的投入、深厚的理论功底，更需要学界的大力支持和鼎力帮助。

作为中国管理50人论坛的创始成员，我多次参加中国管理50人论坛会议。场上场下热烈的讨论给了我很多启发，让我萌生了将管理案例学作为学科建设起来的念头。在会场中，众多学者围绕自己的研究慷慨陈词，提出了许多新的、令人深受启发的观点，围绕管理的中国学派的讨论也日益深入，诸多学者提出了诸如东方管理、水式管理、势科学、和谐管理、C 理论等基于中国情境的管理理论，给管理的中国学派的建立增添了新的养分。但是一个非常明显的事实是，虽然学派众多，但似乎各个学派的出发点和结论各异，各个学派似乎彼此很难互相吸纳，更多的是自说自话，彼此之间的认识论、方法论和价值诉求各异。而极力推进管理中国学派的学人也与笃信西方管理理论的学人之间缺乏足够有效的沟通和交流，呈现出"管理的中国学派与普适学派互不相容、管理的中国学派内部缺乏足够吸纳"的双重矛盾。但是，无论如何争论，几乎所有学者都认为案例研究是构建管理中国学派的最为有效的方法或者最为有效的方法之一，这些学者也都在努力地从不同层面积极推进案例的研究。这固然让我对案例的应用前景更有信心，但新的问题是，案例研究在管理的中国学派建设中的作用到底是什么？仅仅起到的是方法的作用吗？如此众多的管理的中国学派的提出者都认为案例研究起着重要作用，它发挥作用的机理是什么？是否有助于"管理的中国学派与普适学派互不相容、管理的中国学派内部缺乏足够吸纳"的双重矛盾的化解？

带着这一问题，我们对情境学派进行了长时间的跟踪和研究，这是因为情境作为构念在中西方都得到了相当程度的承认，我本人也获得了国家自然科学基金面上项目"管理研究中的中国情境——架构、识别与 CCR 研究方法"、国家自然科学基金重点项目"新技术环境下的组织创新研究"等国家基金的支持。我们发现，从 2010 年开始，以徐淑英等为代表的华人学者针对西方管理研究缺乏对中国情境的嵌入以及华人学者的国际发表缺乏"中国本土情境性"和学术上的创新性的现实，呼吁开展基于中国情境的研究，这一呼吁无疑为管理的中国学派建设起到了积极的推进作用。一时间，越来越多的本土学者充分认同并积极开展基于情境的研究，采用案例研究、质性研究的学者也日益增多，国内学界围绕情境展开的相关研究呈现出欣欣向荣之势，为管理的中国研究起到了重要的推进作用。但仔细分析可以发现，情境学派与管理的中国学派既有相同之处，也有不同的特点，甚至还有冲突。现实问题是：第一，情境一词本身就是舶来品，与中国传统的概念等有着很大的不同，一些华人学者并不习惯使用情境这一构念；第二，情境作为西方管理的一个构念，具有一般普适性，国内管理学派的各个构念则"百花齐放"，难以统一；第三，如果仅仅借用"情境"的概念，而不对中国真正的情境进行深入的、具体而微的研究，则对情境的研究就会流于表面，出现"情境是一个筐，哪里需要哪里装"的现象，使得对情境的研究失去其应有的价值；第四，虽然学界迅速接受了情境这一构念，但对情境与本土构念之间的关系的兼容性以及替代的正当性等缺乏应有的研究，而这势必导致基于情境的研究与本土学派再一次失之交臂，甚至出现分道扬镳的现象。

显然，架构中西方在构念上互相借鉴的桥梁和纽带，是建设管理的中国学派不可回避的重要课题。通过研究，我们发现，情境是能够发挥这一重要作用的。固然，情境这一构念来自西方，但在中国也同样具有普遍适用性，按照情境主义的视角，基于中国传统文化的观点和基于中国管理实践的研究可以与情境相碰撞并产生新的理论贡献，而且对基于管理实践研究的严谨性和可推广性得以大幅度增强，将其作为研究管理中国理论，具有正当性与相当的合法性。同时，对于情境的研究，不能流于表面，而应当在中国伟大实践基础上深入开展，真正挖掘出独特而极具特色的中国情境，在此基础上，开展深入和具体的研究，方可在中西方的研究上架起有效的桥梁和纽带，将中国的管理研究与世界的管理研究接轨，让世界承认中国的管理研究和中国的管理研究所提出的理论，促进管理的中国理论和学派健康发展，为中国管理实践提供理论支撑和现实指导。

要实现这一目标，需要对最能体现情境的案例研究的底层逻辑、学理基础和作用机理等开展深入具体的研究，架起中西方管理研究的纽带和桥梁。我们认为，虽然思维习惯不同，表达方式不同，看待问题的视角不同，得出的结论看似不同，但理论是相通的，特别是基础的理论是相通的，即使出现不同，也可以在下一步的研究中，进一步深入探讨和分析，实现双向的逼近。因此，本书形成了如下的架构体系。

第一，管理案例学的内涵、构建基础和意义。管理案例学作为兼具架构管理案例研究、教学与应用三项功能的新的学科，其建构的内涵是什么？除了架构管理案例研究、教学与应用三项功能之外，还对构建直面实践的管理的中国研究有什么意义？这是本书需要回答的核心问题。

第二，管理案例的活动和系统。管理案例存在的基础是管理案例活动，各项活动虽然呈现不同的方式和内容，但也有紧密的内在联系，进而形成一个有机的系统。本书研究对于进一步构建管理案例学，起到重要的基础作用。

第三，管理案例学的学理基础。本章试图回答管理案例学是否存在以及管理案例学存在的独特价值和意义。一般认为，一个学科的学理基础主要包括本体论、认识论、方法论。之前学界对以管理案例研究为代表的质性研究的这三个方面的研究十分缺乏，导致认识上的混淆。本书针对这一普遍存在但又未很好解决的问题，进行了深入分析和研究，明确了管理案例学的本体论、认识论、方法论的基础。同时，管理案例在中国的应用，存在独特的价值，这也是管理案例在国内得到普遍承认的重要基础，本书增设管理案例学的价值论的讨论，进而形成了管理案例学的四论基础。

第四，管理案例学的底层逻辑和理论建构。实证主义与定量研究在国际和国内的广泛应用与统治地位，使得其研究逻辑得到学界的普遍认同和广泛采纳。与以定量为基础的实证研究不同，以管理案例为代表的质性研究的研究范式和底层逻辑不同，但学界对此还缺乏系统而明确的认知。本书围绕管理案例学的底层逻辑进行了系统而深入的研究，得出了全新的研究结论，为管理案例学的建立奠定了坚实的基础，同时，也为以管理案例学为代表的质性研究奠定了重要的逻辑基础。

第五，管理案例知识传播的系统、机理与实现。管理案例虽然在商科教育中发挥着重要作用，广大教师在案例的采编、撰写和课堂教学等方面的特点与规律上也开展了大量的研究，但是，商科教育为什么会采取案例教学？案例教学为什么具有诸多与传统教学不同的特点和规律？之前的研究缺乏基本的回应，导致"只知其然，而不知其所以然"现象的发生，影响了商科教育向纵深方向发展。本书基于建构主义、情境主义和知识资源基础理论的新视角，对管理案例的知识传播机理进行了深入分析，构建了管理案例知识传播的新系统，回应了为什么商科教育采用案例教学等新的教育方法的合法性等基本问题。

第六，管理案例的知识应用。管理案例的范围极其广泛，在社会经济发展中起着重要的作用，但学界对此缺乏起码的研究，影响了管理案例的推广和使用，管理案例知识应用是一个需要下一步深入研究的重要领域。为此，本书围绕管理案例应用的基本原理展开研究，对管理案例应用提出了新的机理解释，构建了全新的管理案例应用模型，为管理案例的普及和推广奠定了基础。

第七，管理案例促进商学院学科建设的耦合与路径。管理案例虽然广泛应用在研究、教学等各个领域，但其发展和应用的主战场在商学院。一直以来，管理案例在商学院得到普遍承认和广泛应用，但更多地局限在诸如研究、教学等基本功能上，缺乏其对学科建设的思考和研讨。通过长时间的研究和实践，本书围绕商学院的学科建设，发现了商学院学科建设与案例建设的耦合关系，构建了一个围绕管理案例的商学院学科建设系统，提出了管理案例促进商学院建设的路径。这一基于管理实践的商学院学科建设图景的系统刻画，为商学院学科建设开阔视野空间，提供了一种全新的选择。

虽然撰写这样一部全新专著在头脑中思考已久，也发表了大量与本书研究内容密切相关的论文，之前的多个国家级项目的开展也为本书的出版奠定了一定的基础，获得的国家级奖项也证明我们的工作得到了一定的承认，但毕竟这是一项全新的工作，需要进行大量的具体而细致的系统整合。其中，来自各个方面的支持和帮助对于本书的完成起到了极其重要的作用。

首先要感谢科学出版社经管分社马跃社长，马社长的激励对于本书的完成起到至关重要的作用，也要特别感谢李莉编辑，李编辑在繁忙工作的同时，总能及时答疑解惑，提出建设性的意见和建议，为本书的完成助力良多。

本书获得国家社会科学基金重大项目"平台企业治理研究"（21&ZD134）资助，虽然不是平台治理研究本身的内容，但却是平台治理研究的重要支撑方法。

我的学生在本书成稿中做了大量工作。其中，何新月负责本书第一章和第四章的整理，王娜负责本书第二章的整理，赵子煊负责本书第三章的整理，吕禾雨负责本书第五章的整理，任新茹负责本书第六章的整理，李蕴颖负责本书第七章和第八章的整理，高昕负责本书第九章的整理，高昕和王娜协助本人对全书进行了统稿，对于他们的细致工作一并表示感谢。

本书的完成还要感谢许许多多的学界同行，王方华教授、席酉民教授、赵曙明教授、李维安教授、吴晓波教授、陈劲教授、魏江教授、仝允桓教授、李垣教授、蔡莉教授、李新春教授、张玉利教授、徐飞教授、路江涌教授、田志龙教授、宋华教授、张金龙教授、李志军教授、穆荣平教授、柳卸林教授、杨治教授、谢康教授、肖静华教授等，太多的学界同行给我以学术上的启发和帮助。本书难免存在疏漏之处，恳请读者批评指正。希望本书的出版能够践行我们学术共同体的愿景，为管理的中国理论和中国学派的发展尽绵薄之力。

苏敬勤

2023 年 3 月

于大连理工大学经济管理学院大楼

目　　录

第一章　本书研究问题的提出 ·········· 1
第一节　本书研究背景与研究意义 ·········· 1
第二节　国内外相关研究回顾 ·········· 4
第三节　本书研究思路与研究内容 ·········· 13
第四节　本书章节安排与章节概述 ·········· 15
第五节　学术贡献与创新 ·········· 18

第二章　管理案例学：内涵、构建基础与意义 ·········· 20
第一节　管理案例学的内涵 ·········· 20
第二节　管理案例学的构建基础 ·········· 26
第三节　管理案例学的构建意义 ·········· 32

第三章　管理案例学：活动与系统 ·········· 41
第一节　案例法的缘起和发展 ·········· 41
第二节　管理案例的内涵与分类 ·········· 45
第三节　管理案例活动 ·········· 50
第四节　管理案例活动系统 ·········· 57

第四章　管理案例学：学理基础 ·········· 64
第一节　管理案例学的本体论基础 ·········· 64
第二节　管理案例学的认识论基础 ·········· 73
第三节　管理案例学的方法论基础 ·········· 80
第四节　管理案例学的价值论基础 ·········· 90
第五节　管理案例学的学科属性 ·········· 95
第六节　管理案例学的学科体系 ·········· 97

第五章　管理案例的知识发现：底层逻辑与理论建构 ·········· 102
第一节　基于情境敏感的管理案例研究 ·········· 103
第二节　管理案例的知识发现功能——程序与实现 ·········· 113
第三节　管理案例的普适功能——如何实现相对普适性 ·········· 128
第四节　管理案例知识发现的底层逻辑 ·········· 141
第五节　管理案例研究的理论建构与涌现 ·········· 146

第六章　管理案例的知识传播：系统、机理与实现 ·········· 161
第一节　基于情境的管理案例知识传播 ·········· 161

第二节　管理案例知识传播机理 ·· 166
第三节　管理案例知识传播系统 ·· 186
第四节　管理案例知识传播实现过程模型 ······································ 203

第七章　管理案例的知识应用：机理与模型 ·································· 216
第一节　案例何以得到广泛应用？——机理解释 ··························· 216
第二节　案例知识应用功能 ·· 225
第三节　案例知识应用类型及领域 ··· 228
第四节　案例知识应用的层级模型 ··· 237

第八章　管理案例促进商学院学科建设：耦合与路径 ···················· 240
第一节　商学院学科建设系统 ··· 240
第二节　管理案例与商学院学科建设嵌入和耦合机理 ······················ 247
第三节　基于案例的商学院学科建设系统搭建 ······························· 252
第四节　基于案例的商学院学科建设模式与路径选择 ······················ 272

第九章　总结与展望 ··· 281
第一节　总结 ··· 282
第二节　展望 ··· 286

参考文献 ·· 292

第一章　本书研究问题的提出

针对中国管理学界所面临的理论与实践脱节（简称脱节）的现实问题、本土管理理论发展的困境，以及开展直面实践的管理研究的现实诉求，本书聚焦于管理案例这一商学院面向管理实践的主要载体，利用其贯穿于知识演化过程中的系统功能，将管理案例研究、教学和应用集成为一体，形成发现、传播和应用管理新知的有机体系，构建了管理案例学这一全新学科。一方面，为直面实践的管理研究奠定学理基础，也为管理案例学的建立描绘一个系统运行的全景图；另一方面，推进中国管理学科建设与发展，促使社会和商学院的核心资源相整合，进而繁荣具有中国特色、中国风格、中国气派的哲学社会科学体系。

第一节　本书研究背景与研究意义

一、研究背景

自改革开放、中国引入欧美管理知识体系 40 多年以来，管理学在中国实现了跨越式进步，已从简单学习国外先进经验进入创造商学新知的发展阶段。当前，国内商学院在学科建设和人才培养方面愈渐成熟（郭重庆，2008），管理研究的范式和方法也逐渐走向多元化（毛基业和李亮，2018）。其中，以管理案例为代表的案例研究方法和案例教学方法成为发展本土管理理论、传播商学新知、连接理论和实践的重要工具，为丰富和推广中国本土管理理论做出了重要贡献。

回顾过去的 40 多年，国内管理学界对本土管理理论的大量探索以及对理论与实践脱节现象的积极反思和探讨都表明，中国的管理学研究已进入一个历史转折期。

一方面，早期大量引进西方的管理理论之后，国内管理研究长期处于"本土材料、西方概念"的状态，在基本概念、命题和理论预设方面甚少有具有创造性的研究成果，而西方管理理论实则对中国本土情境催生的独特现象缺乏足够的解释力（苗莉，2012）。为此，自 20 世纪 70 年代起，一大批本土学者基于中国特色管理情境和中国传统智慧哲思开发了一系列本土管理理论，如和谐管理、东方管理、C 理论、和合管理等（成中英，2006；黄如金，2008；苏勇和段雅婧，2019；席酉民等，2009），形成了极具中国风格和中国特色的本土管理学派。然而，现有的本土管理理论大多仍停留在思想层面的探讨，缺乏应用性和实操性，使得实践者和后来的研究者均望而生畏。

另一方面，量化评价过度使用所导致的功利主义学术和创新动力不足（乐国林，2012）、"客户迷失"（张佳良和刘军，2018）、"知"和"行"脱节（陈春花，2017）等问题，致使管理学者不顾本土管理实践中的现实需求，盲目热衷于追逐国际期刊热点，研究所得出的结论难以指导本土实践、解决实践问题。换言之，理论与实践脱节的问题已在很大程度上桎梏了本土管理研究的纵深发展。为改善理论与实践越行越远的状况，中国管理学界众多学者围绕脱节的成因、"直面"的途径、"构建本土管理理论"、"发展管理的中国学派"等诸多方面展开了积极有益的探讨与反思（曹祖毅等，2015；陈春花等，2014；乐国林，2012；孙继伟，2009）。尽管当前尚未探索出一套系统深刻且可行的解决方案，但学界基本达成了一个共识：直面中国管理实践，发展面向实践的管理研究。

随着"直面"成为国内管理学界的主流声音，学者普遍意识到案例研究在关注本土情境、扎根管理实践和发展本土管理理论上的天然优势，进而倡导将案例研究方法作为直面实践的管理研究主流方法。然而，案例研究因其在研究范式和方法论上长期存有争议，致使研究者在实际操作中时常产生混乱，进而削弱研究洞见和规范性。因此，无论是发展本土管理理论还是开展直面实践的管理研究，其核心都在于要解决学界长久以来在研究范式和方法论层面的争议，形成基本立场相统一的学理根基和规范可行的方法逻辑体系，用以指导研究者落实"直面"的行为理念。

此外，管理知识从学术界向实践界转化的过程中存在的知识演化链条断裂问题，也进一步阻碍了理论与实践的有效连接，如商学院课堂中所传授的理论知识要么对实践者无用，要么不能引起实践者的兴趣（李平等，2018），抑或实践者在理论应用中存在异化（乐国林等，2013），等等。管理案例作为商学院面向管理实践的主要载体，不仅承担着基于管理案例研究的重任，还是商学院主流的案例教学和应用的承载体，案例研究、教学和应用在知识发现、传播与应用中的系统功能实则为本土管理知识的发现、传播和应用转化提供了天然适宜的条件与基础。然而，案例研究、教学和应用三者长期以来的彼此割裂制约了其间的互动与关联，未能将其连接理论和实践的功能充分发挥。

因此，构建发现、传播和应用管理新知的有机运行系统，整合社会和商学院的核心资源，以及形成价值观和话语体系相统一的共同学理根基，成为推进直面实践的管理研究、构建本土管理理论和发展管理的中国学派的必要之需。也即，如何有机集成案例研究、教学、应用于一体，形成直面管理实践的学理基础、底层逻辑与运行系统，是学界亟待研究和解决的关键问题。

鉴于此，本书聚焦于管理案例这一商学院面向管理实践的主要载体，以直面管理实践的基础问题为主题，首次尝试将管理案例研究、管理案例教学和管理案例应用集成为一个系统，构建管理案例学这一全新学科，以期形成管理案例体系的四论哲学基础，强化本土管理知识发现的逻辑体系，创新情境化管理案例知识传播框架模式，以及拓展管理案例知识应用范畴与内在机理。一方面，为发展直面实践的管理研究奠定学理基础，促进商学院与社会核心资源的融通，推进国内管理研究、教学和应用的发展与学科建设；另一方面，为管理案例学的建立构建系统运行的全景图，进而为繁荣具有中国特色、中国风格、中国气派的哲学社会科学体系起到积极的促进作用。

二、研究意义

本书的研究意义有以下三方面。

第一，为直面实践的管理研究奠定方法论基础，形成统一规范且可行的方法逻辑，指导管理学者落实"直面"这一行动理念。在脱节的大背景下，以案例研究为代表的质性研究因其在弥合理论与实践、发现管理新知方面的天然优势，已广受学界推崇。然而，案例研究的科学严谨性、普适性、有用性等方面仍受到定量研究的挑战。同时，关于方法论的争议长久不息，导致研究者时常在实际操作中产生混乱，进而削弱研究洞见和规范性。因此，解决方法论之争，形成统一规范且可行的方法逻辑，可以为发展本土管理理论和直面实践的管理研究起到关键作用。对此，本书首先通过理论研究，明确了包含方法论逻辑的管理案例学四论基础；其次，厘清管理案例研究的知识发现功能和普适功能，并基于此归纳总结直面实践的管理研究的底层逻辑；最后，将底层逻辑思维贯穿于理论构建与涌现的实际研究中，为管理研究者提供清晰可行的研究逻辑体系。

第二，揭示直面管理实践研究的学理基础、底层逻辑，为直面实践的管理研究铺设共用平台。目前，国内围绕直面管理实践的研究风起云涌，产生了诸如和谐管理、东方管理、C理论、水式管理等在内的一系列建构在中国情境基础上的管理学派，对构建管理的中国学派起到了重要的推进作用；同时，围绕何种方法更有利于构建管理的中国学派进行了大量的研讨，直面实践的管理研究成为管理学界关注的焦点。然而，一个重要的现象是，当前各个管理学派呈现出单打独斗之势，且各个学派之间也普遍存在着逻辑起点不同、共用理论基础不同、研究范式不同、研究结论不兼容等一系列问题。如果这些问题不能够有效解决，势必严重影响管理的中国学派的构建。本书认为，解决这一问题不应在已有学派的基础上再构建一个新的学派，而应该寻找各个学派赖以生存和发展的共用基础：一方面，各个学派更加认真地审视本学派的构建基础，不断提高和完善；另一方面，统一的共用基础平台对于更多的学者投入直面实践的管理研究也将起到积极的推动作用。为此，本书以本体论、认识论、方法论和价值论为基础，研究和揭示直面实践的管理研究的学理基础；以深入挖掘以管理案例为代表的研究方法的最基础的底层逻辑为手段，揭示直面实践的管理研究与其他研究的区别和联系。本书在此方面的系统研究，为构建更多学者认同的中国管理学派，以及构建具有中国特色、中国风格、中国气派的哲学社会科学体系奠定坚实基础。

第三，构建管理案例学这一全新学科，为哲学社会科学的繁荣做出贡献。管理案例活动由来已久，19世纪开始，案例教学先在美国兴起，案例研究也于20世纪成为管理学界普遍接受的一种主流研究方法，案例在各行各业都得到普遍应用。随着管理研究的不断深入，以案例研究为代表的质性研究方法得到日益关注，而案例教学也早已成为商学院最主要和有效的教学方法并在各个领域得到广泛应用。无论是案例教学、研究，还是应用，虽基于共同的管理实践和情境基础，但长期以来仍处于割裂状况，从而制约了学科的发展。若能将案例研究的理论发现和推广功能、案例教学的知识传播功能及案例应用的知识应用功能有机衔接，则能为构建连接理论和实践的有机运行系统提供天然适宜的条件与基础。因此，本书以三者共同的基石——管理实践为基础，以贯穿案例研究、教学和应用始终的共用情境为主线，构建了全新的管理案例学，系统地研究了三者之间的有机联系和关系。这将对管理案例研究、管理案例教学和管理案例应用三者之间的互促联动起到积极作用，进而推进商学院和社会核心资源的有机整合，通过新学科的构建积极践行繁荣哲学社会科学体系的时代召唤。

第二节　国内外相关研究回顾

一、管理案例的历史沿革与现状

管理案例作为管理实践的重要载体，发挥着管理知识发现、传播和应用的重要功能。管理案例的历史渊源和发展现状可以从三条主线加以追溯：管理案例研究、管理案例教学及管理案例应用。

（一）管理案例研究：价值与争议并行

回顾管理学的百余年历史，管理案例研究的曲折发展与管理学界存在的科学严谨性、实践相关性及合法性的争议长期相伴相随，形成一种张力关系。

最初，随着社会学研究领域的质性研究方法的兴起，案例研究方法在管理学领域得到广泛应用，因其在归纳企业成功经验方面的突出优势，迅速成为主流管理研究方法。管理学者借这一方法开发出一系列经典管理理论，如公司文化（corporate culture）、追求卓越（in search of excellence）、核心竞争（core competence）等理论创新均是基于案例研究而成（欧阳桃花，2004）。美国管理学者孔茨（Harold Koontz）曾在其著名管理论文《管理理论丛林》中首次划分出案例学派（经验主义学派），该学派主张通过分析管理者的实际管理经验或案例来研究管理学问题（Koontz，1961）。又进一步在其论文《管理理论丛林再论》中肯定了案例学派的地位及其在理解管理问题、探求基本规律、提出或论证管理原则中的重要作用（Koontz，1980）。基于此，那时的商学院教授不仅普遍擅长案例研究与教学方法，还时常深入企业，甚至麻省理工学院斯隆管理学院（MIT Sloan School of Management）的部分教授都来自通用汽车公司（Bennis and O'Toole，2005）。商学院教授开发的管理理论也主要面向管理实践，故管理学界几乎不存在理论与实践脱节的问题（曹祖毅等，2018）。

直到1960年后，伴随商学院"合法性"危机的出现，管理案例研究的发展受到重大挑战。管理学界为应对危机，开始广泛采纳基于统计分析的定量研究方法。以案例研究为代表的质性研究遭到了定量研究学者对其科学性和严谨性方面的强烈抨击，因而被逐渐边缘化。为此，一些案例研究学者开始将质性数据和定量数据分析相融合，形成了实证主义学派的案例研究方法论，代表学者有凯瑟琳·艾森哈特（Kathleen M. Eisenhardt）和罗伯特·殷（Robert K. Yin）。

随着理论与实践脱节问题的日益严峻，管理学界意识到案例研究在弥合理论与实践以及创造管理新知方面的天然优势，案例研究因而重获新生，并再次成为恰当且受青睐的组织研究方法（毛基业和陈诚，2017；Eisenhardt，1989）。一方面，案例研究在国内外期刊的发文数量逐年递增，尤其是近些年由国际顶级期刊《管理学会杂志》（*Academy of Management Journal*，*AMJ*）、《行政科学季刊》（*Administrative Science Quarterly*，*ASQ*）、《管理信息系统季刊》（*Management Information Systems Quarterly*，*MISQ*）评选出的最佳论文中，质性研究论文占到50%（李亮等，2020；王冰等，2018）。另一方面，在各类案例研究文献中，质性研究方法的使用也愈渐规范化，被广为推崇的方法包括Glaser和Strauss（1967）、Strauss和Corbin（1998）的扎根理论（grounded theory），Miles和Huberman（1994）的定性数据分析方法，以及Yin（1994）和Eisenhardt（1989）的案例研究方法（毛基业和张霞，2008）。

尽管案例研究日益受到学界的推崇，但纵观其发展史，依然可以发现学界存在两种声音：一种认为以案例研究为代表的质性研究方法是弥合理论与实践的鸿沟以及发展直面实践的管理研究的有效途径，倡导学界采用案例研究方法对中国本土特色的管理实践进行研究（井润田和卢芳妹，2012）；另一种则仍对案例研究方法的科学严谨性、普适性、有用性等方面存在质疑（李茁新和陆强，2010）。与此同时，案例研究的范式之争也长久不息，实证主义学派与诠释主义学派在本体论、认识论和方法论层面的分歧（井润田和孙璇，2021），时常使研究者在实际操作中产生混乱，进而削弱研究洞见和规范性。因此，如何为管理学者解决有关管理研究的科学严谨性、普适性等方面的困惑，同时厘清其底层逻辑，形成价值观和话语体系相统一的学理基础,成为发展本土管理理论和直面实践的管理研究亟待解决的关键问题。

(二)管理案例教学:快速发展与诸多问题相伴

相比管理案例研究,管理案例教学的发展较为平顺,其因有效传播管理知识的功能而快速得到学界的认可与推广,并攀升为商科主流的情境教学模式。

案例教学的产生最早可追溯到古希腊时代,苏格拉底创造的"问答法"教学,其围绕问题,以求教的口吻引发学员讨论并得出结论的方式,开了案例教学之先河(杨光富和张宏菊,2008)。直到1870年,案例教学法的"先驱者"美国哈佛大学法学院院长克里斯托弗·哥伦姆布斯·朗德尔(Christopher Columbus Langdell)创立了判例教学法,被誉为案例教学的雏形。随后,哈佛商学院首任院长盖伊(Edwin F. Gay)将案例教学法引入管理学科教育中,并由第二任院长多汉姆(Mallace B. Donham)通过出版商业案例方面的著作、聘请专家从事案例开发工作、成立商业研究处等渠道得到大力推广。由此一来,由于其情境化嵌入的教学方式,案例教学法能达到提升学员在设定情境下的理论应用与能力构建的双重教学效果,故而迅速发展成为商学院中最主要的情境教学模式和工商管理教育的标志性评价内容(苏敬勤和高昕,2020),也成为管理知识传播的重要方式与渠道。

然而,案例教学法蓬勃发展的背后也伴随着诸多问题。尽管当前学界对管理案例的采编、开发、撰写、使用及适用性等多方面进行了系列讨论(郭文臣等,2014;吕一博等,2017;苏敬勤和高昕,2020;王淑娟和王晓天,2008),也对形成融合企业实践、讲座、案例分析和模拟等形式的教学模式于一体的情境教育体系展开了有益探索(苏敬勤等,2012)。但从理论上来看,现有研究较为零散,尚未将管理案例教学作为一个系统,对其系统构成、知识传播规律、实现路径等仍未进行全面深入的探讨。就实施效果而言,有学者专门对管理案例教学法的开展效果及成因进行分析后指出,当前管理案例教学依然存在着解决企业实践问题功能薄弱、课堂流程不规范、效率与效果难以兼顾、在商学院进行大规模推广难度大等问题(苏敬勤和贾依帛,2020;苏敬勤和高昕,2020),并反映为管理知识传播过程中的一种异象:企业家和经理人回到学校商学院进修,更重要的是构建人际网络和新的商业机会,一些成功的企业家给公众传播的观点直接表明,经济学家和商学院教授大都不能学以致用(陈春花,2017)。

因此,从面向实践的角度来看,除了知识创造源头方面的理论与实践脱节问题,管理知识从学术界向实践界转移的过程中所存在的链条断裂问题同样不可忽视。基于这一现实困境,管理案例教学亟须展开系统的理论探索,厘清案例教学有关情境性来源及其对知识传播的影响等基础问题、管理案例知识传播机理、管理案例知识传播系统设计及实现过程,为弥合理论与实践助力。

(三) 管理案例应用：广泛渗透却未引起足够重视

管理案例除用于教学和科研领域，还广泛应用于社会生活和相关学科的实践活动之中。管理案例应用尽管作为管理案例内容体系中的重要组成部分，却长期受到人们的忽略。

最早，在东方的春秋战国时期和西方的古巴比伦时期就出现了案例应用的雏形。在东方，中国可谓是世界上最早应用案例的国家之一。一方面，诸子百家采用民间故事的形式来阐发事物的内在规律（杨光富和张宏菊，2008）；另一方面，我国大量史料都以一事一议的形式，来对历代有影响的实践和人物进行记载（杨光富和张宏菊，2008）。在西方，早在古巴比伦时期汉谟拉比国王就采用文字和个案的形式对法律条文及社会习惯进行汇编，形成了《汉谟拉比法典》，并成为案例应用的早期表现形式。随着知识类型的丰富化和案例应用范围的扩展，案例被应用于多个学科领域及实践活动。例如，医疗病历本、社会救济档案及其他使用个案方式进行行为记录的档案类型可以用于治疗、司法审判或社会救济工作（Yin，1994）。在企业管理领域，案例时常用于对企业的实际描述，作为一种企业管理实践的实录，为其他企业的发展提供学习的模板和实践经验（苏敬勤和孙源远，2010），具体在管理咨询、经理教育、商业路演等活动中得到应用。

可见，案例早已潜移默化地渗透至社会生活的各个领域，尤其是在管理领域，案例应用在推动管理知识运用到实践过程中发挥着重要作用。然而，一方面，管理案例内容体系中常被提及的仅有管理案例研究与教学两方面，管理案例应用往往受到忽略。当前，有关管理案例应用的相关研究近乎呈现"空地"的局面，缺乏对管理案例应用功能、类型、领域、机理、路径等方面的系统性研究和讨论，从而阻碍了管理案例作用的进一步发挥，影响了管理案例应用范围的进一步扩展。另一方面，管理学界实则尚未对管理案例应用在管理知识应用和桥接理论与实践方面所发挥的作用引起足够重视。尽管已有学者在讨论理论与实践脱节成因及解决办法中提出了理论、实践转化中存在异化应用（乐国林等，2013），并强调了管理知识应用环节在促进管理理论服务于整个社会实践上的重要性（龚小军和李随成，2011），如有学者主张通过加强管理咨询、经理教育等渠道，促进管理理论在实践界的应用，弥补管理理论与实践的鸿沟（Moan，1975；Tushman and O'Reilly，2007），但总体而言，这些研究对于管理知识应用的探讨也仅仅是"点到为止"。综上所述，管理案例应用作为连接理论与实践的最后一环，有必要对其功能、类型、领域、机理、路径等方面展开系统的研究和讨论。

二、中国本土管理学派的萌芽与发展

改革开放至今，随着中国经济发展和企业国际竞争力的日益提高，学术界对中国管理和中国管理学问题的关注逐渐增多。1976年,苏东水教授提出的东方管理学开启了中国管理研究的里程碑,标志着中国本土管理学派的萌芽。在20世纪80年代之后的40多年里,学术界对中国管理问题的关注主要集中于中国传统哲学思想的挖掘和阐释上,显示了中国学者关注本土管理思想的敏锐性(王学秀,2008),形成了以中国传统哲学为主和中西哲学相融会两种取向的本土管理学派。

(一)中国传统哲学学派

中国传统哲学学派即指以中国传统哲学为主的本土管理学派,他们重视中国传统哲学的智慧所在,认为东西方哲学有着本质差异,中国本土管理研究必须深深地扎根于中国传统哲学之中,以中国传统哲学为主,以西方哲学为辅(李平,2013)。

早期,一些学者基于中国本土的独特语境,重新定义了西方管理理论中的部分概念,如由儒家思想发展出来的"关系"概念,对以往文献中的"社会网络"概念内涵进行了拓展(Xin and Pearce, 1996; Zhou et al., 2007)。类似的还有"人情""面子""五伦""仁"等概念,都是源于中国传统哲学中的儒家思想,其焦点在于通过强大而有序的等级制度,在复杂且充满争议的人类社会中建立一种和谐(Jia et al., 2012; Park and Luo, 2001)。然而,有学者对这些研究进行了评估,发现以本土语境为研究情境的研究大多仅是改进和拓展了既有研究,未能为既有管理理论提供新的理论逻辑(Jia et al., 2012)。

同样根植于中国传统思想的本土管理理论还有C理论、和合管理、东方管理等。相比"关系""人情""面子"等概念,这些本土管理理论已初步形成了一套独有的思想体系。C理论将中国传统学术七家(易家、儒家、道家、兵家、墨家、法家、禅学)之言渗透在各部分管理的功能与整体的管理体系之中(成中英,2006),形成了集成8个管理功能(即8个C,"C1=中心点:计算与承诺""C2=控制:组织与领导""C3=变化:竞争与合作""C4=创造性:创新的发明与改良的创造""C5=人力资源:沟通与协调""C6=权变:包容与循环""C7=超越:停息与不息""C8=太和")的核心观点(成中英和吕力,2012)。相比之下,李平整合了儒释道三家的思想精髓,形成了一套中国智慧哲学体系(Li, 2012):"道"(即主客统一,天人合一)为本体论,"阴阳"(即正反双方相生相克)为认识论,以及"悟"(即直觉想象,以比喻类推为具体方法获得洞见)为方法论。换言之,作为本体论,"道"强调主观与客观的对立统一;作为认识论,"阴阳"强调整体、动态、对立统一之平衡;作为方法论,"悟"强调直觉想象,以比喻类推为具体思维方法。同样,黄如金(2006, 2008)吸收了儒释道三家的智慧结晶,在"和合"哲学思想基础上创建了和合管理理论,强调"以人为本"与"和合"叠生的价值观,实现人的和睦、合作关系的管理。苏宗伟等(2013)提出的东方管理学是以古典的儒释道智慧为基础,以"以人为本,以德为先,人为为人"为核心思想的一个理论体系和一门学科。值得一提的是，东方管理学尽管以东方传统文化为主体，但随着研究的深入，其研究者逐渐认识到西方先进的管理研究方法的重要性，开始以问题为导向选择多种研究方法，量化与质化方法均是研究问题的有效途径（韩巍，2008）。

（二）中西融合学派

中西融合学派即指中西哲学相融会的本土管理学派，他们支持将中国传统哲学引入本土管理研究思路中，但同时也承认西方管理哲学在指导本土管理研究上的重要性，倡导将中西哲学相互融会来构建指导中国本土管理研究的哲学基础（李鑫，2015）。

中西融合学派较为典型的特征是更加强调在中西方思想之间去芜存菁、取得平衡。比如，李鑫（2015）在对黄光国和李平的观点进行述评的基础上，开辟了一条中间路线，融会阴阳思想、儒道哲学、波尔互补原理及黑格尔辩证逻辑等中西哲学元素，构建了中国本土管理研究的道理论、认识论和方法论，即 X 整合主义。陈明哲和其合作者基于对商业现实转向的洞察，即由"西方引领东方"转为"西方与东方相遇"，将东方传统文化、哲学和西方哲学社会科学相融合，发展出了动态竞争理论和双元融合管理（Chen and Miller，2010，2012）。席酉民等（2009）基于对西方科学哲学与中国人"整体论"思维优势的结合，提出了和谐管理理论，以应对组织中"人"的因素的影响等。井润田融合中国文化中"势"和西方管理理论中的组织势，阐释了领导者通过"应势"和"造势"来调整形势并制定决策的过程（Jing and van de Ven，2014）。

综上所述，这些学者基于中国本土文化情境和传统哲学智慧做出了大量积极的探索，总体趋势从以中国传统哲学为主向中西融合转变，为本土管理理论和中国学派的发展从对西方管理理论与文化"照着讲"转向"接着讲"开辟了新道路。

三、直面实践的管理研究的崛起

（一）"直面管理实践"的提出背景

"直面管理实践"（简称"直面"）的提出实际上是在国内管理学界面临实业界人士质疑其研究成果服务中国企业管理实践的价值与能力，以及模仿西方管理理论与研究模式能否提出有价值的"中国管理"思想之后。换言之，是在学界面临理论与实践脱节的危机时，才衍生出对"实践导向"的管理研究的意识觉醒和持续呼吁。

实际上，理论与实践脱节问题并非国内管理学科和研究所独有，在国际管理学界同样面临管理研究与管理实践的差距愈渐加大的问题（Pullins et al.，2017；Shapiro et al.，2007）。最早，理论与实践脱节产生于 20 世纪 50 年代美国管理教育的合法性危机，为捍卫商学院在大学中的学术地位和合法性，西方管理学界开始大力倡导采用定量的、统计的科学范式来开展研究。这样的做法尽管使商学院在大学中重获了地位和学术合法性，却引发了管理理论与实践脱节的问题（龚小军和李随成，2011）。反观国内，自20世纪80年代大量引进西方的管理理论和研究方法后，管理学在中国取得长足进步的同时也伴随着诸多问题，尤其是在理论与实践脱节问题上，所呈现出的严重性和危害性相比西方更甚（李平等，2018）。

针对这一问题，国内管理学界在20世纪末就有学者对我国管理科学的发展提出"理论联系实际"的呼吁（成思危，1998）。自2005年起，国家自然科学基金委员会管理科学部新一届专家委员会扩大会议在主要问题上达成共识：直面管理实践，即中国的管理科学工作者必须面向中国的管理实践开展理论研究（王学秀，2008）。这是学界首次正式提出"直面管理实践"这一概念。

随后，谭劲松（2006，2007，2008）就中国管理学科定位、学科发展、管理研究及其理论和方法展开了系列讨论，试图引发国内对于管理学科未来发展方向的严肃学术探讨，重新思考管理学科实用性和严密性之间的矛盾，平衡学术研究和教学的关系，明确管理研究的终极动力和方向等。与此同时，徐淑英（Tsui）鼓励国内外的社会科学家与实践者之间保持对话和合作，尤其是中国学者应当将他们的研究概念、模型或方法置于中国情境当中（Tsui，2006），通过情境化和本土化研究来形成有效的理论去解释对于本土有意义的问题（Tsui et al.，2007）。直到2010年，《管理学报》第11期发表了一篇特殊的文章——《出路与展望：直面中国管理实践》（齐善鸿等，2010），该文作者由一批常年致力于"创建中国管理理论"的学者组成，旨在呼吁"实践导向"的中国管理研究，这引起了国内管理学界的重视和热烈探讨，也标志着中国本土管理学者将做出直面实践的管理研究的任务正式提上日程。

（二）学界对直面实践的管理研究的探索

随着"直面"的正式提出，中国本土学术界围绕"直面管理实践""中国本土管理理论""管理的中国学派"等议题展开了广泛讨论，从多个方面为发展直面实践的管理研究厘清思路和扫清障碍。

首先，为引起管理学者对"直面"的广泛讨论，国内学界围绕"直面"的主题组织了一系列相关的学术活动以及创办了相应的期刊栏目。国家自然科学基金委员会于2011年，以主题为"基于中国管理实践的重大理论创新问题"的第67期双清论坛，将"实践相关性"提升到战略高度。国内多个学术机构和学术期刊纷纷响应并联合发起"管理学在中国""中国·实践·管理""中国管理50人""中国管理案例学术年会""中国企业管理案例与质性研究论坛"等学术会议，通过定期开展学术交流活动来联结形成为中国管理学科发展合谋献力的学术共同体，深入探究中国管理理论和实践，推动具有中国特色的管理学理论创新。同时，以《管理学报》的"管理学在中国""争鸣与反思"栏目为代表,《外国经济与管理》《管理学季刊》等众多期刊特别推出"东方管理""中国管理学研究向何处去"等特刊,为学界展开关于"直面"的探讨与争鸣提供平台支持。

其次,基于学界对"直面"的广泛讨论,本土管理学者对"如何做出直面实践的管理研究"的认识逐步加深。"中国·实践·管理"论坛率先对"直面"的内涵、评价、路径等展开讨论(曹祖毅等,2015),并引发了一些学者对"管理实践"的定义、基本要素和范畴的探讨,为研究者在实际操作中有效界定研究对象和分析角度奠定基础(陈春花和马胜辉,2017)。同时,"管理学在中国"栏目、《管理学报》《管理世界》等期刊对理论与实践脱节的成因、机理、危害等方面展开了反思(乐国林等,2013;孙继伟,2009;张玉利,2008),并就管理研究的价值性、实践相关性、学科合法性等进行了探讨,试图使学者摆脱价值困境(曹祖毅等,2018;高良谋和高静美,2011;贾旭东和孔子璇,2020;吕力,2012)。

再次,为落实直面实践的管理研究,学者还围绕方法论和具体研究方法层面就"如何直面"做出了路径探索。方法论作为管理学科研究工作的基本原则、途径和过程,基于不同方法论所选择的规范方法不仅可以为管理研究的科学性提供保障,也可以为管理研究提供全球性研究语言(陈春花等,2014)。因此,学者在运用规范且科学的方法论上达成一致见解。纵观国内管理研究现状,依旧以实证主义的定量研究方法为主,但以案例研究为代表的质性研究方法由于在理论构建方面的优势和面向实践的天然属性,近年来受到学界的广泛推崇,诸如深描、田野研究、历史分析、比较分析等偏质性的研究方法也逐渐进入管理学者的视野(韩巍,2011)。因此,学者开始倡导在研究中基于研究问题的实际需要尝试多元方法论,尤其是面对中国当前不断涌现的一系列全球范围内的最佳管理实践,需要抓住机遇,通过扎根理论、案例研究等这类质性研究方法建立新的本土管理理论。

最后,相关学术组织、学术期刊和"实践学者"的长期努力,在很大程度上推动国内学界在直面实践的管理研究上取得了可观的进展。国内涌现了一大批面向中国独特管理实践和管理情境的本土管理研究,形成了新发展格局下的一系列本土管理研究,如共同富裕背景下的中国管理研究、数智时代下的行业融合、产业家及生态管理、数字治理与公司治理创新、数字技术背景下的企业共生成长等(李佳馨等,2022)。其中,以中国先进企业管理实践为研究对象的探索性质性研究数量与日俱增,在跟跑国际学术潮流的过程中,还在写作规范等方面逐渐显现中国特色与中国风格(苏敬勤等,2022),为构建本土管理理论体系和发展管理的中国学派而奠基。

四、总结

在综合回顾了管理案例、中国本土管理学派、直面实践的管理研究这三个领域的相关研究后，我们发现：一方面，管理案例在国内外进入了蓬勃发展阶段，在本土理论创新与推广上承担起了难以替代的重任，越来越多的学者涉足案例领域，试图为发展本土管理理论而献力。另一方面，中国本土管理理论以及直面实践的管理研究已初具规模，尤其是随着"直面"讨论热潮的出现，大有蔚然成风之势。然而，既有研究仍存在以下不足。

第一，案例被引入管理领域至今，长期存在一些顽疾且尚未得到解决。一方面，管理案例研究、管理案例教学和管理案例应用三者本应是"一体三面"的关系，即三者作为管理案例的重要组成部分，分别统筹管理知识演化的前端、中端和后端，相互嵌套衔接为一个有机系统。然而，三者长期以来各自为政、彼此割裂，未能集成为一个有机系统。另一方面，从管理案例研究、管理案例教学和管理案例应用的历史沿革与发展现状可以看出，三者在各自领域存在着桎梏管理案例发展全局以及直面实践的管理研究纵深发展的关键问题，如管理案例研究面临的质疑和纷争、管理案例教学和应用缺乏系统深入的理论探索等，这也对构建集成三者的有机运行系统提出了要求和挑战。在理论与实践脱节的大背景下，管理案例研究、教学与应用三者之间的知识、流程等连接系统、互促关系的厘清，能为理论与实践的弥合搭建桥梁，进而为繁荣具有中国特色、中国风格和中国气派的哲学社会科学体系做贡献。

第二，尽管中国本土的一大批学者基于中国传统文化和哲思积极探索与开发了一系列饱含中国特色和中国智慧的管理理论，但这些理论仍大多停留在思想层面的探讨，缺乏应用性和实操性，使得实践者和后来的研究者均望而生畏。与此同时，面对范式革命，虽部分学者通过总结中国传统哲学中的智慧结晶提出了一些新的有关本体论、认识论和方法论的相关见解，如李平（2013）的"道""阴阳""悟"、李鑫（2015）的"道理论"等，这大大彰显了中国特色与中国风格，然而，这类哲学观能否得到国际的普遍接受进而被广为采纳和通用，尚有待商榷。就如韩巍对东方管理学和和合管理理论的评价那样，"带有明显'中国特色管理'标记的以苏东水教授为代表的'东方管理学'及黄如金博士的'和合管理（理论）'存在着比较严重的一般性也是典型性的'学术规范问题'"，这些研究带有一种强烈的"文化认同倾向"，但"似乎缺乏组织经验的支持，缺乏对社会科学理论一般约定的遵循，在作者看来更像是一种意识形态的说辞"（王学秀，2008）。

第三，学术界从多个方面为发展直面实践的管理研究做出了努力，且初见成效，越来越多的学者参与到直面实践的管理研究当中。但总体而言，既有的相关探讨零散而碎片化，面向中国本土实践的管理研究成果涌现却良莠不齐，整体呈现出讨论激烈而行动不足的局面（曹祖毅等，2015；陈春花和马胜辉，2017；刘祯等，2014）。究其原因，学界尚未探讨出一套系统深刻且可行的解决方案来指导本土管理学者落实"直面实践"这一理念。

针对既有研究缺乏系统性、可行性、深刻性等方面的不足，不仅需要学界探索出能指导本土管理学者落实直面实践的管理研究的方法论体系，形成价值观和基本立场相统一的学理根基以及规范可行的方法流程，为创造本土管理新知起到促进作用；同时，还需要构建起一套有机整体的运行系统，使本土管理知识能在系统中完成更迭，为发展管理的中国理论和中国学派起到推进作用。管理案例在知识发现、传播和应用上的系统功能为满足前述需求提供了天然适宜的条件和基础。因此，本书聚焦于管理案例这一商学院面向管理实践的主要载体，以直面管理实践的基础问题为主题，首次将管理案例研究、教学与应用集成为一个系统，构建了管理案例学这一全新的学科，形成了容纳四论框架的哲学基础、整合管理案例功能和底层逻辑的协同体系，为直面实践的管理研究奠定学理基础，为管理案例学的建立构建系统运行的全景图。

第三节 本书研究思路与研究内容

一、研究思路

针对既有研究的不足，为构建容纳四论框架的哲学基础，形成整合管理案例功能和底层逻辑的协同体系，本书遵循"学理基础（哲学根基）—知识发现（案例研究）—知识传播（案例教学）—知识应用（案例应用）"的基本研究思路。首先，以管理案例研究、教学与应用所构成的有机系统为基底，针对直面实践的研究中存在的认识不统一、方法不规范、研究无体系的问题，形成一套架构本体论、认识论、方法论和价值论这四论的学理基础，以指导直面实践的管理研究及管理案例学的学科构建；其次，基于明确的学理基础，挖掘管理案例知识发现背后的核心功能与理论构建过程，为直面实践的管理研究深度刻画其理论构建的底层逻辑；再次，将管理案例教学的知识传播情境、知识传播系统及教学实现路径相整合，形成完善的管理案例教学体系，以弥合管理知识传播链条的断裂；最后，将管理案例应用纳入管理案例学的内容体系之中，探讨其管理案例知识应用功能与机理，并构建基于案例的商学院建设系统，为管理案例在商学院的普遍应用提供理论框架和路径支撑。

二、研究内容

围绕国内管理学存有的现实问题和诉求，结合学界对本土管理理论的积极探索以及"直面"议题的广泛热议，本书对面向管理实践的学理基础、底层逻辑和运行系统展开了系统研究。具体研究内容如下。

第一，通过对管理案例研究、教学与应用等的梳理，从流程与应用的知识连接视角，将其有机整合成管理案例学这一全新学科。之前围绕管理案例的研究、教学与应用等，均从各自的活动和功能角度进行划分并单独建设。本书不仅从现实需求角度开展研究，明确三者亟待有机整合的必要性，还从案例活动的连接角度开展了进一步研究。通过对管理案例教学、研究和应用等活动的系统梳理，以及案例活动的内在流程连接、知识连接有机性角度的研究，发现三者之间存在有机的流程连接和知识连接，进而构成了一个有机系统，为管理案例学这一全新学科的构建奠定坚实的基础。在此基础上，本书深入研究了管理案例研究、管理案例教学与管理案例应用三者有机集成的基础：以管理实践为共同基础，以管理案例中的情境构成学科连接的主线，进而实现了管理案例学在系统上的构建。

第二，在管理案例学系统构建的基础上，对其存在的本体论、认识论、方法论和价值论进行深入研究，确定学科属性和学科体系，为以管理案例学为代表的直面实践的管理研究奠定了学理基础。针对目前直面实践的研究存在的认识不统一、方法不规范、研究无体系的问题，本书以管理案例学为对象，力图提出一整套的四论基础。本书在整合学界之前研究结论的基础上，提出了适合直面管理实践研究的新的四论研究结论，得出了以管理案例学为代表的直面实践研究的学理基础：通过对管理本源的探析，以管理实践为研究的本体；通过对认识论二分对立的剖析，得出了统一和适配的认识论原则；在从逻辑层面和一般方法论层面进行梳理之后，确定了互补融合的方法论基础；此外，本书还就存在普遍争议的直面管理实践研究的价值进行了探讨，提出了管理案例研究的本土价值与通约价值的观点，进而明确了管理案例学的学科属性，形成了多元学科基础相融合、复合层次结构的系统的学科体系，构建出了一整套的管理案例学的学理基础。

第三，挖掘管理案例学的知识发现背后的核心功能与理论建构过程，刻画以案例研究为代表的直面实践研究的共同底层逻辑。随着人们对直面实践研究的不断深化，研究的底层逻辑不清晰成为制约和影响直面实践研究走向深化的核心制约因素。为此，本书首先对管理案例研究所独有的情境敏感性开展研究，基于管理理论的研究所处的复杂社会环境，研究了基于企业管理实践的管理案例研究深度情境化的特征等，以及基于情境化的管理案例研究的脱敏条件和方法；其次，深入分析案例研究的功能，并对其核心功能进行全面梳理，得出管理案例研究的两大核心功能——知识发现功能和普适功能，总结归纳两大功能背后的底层逻辑——发现逻辑和外推逻辑；最后，将底层逻辑的思维贯穿于实践，总结描述了理论构建型案例的研究过程。

第四，基于知识传播视角，系统整合了管理案例教学的知识传播情境、知识传播机理、知识传播系统以及教学实现路径等全新的案例教学架构，搭建了完整的管理案例教学体系。与以往研究聚焦于如何进行案例采编、教学等不同，本书力图回答为什么案例教学与其他教学方法在各个方面都存在着很大区别等基本问题。研究指出，管理案例的核心特征是案例的情境嵌入性，这也是管理案例教学之所以区别于其他教学方法的基础，本书围绕情境性的来源以及情境对管理案例知识传播的影响等基础问题开展研究。在此基础上识别出管理案例知识区别于其他结构良好知识的情境性特征，正是这些特征导致了其传播特点与规律的不同，由此，在资源行动理论框架下，结合建构主义和情境主义进一步探讨管理案例知识传播对学员能力的提升机理，并设计以案例为核心，以师生为两大主体，以包含案例载体、物质情境、社会情境的教学课堂为教学场景，以案例库、商学院、企业等社会组织（个体）构成的知识生产、集聚、搬运系统为社会支持系统。聚焦于案例教学、案例竞赛、师资培训三种案例知识传播实现途径，具体回答了"聚焦于什么样的目标？""是如何实现的？""为什么这样实现？"等问题，并运用深度、广度、指向性三维指标对知识编排效果进行评价，为管理案例知识传播实践提供借鉴。

第五，将管理案例应用纳入管理案例学的内容体系中，在对管理案例知识应用内在机理进行研究的基础上，探讨管理案例知识的功能、知识类型及应用领域等问题，构建案例知识应用的层级模型。本书以人类的认知思维方式为起点，从知识视角对管理案例应用的内在机理开展研究，从而回答为什么管理案例可以得到更广泛的应用，为挖掘管理案例知识应用更广泛的价值奠定学理基础。在此基础上，通过阐述案例知识之所以具备信息记录、知识创造、教学、学习、传播、意义建构等功能的内在原因，梳理案例知识在企业、产业、社会等各层面、各领域的应用实例，为案例知识更广阔的应用研究奠定基础。

第六，针对管理案例在商学院的普遍应用，构建基于案例的商学院学科建设系统"情境—理念—行动—政策"（context—mindset—action—policy，C-MAPs）框架，为商学院进行基于案例的管理学科建设提供理论支撑和实践路径。在对商学院的学科建设系统进行梳理的基础上，针对商学院学科建设系统的一般性与特殊性，阐述商学院构建以案例为基础的学科建设系统的合法性和正当性，为后续学科建设系统框架的搭建奠定基础；系统梳理案例体系与商学院学科建设的耦合机理，为构建基于案例的商学院学科建设系统提供依据。在此基础上，以国际商学院认证系统为参照，一般性地构建基于案例的商学院学科建设系统 C-MAPs 框架，给出具有操作性的案例建设嵌入模式及路径，为商学院直面实践的学科建设体系的构建奠定基础，为商学院的学科建设提供新的路径选择。

第四节　本书章节安排与章节概述

一、章节安排

为解决研究范式不统一、方法论之争、知识链条断裂等一系列困扰学界的基本问题，本书采用知识演化的逻辑顺序，将管理案例学的运行系统逐层展开。遵循"学理基础（哲学根基）—知识发现（案例研究）—知识传播（案例教学）—知识应用（案例应用）"这一基本研究思路，章节安排如图1.1所示。

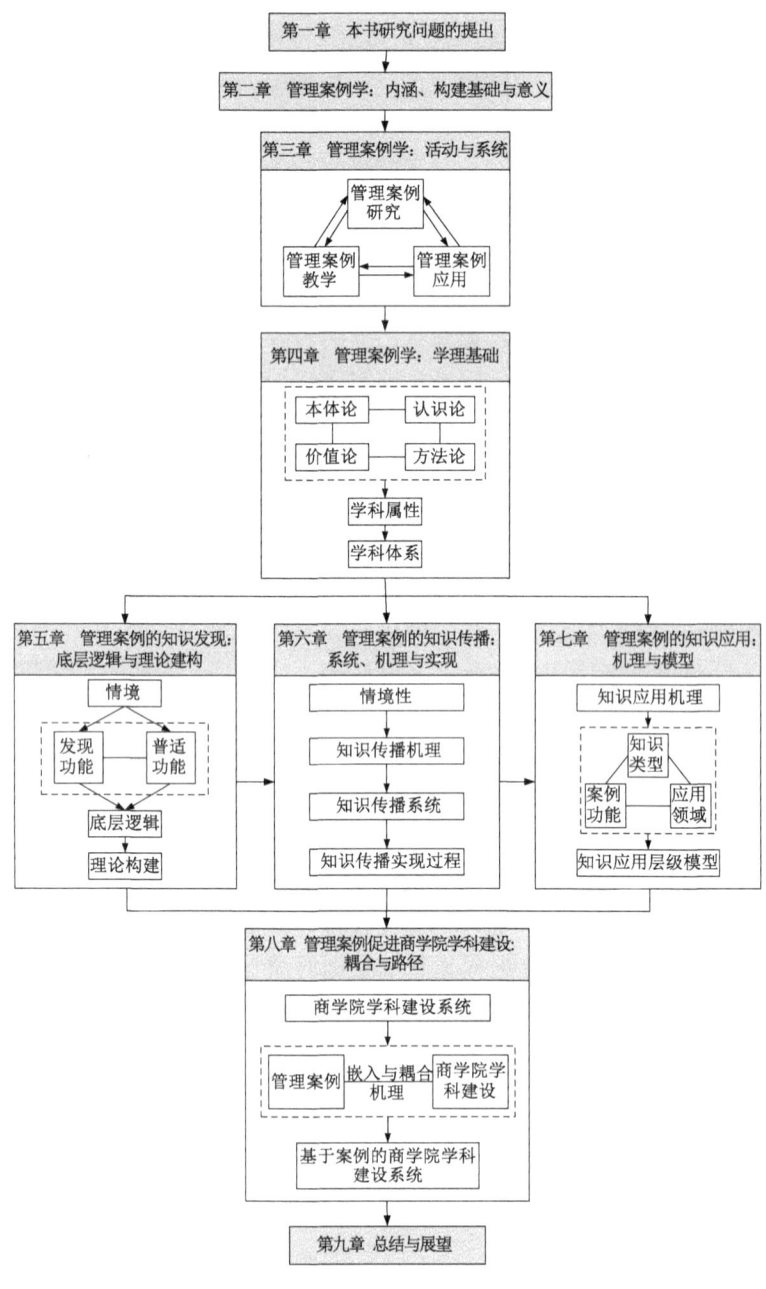

图 1.1　章节安排

二、章节概述

基于本书的逻辑顺序、研究思路和结构安排，章节概述如下。

第一章，本书研究问题的提出。本章主要介绍本书研究的现实背景和理论背景，提出研究问题，论证其研究意义。在此基础上，对国内外相关研究展开回顾，并对本书的研究思路、研究内容、章节安排、章节概述、学术贡献与创新等进行说明。

第二章，管理案例学：内涵、构建基础与意义。该章的核心在于明确管理案例学这一新兴学科的内涵及意义，为后续章节奠定基础。首先，界定管理案例学的内涵、定义与研究对象。其次，厘清构建管理案例学的现实基础和学科发展基础。最后，明晰管理案例学对管理案例发展的意义，以及其在推动直面实践的管理研究和本土管理研究中所发挥的作用。

第三章，管理案例学：活动与系统。该章主要通过研究管理案例活动之间的流程、知识等连接系统和互促关系，构建了一个有机的管理案例活动系统。首先，系统梳理管理案例活动的历史沿革和发展状况，厘清管理案例教学、管理案例研究、管理案例应用的发展脉络，并基于要素视角阐述管理案例的概念，从功能角度明晰管理案例的类型。其次，基于过程视角，梳理包括案例数据获取、案例开发、案例应用在内的管理案例活动以及实施的具体环节。最后，从案例连接视角发现了案例活动之间存在有机的流程连接和知识连接，进而集成了一套管理案例活动系统。

第四章，管理案例学：学理基础。该章在管理案例学系统构建的基础上，对其存在的哲学基础进行深入研究，确定学科属性和学科体系，为以管理案例学为代表的直面实践的管理研究奠定学理基础。一方面，在系统梳理学界之前研究结论的基础上，构建以面向管理实践的本体论、认识论、方法论和价值论为集成的新的哲学基础，形成管理案例学术共同体所共有的"学术语言"，为管理案例学的学科构建、解决学科基本问题提供重要的哲学依据。另一方面，以实践性、交叉横断性和融合性为主，形成管理案例学的学科属性，构建融合多元学科基础、复合层次结构的系统的学科体系。

第五章，管理案例的知识发现：底层逻辑与理论建构。该章通过挖掘管理案例学知识发现背后的核心功能与理论构建过程，刻画以案例研究为代表的实践研究的底层逻辑。具体地，针对管理案例研究的一系列基本问题，首先，从情境基础观出发，构建各学派对于情境的共用认知基础，并基于对管理案例研究过程的剖析，识别出研究的核心功能。其次，从功能性角度出发，深入挖掘管理案例研究的知识发现功能和普适功能，以及功能背后的底层逻辑，并明确其作用和意义。最后，将底层逻辑的思维贯穿于理论构建与涌现的实际研究，明晰理论构建的具体操作过程。

第六章，管理案例的知识传播：系统、机理与实现。该章系统整合了管理案例教学的知识传播情境、知识传播机理、知识传播系统以及教学实现路径等全新的案例教学架构，搭建了完善的管理案例教学体系。首先，情境性作为案例教学的核心特征，对其内涵、来源及对管理案例知识传播的影响等基础问题进行回应。其次，基于建构主义、情境主义及知识资源行动理论，探讨管理案例知识的传播机制。再次，明确案例知识传播系统的要素及其间的关系，该系统以案例为核心，以师生为两大主体，以包含案例载体、物质情境、社会情境的教学课堂为教学场景，以案例库、商学院、企业等社会组织（个体）构成的知识生产、集聚、搬运系统为社会支持系统。最后，基于管理案例知识传播机理，形成管理案例知识传播实现路径。

第七章，管理案例的知识应用：机理与模型。该章将管理案例应用纳入管理案例学的内容体系中，在对管理案例知识应用内在机理进行研究的基础上，探讨管理案例知识的功能、知识类型及应用，构建案例知识应用的层级模型。首先，通过研究案例知识的应用机理，解释案例何以得到广泛应用。其次，系统梳理了案例功能、知识类型及应用领域，明晰案例的差异化应用功能及适用领域。最后，整合案例功能、知识类型及应用领域，构建三维立体案例知识应用层级模型。

第八章，管理案例促进商学院学科建设：耦合与路径。该章针对管理案例在商学院的普遍应用，构建基于案例的商学院学科建设系统 C-MAPs 框架，为商学院进行基于案例的管理学科建设提供理论支撑和实践路径。首先，从学科建设系统的视角阐述管理案例建设的重要性和必要性。其次，对案例体系与商学院学科建设的耦合机理进行深入探讨，为构建基于案例的商学院学科建设系统提供依据。最后，构建基于案例的商学院学科建设系统 C-MAPs 框架，形成具有操作性的案例建设嵌入模式及路径。

第九章，总结与展望。该章总结归纳本书所进行的研究，系统阐释本书的研究结论和重要观点，说明本书的学术贡献和意义，并指出管理案例学的未来发展方向。

第五节　学术贡献与创新

本书围绕"以管理案例这一商学院面向管理实践为主要载体，以直面管理实践的管理研究的基础问题为主题，构建集成学理基础、底层逻辑和运行系统为一体的全新学科"这一核心，运用理论研究方法、演绎研究方法、其他研究方法组成的混合研究方法，形成了包括"学理基础（哲学根基）—知识发现（案例研究）—知识传播（案例教学）—知识应用（案例应用）"的管理案例学知识体系，集成管理案例研究、教学和应用于一体的有机系统，为直面实践的管理研究奠定学理基础，为管理案例学的建立构建系统运行的全景图。本书具有以下七个创新点。

第一，在系统梳理我国现代管理科学发展过程与现实状况基础上，以回应当前管理领域热议的"直面管理实践"的基础问题为主题，以情境为主线，以管理案例为载体，将管理案例研究、教学与应用集成为一个系统，构建了管理案例学这一新型社会科学交叉学科。同时，从管理案例知识的发现、传播及应用三个维度搭建了管理案例学知识体系，为管理学界与实践界直面管理实践厘清了学理基础、底层逻辑与运行系统。

第二，在明晰管理案例内涵和类型的基础上，以三者共同的管理实践为基础，以其共同的情境为主线，首次将之前分割和单打独斗的管理案例研究、教学与应用整合为一个有机系统，分别对管理案例研究、教学与应用三者之间的知识、流程等连接系统和互促关系进行了深入研究。

第三，在充分把握本土管理事实和满足管理实践内在需求的基础上，围绕管理实践这一本体角色，形成了辩证统一的管理实践本体论、"统一"和"适配"的认识论原则、互补融合的方法论、本土价值和通约价值相辩证统一的价值论基础。同时，在厘清哲学根基的基础上，明确了管理案例学的学科属性，并搭建了融合多元学科、多层次复合结构的系统完善的学科体系。

第四，在充分把握既有归纳、溯因和演绎等逻辑研究的基础上，搭建了一个以"发现逻辑"为主，以"外推逻辑"为辅的逻辑体系。该框架并非单一独立的归纳、溯因或是演绎推理，而是一个完整的交互迭代的全新系统。此外，本书从更本质的角度辅助管理学者进行更深层次的知识发现，在梳理、识别出重要的科学问题的基础上，构建清晰的理论架构，最终推动管理的中国学派的发展。

第五，从知识传播的角度构建了从学理基础到案例教学系统设计再到案例教学实现的系统框架，搭建了完整的案例教学体系。具体而言，本书从情境性的视角回应了案例教学与传统教学模式的核心区别，基于三个"主义"探索了案例教学知识传播的特点和规律，并基于此设计了情境化的案例知识传播系统。本书提出了案例教学、案例竞赛、师资培训三种高效的案例知识传播实现途径。

第六，以人类的认知思维方式为起点，从知识的视角对案例知识应用的内在机理进行了深入研究，并在对管理案例知识的功能、知识类型及应用领域进行梳理的基础上，构建了三维立体的案例知识应用层级模型。

第七，从系统的视角构建基于案例的商学院学科建设系统 C-MAPs 框架，将管理案例研究、教学与应用集成为一个系统，为商学院进行基于案例的管理学科建设提供理论支撑和实践路径。

第二章　管理案例学：内涵、构建基础与意义

　　案例以其实践性与承载性等特征，现已广泛运用于社会科学等应用性学科。然而，由于案例在不同学科发展中的多样性、应用场景多元性，案例相关活动长期以来处于分立状态，无法集中体现案例在知识发现、知识传播及知识应用中的现实功效。管理领域的案例研究、教学及应用活动亦面临如此困境，在管理案例活动数量和规模快速增长的同时，忽视了对管理案例活动哲学基础、底层逻辑、方法原理等方面的探讨，影响了直面实践的管理研究的纵深发展。基于此，本章在对现有基本成熟的管理案例研究、教学及应用活动进行梳理的基础上，揭示了三项不同类型管理案例活动在学理基础等更底层方面的相通之处，以及三者在共同现实基础之上实现共进式纵深发展的合理性与可行性，并结合直面实践的管理学科建设需求，提出构建管理案例学。首先，厘清管理案例学的内涵，探讨管理案例学是什么？管理案例学的研究对象是什么？其次，从管理案例学的纵深发展与学科发展两方面阐释管理案例学得以构建的现实基础，梳理管理案例学中管理案例研究、教学及应用三项活动的发展脉络，明确其共同的学理基础。最后，系统阐释管理案例学的构建对于促进管理案例发展的意义，对于推动直面实践的管理研究的意义，以及深化本土管理研究所具有的重要意义。

第一节　管理案例学的内涵

　　使用简洁明了的语言对某一新事物的本质特征等内容进行解释说明，可以使新事物更加通俗易懂并被广泛接受。那么，作为一门全新构建的新型社会科学交叉学科，管理案例学到底是什么？管理案例学的研究对象是什么？管理案例学的研究范畴有哪些？本节将围绕这些问题对管理案例学的内涵进行界定。

一、管理案例学的定义

　　案例是对生产生活中真实的典型事件与复杂情境的描述，被认为是一种针对性地传递教育目标的有效载体。因而案例对实践的依赖更加天然且直接，其本质就是对典型实践现象、故事、情节的陈述。鉴于与实践之间的天然连接性，案例成为法学、医学、管理学、心理学、教育学等应用性学科最为快捷、准确且行之有效的研究、教学、应用手段之一。然而，根据案例在不同领域中使用目的和用途的不同，其称谓也有所不同，诸如在医学中案例常被称为病例，在法学中案例

常被称为判例，在军事中案例常被称为战例，等等。同时，不同学科对案例的表述方法、定义等也依学科背景不同而存在一定的侧重或差异。尽管如此，大家普遍认同案例本质上是对特定情境、事件、知识的具体描述。

在管理学视域下，管理案例本质上是对特定情境下典型管理事件的具体描述。然而，由于视角、目的、出发点等的不同，管理学术界与实践界对管理案例的理解与定义各有差异，尚未提出统一的界定。诸如管理案例是一种真实情境的描述，通常包含个人或组织面临的决策、挑战、机会和问题；管理案例是一个商业事务的记录，管理者实际面对的困境，以及做出决策所依赖的事实、认识和偏见等在其中有所显现；管理案例是对实际行动中的管理人员和管理者群体面临的情境所进行的部分的、历史的、诊断性的分析；等等。结合现有研究对管理案例的认识与理解，以及管理案例的发展现况，可以发现管理案例活动的主要载体是对特定情境下某一典型管理事件进行客观描述的管理案例，包括围绕管理案例开展的管理案例研究活动、教学活动及管理案例的应用活动。

其中，通过开发管理案例对特定情境、个体或组织面临的问题、决策和挑战等信息的详细描述，为读者呈现某一管理实践相对完整的发生过程。通过管理案例科研活动发现管理实践中的新现象，解释管理实践中的新问题，深入剖析管理实践背后的机理，提出新观点，构建新理论。通过管理案例教学将这一承载特定管理规律、原则、方法的管理知识进行传播，实现人才的培养与生产水平的整体提升。通过管理案例应用扩大管理实践中蕴含的管理案例知识价值的发挥，促进社会经济的进步与发展。总体而言，在以管理案例为核心的管理案例相关活动互促联动下，实现管理实践知识从个别知识向公共知识的转变。扎根于管理实践，聚焦于管理实践的管理案例研究、教学、应用活动的有机整合，使得管理案例相关活动形成一个贯穿知识发现、知识传播及知识应用的一脉相承的知识体系。因此，管理案例学是面向管理实践的科学，是从管理案例中以发现新问题、提出新观点、构建新理论、传播新知识为诉求，集管理案例知识发现、传播和应用于一体的新型社会科学交叉学科。

二、管理案例学的研究对象

管理案例学是以管理实践为基础，以情境贯穿管理案例活动始终，集管理案例知识发现、传播及应用于一体的知识体系。管理案例学的研究对象是以管理实践为基础，以情境为主线，由管理和案例二者交叉构成的管理案例相关活动（图2.1）。因此，管理案例学的研究对象包括管理实践，承载管理实践的管理案例，管理案例相关科研、教学、应用等活动，以及管理案例活动背后的学理基础、底层逻辑、原则规律、机理路径等。根据认知层次不同，管理案例学的研究对象又分为三大类，分别是探寻管理案例学哲学基础、学理基础的基本问题研究，剖析管理案例相关活动的问题发现、问题解决等的底层逻辑研究，以及推动管理案例服务于社会经济流程贯通、知识连接等的运行系统研究。

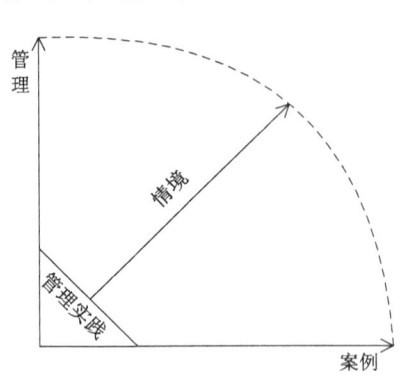

图 2.1 管理案例学研究对象

（一）管理案例学的实体研究对象

就管理案例的实体研究对象来讲，主要包括管理案例研究、管理案例教学及管理案例应用三大部分。

管理案例研究活动的研究对象包括两部分：一部分是管理实践及实践中的经验规律等；另一部分是管理理论及现有研究成果等。管理案例研究是通过对管理案例的规范化研究探讨管理实践背后的管理规律、构建管理理论的一种研究活动。因此，管理案例研究基于管理实践发现的现象与问题，并将之规范化为科学问题，继而通过管理实践与管理理论之间的迭代，探寻创新性原则、方法、机理等。管理案例研究的目的不仅是发现独特的管理实践，更重要的目的是通过对管理实践的剖析构建新的理论。

管理案例教学活动的研究对象包括管理案例教学中的参与者（教师、学员等）、教学情境（物理环境、认知环境等）、过程（传播、互动等）等。具体地，管理案例教学参与者方面，涉及教师的授课方式、学员的学习特征、知识吸收等。管理案例教学环境方面，涉及管理案例教学实现的硬件设施保障，以及通过教学环节的丰富设置以达成管理案例教学目标的认知环境。管理案例教学过程方面，涉及管理案例知识特征、传播规律、知识与能力提升机理等。

管理案例应用活动的研究对象包括管理案例应用主体、应用场景、应用情境、案例知识应用的迁移过程等案例应用相关活动中的参与要素。鉴于不同类型的管理案例具有不同的功能，不同功能的管理案例承载着各异的知识类型，不同的管理知识又可以应用到更广泛的社会经济生产生活场景中。因此，在多个维度多元要素的交叉组合下，管理案例应用的研究对象较为广泛，任何涉及应用管理案例以解决实际问题的活动均属于管理案例应用研究范畴。

(二) 管理案例学的研究范畴

就管理案例学的研究范畴来讲,主要包括管理案例学的学理基础、底层逻辑、运行系统三方面的内容。

1. 管理案例学的学理基础

管理案例学作为一门以直面实践为核心特色的独立学科,"本体是什么?""基于什么认识论?""以怎样的方法论为指导开展管理案例相关活动?""遵循什么样的价值论?"等,这些学理层次的问题都亟须厘清。管理案例学学理基础的研究,对于厘清当前学界对直面管理实践研究的规范性、方法范式等的争议具有基础性作用。

2. 管理案例学的底层逻辑

以管理案例学为代表的直面实践的管理研究,存在与定量研究不同的底层逻辑,对其底层逻辑的厘清为直面管理实践研究的合法性奠定了基础。管理案例学底层逻辑的研究旨在探析直面实践的管理研究中研究问题的科学化、管理实践的理论化、管理经验的普适化等。近年来,围绕直面实践管理研究的方法之争、价值之争等本质上均是底层逻辑之争,故管理案例学的底层逻辑研究可以有效回应学界对管理案例的诸多质疑。

3. 管理案例学的运行系统

管理案例有机整合了管理案例研究、教学、应用三项主要管理案例活动,但是过去三项活动均是彼此独立、单独建设的,如何实现管理案例活动的流程贯通与知识连接是管理案例学运行系统研究的重要内容。通过对管理案例相关活动的系统梳理,构建管理案例有机知识体系和一以贯之的活动流程。

事实上,管理案例研究、教学、应用活动的开展,均基于管理实践,这也是三者可以集合为一个独立学科的共同实践基础。此外,管理案例学研究中特别关注到情境对管理案例研究、教学、应用活动的影响,是贯穿管理案例相关活动始终的主线。因此,情境也是管理案例学作为一门独立学科的基本特征

(三) 管理案例学研究对象的共同基础——管理实践

直面管理实践是管理案例学得以构建为一门独立学科的重要基础。管理案例学中管理案例研究、教学及应用三个主要分支均建立在直面管理实践的相同基础上。因此,管理实践成为整合管理案例三项主要活动的底层要件。

1. 管理案例研究中的管理实践

管理案例研究首先需要研究者深入管理实践中，从管理实践中发现独特的管理现象，并以此为基础通过一整套管理研究流程和管理研究方法得出研究结论，为管理学界与企业界提供创新性启发和建议，进而为管理知识体系的丰富与完善、生产经营中管理水平的提升做出贡献。故而，在管理案例研究中，管理实践是重要的研究素材，是知识创新源头，更是管理理论的现实基础。此外，管理案例研究结论的有效性还需要得到管理实践的检验，方能证明其现实价值。

2. 管理案例教学中的管理实践

管理案例教学中使用的管理案例均来自企业管理实践，在教师引导下的深度互动和碰撞中，学员以管理案例为主要载体，实现自身知识和能力的自我建构。特定情境下管理实践通过规范化的文字组织，并嵌入特定知识目标，共同构成管理教学案例。因此，管理实践的情境、事件、过程，是管理案例知识、经验、规律的现实呈现，是管理案例教学的主要素材来源。同时，管理案例教学的目的是通过管理实践案例实现学员的管理知识、能力双提升，继而将管理案例教学成果——管理人才，输送到管理实践中，使其在新的管理实践中创造更多价值。

3. 管理案例应用中的管理实践

管理案例应用活动主要是运用管理案例及案例背后的知识解决现实问题的过程。通过对管理实践的规范化表达形成管理案例，从管理案例中归纳总结出现有的规律、特征、原则等，为管理案例更大范围的应用奠定参照基础。在掌握了特定管理实践之后，当遇到类似案例场景时就可以将原有管理实践中的经验知识通过类比迁移应用到新的管理实践中。因此，管理实践是管理案例应用活动的重要基础，为应用活动的开展积累了丰富的资源基础。同时，管理实践也是管理案例应用活动的价值落脚点，为应用活动现实价值的发挥提供新的场景。

因此，管理案例的研究、教学、应用三项活动均基于管理实践展开，管理实践作为管理案例活动的共同源头，是管理案例学得以成为一门独立学科的重要现实基础。

（四）管理案例学研究对象的共同主线——情境

情境是管理案例学得以成为一门独立学科的主线。情境差异性是导致组织管理行为、现象等差异性的主要原因（Mowday and Sutton, 1993）。因此，管理案例学基于情境主线，贯穿管理案例研究、教学及应用三项活动的始终，形成管理案例学有机的流程与知识的连接。

1. 管理案例研究中的情境

在管理案例研究活动中,"情境"这一可以较为全面概括中国管理特殊性的概念,是管理案例研究框架中不可分割的重要组成部分。管理案例中所阐释现象背后无一例外都是在独特情境下的结果,因此,情境嵌入也是管理案例研究区别于其他一般定量研究的重要方面。情境在管理案例研究中发挥着重要作用:一方面表现为情境嵌入性,即在情境框定下呈现管理案例研究的独特空间,是管理实践理论化的重要支撑;另一方面表现为情境脱敏性,即通过情境脱敏,实现管理案例研究结论从特殊性到一般性的普适化转变。

2. 管理案例教学中的情境

在管理案例教学活动中,所要讨论的管理案例内容以企业管理实践中的关键事件为对象。而案例企业的管理实践无不是在特定情境下产生的特定活动。因此,管理案例教学中首先需要关注管理案例中的情境性,案例情境有助于真实地还原管理实践,帮助学员实现对案例的全面认识与理解。继而,在管理案例教学中还需要关注教学场景中的情境性,包括教室中物理空间的设置以及课堂中认知空间的设置。通过营造适合高频率、高强度思维碰撞的教学情境,鼓励学员积极参与管理案例教学环节,并在这种特定情境下实现特定知识的掌握与特定能力的提升。

3. 管理案例应用中的情境

情境在管理案例知识应用中为不良结构的管理知识提供了相对规范化的知识迁移条件或场景。案例是已发生管理实践情境的一种反映,通过故事、事例等形式勾勒出解决管理实践问题的真实而复杂的拟真情境,其中蕴含着管理实践发生的时间、空间等多元要素。案例之间的情境共性促进了不同场景下认知联想的发生,建立起了管理案例知识应用的基础条件。在此基础上,情境性推进了相似管理知识的类比迁移,进而促进了管理案例知识在更广泛情境化场景中的复用与价值创造。

由此可见,在管理案例研究、教学及应用中,都可以看到"情境"的影子。虽不同管理案例活动间存在差异,情境的呈现形式、嵌入深度、功能机理等也各有不同。但情境均以相对柔性的嵌入方式贯穿管理案例三项活动的始终,帮助管理案例研究、教学、应用活动的开展更有效、更有特色、更鲜明,使管理案例活动间实现流程与知识互促联动。因此,情境是助力管理案例学构建为一个有机体系的共同主线。

综合来看,管理实践与情境是管理案例学三项主要活动的共同基础。从学科构建中的"属"与"种差"视角来看,管理实践性是管理案例学与管理学的共同

"属",是管理案例学研究对象的共同基础,是管理案例学学科架构中的"横";情境性是管理案例学区别于其他管理学科的"种差",是管理案例学研究对象的共同主线,是管理案例学学科架构中的"纵"。因此,管理实践作为管理案例学研究对象的共同基础,情境作为管理案例学研究对象的共同主线,二者构成了管理案例学得以有机整合管理案例研究、教学、应用三项活动的关键。

第二节 管理案例学的构建基础

管理领域的科学研究已经有一百多年,案例方法引入管理领域也已近百年。当前,管理学已经发展成为一门成熟的研究管理规律、探讨管理方法、构建管理理论的社会科学。而案例研究方法、案例教学方法也因其应用性、实践性广泛应用于不同学科。在此背景下,为何还要将管理案例学当作一门独立的学科来建设?这主要源于现实基础与学科发展两方面的考虑。一方面是管理案例学科多分支长久以来积累的现实基础,以及管理案例学三项主要活动未来的纵深发展,这是管理案例学得以构建的重要内容支撑。另一方面是管理案例学学科发展的必要性,这是管理案例学得以构建的重要底层逻辑支撑。由此,无论是从管理案例主要活动的现实可行性方面看,还是从管理案例学学科发展的学理必要性方面看,构建管理案例学的时机已经成熟。

一、管理案例学的现实基础

管理理论来自管理实践,是在管理实践基础上的抽象、提炼、总结和理论升华,并反过来指导管理实践。管理学的应用学科特点决定了管理研究必须直面管理实践。当前,直面实践的研究已经得到国内外管理学者的共同认可,成为学界主流声音(赵良勇和齐善鸿,2016)。然而,直面管理实践虽引起学界与业界的高度关注与广泛认同,但对于直面管理实践的学理基础、底层逻辑和运行系统等仍缺乏深入的、有针对性的系统性研究,从而影响了直面实践的管理研究、教学及应用的纵深发展。管理案例学作为一门直面管理实践的科学,以管理案例为核心,致力于梳理管理案例研究、教学、应用在长期发展中积累的经验和资源、解决当前发展中面临的问题与挑战,探寻实现持续良性发展的路径,进而为直面实践的管理案例研究、教学、应用活动的纵深发展铺设共同的学科平台。

(一)管理案例研究方面

中国管理案例研究起步较晚,且大多数中国管理案例研究是在学习和借鉴国外管理案例研究的规范性流程、数据获取、处理方法及研究范式等基础上开展的,带有模仿性、验证性、总结性等特征。虽然近年来,管理领域案例研究论文的发文数量和发文质量都在逐步提升，国内学者针对管理案例研究方法、研究设计及研究技巧等方面也展开了多种视角下的探讨。以中国管理案例学术年会、中国企业管理案例与质性研究论坛等为代表的管理案例学术会议吸引了众多学者积极尝试开展管理案例研究工作。2021年，国内管理学界成立了中国案例研究期刊联盟，将国内管理案例研究推上热潮。国内管理学术界已经形成了浓厚的管理案例研究氛围，在国际期刊发表的论文中管理案例研究的占比也在逐年提升，中国管理学者使用管理案例研究方法提出的本土管理成果开始得到全球管理学界的关注与认可。

不过，从整体看来，中国管理案例研究在提出管理新理论、新思路和新方法方面尚无重大突破和进展（郭文臣等，2016；王梦洺和方卫华，2019），导致管理案例研究成果的创新与管理实践需求之间的脱节现象愈发严重。近年来，中国经济的快速发展，为本土企业的管理创新活动提供了契机，同时也对组织管理中运用的管理理论提出了更多新的挑战。鉴于管理案例研究在理论创新方面的重要价值体现，国内管理学者见仁见智，试图从不同角度为管理案例研究如何发挥理论构建价值提出发展意见或建议。在此背景下，以"管理案例""本土管理案例"等为主题的学术研讨会、论坛、文章、述评等日益受到关注。然而，如何更好地开展直面管理实践的管理案例研究？如何通过管理案例研究总结中国管理实践的经验？管理案例研究如何为构建管理的中国理论贡献价值？对这一系列问题学界尚缺乏系统深入的思考。而对如何发现中国经典管理案例、如何通过中国管理案例研究总结中国经验等底层逻辑问题思考得不清晰，这严重制约了管理案例研究的纵深发展。

在管理案例研究长期的历史积累以及强烈的现实需求背景下，管理案例学作为一门为了直面管理实践而建设的独立学科，结合历史脉络与时代发展的系统思路，进一步厘清管理案例研究缺乏深入探讨的管理案例科研活动的底层逻辑等内容。

首先，管理案例学试图探寻管理案例研究的本体论基础，揭示当前管理案例研究中涉及的"管理研究东方遇见西方""中国管理理论还是管理的中国理论"等相关争议的问题本质。在此基础上，管理案例学尝试站在管理实践的现实基础上，剖析管理案例研究与管理实践和管理理论的连接机理，为管理案例研究寻找深入探进的方法与思路。

其次，一直以来学界对于案例研究方法的精确性、客观性、严谨性、结论可靠性等方面的质疑，不仅给从事管理案例研究的学者带来很多困扰，而且严重制约了管理案例研究方法的推广与普及。究其原因，在管理案例研究分析过程中研究逻辑的模式是重要影响因素。管理案例学将朝着管理案例研究归纳逻辑继续下探，探讨影响管理案例研究理念、认知等的底层逻辑，以进一步厘清到底该如何发现管理案例研究，以及该如何外推研究结论等问题，为解决管理案例研究提供底层逻辑支撑。

最后，在关于对管理案例研究方法的诟病等话题探讨中，学者认为以学习模仿为主要手段，以发表为导向的管理案例研究虽然在数量上实现连续上升，但为中国管理科学知识体系做出的贡献相较管理案例研究自身的价值性而言少之甚少。管理案例学将围绕解决中国管理案例研究如何真正承担起提出新观点、构建新理论、指导管理实践的研究重任这一问题而展开积极探索。试图从认识论、方法论、价值论等学理基础层次找寻答案，并从研究设计思路的重新梳理与构建出发，为管理案例研究科学范式的形成提出启发与借鉴。

（二）管理案例教学方面

管理案例教学是管理知识传播的重要途径之一。由于管理学科的应用性知识难以被结构化表达，案例成为有针对性地传递教育目标、传播学科知识的有效载体。案例教学法最早由哈佛商学院率先引入商业教育领域，继而形成了管理领域浓郁的案例氛围。1980年，管理案例教学经由中美合作举办的"中国工业科技管理大连培训中心"项目而引进我国，这也是我国第一次系统引进西方工商管理教育课程和案例教学。经历了四十多年的发展，管理案例教学法已经成为当前国内商学院的主流教学方法之一。

近年来，国内管理案例教学虽然取得了长足的进步，但对于管理案例教学的直接"用户"——学员来讲，管理案例教学法独特的情境化教学效果却没有得到充分体现，在具体实施过程中出现了不同类型的局限与问题。诸如，管理案例教学素材中的理论工具相对企业实践脱节、分析框架相对外部环境变化滞后、教师不能全面掌握案例教学的规范流程、管理案例教学实施变形等，与此相伴随的商学院教育与实践脱节的问题也引起了学界与业界的广泛讨论和重视（白长虹，2021；汪潇等，2019），同时也进一步证明了目前我国的管理案例教学未达到世界知名商学院的高水平管理案例教学水平。

此外，已有管理案例教学研究多围绕管理案例开发（如管理案例如何采集、如何撰写等）、管理案例教学实施（如课堂流程如何设计、形式如何创新等）等主题进行探讨。然而，这些研究更多的是对从西方引入的管理案例教学借鉴基础上的模仿与创新，并未真正回应管理案例教学中的现实问题，更缺乏对管理案例教学的基本问题（如管理案例教学原理、管理案例知识传播原理等）的深入探讨。而这些问题的进一步厘清有助于商学院教师更准确地理解管理案例教学的本质与内涵，避免管理案例在教学过程中的实施变形，调动学员参与案例课堂的积极性，进而保证管理案例教学效果的实现。同时，对这些管理案例教学基本问题的揭示对于促进管理案例教学更广泛的应用也具有重要意义。

鉴于国内管理案例教学方法的历史发展脉络、当前发展状况及未来发展挑战，管理案例学将选择从知识传播视角出发，系统梳理管理案例教学过程中的知识传播情境、知识传播流程、知识传播机理及知识传播路径等管理案例教学架构，以搭建直面管理实践的、目的完整的管理案例教学体系。

首先，管理案例学将从学理基础层面梳理管理案例教学与其他教学方法之共性与差异。进而基于管理案例教学中的情境嵌入性，探讨管理案例知识区别于其他结构良好知识的传播特点、规律等内容，以厘清管理案例教学的学理基础与认知逻辑。

其次，在已有管理案例教学研究中的情境主义、建构主义基础上，管理案例学将回归管理案例教学的实体过程，回答当前管理案例教学中"目标是什么？""如何实现目标？"等影响管理案例教学效果的基本问题，以解决当前管理案例教学中的方法不得要领、实施出现变形等问题。

最后，管理案例学强调管理案例教学研究也要直面实践的导向，在当前管理案例教学研究已基本覆盖教学方法、技巧、手段等研究基础上，进一步下探思考管理案例知识传播中的学员知识吸收机理与特定能力的提升机理，推动管理案例教学的相关研究从方法技巧层面向原则机理层面的纵深发展。

（三）管理案例应用方面

由于案例知识本身的表征特性与人类认知思维方式的天然契合，以案例为代表的知识应用成为人们日常生活中司空见惯却不可分割的组成。管理案例应用主要是指运用管理案例及案例背后知识解决实际问题的过程。作为兼具情境和实践在内的经验知识的载体，管理案例具有广阔的应用空间，除了以教学案例形态广泛应用于商学院教学和人才培养，以规范的研究案例形态广泛应用于商科知识发现这两种主要的教学与科研功能之外，还可应用于其他更为广泛的领域，诸如航空航天、采掘工程、机械制造、农业科技等社会经济发展的不同方面。

在管理领域，哈佛商学院创建早期就关注到对案例知识的应用，成立了最早的案例组织管理部门——商业研究处，建立了初具规模的包括案例的选题、收集、撰写、应用、储存、更新、发行和版权保护等方面在内的相对完整的管理案例应用体系。此后，诸如毅伟案例库、欧洲案例交流中心（European Case Clearing House，ECCH）、亚洲案例研究中心（Asia Case Research Centre，ACRC）等相继创建，案例应用平台的运营模式也逐步得到创新，出现了单校运营、联合运营、共享运营等模式。中国管理案例应用平台[①]建设始于 20 世纪末，主要以依托各大高校建设的案例中心项目为主。当前，已经形成了中国管理案例共享中心、清华

---

① 此处不包括港澳台地区案例平台。

大学经济管理学院的中国工商管理案例库、中欧国际工商学院的中国工商管理国际案例库等几大具有国内外影响力的案例应用平台。这些案例应用项目储备了大量承载着多元管理知识的案例资源，服务于组织管理的战略、人力资源、运营、营销等各个环节和职能，发挥着学习、诊断、预测、决策辅助等功能。

然而，长期以来，管理案例在科研、教学领域的广泛应用和成功经验积累，使其在其他领域的应用多被忽视。同时，当前有关管理案例知识应用的研究仍相当匮乏，围绕管理案例应用类型、应用范围、表现形式及应用模式的系统性研究更为少见。此类基本问题的探讨及基本原理探析的缺位，阻碍了管理案例作用的进一步发挥，影响了管理案例在更广泛领域的应用。

管理案例学基于管理案例生态系统的发展思路，首创性地关注到案例应用在管理案例活动中的重要意义，并将管理案例应用纳入与管理案例研究、管理案例教学并列的管理案例知识体系。在共同的管理实践基础上，通过在相对成形的管理案例研究和管理案例教学的支撑与带动下，推进管理案例应用活动的更快发展，实现管理案例三项活动的齐头并进，以充分发挥管理案例对管理学科知识体系理论与实践价值的助推作用。

鉴于鲜有研究关注管理案例应用的原则机理、路径模式等更深层次的基本问题，为全方位体系化促进管理案例应用活动的社会经济价值发挥，管理案例学将探讨管理案例的知识应用功能、知识应用类型及管理案例知识应用领域等问题，以揭示管理案例知识得以广泛应用的学理基础和价值作用逻辑。

进而，将管理案例知识推广到更多领域，开展更多元化的管理案例知识应用，提升不同领域对管理案例知识应用活动的认知。管理案例学将系统梳理管理案例知识在企业、产业、社会等层面的应用模式，提炼相对普适的管理案例知识应用特征、方法、路径等内容，进而构建具有一般性理论价值的管理案例应用层级模型，为管理案例知识应用奠定研究基础。

综上，长期以来管理案例研究、教学、应用不同领域在各自的工作实践中积累了不同形式的案例素材、案例人才、案例知识、案例组织与队伍等开展管理案例活动的重要资源，为管理案例学的构建奠定了一定的现实基础。而管理案例在研究、教学及应用活动中不同程度地存在单打独斗现象，导致了管理案例相关活动虽在内容、原理、方法等方面同源但未能有机融合，使得中国企业管理实践案例这一丰沛的富矿未被有效开发，影响了管理学科重大创新成果的产生。因此，通过管理案例学的构建，指出如何实现管理案例研究、教学及应用三项活动的有机整合，以及如何实现三项活动共同发展等深层基础问题亟须探讨。

二、管理案例学的学科发展基础

除了管理案例研究、教学、应用的上述现实积累之外，实际上管理案例活动更底层的内容尚未得到管理学界和业界的深入认识与探析。而学理基础、底层逻辑等内容的不清晰，恰是当前管理案例研究、教学、应用活动步履不一、进展缓慢，站在管理实践的外围"隔靴搔痒"式研究的根本原因。因此，下探思考管理案例研究、教学与应用活动的底层要件，对于管理案例学科的长远发展具有重要意义。

以管理案例研究、教学、应用为代表的管理案例活动所共同依赖的科学哲学基础、共同具备的直面管理实践的基本属性，以及三者在活动流程和知识连接上的互促联动，是管理案例学科得以发展的重要基础。

（一）共通的科学哲学基础

从科学哲学视角来看，管理案例研究、教学、应用三项主要的管理案例活动存在共通之处。诸如，在本体论方面，管理案例研究、教学、应用的本源均是管理实践，因而管理实践成为三者得以有机整合的共同本体基础。在认识论方面，区别于传统管理案例研究中围绕"实证主义与反实证主义"持续争论质疑的认识论二分对立观点，管理案例研究更强调研究者既要进入管理实践也要从独特实践中脱敏，以获得具有一般意义的结论来揭示或预测社会现象，而管理案例教学与应用中也秉持着这样一种相对统一和适配的认识论原则。在方法论方面，管理案例本身就具有了表意性方法的特征，同时，管理案例研究、教学及应用工作中也强调规范化总结归纳与合理化推导并用的思路。在价值论方面，管理案例研究、教学、应用活动坚持统一的价值观，强调管理案例活动应是取于管理实践继而用于管理实践，管理案例研究、教学、应用的成果有效性均需要在实践中得到检验。由此可见，管理案例研究、教学、应用三者在哲学基础方面具备的本土价值与通约价值，是管理案例研究三项活动应对挑战实现纵深发展的共同科学基础，同时也是直面实践的管理案例学得以构建的重要学理基础。

（二）共通的管理实践属性

从学科构建中的"属"与"种差"视角来看，管理实践是管理案例研究、教学、应用三项主要活动的共同研究对象和共同现实基础，情境是贯穿管理案例研究、教学、应用三项主要活动始终的共同研究主线和共同认知基础。由学科溯源可知，管理案例研究、教学、应用的共同学科基础是管理学，因此，管理案例三项主要活动天然地带有管理学的实践属性。而事实上，任何管理实践中的行为、现象均源于特定情境，在不同的情境下可能会出现不同的管理研究、教学、应用活动的表现形式、具体内容等。在管理实践的研究中，情境是必要的考量。由此，情境也是管理案例研究、教学、应用活动区别于其他管理活动的不同之处。此外，管理实践是管理案例研究的重要素材来源与创新思维来源，研究者对管理实践的认识水平在一定程度上决定了管理案例研究的理论水平。在管理案例教学中，来源于管理实践的教学案例为学员提供了拟真性管理场景，更贴合应用型人才培养的教学需要。在管理案例应用中，管理实践是管理案例应用的基础，没有成功的管理实践就没有源于实践形成的经典管理案例，更无法构建出基于管理实践的应用全景图。因此，管理案例三项主要活动（案例研究、案例教学和案例应用）均建立在管理实践基础上，虽会依据各类活动功能、目的、使命的不同而有所区别，但管理实践是管理案例研究、教学、应用活动得以长期存在与发展的重要现实条件，是将三者构建为一门独立学科体系的共同基础。

（三）共通的流程与知识连接

通过对管理案例研究、教学、应用活动的系统梳理发现，围绕管理案例展开的三项主要活动之间不仅存在管理实践的共同源头，而且在活动流程（采—写—教—研—用，详见本书第三章内容）与知识链条（发现—传播—应用，详见本书第五章、第六章、第七章内容）上具备较为紧密的连接性。基于管理案例研究、教学、应用活动的管理实践本体，开展管理案例三项活动的起点自然便是管理实践。虽三项活动以不同的目的（管理案例知识发现、传播、应用）和不同的形式展开，但在相关活动之间并不是完全孤立的平行线。诸如从管理实践起点出发后，无论是管理案例研究还是管理案例教学与应用，均需要进行管理案例的开发，实现管理实践向规范化管理案例的转变。这也是案例可以实现"一鱼三吃"效果的根本原因。管理案例研究通过采用科学化手段实现对管理案例的机理下探，继而总结提炼出经典管理案例背后相对普适性的管理方法、经验、技巧等，服务于管理实践。管理案例教学通过知识资源的结构化、捆绑、利用，将内嵌于管理案例中的知识传递给学员，并在围绕管理案例展开的一些教学环节中帮助学员提升分析问题与解决问题的能力。管理案例研究的知识创造活动为管理案例应用奠定了理论基础和知识框架，管理案例教学的知识传播活动为管理案例应用提供了案例知识迁移范式积累以及管理案例应用活动中的人才资源积累。由此，管理案例研究、教学、应用活动不仅在流程上具备贯通性，而且在知识上具备有机连接性，这是三者能够实现有机整合的重要基石。

第三节　管理案例学的构建意义

第二节探讨了管理案例学为何可以作为一门全新的学科得以构建的现实基础与学科发展基础。那么构建管理案例学的意义是什么？构建管理案例学有哪些价值体现？为了回应此类问题，阐明管理案例学这一新学科得以构建的现实意义，本节将从管理案例学对管理案例发展的意义、管理案例学对直面实践的管理研究的意义以及管理案例学对于本土管理研究的意义三个方面展开论述。

一、管理案例学对管理案例发展的意义

管理案例作为商学院面向管理实践的主要载体，不仅承担着基于管理案例研究的重任，而且还是商学院主流的案例教学和案例应用的承载体。然而，由于长期以来管理案例研究、管理案例教学及管理案例应用彼此间的分割式发展，制约了管理案例三项主要活动间的互动和关联，在相同目标的不同活动中出现了资源无法共享、重复建设等问题。不仅影响了管理案例研究、教学及应用的纵深发展，而且阻碍了管理案例的价值发挥。在此背景下，管理案例学首次将管理案例研究、教学与应用集成为一个有机系统，构建了管理案例研究、教学、应用三者之间流程贯通、知识连接、互促联动的全新体系，对于管理案例研究、教学、应用活动的纵深发展以及管理案例的有机发展均具有重要意义。

（一）管理案例学之于管理案例的纵深发展意义

管理案例学以管理实践为共同基础，以情境为共同主线，通过为直面实践的管理案例相关活动铺设共同发展的学科平台，促进管理案例研究、教学、应用的进一步纵深发展。

1. 促进管理案例研究的纵深发展

管理案例学站在学科建设的系统构建高度，进一步厘清了管理案例研究领域之前缺乏深入探讨的学理基础、底层逻辑、运行系统等科学研究基础内容，为直面实践的管理案例研究指出了深入探进的方向和思路。第一，管理案例学通过对管理案例活动科学哲学问题的探讨，揭示了不同学派对于管理案例研究相关争议话题的本质。第二，管理案例学通过更底层的发现逻辑和外推逻辑，为应对管理案例研究当前发展的挑战提供逻辑支撑。通过讨论管理案例研究中实践问题科学化的底层逻辑模糊等问题，积极回应学界一直以来对于案例研究方法精确性、客观性、严谨性及结论可靠性等方面存在的质疑。第三，在我国管理案例研究发展的关键节点，管理案例学作为直面实践的管理研究试验田和学术重镇，通过积极推崇管理案例研究的理论贡献价值导向，促进更多高水平、高质量管理研究成果的诞生，以真正承担起研究中国问题、构建本土理论及指导管理实践等时代重任。

2. 促进管理案例教学的纵深发展

管理案例学基于对管理案例教学本体的探讨，指出管理案例教学中的情境嵌入性特征，梳理了管理案例知识区别于其他结构良好知识的传播特点、传播规律等特征，以及管理案例教学与其他教学方法在教学目标、教学手段、教学环节等

方面的共性与差异。从知识传播视角切入，系统梳理了管理案例教学中的知识传播情境、知识传播系统以及知识传播实现路径等案例教学要素，深入探讨了管理案例教学的基础原理。在此基础上，搭建了完整的管理案例教学体系。结合资源行动理论框架，有机融合情境主义与建构主义，讨论了管理案例知识传播机理与学员能力提升机理。通过对这些影响管理案例教学实施效果的基本问题的探讨，积极推动管理案例教学相关研究实现从技巧层面向机理层面的深化。

3. 促进管理案例应用的纵深发展

管理案例学将过去往往被无意中忽视的管理案例知识应用引向管理学界与业界的视野，从管理案例知识体系的完整性与有机性构建的高度出发，深入探讨了管理案例应用活动的类型、功能、方法、路径、模式等基本问题。管理案例学对管理案例应用活动基本问题的探讨以及基本原理的探析，将有助于推动管理案例应用相关研究的纵深发展。此外，管理案例学在管理案例活动底层逻辑、运行系统等方面的讨论，深入揭示了管理案例知识得以广泛应用的学理基础和价值逻辑，通过对管理案例应用更深层问题的探讨，进一步促进管理案例知识在企业、产业、社会等各个不同层面的广泛应用与复用。

（二）管理案例学之于管理案例的有机发展意义

鉴于管理案例研究、教学、应用活动的哲学基础与现实基础的共通性，使得管理案例三项主要活动得以有机整合成为一门全新的学科。与此同时，管理案例学站在学科发展的系统视角下，将有助于实现管理案例三项活动的倍增效果，衍生出更多组合价值，并可进一步促进学科的构建。

1. 实现倍增效果

管理案例学从科技哲学视角出发，探讨了管理案例研究、教学、应用三者共用的学理基础、底层逻辑、运行系统等内容。同时，管理案例学也关注到了管理案例研究、教学、应用活动的特性，以及不同活动间的差异。在"求同"与"存异"的基础上，将管理案例三项主要活动进行组合，集成为一个有机系统，三者发挥合力作用以进一步下探管理学界与业界对管理案例的认知，继而实现管理案例学以及管理案例学三项主要活动的纵深发展与并进式发展。管理案例学这一系统整合效应的作用机理类似于电子学中的倍增效应（也称雪崩倍增效应），多元主体间通过频繁碰撞与交互作用，相继产生一系列连锁反应，瞬间即可产生出大量能量以击穿某一器件。管理案例学构建的学科意义就在于此，在有机集成三项管理案例主要活动的基础上，继续加强三者间的互促联动，通过倍增效应作用机理促进管理案例学科实现突破性发展，创造出更大的社会经济价值。

2. 衍生组合价值

管理案例学首创性地将三项管理案例活动实现有机组合，不仅可以实现管理案例学三项组合功能的通约价值，同时也可以促进管理案例活动参与者产生更多新的内容和思考，衍生出一些管理案例相关但又不同于现有成果的全新研究。诸如，在管理案例的现实应用中，多数管理案例教师发现了管理案例研究与管理案例教学的互促作用，以及基于二者组合而产生的诸多高等教育教改新思路、企业咨询中的创新想法及政策建议中的某种新视角等。由此可见，管理案例学将管理案例的三项活动系统集成为一个全新的知识体系，不仅可以同时解决管理案例研究、教学、应用原本存在的问题，在夯实学理基础、底层逻辑后实现纵深发展。而且还可以在有机整合过程中通过不同的管理案例活动组合策略，释放出更多基于管理案例本体的组合新价值，诸如延伸管理案例活动的广度与深度，增加管理案例在不同领域的应用等。

3. 促进学科构建

管理案例活动由来已久，但长期以来管理案例研究、教学及应用三项活动处于割裂状态，制约了管理案例活动改进与创新进展。管理案例学以三者共同基于的管理实践为基础，以贯穿案例研究、教学和应用始终的共用情境为主线，系统研究了三者之间的联系和关系，为管理案例活动的有机整合奠定了坚实的学理基础。此外，管理案例研究、教学、应用三项活动的有机整合对于管理案例学的学科构建具有重要助推作用，具体表现如下：首先，通过集合多领域人力物力资源，丰富与支撑管理案例学的学科内涵；其次，通过管理案例研究、教学、应用三项活动间的流程连接与知识连接，为管理案例学的构建奠定深厚的现实基础；最后，通过管理案例研究、教学和应用三项活动间的互促联动，使管理案例学的学科理论价值与实践价值更加饱满。更重要地，管理案例学以直面实践为学科构建思路，确立了以管理实践为共同基础，以情境为主线的学科架构，对于繁荣哲学社会科学也将起到积极的作用。

二、管理案例学对直面实践的管理研究的意义

区别于纯自然科学或纯哲学思辨的科学，管理学的重要特征与属性具有很强的实践性，几乎所有管理研究都是基于实践而得出的规律性认识。管理研究的实践性具体表现为三个方面：第一，管理研究的理论来自管理实践的经验总结；第二，管理理论研究的目的是解决实践中的管理问题；第三，管理理论研究成果的正确性与有效性需要经受管理实践的考验（赵良勇和齐善鸿，2016）。管理研究必须要直面实践，已经得到国内外学界的广泛认同。负责任的管理学者不仅需要扎

根于管理实践，负责任的管理研究也需要直面管理实践。

国内直面实践的研究始于 2005 年国家自然科学基金委员会管理科学部提出的"直面中国管理实践"的要求。郭重庆院士指出，中国管理学界的历史责任是"发现规律，解释现象，指导实践"。自此，国内管理学术会议、论坛、期刊等开始关注"直面管理实践"的主题，并很快得到国内管理学者的响应与支持。国内管理学者开始从不同的视角深入探讨对直面实践的管理研究的理解。2010 年，《管理学报》积极响应"直面管理实践"的研究要求，开始设置"管理学在中国"特色栏目，并发起主办"中国·实践·管理"论坛，受到管理学者的关注和认可。通过中国知网以"直面管理实践"为主题检索，2010 年以后中文期刊发表数量呈现增长趋势，并在 2015 年以后趋于平稳，但关于"直面管理实践"的文章被引次数近年来逐步提升，直面实践的管理研究日益受到学者的关注与思考。此外，被检索样本中，79.17%的文章来源于《管理学报》，形成了中国直面实践的管理研究重要阵地。

虽然直面实践的管理研究已兴起多年，并取得了一定的研究成果，但当前直面实践的管理研究仍存在诸多问题与挑战。第一，直面实践的管理研究进展缓慢，虽然实现了研究数量上的快速增长，但是关于直面实践的管理研究的深层次探讨甚少。在这种情况下产生的管理理论研究成果不仅缺乏实践价值，甚至也难以谈及理论价值。脱离实践的管理理论仿若空中楼阁，难以"顶天立地"。第二，管理研究与管理实践脱节的问题依然存在，众多管理学者指出当前管理学术界与企业界脱节问题的本质是管理理论与管理实践的脱节，即管理理论难以指导实践、难以解决实践问题，尤其严重的是管理研究仍陷于对实践"插不上嘴""自娱自乐""做练习"式的发展困境中。第三，不同学派开展研究的关注视角各不相同，且各自为战，使得研究力量明显呈现出分散特征，制约了直面实践的管理研究的深入发展。第四，当前学界虽坚定统一地倡导"管理研究必须要直面管理实践"，但对直面实践的管理研究基本问题缺乏讨论和研究，且尚未形成共识，导致学者在研究过程中如何直面实践？直面实践的底层基础是什么？直面实践的方法手段是什么？等等方面仍存在诸多困扰。第五，由于缺乏对直面实践的管理研究基本问题的探讨，直面管理实践的研究在普适性、科学性及深刻性等方面表现较弱，常常遭到质疑。

在众多直面实践的管理研究方法（如田野调查、民族志、案例研究、德尔菲法、关键事件技术等）中，管理案例研究方法是相对成形并实现长期积累的方法之一。因此，管理案例研究可以作为其中有生力量积极推动直面实践的管理研究迎接挑战、持续发展。

一方面，管理案例研究的学理基础就是直面实践。管理案例研究的研究问题来源于实践，管理案例研究是为了创造服务于管理实践的管理理论成果，同时管理案例研究成果也更易于迁移应用到管理实践当中，并在实践中接受理论研究科学性、有效性等的检验。管理案例研究的结果大都贴近现实，甚至具有实用价值，让管理实践者感同身受，将传统的演绎定量研究范式与质性研究范式连接起来，起到了学术桥梁的作用。

另一方面，管理案例研究直面实践的理论价值已经得到历史证明。在早期直面实践的管理研究中，案例研究占据了较长时间的主流地位。在诸多知名管理学者的经典研究中都能看到案例研究的影子。诸如，20世纪初期科学管理之父泰勒（F. W. Taylor）就通过观察收集工厂中不同工人的工作经验案例，并将真实情况完整记录下来，进而归纳总结提出将科学化、标准化、工作定额等工作原理引入原始化的管理实践中以提高生产效率。法国著名管理实践家亨利·法约尔（Henri Fayol）基于扎根矿业公司的长期积累，总结了大量管理经验，并在此基础上提出了"管理"与"经营"的区别，强调了管理活动的五大要素与十四条基本原则。德国著名社会学家韦伯（Maximilian Karl Emil Weber）在大量的管理实践中通过访谈等质性研究方法提出构建了行政组织体系。梅奥（George Elton Mayo）在霍桑实验中也采用了大规模访谈等案例方法来支撑管理理论的构建。虽然当时的管理研究方法尚不成熟，但是直面实践的管理案例研究为世界管理知识体系贡献了众多经典成果。由此可见，现代管理理论的提出和创新基于企业管理实践活动，并通过管理案例研究方法进而提炼和升华。当前，现代企业管理复杂性和不同企业管理实践活动的差异性，也进一步促使直面实践的管理理论研究更加重视管理案例研究。

基于国内直面实践的管理研究发展现况，以及管理案例研究在直面实践方面的重要内涵，管理案例学站在学科发展的视角：一方面，弥补现有直面实践的管理研究在学理基础、底层逻辑等方面的缺乏，为直面实践的管理研究奠定基础；另一方面，管理案例学集合管理案例研究、教学、应用等多方力量，以系统发展思路为直面实践的管理研究提供支撑，进一步丰富与完善了直面实践的管理研究的内涵。

为弥补现有直面实践的管理研究在学理基础层次探讨的缺乏，管理案例学揭示了管理案例研究、教学、应用三项活动实现有机构建的共同基础，为直面实践的管理研究铺设共用平台，奠定学理基础与底层逻辑。我国现代管理科学研究依附于西方成熟的管理知识体系而逐步形成，起步较晚，经过四十多年的成长，当前正经历从简单学习国外先进经验到创造商学新知的重要历史转折期。虽然学者关于"直面管理实践"这一管理研究本体的认识和态度达成初步一致，但由于不同学派的发展历程和研究侧重存在差异，在理论视角、研究方法、理论贡献等方面自成一派，百家争鸣。在此背景下，真正形成影响力并得到学界广泛认同、进入国际视野的理论研究甚少，导致直面实践的中国管理研究的纵深发展事倍功半。

在众多争议中，以管理案例研究为代表的直面管理实践的研究成为学界和业界的共识。管理案例学在集合不同直面实践管理研究的共性的基础上，厘清了直面实践的管理研究的学理基础与底层逻辑，构建了以管理实践为基石，以情境为主线的学科架构，进一步提升了管理案例研究理论化，为直面实践的管理研究提供相对普适性的参考价值和启发意义。

为促进管理案例多项活动共同为繁荣直面实践的管理研究发力，管理案例学以管理实践为共同基础，系统整合管理案例研究、教学与应用三项主要活动，形成管理案例活动多元互促联动的运行体系，为构建直面实践的管理研究奠定基础。事实上，经历了近百年的发展历史，管理案例研究、教学与应用等分支学科基本成熟，并在各自的领域持续寻求发展与突破。但由于多种因素影响，管理案例研究、教学及应用三项活动的发展阶段、成长速度及价值创造水平差异明显，亟待进行系统整合。管理案例学的构建可以有效推动管理案例三项活动纵深发展，齐头并进直面管理实践，有效缓解管理理论与实践脱节、理论研究滞后于管理实践等管理研究窘境。全方位开展源于管理实践并能产生实践价值的理论研究，衍生出具体的管理研究方法、管理研究模式及管理研究工具，把管理学术界的思想成果有效地应用到实际的管理过程中去，方能真正体现出直面实践的管理研究的深远价值。

三、管理案例学对于本土管理研究的意义

多数学者认为管理研究应该追求理论的普适性，关注始终不变的理论关系。特别是在 20 世纪的管理科学化思潮中，管理学者主动或被动地去追求类似数学、物理等学科的普适性理论，以获得管理学科的合法化地位。然而，随着现代管理研究规范性与科学性的日益提升，理论研究同质化现象逐步凸显，以本土研究为代表的异质性理论对于促进管理学术繁荣与发展所发挥的重要意义再次进入学者视野（March，2005）。"本土化"是相对于"全球化"的概念，本土化研究更关注区域社会文化背景下的独特现象，呈现的是文化的差异性。学界认为本土研究是指使用本地的语言、本地的研究对象和富有本地意义的构念对本地现象进行的科学研究（Tsui，2004），旨在检验或构建能够解释、预测本地社会文化背景下的特殊现象或相关现象的理论。区别于追求与情境无关的（context-free）普适性理论的管理研究范式（即管理理论可以应用于任何情境），本土管理研究向来坚持任何管理理论都受到情境的限定（context-bounded），研究者需要在特定情境中寻求更具有解释力的管理理论（井润田等，2020）。

中国现代管理研究早期依附于西方管理理论逐渐形成。此后，在管理实践中，学者发现中国企业管理实践有其独特之处，发迹于欧美的西方管理理论并不能完全适用于有着浓厚文化底蕴的中国情境。伴随着中国经济的快速崛起以及西方舶

入管理理论在解释中国管理实践时出现的"水土不服"等问题,国内管理学者意识到开展本土管理研究的迫切性与重要性。这使得身处其境的中国管理学者开始对管理本土化进行深刻思考,由此迎来了中国管理本土化研究的兴起(陈春花等,2014)。国内管理学者从不同视角尝试开展本土管理研究。主要分为两种类型:一种本土管理研究创新来源于对中国传统文化的深入挖掘,基于中国古代管理哲学与思想以及中国传统文化,建立具有本土特色的管理理论,如成中英的C理论、苏东水的东方管理、席酉民的和谐管理、齐善鸿的道本管理、曾仕强的M理论等。另一种本土管理研究创新来源于对中国本土管理实践的深入挖掘,基于中国现代企业的前沿商业实践展开深入的剖析,从中国独特的转型经济情境、中国企业特有的资源行动特征出发对中国本土管理实践进行研究,涌现了一系列新观点、新经验等,如陈春花的水式管理、井润田的组织势等本土管理研究成果。

虽然近年来中国本土管理研究在经历了快速发展之后已经取得了较为丰硕的成果,管理类国际顶级期刊上发表的中国本土研究数量逐年提升(Honig et al., 2018)。然而,中国管理研究的使命与现实之间相距较远,本土管理研究发展仍存在诸多问题与挑战,影响了本土管理研究的深远发展。例如,第一,中国本土管理研究虽认识到了中国情境的独特性,然而缺少将理论从个性上升到共性,特殊上升到一般的过程,为世界管理知识体系做出的贡献有限。中国本土管理研究当前在一定程度上做到了"立地",但尚未做到"顶天",导致中国本土管理研究的普适性与深刻性受到质疑。第二,虽然当前中国企业的管理实践正在得到国内外学术界的广泛关注,与之相关的本土管理研究成果也逐步被全球管理学界认可。然而,当前中国本土管理研究学派存在各自为战、自说自话的情况。虽然均是从共同的中国本土情境出发并形成各自的体系或系统,但是彼此之间缺乏交流,不同学派的底层逻辑、方法、理论等体系互不兼容。因此,导致这些学术观点得不到更广泛学界的认同与追随。第三,本土管理研究在研究底层逻辑方面尚不清晰,也未能形成相对划一的本土管理研究范式。在此背景下不同的本土管理学派从不同的视角以不同的方法开展管理研究,导致中国本土管理研究成果在严谨性与合法性等方面常常受到质疑。

管理案例研究是以特定情境下典型事件为案例,经过规范化研究过程,从真实的情境中抽象出概念化结论的一种得到全球管理学界认同的研究方法。同时,管理案例研究在提出管理洞见、发展管理理论等方面有着其他管理研究方法不可替代的重要贡献。而中国管理案例研究恰是成长于并发展于独特伟大的中国本土情境,中国管理案例研究强调了从中国本土管理实践中提炼学术问题和科学问题,梳理和总结中国的管理模式的本土管理研究特征(张玉利和李静薇,2012)。因此,从本土管理研究的本质来讲,管理案例研究必然是本土管理研究中重要组成部分。

鉴于中国本土管理研究的现状与发展挑战,结合管理案例研究在本土管理研究中承担的重任，管理案例学基于发现中国本土管理现象、发掘中国本土管理经验的目的，发展了中国本土管理理论的建设理念，为本土管理研究的长远发展提供了学理基础、疏通了底层逻辑。第一，在梳理当前本土管理研究的基础上，管理案例学厘清了本土管理研究的本体论、认识论、方法论、价值论等学理基础，弥补了当前本土管理研究在科学研究基础方面思考的缺乏。第二，管理案例学首次提出中国本土管理研究共用的底层逻辑与研究范式，揭示了本土管理研究实现更具普适性、深刻性研究成果的底层机理，为不同本土管理学派之间搭建起学术对话的桥梁，以联动多方力量求同存异，共同致力于本土管理研究。第三，管理案例研究是国际通用的管理研究方法，更容易架起本土管理研究与一般管理研究之间的桥梁和纽带，是推动中国本土管理研究成果最终成为国际公认的、有价值的科学研究成果的有效方法。第四，管理案例学是一个集管理案例研究、教学、应用于一体的有机体，在方法流程与知识连接方面形成了一套相对成型的管理体系。因此，管理案例学的介入对于弥补本土管理研究的合法性、规范性等局限，以及促使本土管理研究更具社会经济价值等方面，均具有重要意义。

第三章 管理案例学：活动与系统

　　管理案例学的核心内容是基于案例的知识发现、知识传播、知识应用的系统建构。该系统由一系列基于共同管理实践和情境基础，并具有互促联动关系的管理案例活动有机组成。然而，在现实中，这些活动长期处于割裂状态，制约了学科的发展。为此，在对管理案例活动进行系统性梳理的基础上，本章分别研究了管理案例活动之间流程、知识等的系统连接和互促关系，构建了一套有机的管理案例活动系统。首先，本章对管理案例的理论基础进行了探讨。一方面，基于时间轴的视角回顾了管理案例活动的历史沿革和发展现状，厘清了管理案例教学、研究、组织管理的发展脉络。另一方面，从构成要素的角度阐述了管理案例的内涵，并从功能视角明晰了管理案例的类型。其次，基于过程视角，梳理了包括案例数据获取、案例开发、案例教学在内的管理案例活动以及实施的具体环节。最后，基于连接视角开展研究，发现案例活动之间存在有机的流程连接和知识连接，进而集成了一套管理案例活动系统，以期为管理案例学这一全新学科的构建奠定坚实的学理基础。

第一节 案例法的缘起和发展

一、案例法的缘起

　　在春秋战国时期，我国就已出现了案例的雏形。早期的案例通常以故事的形式出现（冯锐等，2012），如诸子百家就大量采用民间的故事来阐释事物的内在规律。为人熟知的"龟兔赛跑""守株待兔"等故事性事例，至今仍被用作阐述哲理的典型例证。另外，在我国大量史料中，如《春秋》《战国策》《史记》《资治通鉴》等，都以一事一议、以事论理的形式，记载了历代有影响力的事件和人物，给读者以借鉴和启发。同样，汉代的《黄帝内经》、明代李时珍编写的《本草纲目》等医学著作，也收录了大量真实案例，使读者得以依据鲜明的病例类别，了解病症、对症下药（杨光富和张宏菊，2008）。

　　西方有关案例的起源最早可追溯至古巴比伦时期的《汉谟拉比法典》。该法典以文字的形式将法律条文及社会习惯进行汇编，涉及损害赔偿、租佃关系、债权债务等社会生活的方方面面，是世界上现存的第一部较为完备的成文法典。该法典由序言、条文、结尾三部分构成，其中条文部分包括282条法律，每一条法律均被视为具有典型意义且可以被用作例证的个案。例如，在保护私有财产方面规定盗窃或隐藏他人奴隶的人处以死刑；欠债逾期未还者，责令其妻儿为债主充当奴隶等。在人身保护方面规定打瞎奴隶的眼睛同打瞎耕牛的眼睛一样处理，杀死奴隶同杀死耕牛一样无须偿命，只赔偿经济损失。由此可见，《汉谟拉比法典》中的条文均依托实践事例，并为处理现实问题提供参考意见，这是案例的早期表现形态。

真正规范化、流程化、系统化且被后世广为传播和应用的案例法来源于美国哈佛大学。1870 年，哈佛大学法学院院长兰德尔通过还原事件过程和分析典型判例的示范性教学拉开了案例法的序幕。其后，哈佛医学院也引入了案例法教学模式，即采用临床实践和临床病理学会议两种案例教学的形式，对当时传统的医学教学进行改革。案例教学法在法律和医学教育领域中的成功应用激发了其在管理教育领域的发展。1908 年哈佛商学院成立时，院长盖伊提出在传统授课之外采用学员讨论的教学方式，这是管理领域案例教学法的早期思想萌芽。在其后的十年间，哈佛商学院鼓励企业管理者带着企业实践中的问题走进课堂并分享企业面临的决策难题，学员通过在课堂上讨论学习给出自己的分析和建议，从而促进教学目标的实现。20 世纪 40 年代中期，哈佛结束独善其身的做法，开始向外大力推广案例教学（杨光富和张宏菊，2008）。在福特基金会的资助下，哈佛商学院为其他一流商学院的两百名教授和院长开展客座教授案例法项目。在此背景下，加拿大毅伟商学院大力引进案例教学法，在教师备课、讲课、学员考核方面逐渐形成独特且系统的教学体系，成为北美案例教学的重要发祥地（张东娇，2016）。而后，经由哈佛商学院及加拿大毅伟商学院的共同推广，美式案例教学法在全球范围内得以普及发展（牟晖等，2021）。

案例研究法在社会科学研究领域的应用，其源头可追溯到 20 世纪初期人类学和社会学研究领域（王金红，2007）。例如，英国人类学家马林诺斯基对太平洋上特洛布里安岛原住民文化的研究，则被认为是案例研究的先驱。自马林诺斯基之后，案例研究法逐步发展成为一套规范的研究体系。其中，影响最为突出的当属美籍华人罗伯特·殷以及斯坦福大学的艾森哈特。Yin（1984）的 *Case Study Research: Design and Methods* 是案例研究方法的奠基之作，该书对案例研究方法做了全面而深入的介绍，既呈现了案例研究方法应用范围的广泛性，又对其作了详细、实用的使用说明。随后，艾森哈特在 1989 年发表的 "Building theories from case study research" 中系统地阐述了如何通过案例研究构建管理理论的方法和过程，该研究也成为介绍案例研究方法的经典文献。在上述两位学者与其他学界同仁的共同努力下，案例研究方法在系统性、规范性方面取得了长足进步，逐渐发展为一套规范的研究体系，被广泛应用于社会科学研究领域（Eisenhardt，1989）。

在案例的组织管理方面，由于哈佛商学院早期在商业领域严重缺乏可用的典型案例，最初案例教学在商业领域进展缓慢。为改变这一困境，于1919年出任哈佛商学院第二任院长的多汉姆，专门拨付资金建立了商业研究处，雇用一批学者进入商业实践领域收集和写作工商管理案例，专门进行案例的开发和研究工作（杨光富和张宏菊，2008）。这项工作既保证了哈佛商学院教师在授课过程中拥有充足的案例来源，同时又保证了哈佛商学院在案例教学领域中的主要倡导者地位。1925年，随着商业研究处的撤销，教学人员开始承担案例开发工作。此后，哈佛商学院一直将案例开发当作案例教学的基本前提，并为之投入了大量的人力、物力（王少非，2000）。在哈佛商学院影响下，加拿大西安大略大学（2012年改名为韦仕敦大学）经过多年的实践与发展，将下设的毅伟商学院打造成世界上第二大案例开发基地。在案例开发、案例教学、案例研究三方面取得了业界公认的成果和经验，并在世界范围内产生了广泛的影响（张东娇，2016）。

二、案例法的发展

20世纪60年代以后，案例教学法迎来了蓬勃发展的黄金时期。从专业覆盖范围来看，管理案例的应用学科领域愈加广泛。案例与实践的天然连接性使得案例成为发展最快且行之有效的教育手段之一。除了上述法学、医学、商学外，案例教学法又被应用于心理学、建筑学、新闻学等诸多应用性学科。从地理传播范围来看，案例教学法正呈现出从"一枝独秀"到"百花齐放"的发展态势，以美国哈佛商学院为中心迅速传播到加拿大、英国、法国、意大利等世界多个国家。与此同时，为促进案例教学资源的流通共享，欧洲案例交流中心、毅伟案例库成立，与哈佛案例库并称世界三大案例库。值得一提的是，1984年，由来自50多个国家的教授、公司经理、咨询顾问等发起的"世界案例教学法研究与应用学会"在美国成立，该组织的成立标志着案例教学法的发展趋于成熟。

案例教学法在我国的推广始于1980年由中美合作举办的"中国工业科技管理大连培训中心"项目。大连工学院（现为大连理工大学）举办的首期MBA培训班中，首次在中国使用了中美教师合作编写的中国企业案例。1986年，中国管理案例研究会成立并创办《管理案例教学研究》学术刊物，案例教学开始在国内商科教育中生根发芽。自1991年我国开始开展MBA教育以来，本土案例需求与案例教学进入了快速发展阶段。2007年，在全国MBA教指委支持下，中国管理案例共享中心正式成立。此后，清华大学经济管理学院、中欧国际工商学院等先后成立案例库，推动了案例教学模式在国内商学院中的传播与发展。当下，案例教学已经逐渐深入教学实践中，成为商学院中最主要的情境教学模式和工商管理教育的标志性评价内容（苏敬勤和高昕，2020）。

在案例研究方面，在管理学百余年的发展历程中，案例研究早期便是主流研究方法之一。虽然在发展中期管理学界为应对管理学研究缺乏科学性的诟病和加强严谨性的呼吁，广泛采用基于统计分析的量化研究使得案例研究被边缘化，但到 20 世纪末案例研究又以其坚挺的知识创造优势重获新生，再次成为国际顶级期刊"最佳论文"备受青睐的管理研究方法之一（毛基业，2020；Bansal，2017；Eisenhardt，1989）。例如，尽管 *Academy of Management Journal* 和 *Administrative Science Quarterly* 发表的质性研究论文仅占发表总数的 11%，但在评选出的最佳论文中，有 50%完全采用了质性研究方法（Bansal，2017）。

1982 年，针对大庆油田的调研揭开了国内开展案例研究的序幕，在历时四年的调研过程中先后出版了《科技进步与大庆发展建设》等一大批成果，建立了"广义科技进步-大庆"模型，为我国管理案例研究积累了最初的经验。此后，1999 年"管理兴企计划"新成果《中国企业管理科学案例库全集》出版，汇集了我国企业 20 年的管理经验、理论、方法，成为我国案例法发展中又一里程碑式的成果。近十年来，我国工商管理案例研究论文在发文数量方面整体发展趋势上扬，规范性水平显著提升。研究热点呈现出"多元扩散"的特征，主要围绕后发企业、商业模式、知识管理、创新和资源管理等热点主题展开（苏敬勤等，2022）。除此之外，无论是不同形式案例研讨会或论坛的多次成功举办，还是我国管理案例专业期刊《管理案例研究与评论》的公开出版，均促使工商管理案例研究进入黄金发展阶段，且呈现出生机勃勃之势（苏敬勤和贾依帛，2018）。

在案例的组织管理方面，目前国内外案例平台的运营主要采用付费下载和免费共享两种模式（苏敬勤等，2021a）。早期，由于开发案例的学校数量较少，哈佛商学院创建的商业研究处需要独自开发案例，并完成商业推广。随着各种案例平台组织应运而生，不同案例库之间签订代卖协议，从而实现了案例资源的共享。例如，读者可以在哈佛案例库中搜索到毅伟商学院开发的案例，进而下单购买。反之，也能够在毅伟案例库中购买到哈佛商学院开发的案例。借鉴西方案例库的运营模式，国内清华大学经济管理学院、中欧国际工商学院等纷纷采用付费下载模式，读者需要支付一定的费用才能下载使用案例资源，这一模式也已成为当下案例组织管理的主流模式之一。

相较而言，始于 2008 年建设的中国管理案例共享中心，采用的则是不同于西方的免费共享模式。共享模式的初衷是更快、更广地为全国商学院的案例使用者提供低成本、高质量的案例服务，而其中的案例则由全体院校提供、评审、使用，保证了广泛的参与性，形成了群聚效应，但免费模式下的持续性和财务压力也成为其面临的关键问题。同时，西方资源付费模式的商业推广在中国免费文化下频受挑战，导致部分成员的参与性受到限制。因此，今后还需进一步探索如何在两种模式的基础上不断创新，在保证案例低成本使用的基础上，确保案例平台发展的持续性与影响力。

第二节 管理案例的内涵与分类

一、管理案例的内涵

经过一百多年的实践，管理案例的概念日益被商学院所接受和采纳。管理案例一般指对现实中真实管理实践的客观书面性描述或介绍。现有研究主要从真实性和启发性两方面展开对管理案例内涵的界定。从真实性维度来看，管理案例的素材内容取自企业的真实事件，通过对组织中人员行动、事件、背景与环境的介绍，能够真实、客观地再现商业事件发生的情境（苏敬勤和孙源远，2010）。在表述形式方面，与创作小说不同，案例是对已发生事件过程的反映，在主体内容和情节上不得虚构。有别于论文以议论为主的表述方式，案例以叙述说明为主，弱化对事件的分析和评论，通过对某个具体事例的讲解来解释理论（钱明辉等，2018）。从启发性维度来看，管理案例通常在对实际情境的描述中嵌入一个或多个疑难问题，设置明确的决策点，方便读者进行分析式和批判性思考。鉴于这些管理问题没有唯一最佳解，需要读者在案例讨论中提出各自的问题解决思路和方案（傅永刚和王淑娟，2008）。归根结底，无论是管理案例真实性还是启发性的实现都离不开对管理情境的描述、对现实中真实商业实践的再现。此外，文字组织作为管理案例的呈现形式，对于案例活动目标达成而言同样不可或缺。综上，情境、商业实践、文字组织共同构成管理案例正文的有机组成部分。

（一）情境

情境是指与现象有关并有助于解释现象的各种刺激因素，广泛存在于组织的内部和外部（Mowday and Sutton，1993）。管理案例中的情境，是案例实践赖以存在的载体和基础（苏敬勤和张琳琳，2016）。企业的任何管理事件，都是在纷繁复杂多变的情境下产生的，在情境的影响下，与之形成某种复杂的映射关系（黄海昕等，2019）。比如，任何企业的转型实践，都与其转型中的制度、技术、市场等外部情境因素密切相关，也与企业自身的定位、资源、能力和企业决策者的意志密切相关。缺乏对内外情境的描述，学习者就无法做出有效的决策。一般而言，针对中国企业的管理案例，情境因素会包括市场竞争因素、制度环境因素、技术变革因素等。因此，对情境的有机嵌入是管理案例必不可少的内容，也是管理案例的生命力所在。

（二）商业实践

对商业实践的展开和铺陈是管理案例的主体。案例的本质就是在特定教学、研究、咨询等应用目的下对商业实践的适当开发（黄明和郭大伟，2006）。通常而言，商业实践不仅包括案例事件的故事线，还蕴含着有待学习者分析和解决的商业问题，是管理案例的重要组成部分。就中国本土管理实践而言，改革开放40多年来，大量本土企业在不同领域实现行业领先，使得中国成为孕育丰富创新实践的沃土。这些企业共同走出的中国特色创新之路，使"中国式创新"伟大实践受到社会各界的广泛关注与热议，也为案例开发提供了丰富的原始素材。通过对独特管理实践的刻画，学习者在接近于现实的管理情境中充当管理者角色，剖析商业实践的内在逻辑并提供决策方案，从而提升其发现问题、分析问题、解决问题的能力。

（三）文字组织

文字的有机组织是指通过对收集到的资料进行整合和编写，从而实现案例故事描绘的目的。在文字结构方面，由于案例情境、编写目的、编者喜好等因素的影响，管理案例并未形成如新闻、小说等其他文体所具有的固定格式。除了可以在故事中巧妙地介绍案例的背景外，还可以在案例中创造各种矛盾冲突，增加案例场景的复杂性。此外，对案例结尾的巧妙设计也是增强案例可读性的重要手段。在文字组织技巧方面，恰当的技巧嵌入能够使管理案例发挥更好的效果。例如，倒叙手法的运用能够起到直接点题、引人入胜的双重功效，而场景和冲突的恰当描写不仅能够更清晰直观地向读者展示管理者的思考决策过程，而且能够更加自然地引导得出解决方案。

综上，管理案例是情境、商业实践、文字组织三要素的有机结合，即在恰当的文字组织模式下，对特定情境中管理实践的真实客观介绍。其中，情境和商业实践蕴含着管理案例的关键人物和事件，构成案例故事的主线，而文字的有机组织通过案例结构的巧妙设计以及编写技巧的恰当嵌入，促进案例的成形，并且助推各种案例活动目标的实现。

二、管理案例的类型

随着案例的普及和发展，各种案例分类方式不断涌现，如有的按照案例载体的差异划分为口头案例、文本案例、语音案例、图像案例等（宁骚，2006），有的按照案例不同的运用方式，将其划分为操作性案例和非操作性案例等（黄明和郭大伟，2006）。目前，学界普遍采用的分类方式是根据案例的不同功能确定的，将其主要划分为教学案例、商业案例、案例研究报告、案例研究论文（傅永刚和王淑娟，2008；苏敬勤和孙源远，2010；周春柳等，2017）。

（一）教学案例

教学案例，一般是指为实现某种教学目的而编写的包括案例正文和案例使用说明在内的教学资料。其中，案例使用说明主要包括教学的目的和用途、课堂教学计划、启发思考题等关键架构要素，是案例课堂教学的重要指导工具，同时也是教学案例独特的构成部分（朱方伟等，2014）。教学案例的目的是让案例使用者通过案例分析，理解或掌握一两条管理学科的知识点，将理论联系实际，从而掌握分析问题、解决问题的方法（苏敬勤和孙源远，2010）。通常而言，教学案例往往具备三方面特点：首先，具有明确的教学目的，并与一个或数个理论点对应；其次，案例内容中企业数据丰富真实，行业背景齐全；最后，需要案例使用者经过深入的讨论才能得到答案。具体来看，教学案例包括如下分类方式。

根据案例应用功能的不同，教学案例可分为决策型案例和平台型案例。决策型案例，又称为问题型案例，是对商业事件发生时的情境进行真实、客观的再现。其通常包含明确的决策点，方便读者进行分析式和批判性的思考，以决策者的身份提供决策方案和建议（傅永刚和王淑娟，2008；Berger et al.，2012）。凭借其在培养学员管理能力方面的优势，通常被视作一种主流的管理案例形式。平台型案例，又称为描述型案例，是对商业事件的全过程无渲染、无导向的描述性介绍，为学员提供概念、观念或理论的讨论平台，通常包括问题发现、解决方案和实施结果（傅永刚和王淑娟，2008）。平台型案例因迎合了师生在传统教学中形成的惯性思维，且资料收集、案例编写难度较低，在管理课堂中广受欢迎。

根据案例开发方式的差异，教学案例可分为粗案例和微案例。粗案例主张从多课程、多学科、多层次的角度，筛选原始素材，然后以多种数据形式（文字、表格、图片、视频等）综合运用的方式将案例内容展示在一定格式的网页中。因为案例材料更加粗糙、原生、多样、复杂，更有利于教师从不同角度、不同学科出发开展教学方法创新，也更有利于培养学员去粗取精、把握关键、厘清逻辑的实际决策能力以及多领域、多学科之间的团队合作能力。微案例不同于粗案例的原生、多样，是指聚焦于特定课程知识点而编写的篇幅相对有限的教学型案例。就案例规模来看，微案例的篇幅通常只有几页，甚至不到一页，以便学员能在较短的时间内完成案例阅读。尽管篇幅有限，但微案例仍较为完整地具备教学案例的各个要素，包含反映复杂管理情境的悬念和矛盾（刘刚等，2019）。

基于案例内容载体的差异，教学案例可分为文本案例、视频案例、融媒体案例。文本案例载体最早被哈佛商学院采用并延续至今，是目前全球商学院使用最频繁、最知名的案例载体形式。与其他案例载体相比，文本案例之所以广受商学院和培训机构的青睐，并在国际范围内广泛使用，其优势在于教学资源多、教学质量高、传递的信息量大。为了弥补文本案例在个性化和趣味性上的缺陷，学者开发了视频案例、融媒体案例等多样化的案例形式。视频案例是指超媒体环境的课堂教学视频案例，超媒体是一种采用非线性、非依序型方式取得资料的系统（鲍建生，2003）。融媒体案例的概念最早由耶鲁大学提出，是一种将多种数据形式如文字、表格、图片、视频等综合运用展示在一定格式的网页中的新型案例形式。视频案例的多空间动态展现以及融媒体案例中不同学科不同观点的信息碰撞能够使得场景更加丰富、逼真，更有利于学员对真实情境的获取。因此，相较于传统案例形式，视频案例和融媒体案例在娱乐性、对学员注意力的影响、学员接受度方面具有明显优势（赵曙明和于静静，2012）。

（二）商业案例

商业案例是基于一定的商业目的，对企业的实际活动及其背后逻辑关系展开的描述和评价（苏敬勤和孙源远，2010；周春柳等，2017）。通常而言，商业案例是为了满足特定的现实活动需求而开发的，与实践连接最为密切，是案例应用活动的载体。近年来，随着中国经济的蓬勃发展以及微信、微博等新型大众传播工具的出现，商业案例的现实需求和影响力愈加凸显。

商业性是商业案例的本质属性。不同于以知识传授为目标的教学案例，商业案例更加强调其商业性，不包含辅助教学的教学笔记。商业性既可以体现为通过对企业先进管理实践的描写，实现企业正面形象宣传的目的，又可体现为对热点事件的及时报道或深度解析，吸引读者的关注。在内容设计方面，商业案例往往通过引人注目的标题、直观的图表表述以及曲折的故事情节，吸引读者的眼球，从而实现获利。

商业案例的专业性是商业性实现的基础。不同于教学案例以企业管理情境或者管理实践全过程的描述为主体内容，商业案例还要表达案例作者对现实中某一管理问题的解决方法或对某一管理现象的独特观点。因此，商业案例不仅需要客观、准确地描述案例事实，还需要对焦点事件背后的逻辑关系进行严谨的分析评价。通常而言，专业性强的商业案例往往能够引起读者的深度思考，给读者带来新颖的思维角度和思考方式。

商业案例的故事性为商业性的实现提供了助力和保障。商业案例的故事性，一方面体现为在案例中创造各种矛盾冲突，增加案例的复杂性；另一方面体现为生动形象的语言描述用词，从而增强案例的可读性。虽然商业案例可能存在语言规范性欠佳的问题，但通俗化的表述以及跌宕的情节设计能够快速激发读者的阅读兴趣，向读者传达案例中蕴含的商业信息和作者的基本观点。

商业案例可以作为教学案例、案例研究论文与案例研究报告的素材（周春柳等，2017）。根据教学案例开发的需要，通过为商业案例模拟出特定的管理情境，并对案例中出现的名字及相关数据进行处理，能够实现从商业案例到教学案例的转化，以此帮助提高学习者的分析问题和解决问题能力；在借鉴商业案例对企业实践过程描述的基础上，通过运用一系列科学、规范的研究方法，能够从管理实践现象中挖掘出一般性的规律性认知，从而奠定案例研究论文或案例研究报告形成的基础。

小贴士：**不同类型管理案例的对比**

不同类型管理案例的对比如表 3.1 和表 3.2 所示。

表 3.1 决策型案例与平台型案例的分异

对比维度	决策型案例	平台型案例
教学目标	侧重提高学员分析问题与解决问题的能力	侧重加深学员对管理理论和知识的理解
案例主题	聚焦于答案相对开放多元的主题	聚焦于有相对标准答案的主题
基本线索	面临比较复杂的决策情境	有比较完整的故事情节
关键内容	侧重于影响管理决策的因素、决策要点和规则等	侧重于与管理理论及知识点相关的管理事件活动过程

表 3.2 粗案例与微案例的分异

对比维度	粗案例	微案例
篇幅长短	非常长	较短
表现方式	以文字、图表、音视频、网页为主	以文字、图表为主
知识聚焦情况	适用于多门课程	知识点聚集
加工程度	资料的原始呈现，依据特定课程可再加工	根据特定知识点进行加工或人为虚构
优点	资料丰富，应用面广，便于跨学科合作，便于在线教学使用，契合现实管理情境	使用方便、撰写容易、组织便利、推广便捷
缺点	案例收集及案例撰写非常费时费力，成本高，应用挑战大	信息容量相对小，不利于深度讨论

资料来源：刘刚等（2019）

（三）案例研究论文

案例研究论文是一种通过采用案例研究方法，遵从规范的论文要求和写作格式，以验证、解释、探索理论为目的的案例研究成果表现形式。案例研究论文主要承担着案例的研究功能，是管理实践原理的重要载体，因此往往被称为研究型案例。然而，用研究型案例指代案例研究论文的说法是不严谨的。原因在于，"研究型案例"这一概念的覆盖范围较广，既包括有待进一步深入研究的管理案例，又包括具有一定理论价值的研究活动成果，甚至还可以指代针对特定科学问题的研究方法。如果以"研究型案例"作为管理案例的类型，可能会导致该类型案例的边界难以厘清，与其他案例类型难以区隔。因此，本节采用"案例研究论文"这一概念作为管理案例的基本类型。

从功能上看，案例研究论文可分为探索性、描述性、解释性三类（苏敬勤和李召敏，2011）。具体而言，探索性案例研究论文重在对企业的新实践和客观事实进行探索，以挖掘出创新性理论为主要目标。描述性案例研究论文侧重对人、事件或情境的概况做出准确的描述，以期揭示新问题和新现象。解释性案例研究论文的重心在于验证、补充或修正理论命题。相较于描述性和解释性的案例研究论文，探索性案例研究论文因其具有挑战或拓展现有理论的独特优势，更具创新意义与研究价值，受到了大多数学者的推崇。从结构上看，与现有采用定量分析方法的研究论文结构类似，案例研究论文也大致包括引言、文献综述、研究方法、研究发现、研究结论五部分内容，各部分内容的侧重点虽然各不相同，但都彼此呼应，符合规范化论文的写作结构和基本范式。从内容上看，由于样本企业的信息众多，在研究论文的案例分析与主要发现中仅需呈现与研究主题相关的信息，这与重点呈现管理实践与情境的教学案例和商业案例存在差异。

（四）案例研究报告

案例研究报告是在对特定管理现象深入调研的基础上，通过对管理实践的客观记录和深入分析，形成的对现实问题的描述和解决方案。一般而言，案例研究报告主要包括研究问题提出、案例描述与分析、结论与启示三部分。由于案例研究报告的使用对象往往是直接面向实践问题的企业家或政府部门管理者，因此需要具备较强的实践问题导向性、内容真实性和结论可操作性，以便能够直接、准确地指导使用者解决现实中存在的复杂问题。与案例研究论文相比，二者最大的区别在于案例研究报告的核心是对案例事实的深度剖析，并提出具有针对性的解决方案，而不是为了挑战或拓展现有理论。

第三节 管理案例活动

随着对管理案例开发程度的不断深入，管理案例在学界受到的关注与日俱增。学者主要聚焦于对具体管理案例活动的探讨，如案例调研与数据获取、案例库的建设、管理案例的撰写、案例教学等（何志毅，2003；吕一博等，2017；周春柳等，2017）。鲜有学者将管理案例活动看作一个整体，基于活动体系视角探讨管理案例活动之间的关联。事实上，管理案例活动之间并非割裂，案例调研与数据获取、案例开发等前期活动是系列案例活动实施的基础，并且直接引致了教学案例、案例研究论文等案例成果的产生。孤立地看待案例活动不仅不能从整体上把握管理案例活动之间的内在规律，而且难以使案例活动的效率和效果最大化。因此，本节将梳理具体管理案例活动的主要环节，以帮助读者形成对管理案例活动的系统化认知。

一、案例调研与数据获取

案例调研是案例数据获取的重要方式，数据的缺乏会导致任何案例活动的开展如无根之木、无源之水。本节梳理了从企业实践中获取案例数据的具体环节，以系统化展示案例数据的收集过程，助力案例数据的收集工作。

（一）需求识别

需求识别决定着案例的内在价值和实际用途，是后续一系列案例活动开展的基础，对于教学案例开发而言，需要考虑课程主题、受众群体、案例有趣性、理论主流性与普适性；对于案例研究而言，则需要考虑团队的研究方向、案例企业典型性、理论支撑与研究贡献。因此，教学案例开发与案例研究在案例资料收集的侧重点上存在一定的差异。其中，教学案例开发更加注重与教学知识点有关的企业信息，相关资料可通过案例网、商业评论网、行业案例库和教学案例库等渠道获得。而案例研究除了要关注与企业相关的基本信息外，还需根据研究需求，更多地参考与研究主题相关的学术期刊、学位论文集和相关会议资料等，从而明晰关于该主题的研究基础和缺口。

（二）确定目标企业

在案例活动需求确定之后，下一步需要收集有关案例来源企业的信息，并以企业现实问题与案例活动需求的匹配度作为主要判断准则，最终确定目标企业。首先，案例工作者可以通过参加相关的业界会议、支持企业和业界的活动、利用校友资源等多个渠道积累企业资源。其次，当案例活动需求确定后，需要结合企业业务领域、独特做法和潜在的管理问题等内容，从纷繁多样的企业来源中初步筛选出候选的目标企业，并确定合适的中间人。最后，为了保证案例的质量，在与候选目标企业联系人沟通时，需要考虑企业是否愿意合作以及基本现实问题与案例主题是否匹配。当企业联系人确定有合作意向，而且包含案例采编人员所关注的相关主题时，该企业可以被确定为案例目标企业。

（三）调研和访谈

调研和访谈的目的是获取与最初的案例活动目标相关且满足案例需求的信息与资料（朱方伟等，2014）。根据案例调研和访谈的时间顺序，可将该过程分为前期准备、访谈实施、资料整理三个阶段。在调研和访谈的前期准备阶段，获取企业的调研许可是开展案例调研活动的基础。随后，案例调研者需要进行包括与案例主题相关的理论知识和具体企业情境信息两方面的知识准备。在此基础上，需要调研者形成详细而又切合实际的调研提纲，从而合理布局案例的大致框架，理清提问思路。在调研和访谈的实施阶段，调研者需要以调研提纲为基础尽可能地收集案例资料，深入剖析挖掘案例的故事信息，依据不同来源的数据对同一个现象或研究问题进行探究，形成证据链的三角印证（Corley and Gioia，2004）。在调研和访谈的资料整理阶段，一方面案例采编者需要及时、有效地整理访谈所收集的资料，另一方面也要对此次调研过程及结果进行分析总结，为接下来的调研和访谈积累经验并做好准备。

（四）研讨和复盘

在正式调研之后，需要案例工作者对获取到的案例素材进行充分研讨并开展复盘工作。在此过程中，需要注意以下三点。第一，确保采编团队全面掌握理解访谈内容，排除语调、方言等造成的误解与不确定；第二，围绕团队成员关注的研究领域，梳理素材是否充足，是否有严重缺失或遗漏；第三，保持对新问题的敏感性。对于研究而言，在发现独特管理现象的基础上，与相关理论进行适配，从而识别研究缺口。对于教学而言，梳理有趣的决策、转型、创新故事作为案例主脉络，并选用该领域主流理论作为教学理论框架。

小贴士：实地访谈调研的三维序列

在实地调研访谈的过程中，为了能够提升效率，更为高效地获取所需数据，可借助实地访谈调研的三维序列模型，从时间轴、空间轴、知识轴三个维度开展调研，如图3.1所示。

时间轴序列：访谈主要领导，梳理发展脉络，对关键节点、决策情境进行追问，把握后续访谈聚焦问题，进而勾画故事线。访谈主要领导时，强化对宏观情境（产业、技术、政策）的理解与企业基础的适配，挖掘对典型事件的认知与决策动机。

空间轴序列：结合故事线与企业部门架构，访谈职能部门负责人，补充深化关键事件的落地执行，同时进行多方印证。访谈部门领导时，强化对其分管部门微观情境与部门基础的匹配，深化企业战略在部门内部的落地实施细节；同时与高管、其他部门提供信息进行三角印证。

知识轴序列：结合专业学科知识轴确定案例教学主题与研究理论基础，围绕核心框架进行补充提问，提高数据饱和度。

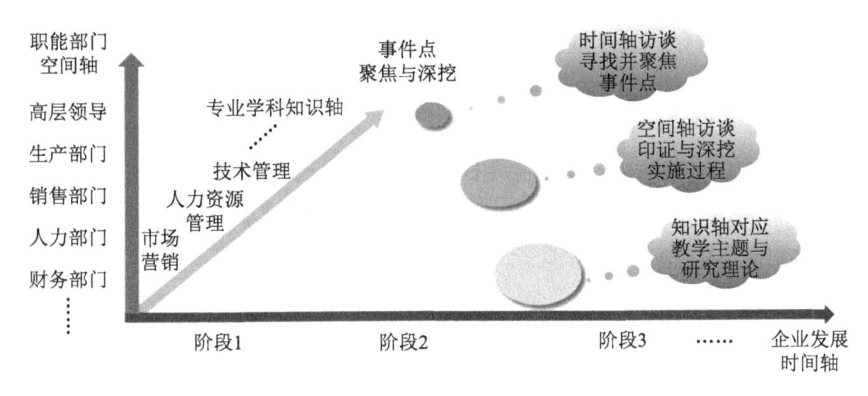

图 3.1 实地调研访谈的三维序列

二、教学案例的开发

教学案例通常包括用以营造管理实践情境的案例正文以及指导教师实现教学目标的使用说明两部分。作为案例教学活动开展的基础和指南，案例教学的效果在很大程度上取决于教学案例开发的质量（钱明辉等，2018）。在实际操作中，教学案例的开发并不是一蹴而就的工作，而是一个由若干任务环节相互连接的过程。本节主要展示教学案例开发的一般流程，为案例工作者提供参考。

（一）教学目标及内容分析

教学案例开发者首先需要深度解读培养方案，明确培养目标定位，实现教学案例开发与具体学科理论的定向匹配，进而与具体学科的教学目标和课程体系相呼应，以保证教学案例的针对性和适用性。其次，教学案例的开发需要从课程理论视角，遵循课程内容选择的基本原则，挖掘教学案例的课程特质，从而使其与具体的课程内容相吻合。最后，在系统分析核心课程目标、课程内容与教学案例三者之间关系的基础上，根据筛选确定的课程内容，提炼教学案例所蕴含的主题，使教学案例主题、学科课程目标与课程内容相互对接，突显教学案例的系统性和理论性。

（二）教学案例类型选择

在案例选题与教学目标确定之后，需要确定相应的案例类型（郭文臣等，2014）。由于案例开发是以服务案例应用为主要目标，因此在案例开发的过程中，往往采用决策型与平台型案例的分类方式。具体来看，在案例开发主线方面，决策型案例以对决策情境的描述为主线。通过对影响管理决策的因素、决策要点和规则等的描述，再现企业所面临的复杂、模糊、多变的企业管理情境。而平台型案例则以对商业事件全过程的回顾为主线。其侧重对商业实践的全过程加以描述，包括对事件发生的背景、原因、过程以及做出决策等环节加以描述。在案例的应用方面，决策型案例中的问题解决方案更加多元化。决策型案例结尾一般是开放性的，不会给出实际的解决方案，学员需要在学习、分析和讨论案例的基础上，提出一个具体解决方案，从而增强其独立判断企业问题或机遇的能力。平台型案例则通过对企业在实践中选定的决策方案及其造成的结果进行回顾性描述和总结，为理论教学提供例证，强化学员对管理理论和知识的理解。

（三）教学案例的撰写

一个完整的管理教学案例不仅应包括用以营造管理实践情境的案例正文，还应包括起指导作用的案例使用说明。其中，案例正文是管理概念或理论的载体，将所要讲授的知识点通过真实的故事展现在读者面前，而这些分布于案例情节中的知识点则形成了贯穿案例正文的潜在知识线。案例使用说明作为教师解读和教授案例的重要工具，旨在揭示出内含于案例情节中的理论知识以帮助教师深入理解案例内容，从而正确使用教学案例。由此可见，案例正文的撰写过程实质上就是案例故事情节对知识点的反映与编排过程，而案例使用说明则体现了情节线向知识线的回归，案例情节线与潜在知识线的相互融合在这一过程中得以实现。

（四）课堂小规模试用

课堂检测可被视为实验研究的一种，是按照教学对象的特性选取一个小型的实验对象，将所编写的案例应用于课堂教学，通过观察、记录等形式收集有关教学过程质量的信息，以检测案例信度与效度的过程。课堂检测能够在案例应用的过程中更加客观、直接、有针对性地收集信息，进而帮助案例采编者有效地评估案例质量。此外，在教学的过程中，还能够对案例使用说明的内容，如启发思考题、分析思路及课堂设计等的有效性进行验证。

（五）案例修订并提交入库

案例修订是一个对案例进行持续修改、完善，直至最终定稿的过程。在这一过程中，为保证案例成稿质量，需要反复修缮，不断迭代。当对案例整体修订完毕，并且符合案例库的投稿要求和写作规范时，即可收入案例库。

三、案例教学

案例教学是一种以学员为中心，以建构主义理论为基础，以特定真实情境为背景，在培养学员的独立分析能力和解决实际问题能力的基础上，以深化对专业知识的掌握为目标的教学方法。通过案例教学，可以使学员成为学习的主动者、渴望者，知识的运用者、探索者，以及技能的掌握者（周学荣等，2021）。在众多案例教学模式中，哈佛商学院的案例教学模式最为经典，并且应用广泛。本节借鉴哈佛案例教学模式，从课前准备、课堂学习、课后总结三个阶段系统梳理案例教学的流程活动。

（一）课前准备阶段

课前准备阶段活动的主要目的是促使学员通过事先自主学习的形式，主动对案例素材及所涉特定情境的决策问题进行探究与分析，并查阅必要的相关背景资料。在此基础上，学员形成个人初步的分析问题思路以及解决问题方案，从而促进学员收集信息、处理信息等能力的提升。

（二）课堂学习阶段

课堂学习阶段活动的主要目的是在分析问题及解决问题这两个环节中，通过分别采用教师互动式提问以及小组成员内部方案讨论等形式，使每个学员的已有观点进行多层次碰撞，并在教师引导下共同设计出解决问题的方案，在课堂最后，教师梳理出最终方案所涉知识理论，使学员更好地理解与掌握相关理论。其中，教师应注重在教学过程中营造一种氛围，促成民主、和谐、平等的师生关系，并为学员进行互动交流提供更多的机会与时间。

（三）课后总结阶段

在课后总结阶段中，教师能够从课堂活动中及时获得反馈信息，在内化知识与能力的同时，准确了解自身教与学的情况，以便能够及时有效地调节和控制下次教学活动的顺利开展，达到提高教学效率和教学质量的目的。具体而言，一方面要求学员围绕课堂学习内容对个人分析问题及解决问题的思路进行再次梳理且形成书面总结，并提交给教师。这个过程有助于学员对教学过程中所构建的管理思维方式与决策行为能力进行再次复盘与反思，最终将科学管理知识与工具进行内化。另一方面，在每次教学结束后，教师也应及时回顾课堂教学的各个环节来进行自我评估，总结课堂教学中的经验、教训，为持续改进案例教学流程与内容构筑起坚实的闭环管理系统，并不断进行教学内容和教学技巧等知识与能力的建构，从而有效地实现"教学相长"的目的。

四、案例研究

基于案例的研究活动通常以管理现象为研究对象，通过一系列科学规范的分析流程，从中提炼出一般规律性的认知，其核心在于通过学术思维解释管理实践的困境。从过程视角看，基于案例的研究活动一般包括研究问题提出、案例数据分析、研究成果撰写三个具体环节，而案例研究过程是否科学、规范将直接影响其成果产出的质量。

（一）研究问题提出

有价值的研究问题是高质量案例研究的基础。好的研究问题往往具有重要、新颖、有趣、范围适当与可实施等特征（Colquitt and George，2011）。研究问题的确定是一个复杂的思维过程，是一个由研究领域到研究主题，再到研究问题，逐步细化聚焦的思维过程，这个过程往往是非线性的，经常出现"意外"。有时研究问题可能是自然涌现的，甚至是在"意外"中偶然发现的。就研究问题的来源而言，直接从管理实践中寻找并回答企业真正关心、疑惑的现实问题，更有助于推动管理研究与管理实践的"知行合一"。而对研究问题的进一步提炼，更多是在理论与现象的交互作用下形成的，即通过文献与现象的反复对比，发现现有研究的缺口，并提炼出研究问题。

（二）案例数据分析

案例研究的数据往往不是定量的，因此数据分析方法也不同于标准的统计分析方法，没有相对固定的程式可以遵循。鉴于质性数据分析方法存在多样性，研究者需要具备较强的理论素养和抽象能力，并将所选用的数据分析方法和步骤描述清楚，以便确保结论的客观性和可复制性。如果在研究过程中缺乏数据分析以及充分的数据呈现，就会在原始数据和结论之间留下鸿沟（毛基业和李高勇，2014）。

（三）研究成果撰写

案例研究的最终成果主要体现为案例研究论文与案例研究报告两方面。其中，案例研究论文是研究者与审稿人或读者之间对话的渠道，好的论文写作将架起双方之间的桥梁，让沟通变得顺畅；相反，不清晰的写作则会加剧双方沟通障碍，为论文发表带来重重阻力。在论文结构上，案例研究论文需要做到一致性与整体性兼顾。一致性原则体现在论文各部分围绕一个核心的研究问题逐渐展开，而整体性原则指论文各部分之间彼此呼应。与案例研究论文相比，案例研究报告的撰写需要更加突出其可读性和实践导向性。由于案例研究报告的使用对象往往是政府或企业管理者，他们更希望通过案例研究报告，提升现实管理问题的认知水平或者直接寻求解决实践问题的答案。因此，报告中的数据最好是读者能在现实中接触到的，报告中的解释是读者能在现实中体验到的，报告中的结论则是读者能在现实的情境中应用的（孙海法和朱莹楚，2004）。

五、案例应用

案例应用指运用案例知识直接解决现实中实际问题的过程。案例除了在教学领域、研究领域得到广泛应用外，在日常生活中也随处可见。当面临一项新问题时，认知习惯总会牵引我们在大脑里搜索过去解决类似问题的方案，比较新、旧问题发生时情境的差异，并对旧方案进行改进以适应问题的新情境（侯玉梅和许成媛，2011）。这实际上就是案例应用的过程。基于此过程，我们可以将案例应用推广至生活或工作中的各种活动中。例如，通过深入企业调研，管理学者能够积累不同类型企业的成功实践经验，诊断出经营不良企业的问题所在，并为其出谋划策。再如，部分学者还运用理论或专业化知识为政府部门提供资政建议。由此可见，通过案例应用，工商管理理论成果应能够服务于管理实践，为不同层次的实践者提供有益帮助。

第四节 管理案例活动系统

一、管理案例各活动的流程连接

长期以来，管理案例在研究、教学及应用活动中不同程度地存在单打独斗的现象，导致了案例相关活动虽然内容、原理、方法同源，但长期未能有机融合，使得案例这一丰沛的富矿尚未被有效开发，影响了重大创新成果的产生。事实上，管理案例活动之间并不是割裂的，而是相互连接的，并且具有一定的互促联动关系。案例活动链条的形成能帮助研究者实现"采—写—教—研—用"的螺旋递进，在教学或研究中形成难以复制的竞争力。因此，本节将回答以下两个问题。第一，管理案例各活动的流程是什么？第二，管理案例活动之间的连接关系如何体现？以期形成一套基于管理案例活动的流程体系，助力管理案例活动多点开花。

（一）案例前期准备活动

深入企业调研是管理案例活动开展的基础，同时也是管理案例流程体系的起点。诸多从事案例活动的教师在实践中发现，通过深入企业开展调研，不仅能够撰写教学案例，而且可以在所撰写教学案例的基础上开展案例研究，撰写和发表基于案例研究的学术论文。甚至，还可以在教学案例撰写和科学研究的基础上，撰写资政建议或指导学员参加各种案例竞赛活动，实现多点产出，为学院的人才培养、科学研究和社会服务赋能，产生高于其他活动产出的效果。因此，有学者将这种基于企业调研实现多点产出的现象称为管理案例活动的"一石二鸟""一鱼三吃"。

事实上，这种现象的产生并非偶然，而是与案例活动本身的特点和规律密切相关。我们将从以下三个不同方面探讨出现这一现象的原因。首先，在撰写教学案例方面，深入企业了解企业的管理实践以及实践产生的情境本身就是教学案例的需要。正如哈佛商学院对于教学案例所定义的那样，教学案例是"用于教学目的,以主角视角对企业事件和相关情境的描述"。显然,如果没有深入企业的调研,就无法获得教学案例编写所需要的实践素材和产生该实践的情境。其次,在基于案例开展研究方面,深入企业调研,是开展基于案例的学术研究的基础。案例研究作为管理研究的重要方法,之所以在原创性和探索性研究方面具有优势,主要原因有以下几点。从研究数据的角度看,深入企业调研所获取的经验事实,正是案例研究的"数据",而直接从企业调研中获取的数据更具真实性和启发性。就研究方法本身而言,探索性案例研究的本质就是产生新的洞见的过程,是案例研究的灵魂,而通过深入企业调研,发现新的企业实践现象,恰恰是产生新洞见,进而构建新理论的前提和基础。从研究者的角度看,在案例研究中"研究者即研究工具"。研究者对于新的复杂现象以全新视角嵌入,恰恰是产生新洞见的原因,而只有深入企业,直面企业实践才能够让研究者成为开展案例研究的好"工具"。最后,在案例应用方面,除撰写教学案例和开展基于案例的学术研究外,提出资政建议、辅导学员开展竞赛等案例活动,则可以被认为是教学案例和案例研究成果的延伸与应用。综上,案例前期活动的关键就在于深入企业获取案例素材,在此基础上,推动基于各类管理案例活动的"一石二鸟""一鱼三吃"。

(二) 案例中期处理活动

在深入企业对管理实践中独特的管理现象有了系统全面的了解之后,接下来需要对案例原始素材进行编排。原始素材编排建立在对企业深度了解的基础上,旨在形成对企业特定管理情境及管理现象的客观、全面、真实的描绘材料。但深入企业不是一次性的活动,需要在数据分析的过程中反复验证和迭代,因此案例素材编排需要以研究问题为指引,不断收集和补充企业相关管理情境与事实,并进行逻辑梳理。从整个案例活动流程系统的视角看,案例编排是研究者开展撰写教学案例活动、基于案例的研究活动、案例应用活动的桥接点。一方面,作为研究者认知的桥接,研究者通过案例编排对企业特定情境问题的来龙去脉进行认知构建,这有助于加深研究者对企业实践的理解,也能够帮助开发教学案例的教师充分厘清案例发生的内外部情境与前因后果,以便在课堂上引导学员在发散的讨论中始终围绕企业的实际情境。同样,就案例应用而言,对原始素材的编排也为案例知识的迁移应用提供了具有参考价值的初始资料。另一方面,作为研究内容的桥接,原始资料编排所形成的资料集合能够为案例研究提供对特定管理问题进行构念测量、发现规律、构建理论的全部素材。而在此基础上,以对特定管理情境与实际管理活动过程的描述为核心的教学案例则是案例教学的主要教材或教辅。同时,对案例素材进行编排所形成的商业案例也可以为案例竞赛、企业咨询等案例应用活动提供知识支撑。

撰写教学案例活动、基于案例的研究活动、案例应用活动是在案例素材采编的基础上开展的。就三者的关系而言，它们相互串联，彼此交融。例如，研究者有时本意是开发教学案例，却在思考教学笔记时发现了理论和现实缺口，将现实问题升维为科学问题，从而能够以此为契机开展案例研究。此外，在案例教学课堂中，师生之间异质性知识的碰撞能够给研究者提供新的研究洞见，或者引导研究者发现已有研究尚未关注但是具有一定价值性的实践问题，启发其进一步开展案例研究的思路创新。同时，在案例研究活动中，研究者往往通过案例研究拓展现有理论或构建新理论，在将这些新的研究成果反哺到案例教学的过程中，能够引导学员对最新的理论前沿的学习，从而形成教研互长的良性循环。与之类似，案例知识应用指运用先前案例中的知识解决实践问题的过程，其与上述二者同根同源，三者能够有效融合，相互迭代。

（三）案例后期管理活动

案例的组织管理是在整合案例资源的基础上，向外输出案例活动成果，从而推动案例资源效用最大化的过程。其包括案例库建设、案例竞赛的开展、案例学术会议的举办等一系列活动，是不同案例活动主体间关系的连接，也是案例资源进行创造、利用、传播的重要平台。例如，全国管理案例精英赛的举办促进了案例资源向最终用户的拓展；创刊于 2008 年的《管理案例研究与评论》成为案例理论化研究阵地，加速了案例研究在学界的推广；而与国际案例库合作的日益紧密则为中国本土案例走向国际提供了良好的契机。在对案例资源进行结构化、捆绑和利用的过程中，案例资源得以流通共享，有效地促进了国内商学院案例教学、研究和应用水平的提升。同时，案例组织管理的创新与发展也依赖于案例研究、案例教学、案例应用等案例相关领域的持续创新。

综上，深入企业能够获取管理案例活动所需的数据。在此基础上的案例素材编排、案例应用、案例研究、教学案例撰写等活动是对管理案例素材的加工和处理。而案例的组织管理能够促进案例活动成果的推广，放大案例资源效用。这些管理案例活动之间相互连接，互促联动，共同构成了管理案例活动的流程体系，如图 3.2 所示。

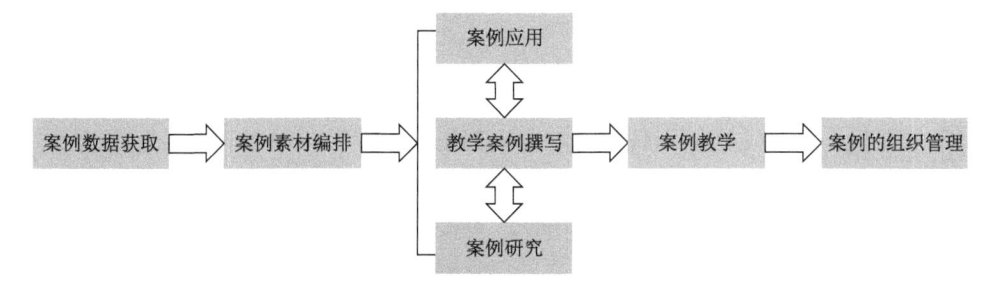

图 3.2 案例活动的流程连接

二、管理案例各活动的知识连接

案例活动之间的流程连接和互促关系推动了不同类型案例知识间的联动。然而，无论是案例教学、案例研究还是案例应用，均来源于共同的管理实践和情境基础。在此基础上，形成了基于案例的知识发现、知识传播与知识应用的一整套系统建构。在该系统中，厘清管理案例活动之间的知识连接，不仅能够从本质上把握管理案例活动间的互促联动关系，更是管理案例学这一全新学科得以构建的深层原因。因此，本节将从知识连接的视角，探究管理案例活动间的关系，以期为管理案例学的构建奠定学理基础。

（一）知识连接基础

从管理案例的构成要素上看，情境与商业实践共同构成了管理案例内容的核心部分。其中，情境知识反映了激发主体行为的主客观因素，而实践知识记录了案例主体解决实际问题的具体方案。具体来看，随着对情境认知程度的不断深化，以 Koffka 为代表的格式塔学派进一步将情境的内涵理解为"主观化"，认为行为的主要决定因素是个体的行为环境，它不是客观的地理环境，而是个体心理上感知到的环境。换言之，环境要素只有被主体认知或进入主体行为层面才能被认为是影响主体行为的情境（苏敬勤和张琳琳，2016）。因此，管理案例中的情境知识是一种个体对主客观环境因素体验和认知的主观知识（谷传华和张文新，2003）。而就实践知识而言，案例较为客观且真实地记录了事件发生的背景、人物等信息，表征了在特定情境下解决实际问题的经验。这些信息有助于人们在动态的情境中把握规律，寻求答案，启迪和引导人们思考和决策，是一种源于个人或他人在解决实际问题中积累的经验知识。综上，由于情境和商业实践的有机组织构成了管理案例的主要内容，其中蕴含的主观知识和经验知识则成为案例知识的重要组成部分。在对这两部分内容进行组合、捆绑、利用的知识编排过程中，案例教学、案例研究、案例应用等活动得以有序开展。因此，为识别管理案例活动知识编排的实现机理，下面将深入探究各活动中不同类型知识的连接过程。

（二）知识连接机理

案例教学是以基于情境的主观知识、基于实践的经验知识为起点，与理论知识反复碰撞，从而实现知识传播的过程。首先，就教学案例而言，其目的在于引导教师让学员通过对案例进行分析，理解或掌握相关管理理论（吕承文和丁远，2017），从而提升分析与解决问题的能力。教学案例往往围绕两条主线展开。一是情节线，即对特定情境下的商业实践进行客观真实的描述，主要承载着基于情境的主观知识与基于实践的经验知识。二是知识线，即前后知识点呼应串联或并联所形成的总体知识框架，蕴含着需要使用者学习和掌握的理论知识。案例中的情节线与知识线并非平行。案例通过具体的实践经验对知识点进行讲解，分析思路则阐述了案例与知识点的关联，二者形成了一个相互交叉、彼此融合的结构。在案例教学的过程中，教师以教学案例为基础，根据教学目标引导学员从实际案例中学习、理解和掌握一般规律。同时，学员需要在课堂上清晰地抓住案例情节发展的脉络，以便能够在学习案例后将各个知识点连成知识线，从而进一步理解理论知识。综上，在教师的指导下，理论知识、基于情境的主观知识以及基于实践的经验知识不断碰撞，彼此支撑，推动了知识传播的有效实现（钱明辉等，2018），如图3.3所示。

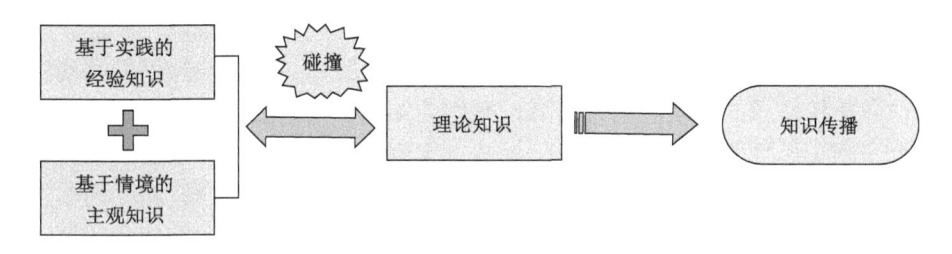

图 3.3 案例教学活动的知识连接

案例研究是以基于情境的主观知识、基于实践的经验知识为起点，通过与现有理论知识的反复对比，从而实现知识发现的过程。从案例研究的基本过程看，其往往扎根于特定情境下的管理实践，以构建或拓展理论为目的，通过一系列科学规范的分析流程，从而探究其中的一般规律性认知。其中，独特的管理实践中蕴含着丰富的情境知识和实践知识，是研究问题涌现的起点，而与现有理论知识反复对比的知识连接过程主要体现在两个方面。其一，通过与现有理论知识的对话，研究者能够确定该主题下相关研究的已知和未知部分，找出理论知识中存在的缺口，尤其是互相矛盾之处，以此聚焦研究问题，寻求知识发现的"差异性"。其二，新的理论知识是对现有理论的延伸或修正。在现有理论的指引下，研究者能够更加系统地开展数据收集、数据分析工作，避免出现"盲人摸象"和"只见树木不见森林"的窘境，从而帮助案例研究活动获取"合法性"。在上述过程中，创造了严谨、有用的理论知识（韦伯，2018），而新理论不仅直面管理实践，回应了现实中的实际问题，还通过与现有理论的对话弥补了已有研究的空缺。综上，案例研究活动的知识连接机理如图3.4所示。

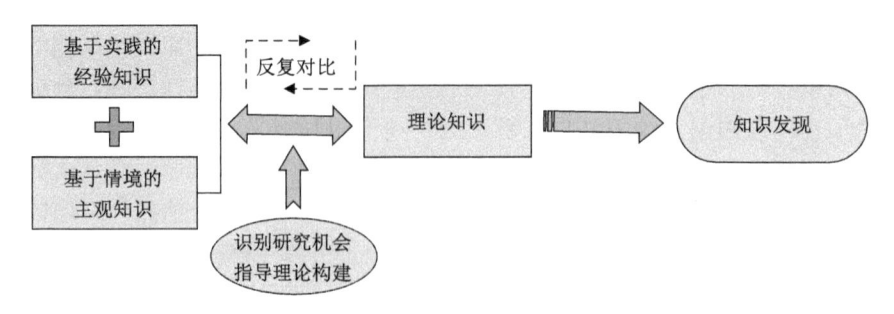

图 3.4　案例研究活动的知识连接

案例应用活动是根据需求和偏好直接应用案例中主观知识与经验知识的过程。案例知识是对知识主体先前所遇到的问题及其解决方案的规范化表征。因此在现实生活中，人们往往能够利用案例中蕴含的经验知识来解决当下面临的实际问题，即案例知识的应用。通常而言，案例的知识应用一般包括搜索、提取、实施三个步骤（张旭和温有奎，2008）。首先，案例知识应用是以解决实践问题为导向的，因此行动者需要根据问题的需求从案例库中搜索与目标问题相关的案例。其次，在从案例库中搜索到相关的案例资料之后，需要从中提取案例企业解决问题的思路和方法，并反复对比案例与目标问题情境，确保二者相匹配。最后则是案例知识应用的实施阶段，即运用案例中的知识去解决特定情境下的实际问题。由此，经过案例的知识应用活动，实现了管理案例中主观知识和经验知识与直接指向实践的商业知识间的有机连接。综合上述三个环节，案例应用活动的知识连接机理如图 3.5 所示。

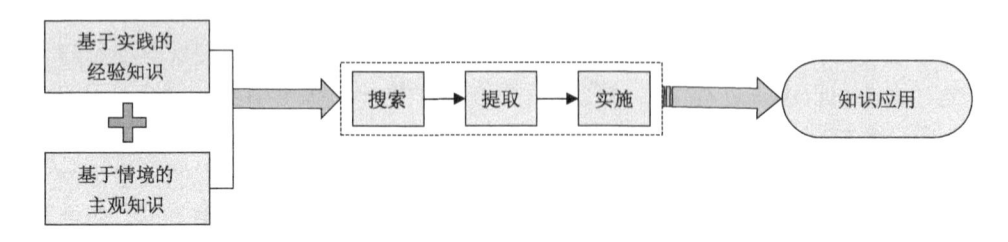

图 3.5　案例应用活动的知识连接

综上，如图 3.6 所示，从管理案例活动知识连接系统来看，无论是案例教学、案例研究还是案例应用活动的知识连接，其起点均为管理案例中基于情境的主观知识和基于实践的经验知识。在此基础上，通过与理论知识的不断碰撞和反复对比，或者直接应用于解决管理实践问题，最终实现知识发现、知识传播、知识应用。

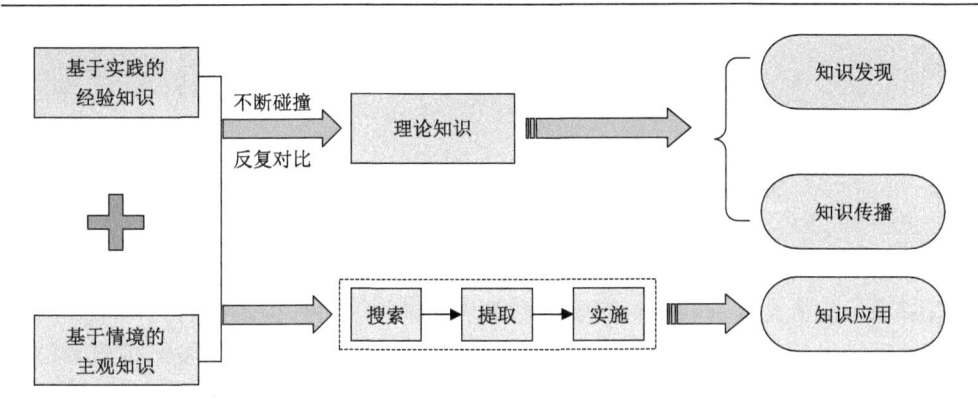

图 3.6 案例活动的知识连接

第四章 管理案例学：学理基础

　　任何一个学科的构建都蕴含着对其内部学理基础的终极思考。学理基础是对管理最原始的概念和范畴进行探索，对管理实践活动进行根本性的追问和质疑，回答管理的目的、基础、根源、过程、标准、价值和意义，以及如何将意义和价值形成规范（成中英和吕力，2012；Sheldon，2003）。由此形成的特定哲学假设，用于指导本土管理研究和学科构建。

　　当前，以案例研究为主的质性研究在国内的发展已进入了规范化、增量化阶段，但同时也伴随着诸多质疑与争论，如研究结论的普适性、方法程序的严谨性、实证主义与诠释主义的方法论对立等。究其原因，造成这一困局的根源在于，学界对管理案例研究的学理基础认识不清且缺乏系统性探讨，以至于学者在运用案例研究方法展开具体研究时出现思想上的混乱、行动上的不统一等一系列问题。案例研究作为质性研究的重要组成部分，是发展本土化理论（indigenous theory）的主力军，倘若长期处于这种混沌的状态，将不利于本土管理理论的创新以及管理学在中国的长足进步。

　　管理案例学是以管理案例研究为基础和重要构成部分的一门学科，也是对案例研究、案例教学和案例应用进行有机融合的重要实践。厘清管理案例学的学理基础，一方面能够为管理案例学及其学科范式的构建奠定坚实基础，也为其他类似交叉学科的发展提供学理根基和有益借鉴；另一方面有助于为以案例研究为代表的质性研究在本土管理学界的发展扫清障碍，为其探究中国特色管理理论确立合法性基础。

　　因此，本章首先聚焦于梳理学界对哲学基础的讨论，包括本体论、认识论、方法论和价值论四个板块。其次，构建面向管理实践的以本体论、认识论、方法论和价值论为集成的新的哲学基础，形成管理案例学术共同体所共有的"学术语言"，为管理案例学的学科构建、解决学科基本问题提供重要的哲学依据。最后，在此基础上，以实践性、交叉横断性和融合性为主，形成管理案例学的学科属性，构建融合多元学科基础、复合层次结构的系统学科体系。

第一节 管理案例学的本体论基础

　　本体论被认为是一切科学知识的基础和前提，任何科学研究（包括自然科学和社会科学）都是从其对象领域的某种本体论立场出发，并预设了所要研究对象的存在性、存在方式和本质特性（薛求知和朱吉庆，2006）。学界对于本体论的探讨，从"本体"这一概念提出伊始，便对"存在"是否独立于个人意识而存在的问题存有广泛争议。纵观哲学发展史，无论是哪一学派的观点，最终都能追溯到对本体论的基本假设立场上，如理性主义代表学者笛卡儿以精神和肉体完全对立为预设前提，重视自然科学对自然界所作出的机械解释，由此提出机械论等。因此，本体论可以说是一切哲学派别争论的根源，也是一门学科构建需要厘清的第一性问题。

同样，受益于西方科学哲学基础的管理学科也存在类似的争论，进而在研究主体和研究客体之间产生混淆，如管理研究中，研究者究竟应该排除主观偏好和价值取向的影响，还是作为体验者通过深入情境来理解研究对象的行为。若不能解决这一争论，则会导致认识论、方法论及具体方法的错配。因此，以管理案例研究为代表的质性研究究竟应遵循什么样的本体论立场，是管理学界亟待解决的问题。

一、本体论的二元互斥

（一）本体论的内涵与应用范畴

1. 本体论的内涵

本体论是对世间所有事物的根本进行推论和判断。本体，即世间所有事物的根本。对"本体"的研究需要追溯至希腊哲学史，从米利都学派开始，希腊早期哲学家就致力于探索组成万物的最基本元素——"本原"（希腊文"arche"，旧译为"始基"）。对此"本原"的研究既成为本体论的先声，而且逐步逼近于对"being"的探讨。"being"在中文语境中通常有两种不同的译法，一为"是"，二为"存在"。之后的哲学家巴门尼德提出了唯一不变的本原"存在"，正式为本体论奠定了基础。在中国古代哲学中，本体论也叫作本根论，指探究天地万物产生、存在、发展变化的根本原因和根本依据的学说。由此可见，对本体论一词的定义虽各有不同，但一般来说，本体论都是探究世界的本原或基质的哲学理论（中国大百科全书总编辑委员会《哲学》委员会和中国大百科全书出版社编辑部，1987）。

当前，本体论被认为是一切科学知识的基础和前提，任何科学研究（包括自然科学和社会科学）都是从其对象领域的某种本体论立场出发，并预设了所要研究的对象的存在及其存在方式和本质特性（薛求知和朱吉庆，2006）。同时，本体论也是认识论、方法论和价值论的根基，对本体的理解不同，那么对现象的认识、问题及其化解方案也会有差异。Grix（2010）对本体论、认识论、方法论之间的关系作了简要说明，认为本体论指导着认识论观点，认识论观点指导着方法论观点，方法论观点指导着方法的选取，并由此决定了原始资料的收集。基于此，为了明确管理案例学以及本土管理研究的价值导向，为管理的中国理论和中国学派的发展指明方向，下文将进一步阐释价值论在本体论、认识论、方法论中所发挥的牵引作用，具体如图 4.1 所示。

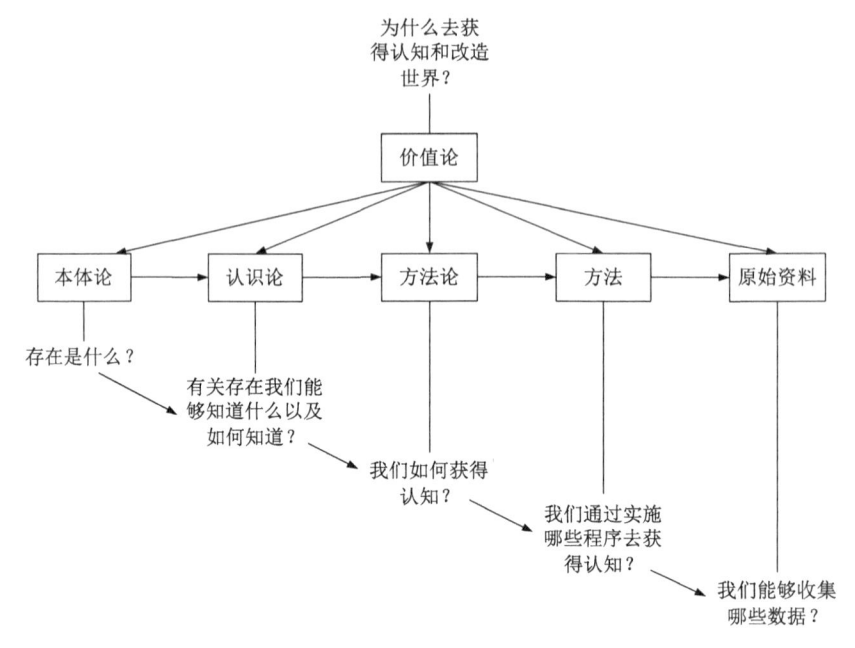

图 4.1　研究基石之间的相互关系

资料来源：作者参考 Grix（2010）的研究绘制

由图 4.1 可知，本体论是哲学研究的起点，也是一门学科构建需要厘清的第一性问题。管理案例学作为一门新兴的社会科学，以中国情境和中国实践为主要研究对象，首先应该从明确本体论的立场出发，为研究者提供赖以认识、理解和分析问题的标准与预设前提，也为解决管理案例研究长期存在的研究范式、价值性等多方非议而奠基。

小贴士：本体论、认识论、方法论、价值论之间的关系

本体论、认识论、方法论和价值论四者之间的关系是相互依存、相互影响、相互补充的逻辑统一关系。本体论是任何学科都无法回避的哲学前提、基本立场或理论基础，是对世界的本原的探究，它决定着认识论与价值论的基本性质和取向。方法论作为理论通向现实世界的桥梁，提供了一个本体论和认识论方面的标准，在这个标准之上，知识创造者之间建立一个检验、评价、推进理论的平台，并基于此展开研究者群体的对话与交流，以使整个研究工作得以有效进行（薛求知和朱吉庆，2006）。因此，方法论是本体论和认识论的引申，为人们认识和改造世界提供工具与桥梁。也可以说，当前学界有关方法论的争论，本质上源于本体论前提和认识论基础的分歧。而价值论涉及发展本体的意义，是认识世界和改造世界的终极目标。因此，如果说本体论是一切科学知识的基础和前提，认识论和方法论便是获得知识的媒介与桥梁，价值论则是知识获取和创造的最终归属，牵引着一门学科知识的价值走向。

2. 本体论的应用范畴

自"本体论"一词被广泛纳入其他社会学科范畴，为管理案例学本体论的厘清提供了前车之鉴。例如，20世纪80年代以后，Ontology 受到信息科学和计算机领域研究者的重视，在人工智能界得到广泛应用，并被界定为"构成相关领域词汇的基本术语和关系，以及由这些术语和关系构成的解释这些词汇外延的规则"，也就是说，本体论是为说明某语言词汇表的内在意义而设计的一套逻辑公理（孙雨生和詹萌，2005）。在组织理论研究中，著名组织理论学家 Morgan（1986）曾在其《组织的形象》（*Images of Organization*）一书中从本体论视角对"组织本体论"做出论断，并认为在组织理论中"组织"一词的本质是非物质性的，是经由我们的想象来连接，并构建在我们所知道的事物之上。档案开发服务作为新形势下学科交叉融合、行业协同创新的产物，这一概念的提出从根本上就是源于实践本体论，并与马克思的观点"从实践中来，到实践中去"相契合。在档案领域，档案便是从实践中来，服务到实践中去的，其"本体"即档案和档案工作的本质存在（杨桂明等，2020）。可见，各个学科基于本学科领域对本体论做出了不同解释。

从总体意义上来说，本体论为管理案例学学理基础的构建起到提纲挈领的作用，为知识创造者提供了一个赖以观察和理解管理世界的视角与信念。因此，基于现有的本体论研究，厘清管理案例学的本体论基础显得至关重要。

（二）**本体论的基本问题与基本假设**

在讨论管理案例学的本体论之前，首先要对本体论所回答的基本问题及其基本假设进行明晰。

无论在哪一学科领域，本体论研究始终围绕以下这几个基本问题展开："'存在'是什么？""'存在'的特性是什么？""'存在'如何存在？"等。学者对于这些基本问题的探讨一直存在着分歧和争论，如要研究的"存在"是独立于个人之外而强加于个人意识的，还是个人意识的产物；"存在"的特性是客观的，还是具有个体主观认知性的;"存在"是世界上既定的存在,还是个人思想的产物等。总而言之,对本体论问题争论的焦点集中于"存在"是否独立于个人意识而客观存在,即主体和客体的同一性问题。

伯雷尔和摩根将这些观点归为两个派别:唯实主义和唯名主义。唯实主义的基本假设认为,个体认知之外的社会世界由刚性、有形且稳定不易改变的结构所组成,无论我们是否能够标记和感知它们,它们依旧作为经验实体而客观存在(Burrell and Morgan,1979),其基本属性是物质性。遵循这一基本假设,在管理研究中表现为研究对象(研究客体)是独立于研究者(研究主体)个人认知而客观存在的,研究者被看成是观察者和立法者(薛求知和朱吉庆,2006;Clark,2000),管理研究的任务就是运用客观、科学的实证原则和方法来解释组织及其管理领域内的一般规律。而唯名主义者的基本假设则认为,个体认知之外的社会是由用来构建现实的名称、概念和标签组成的真实世界。所谓的存在只是标签,所有概念都是个体主观创造的,是人类脑海中的投影(Burrell and Morgan,1979)。采取这一基本假设的研究者(研究主体)难以在管理研究中做到价值无涉,在进行观察、分析、解释研究现象(研究客体)时都带着自己的前见,会从当下情境出发去理解现象所揭示的意义,即研究者被视作参与者和解说者(薛求知和朱吉庆,2006;Clark,2000),其所观察到的现象及所得出的研究结论都是具有主观建构性的。总之,无论遵循哪一种本体论基本假设,都为研究者从事该领域的研究提供了相应的理论视角和研究框架。

直至20世纪70年代,经过库恩(Kuhn)等学者的倡导,科学哲学开启了基于共同信念和基础假设的范式反思,使得一直以理性逻辑、线性因果、确定性与必然性为科学衡量标准的科学哲学开始融入信仰、信念、情绪和直觉等非理性因素(胡国栋,2016)。同样,管理研究立足于管理实践这一社会事实,是人的活动的产物、人的制度的产物,也是人作为主体之间互动的产物,则很难像自然事实那样客观且独立地存在于个人意识之外(薛求知和朱吉庆,2006)。因此,一些学者表明,人们所存在的意向、信念等主观概念实则是研究者为了解释他人言行而"投射"或附加给他们的(Davidson,1990)。Brandom(2002)也指出,在管理研究中需要同时面对客观和主观二元主体的解释(Brandom,2002)。那么,究竟是否存在一个主客体相互转化的本体论基础?如果存在,管理案例学及其管理案例研究的本体到底是什么?其本体如何存在?又有哪些特性?

二、管理案例学的本体论探寻

就本体论而言,上文已明确了科学哲学范畴所探讨的本体论、基本问题及其基本假设。下文将试图就管理案例学的学科范畴进行本体角色和本体论的再探寻。鉴于管理实践在管理研究中的重要作用,脱离管理实践的管理研究只会成为无源之水、无本之木。因此，本节首先追溯管理知识的本源——管理实践；其次，在此基础上，对管理实践进行清晰认识和角色定位；最后，构建一个辩证统一的管理实践本体论基础。

（一）管理知识的本源——管理实践

在社会科学中，社会实践与社会科学的发展密切相连。在现代社会科学中兴起的实践理论的核心观点强调，研究社会实践是理解社会现象的关键所在（Feldman and Orlikowski，2011）。马克思主义中的实践本体论也指出："人类的存在只是一种实践中的存在，人类社会的存在只是实践活动的存在，人类是通过这种实践存在来理解和把握世界的。"在管理学科中，管理学被认为是研究管理活动的，而管理活动是一种社会实践活动（席酉民和刘文瑞，2009）。管理学大师德鲁克也表明，管理的本质就是实践。尽管有学者因其对管理实践范畴与角色的模糊认识，从而对"理论来源于实践"的观点产生混淆（曹祖毅等，2015），但主流观点依旧认为：管理理论知识不会凭空而出，往往是在管理实践中涌现和发展而来的。这一观点具体体现于以下两个方面。

一方面，纵观管理理论发展史，无论是哪个阶段的重大理论学说，均是由具有丰富管理实践经验的企业家或管理学家通过对管理实践的分析总结后提出的，如源于企业管理实验研究的科学管理理论，基于壳牌、惠普、苹果等12家企业所开发的"平衡记分卡"，从18个持续发展的企业中诞生的《基业长青》，等等。与此同时，不少中国学者也基于本土管理实践，孜孜不倦地开发了一系列具有本土特色的管理理论，如从影响组织发展的内耗出发而提出的和谐管理理论（席酉民等，2013）、以东方社会文化情境下产生的管理实践活动为研究对象的东方管理学（苏勇和段雅婧，2019）、来自中国哲学的理论及其应用实践的C理论（成中英等，2014）等。值得注意的是，我国从国家层面越来越重视管理研究的实践导向和致用属性，《国家自然科学基金"十四五"发展规划》明确指出："立足中国管理实践，服务国家战略需求，促进学科交叉，不断提升我国管理科学水平。"可见，管理实践在管理知识创造与创新中占据重要且关键的作用。

另一方面，管理理论知识也在实践的检验中获得发展。例如，曾被认为是可以整合整个战略管理文献的强有力理论范式——资源基础观（Pfeffer，1993），却对于在资源劣势的创业情境下仍然实现了超常发展的创业企业解释乏力，由此发展出资源拼凑理论。尽管从研究问题的发现层面来看，研究问题既可直接来源于管理实践，也可来源于文献研读。但无论如何，从文献中发掘出的研究问题也是经由研究者通过对被管理实践检验过的原有理论进行文献研究，发现其中的已知和未知所得来的（毛基业和李高勇，2014）。由此得出的研究结论，是对原有理论的进一步修正和完善。换言之，初始于文献的管理研究所发展出来的管理新知的基础和始点依然是管理实践。

除以上两个方面之外，聚焦于管理案例领域来看，"案例"通常被视作实践中发生的带有普遍性、代表性的典型事例，它反映了一个问题，一件工作，一个事件发生、发展和演变的过程，通过对这些典型事例的分析，提出解决问题的办法和思路（苏敬勤和孙源远，2010）。因此，毫无疑问，案例来源于实践，案例的素材也来源于实践。如今，不管是案例研究还是案例教学已经广泛应用于心理学、社会学、政治学、人类学、社会工作、商业、医护和社区规划等各个社会领域。案例研究法甚至还在针对某一产业的产业结构或行政区域的经济状况的研究中被应用于经济学领域（Yin，1984）。正是因为案例贴近实践、源于实践的天然属性，它能够帮助人们全面了解复杂的社会现象，使得案例研究法、案例教学法等以案例为载体的社会研究方法得到广泛的认可和使用，并在相关学科的发展过程中占据重要地位。

（二）管理实践的角色定位

1. 管理实践的内涵

管理实践作为管理知识的本源，决定了其在管理学及其相关学科的发展中的重要作用。尽管管理学界对"管理实践"的重要性早已形成共识，然而无论是实践学者、"中国·实践·管理"论坛还是国家自然科学基金委员会管理科学部，都尚未明确对"管理实践"的定义、构成要素、基本范畴进行清晰一致的界定，而这关系中国管理学的长期发展（曹祖毅等，2015）。然而，探索"管理实践"的具体内涵，是认识和发展管理案例知识、明确研究对象的基本出发点和前提。

因此，下文将从定义、构成要素和基本范畴角度来展开对管理实践的再认识。管理实践的定义和构成要素能够帮助研究者更有效地界定研究对象与分析视角，基本范畴的界定则能使学界更加明确"理论来源于实践"而不至于产生混淆，有利于中国管理学的长期发展（曹祖毅等，2015；陈春花和马胜辉，2017）。

有关管理实践的定义，借鉴实践理论的观点，可将其定义为：为达到特定的组织目标，具有特定模式的一系列有组织的活动集合（陈春花和马胜辉，2017；Feldman and Orlikowski，2011；Reckwitz，2002；Whittington，2006）。基于该定义可将管理实践进一步拆解为四个部分：为达到特定组织目标所展开的实践活动，推进管理活动进程的实践者，管理活动的触发因素及发生机理，以及管理活动发生的时间和地点。这四个部分共同构成了管理实践的四大要素：实践活动、实践者、触发因素及发生机理和实践情境。这与 Whetten（1989）所提出的理论发展的基石遥相呼应，其研究表明，一个完整的理论必须包含四个基本要素："what"（是什么），"how"（怎么做），"why"（为什么），以及"who、where、when"

（是谁、在哪里、什么时候）。然而，Whetten 并未明确理论的四要素从何而来。从学界共识"理论来源于实践"这一视角来看，正是管理实践的四个构成要素为理论的发展奠基。如此而言，理论四要素是管理实践四个构成要素的引申。而厘清管理实践的这四大要素，也能更好地帮助研究者界定研究对象，为发展具有实践导向的管理理论服务。

从实际管理现象来看，管理实践不仅包括微观的企业管理实践，还涵盖公共管理实践，乃至"经济与社会转型""国家创新""劳动力成本上升"等更为宏观的管理实践（曹祖毅等，2015）。其中，微观的企业管理实践中，又可细分为个体层面、团队层面和组织层面。比如，个体层面的企业家认知和企业家精神；团队层面的团队氛围与决策；组织层面的战略联盟或战略规划；等等。因此，管理实践的基本范畴涵盖了宏观至微观的全景图。究竟应该是微观的个体层面、团队层面或组织层面，抑或是宏观的公共管理实践，在具体研究中都取决于研究者所感兴趣的研究问题（曹祖毅等，2015；陈春花和马胜辉，2017），以此来界定管理实践的范畴。

2. 管理实践的特性

由上述管理实践的构成要素可知，管理实践存在着多要素并存的复杂特性，这体现于多个维度。其一，实践活动和实践者本身具有复杂性和模糊性。管理学的实质是有关社会和人的科学，管理活动是人的一切社会活动中最重要的活动。而个人认知结构和认知经验的差异性，使实践者所做出的决策往往难以精准预测。其二，管理实践的发生条件和过程受到组织内外部环境多因素影响，使管理实践存在易变性。外部风险挑战及企业所维持的行业市场本来是未知且不稳定的，如一场自然灾害使得供应链脱节，继而导致产品价格波动。其三，在不同的实践情境下，管理实践变得更加具有不确定性。时间维度体现在不同历史时期、社会发展阶段及组织生命周期下，管理现象的不同阶段性特征；空间维度表现为不同区域下，文化准则、社会经济环境、管理理念乃至管理决策的差异性，导致管理活动和模式也不尽相同。由此一来，管理实践的诸多复杂因素彼此纠缠，其延伸出的管理知识也被认为是具有大量复杂结构关系的高级知识。

此外，管理实践还由可观察的显性部分与不可观察的隐性部分组成，具有显性和隐性相结合的特性。例如，企业文化既外显于规章制度、组织结构、基础设施等人工要素的设置中，也内隐于员工价值观、行为模式、组织氛围等潜在假设中；要探究企业的数字化转型失败，既有可能源于数字技术和数字基础设施的缺乏，也有潜在组织惯性的阻碍；等等。

因此，管理研究仅关注客观的物理事实必然是不全面且不可取的，还应深刻体会管理实践中非客观的社会化因素的作用，包括心理、认知、文化等多方面潜在因素。要理解这些非客观的社会化因素，仅采用自然科学所倡导的科学实证方法显然是不够的，需掺入研究者对现象的主观感知、理解、认识与评价。

3. 管理实践的本体角色

从管理实践的特性可以得出，不存在研究者对管理实践的纯粹认识，其对管理实践的认识也只是管理实践复杂特性的转化。因此，研究者与管理实践之间并非主客体二分对立的，而是两者的转化与融合。管理实践既作为经验事实存在，又区别于其他一般经验事实。其独特性在于它可以被研究者领会并赋予截然不同的意义，它的面向时空的情境性造就了现存的"感性世界"和"理性世界"的共融，这是个一分为二、合二为一的过程。也正是这种性质，使管理实践获得了本体论的含义。加之，管理实践作为管理知识的本源，本书将管理实践定位为管理案例学及其研究的本体角色，即"管理实践本体论"。

本体角色的定位，为后续认识论、方法论和价值论的探讨奠定了基础，也区分了一般哲学研究的主要对象和管理学研究的主要对象，将管理案例学及其质性研究的研究对象进行了清晰定位。

（三）辩证统一的管理实践本体论

由上述可知，管理学者一直以来对"存在"的理解，实际上是通过"管理实践本体"透视和过滤的。而在实际研究中，管理学者在对管理实践进行探索时，往往存在研究主体和研究客体相混淆的情况。这就回到了本体论的基本问题上，即"管理实践"作为本体角色，究竟是独立于研究者个人意识之外的完全客观的存在，还是由研究者深入现象去与研究对象互动，并基于个人思想意义建构而来。结合前文所述，在这一基本问题上，学者往往持有"非此即彼"的观点，进而分立两派，一派认为管理实践独立于研究者个人意识，无论研究者能否或如何感知，它依旧客观存在；另一派则认为管理实践并非完全独立于研究者存在，而是由研究者主观建构而成，是研究者基于自身研究视角和价值取向对管理实践的理解与诠释。

实际上，由于管理实践中不仅包含客观的物理事实，也包括非客观的社会化因素；不仅包含可观察的显性部分，也包括不可观察的隐性部分。故管理实践的客观性和主观性并非"非此即彼"的关系，而是"既是，也是"的关系，即遵循主客体相互转化的辩证统一关系。这具体体现在以下方面。

在管理研究中，习惯称管理实践中被研究的对象为研究客体，管理研究中的研究者为研究主体。不可否认，管理实践中存在着大量独立于研究者主观认知的客观事实，尤其是管理现象中显性和理性的部分，如企业的基础设施、规模、组织结构等，这些部分显而易见并且可以避免研究者个人思想或偏好而获得解释。

同时，一些隐性和非理性的部分，如企业价值观、文化、管理者认知等方面，却隐含于研究对象的行为、决策当中，需要研究者通过与研究对象互动并对其行为和意义进行建构才能得到解释性理解，因此难以避免一定程度的价值涉入。因而，对于显性和理性的部分，研究者应采取规范的研究策略与方法探寻管理实践中的一般规律和因果关系。例如，设计规范化、流程化的研究过程；借鉴实验思想提升案例研究的信度和效度（毛基业和苏芳，2019）；通过复现逻辑（replication logic）在多个案例之间反复比较寻找模式（井润田和孙璇，2021）；等等。但同时，管理学者带着迥然相异的文化背景、价值观和思维方式，对研究对象赋予自身的理解与评价，这也是管理研究过程中不争的事实。因此，对于隐性和非理性的部分，研究者的价值涉入并非坏事，能够使其充分发挥想象力和创造力，并经由主观认知和研究逻辑内化到自己的研究领域中，运用规范且适配的研究方法将管理现象升华为管理理论。

换句话说，一方面，研究者需要扎根于管理实践，通过参与或互动建立起与研究数据之间的沟通桥梁，以便更加深入地理解研究情境和现象，即研究者将自身的本质力量"外化"到对象中（谢维营和姜文有，2010），这一过程被称为"主体客体化"的角色转化过程。另一方面，也需要研究者抽身于数据之中，对获取到的数据进行客观分析并得到规律性的解释，以此得到管理新知。同时，在知识传播过程中，通过管理研究和教学的对接，运用规范化和情境化的教学方法将管理理论以知识的形式外化给管理实践者，最终应用于实践中，即外部对象的性质和规律"内化"于人自身，促使着人认识和改造世界能力的提升（谢维营和姜文有，2010），反映了"客体主体化"的角色转化。由此，对于管理实践作为"本体"究竟是主观性的还是客观性的问题便得到了明确，即为研究者有限认知下的相对客观性。

如此一来，本书构建了一种辩证统一的管理实践本体论基础，从管理实践这一本原出发，为管理案例学者认识管理实践、选择认识管理实践的方法、探寻管理实践价值的标准奠定基础与前提。

第二节　管理案例学的认识论基础

认识论是关于存在能否被认识以及如何认识的讨论，即个体的知识观，主要包括知识来源、知识特性、个人认识能力的范围和界限等。任何科学问题都会把我们引向哲学领域、认识论领域，只要我们把问题追溯得足够深远，如当化学家着手去确立关乎元素周期表、原子价等最一般的法则时，他必须求助于物理学，而当这些基于一般法则的解释进一步深入时，最终将会进入最一般的认识论领域（石里克，2017）。管理科学以及管理案例研究亦如此，认识论在学理基础上起到重要的承前启后的作用。一方面，对管理实践这一本原的认识，需要通过认识论而得到认识；另一方面，明确认识论原则，能够为如何认识管理实践提供方法论指导，也能够为管理思想或理论创建原则（梅钢，2011）。

本体论的二分对立引发了管理学者在认识论上的分歧。知识究竟来源于理性认识还是感性经验，成为学者争论的焦点。在管理案例研究中，认识论分歧通常是隐性的，多通过方法选用上的张力关系而显现出来。这样的分歧导致不少研究者在案例研究中，对认识原则和方法使用产生混淆与认识不清，研究过程缺乏规范性、研究结论缺乏严谨性。基于这一现实需求，有必要厘清管理案例学的认识论基础，为研究者提供一个明确的认识途径和方法选用原则。

本节首先对现有的认识论主张展开回溯，为管理案例学的认识论探讨奠定基础。然后，围绕管理实践本体论基础和管理案例学的实践属性，提出管理案例学的认识论基础。

一、认识论的二分对立

无论现代西方哲学如何发展，理性主义和经验主义之争都是一个公认的划时代的理论标志。理性主义和经验主义的新思潮发源于思考精神觉醒、反抗旧权威、反对专制主义和集权主义、崇尚自由的近代西方。可以说，16~18世纪的欧洲哲学史就是一部经验主义和理性主义哲学产生、发展与终结的历史，也是两者既相互斗争又相互促进的矛盾发展史，且其影响延续至今。

自文艺复兴和宗教革命以来，政治冲突以有利于国家的方式被解决，国家逐渐代替教会作为文化机构：国家掌权，取教会统治而代之（梯利和伍德，2015）。一方面，随着教会权威的动摇，经济、文化等各领域开始盛行并推崇理性，人们意识到只有凭借理性才能获得对外部世界的认知。这一哲学的认识催生了理性主义思潮，它始于哲学家笛卡儿，发展于斯宾诺莎、莱布尼茨等大陆理性主义者（罗素，2016）。另一方面，弗兰西斯·培根作为经验主义新思潮的典型代表，他反对旧权威、反对亚里士多德和希腊哲学，强调独立思考，并认为一切知识都产生于感觉；精神或理性能对感官提供的材料进行加工，知识是理性的，又是实验的；而理性本身却得不出真理（梯利和伍德，2015）。托马斯·霍布斯被认为是社会科学的奠基者，他同培根一样，重视科学或哲学的实际效用，并认为可以从感官知觉或经验得出原则（分析），或者从初始的、最一般的命题得出结论（综合）。这一认识经由洛克得到发展，贝克莱、休谟等经验主义者紧随其后。其中，洛克通过对知识的性质、起源和确实性的反思，论证并建立了真正的唯物主义经验论的"知识起源于感觉"学说。

由此，近代哲学按照以理性认识或感觉经验为知识的来源或准则，划分为理性主义或经验主义两个基本的认识论流派。围绕知识的来源问题、知识的可靠性问题以及知识的分类问题的分歧,两流派展开了长期的争论。其一,理性主义者主张知识来源于理性认识,否认正确的认识起源于感觉经验,并以不同的方式肯定"天赋观念",认为真理是理性所固有的,是天赋、与生俱来或先验的(梯利和伍德,2015);经验主义者则主张知识起源于感觉经验而否认"天赋观念",认为没有与生俱来的真理,所谓必然的命题根本不是必然或绝对确实的,只能给人以或然的知识(梯利和伍德,2015)。其二,对于知识的可靠性,尽管早期两派都认同感性知识不绝对真实,但两派均主张自己获得的知识更加可靠。理性主义者宣称只有先验的、清晰明确被理解了的知识或真理才具有可靠性;而经验主义者否认有先验知识,因而表明清晰明确被理解的知识或真理并非必然可靠且确实的。

小贴士:理性主义的代表学者及其认识论主张

笛卡儿作为近代哲学理性主义学派的创始人和代表学者,是第一个禀有超高哲学能力、在见解方面受新物理学和新天文学深刻影响的人。笛卡儿的目的在于把握清晰明确的知识,当我们判断一件事不可能同我们所设想的不一样时,这就达到了确实性。在数学论证中有这种必然的知识,如果我们采取正当的方法,在哲学中也可以获得这种知识。确实的真理是被清晰明确认识到的,即使不是所有的人都能同样看清。这种知识不可能产生于感觉,感觉不能表明事物本身的状态,只表明事物如何影响我们。颜色、声音、滋味和气味不归物体所有,当真实的物体被剥除感官所赋予它的性质以后,我们只能用清晰明确的思维认识它是什么样子。如果我们不能从感官经验中得出真正的知识,如果真正的知识是根据某种基本概念和原理进行推理的结果,那么这些基本概念和原则必然是头脑所固有的、天赋或先验的。头脑有它自己的标准或规范来引导它寻求真理。认识的原理总是一开始就存在的,不过,只有在经验的过程中,即当头脑进行思考时,认识的原理才变得明显起来。笛卡儿的基本思想,是他认为理性有自己固有的规范,至于这种规范如何出现,他没有明确的观点,在这里他又摇摆不定。所谓天赋的知识,有时指头脑所感受的观念或真理,指灵魂于自身中发现的原理;有时他指在经验的过程中、灵魂产生这种知识的固有的能力或机能。洛克反对天赋观念论的论辩,使整个问题更加清楚明确,使莱布尼茨和康德那样的唯理主义者不得不以不同的方式来论述这种学说。

斯宾诺莎是西方近代哲学史上重要的理性主义者,与笛卡儿和莱布尼茨齐名。他在《伦理学》第二部分和《知性改进论》的著作中,探讨了认识论。具体如下:①模糊不清和不适当的观念产生于想象,建立在感官知觉之上,而感觉以物体的变化为其对象。不作辨别的经验和单纯的意见不能给人以真正的知识。②此外,还有充分的知识,清晰明确的观念和理性知识。理性思索事物的本来面目,认识它们的必然联系,从永恒性方面来加以思考。它在这些事物和一切事物共有的特殊属性中，把握事物的普遍本质，从和上帝存在的关系方面来了解这些必然与永恒的本质。这种知识是自明的，它本身就带有自明性。在这个意义上，真理就是它自己的标准。真理阐明它自己以及错误，甚至于像光那样既显示它本身又揭示黑暗。③斯宾诺莎认为直觉的知识是最高级的知识；不过，很难说，究竟它同前一阶段有什么区别。根据直觉的知识，一切事物被认为在上帝的存在中有其必然的根源，是由直觉知识而来的，"它从关于上帝的某些属性的客观本质的一个适当的观念，前进到事物的适当的本质"。想象不能看到事物整体，它沉溺于细节，不能掌握现象的统一性，不能了解其意义。它是偏见、幻想和错误的根源；它使人相信离个体而独立的所谓一般的观念，相信自然中的终极因或目的，相信精灵，相信具有人的形式和感情的上帝，相信自由意志以及其他错误。理性和直觉的知识斥责所有这些想象的产物为不适当的，唯有它们能够使人区分真理和谬误。这是任何有真实观念的人都知道的。

资料来源：罗素（2016）；梯利和伍德（2015）

小贴士：经验主义的代表学者及其认识论主张

霍布斯是近代运动的最勇敢和最始终如一坚持经验主义的代表之一。他同培根一样，是一个经验主义者，重视科学或哲学的实际效用：知识的目标是力量。他认为哲学是从结果到原因以及从原因到结果的知识；因此，它的方法，一部分是综合的，一部分是分析的。也就是说，知识起源于感觉印象。感觉是什么，怎么引起的？我们通过不同的感觉器官而有不同的感觉：颜色、声音、滋味、气味和触觉。这些感觉是由于某种外在的对象施作用于感觉器官造成的。我们可以从感官知觉或经验形成原则（分析），或者从初始的、最一般的命题或不言自明的原则形成结论（综合）。要有真实的科学或真正的证明，推理必须从真正的原则开始；单纯的经验不是科学。霍布斯是一个唯名论者，他也将推理定义为一种计算：理性无非是计算，即加减为人所承认的普通名称，以记录和表示人们的思想。

霍布斯认同培根的意见，肯定感觉是知识来源，但他同样认为单纯的感觉经验不能给人以确实性，会损害知识的有效性或破坏知识的确实性。感觉作为知识来源以及知识的确实性这两者是两种思想路线，似乎不能融合在一个体系中。

洛克认识到这个问题的重要性，将哲学转向认识论，探讨知识的性质、起源和确实性，他建立并论证了唯物主义经验论的"知识起源于感觉"学说。他在《人类理智论》中批判了"天赋观念"，并论述了人类"没有天生的观念或天赋的原则"这一理念。他说，人们的心灵就像是白纸，天生不会有任何文字，不带有任何观念。那它后来又是如何具备这些东西的呢？人凭借无穷的想象力，几乎以无穷的样式，在那张白纸上描绘出来的庞大知识积累又是从哪里来的呢？它又是从哪里获得全部的推理材料和知识的呢？对此的回答是，从经验——人们的全部知识都在经验里扎根，知识归根结底来源于经验。

他把一切知识归结为观念，而一切观念又可以被分析为简单观念；并断言简单观念是不可再分的，是构成知识的固定不变的、最单纯的要素。所有的简单观念都有两个来源：感觉和人们对自己的心灵活动的知觉，即反省。感觉来源于感官感受外部世界，而反省则来自心灵观察本身。人们的思考只能以通过感觉和反省获得的观念为基础，而这一切观念均来自经验，因此，人们的任何知识都不能先于经验。人的心灵处理这些简单观念的能力主要有三种：一是把若干简单观念结合成为一个复合的观念；二是把两个观念（不论是简单观念或复合观念）并列起来加以考察，形成关系观念；三是把一些观念与其他一切同时存在的观念分开，即进行抽样，由此形成一般观念。

资料来源：罗素（2016）；梯利和伍德（2015）

在二分对立的认识论影响下，管理学的发展路径可大致划分为三大阶段：经验主义起源（19世纪末至20世纪40年代）、理性主义发展（20世纪50年代至80年代）和经验主义回归（20世纪80年代至今）（梅钢，2011）。从泰罗、法约尔等通过总结实践和前人经验所提出的科学管理、组织管理理论等，到西蒙通过纯粹的理性研究创建决策理论学派，再到现代管理理论对管理实务的倡导和对企业成功经验的重新重视等，都反映了管理学在二分对立的认识论中不断博弈而发展。尽管到当代，后实证主义的代表性学者杰弗里·亚历山大否认了经验世界与理论认识相分裂的观点，指出科学发展是由经验和理论的论证共同推动的（亚历山大，2008）。但深受"主—客"二分思维定式的影响，管理学界一直囿于"理性"与"经验"的认识论的争论当中。

实际上，从管理实践作为本体角色来看，现实管理世界中是主客体相融的复杂主体，受到实践者、实践发生条件和过程、时空情境等多重因素影响。面对复杂的管理世界，仅仅关注感性因素或理性因素显然难以捕捉管理实践的全貌，是不全面且不可取的。因此，打破这种二分对立的认识论基础，在管理实践主体论的基础上，建立一种"理性"和"经验"相融合并符合本土管理事实和满足于管理实践内在要求的知识理论，显得十分必要。

二、统一和适配的认识论原则

为回答"管理实践能否被认识以及如何被认识"，即"如何获得管理知识"，本土管理学者已基于不同视角，由表及里地展开了一些探讨，如从具体实操角度，研究者要阅读书刊、了解实践，蹲点企业、观察实践，介入企业、改变实践（彭贺和顾倩妮，2010）；从科技哲学的角度，直面实践需要的是"管理技术"以及建立在管理技术哲学基础上的"循证管理"（吕力，2011）；或从管理实践中鲜活的问题出发，发现问题、辨识问题和界定问题（赵良勇和齐善鸿，2016）；抑或框定真问题并"两出两进"（陈春花，2017）等。这些有益的探讨都为本节研究奠定了一定的基础。

管理实践本体论基础首先为认识论框架的搭建给出了一个较为明确的方向。因此，管理案例研究的认识论基础必然是从管理实践出发，建立在主客体相互转化的基础上，来指导研究者认识管理实践、获得管理知识，以此得到解决管理问题的方法和途径。基于此，下文从一般意义和认识途径这两个层面着手，来构建新的认识论基础。

（一）认识论原则之一：统一

纵观西方哲学史，理性主义和经验主义的争论，几百年来始终未决。然而，两派观点的分化，其弊端也很明显，二分对立认识论在对世界的认识上往往仅侧重于感性因素或理性因素，未能对认识进行更全面和深层次的把握。

因此，从一般意义层面来看，认识和探索本土管理实践首先需要抛开二分对立的传统思维模式，才能得到对复杂管理世界更为系统的认识。

1. 客观性与主观性相统一

从管理实践本体论出发，上文发现管理实践作为本体，遵循主客体之间相互转化的原则。因此，对管理实践的认识，仅关注其客观事实或非客观事实的某一方面必然不全面且不可取。一方面，管理实践中显性和理性的部分以独立于研究者认知的客观事实为基础，在认识过程中，研究者需保持客观中立的态度对其客观规律和因果关系展开解析；另一方面，以企业价值观、个人认知、制度等方面构成的社会事实范畴显然具有主观性成分，通过研究者的主观涉入来探究其背后的机理和成因就成为必要。更进一步，从管理实践主体论以及主客体相互转化原则出发可知，管理实践与研究者的关系并非一种严格的主客体二分关系，管理知识实则是在主客观的交叠中涌现的。因此，这决定了管理案例研究的认识论基础的首要便是主观性与客观性的统一。

2. 整体性与情境化相统一

如果说主观性和客观性是从静态角度来阐释如何认识管理实践，那么，管理实践的复杂性、模糊性、易变性和不确定性，就要求学者必须更进一步从动态视角和整体观来对管理实践进行更深入的把握。

随着学者逐渐关注到管理实践的复杂性和动态性特征，他们开始呼吁采用整体观和系统论来认识管理现象，而非片段式地获取碎片化的知识。整体性是对管理实践中部分和整体的关系进行综合把握，既关注部分与部分之间的非对称关系，也重视部分与整体之间的因果关系。一方面，对管理实践进行整体性把握，既映射了管理实践的具体表现，也符合管理研究的现实需求，如信息技术和互联网技术加深了组织间的连接，要想探究组织决策的影响因素，需对多方因素展开系统性剖析；另一方面，整体性是对中国传统文化和传统哲学的继承，如"阴阳"思维便强调整体、动态、对立统一的平衡（李平，2013）。在西方管理思想和东方古代管理思想日渐融合的当代，采用整体性思维来认识管理实践，在一定程度上更符合本土管理基因和思维，也迎合了世界管理实践的未来发展趋势。

此外，有关如何认识管理实践的问题，徐淑英还倡导情境化方法（吕力，2012）。情境化是指将对象置于一定的情境当中，包括特定对象所处的物理的、政治和法律的、文化的、社会的、历史的、经济的组织外部环境以及组织内部环境（陈晓萍等，2012；苏敬勤和张琳琳，2016）。诚然，管理实践活动受到实践者、发生条件和过程、时空维度的多重影响。任何管理活动与过程有人、有物、有事、有关联、有因果、有变化并依时空顺序展开的相对独立又有整体性与连贯性的故事（盛昭瀚等，2019），其发展出的管理知识也都反映了大量的时空要素和人际互动细节。可以说，组织及其管理活动的一般性规律本质上都会受到特定情境的约束。

总体而言，整体性和情境化是彼此交汇且一致互补的两个方面，整体性强调对管理实践的部分与整体关系的把握，而情境化则侧重于对管理实践时空要素和人为要素的把握。通过情境化对整体性的补充，使整体性的认识边界扩大化，有助于研究者在把握好整体与部分之间关系的同时，将时空、人为等情境化要素综合纳入考量，形成有关管理实践的更为全面的认识。值得一提的是，关注管理问题的整体性和情境化，也是对"客观性和主观性相统一"的认识论的扩展，从整体观进行深度情境化的研究是研究者理解管理活动的重要途径。

如此一来，本土管理理论的开发与创新，既要将客观性与主观性相统一，也要将整体性和情境化相统一。换言之，既遵循主客体的灵活转化，也把握好时空和人为的情境因素，从整体视角寻找对中国独特现象的恰当解释，方能做出适宜性的管理知识创造。

（二）认识论原则之二：适配

尽管在一般意义层面明确了统一的认识论原则，但依然需要进一步深入具体的认识途径层面，对"如何认识管理实践"在研究流程中的应用进行探析，为研究者在实际研究中如何正确认识管理实践提供可行性方案。

无论国内国外，在工商管理研究领域中，管理案例研究早已形成了一套较为成熟的流程体系：理论回顾→案例研究设计→数据收集→数据分析→案例研究报告撰写（苏敬勤和崔淼，2011）。从该研究流程中抽丝剥茧，避不开的三要素为管理实践现象、管理理论及管理案例方法。而要想获得对管理实践的正确认识，则需要将实践、理论与方法三要素进行有机适配。

1. 管理实践与管理理论体系相适配

因受到不同的经验、文化背景、价值观和思维方式的影响，研究者在对管理实践的认识过程中，首先是看待和分析管理现象的理论视角具有差异性，具体体现在理论视域选择不同、理论回顾侧重点不同以及选择不同的理论构念用以解释管理现象，形成不同的理论见解和研究报告。需要注意的是，尽管要尊重研究者基于不同的理论视角展开研究，但依旧需要研究者将"理论池"中的管理理论依次抽离出来，与管理现象进行不断匹配，通过"实践—认识—理论"的反复迭代来选择最适宜诠释这一管理现象的理论，即管理实践与管理理论体系的适配。若两者错配，则可能出现研究结论缺乏新意和贡献的情况。

2. 管理理论体系与方法论体系相适配

由于研究目的和研究问题的不同，再加上研究者个人经验及所受到的学术训练的差异性，在解析不同的管理现象时，研究者所用到的数据获取技术、数据分析技术和研究范式均有不同。例如，当研究者拟探究某跨国企业的合法化战略演化规律时，一方面是需要找到合法性战略的相关研究缺口，另一方面是需要采用纵贯式单案例研究方法，对研究对象的发展历程和关键事件进行历史维度的收集和分析，最终得出的结论也须贡献于合法性战略研究。而若是在这样的研究中，研究采取的是多案例研究方法，则显得不合时宜。多案例研究方法实则更适宜通过分析案例单元的相似性和异质性来实现理论建构（Eisenhardt, 1989; Yin, 1984）。可以看出，整个研究流程中，目标理论与方法论体系是相互适配的。若两者错配，则会导致所得出的研究结论缺乏理论贡献，难以实现本土理论的创新。

总体而言，要获得符合本土管理事实、具有本土管理特色的理论知识，不仅要遵循管理实践中的客观前提，也要进行合理的"价值涉入"，基于研究者个人的经验知识和研究逻辑进行现象解读，须同时采用适宜且规范的研究方法和技术。即通过管理实践与管理理论体系相适配、管理理论体系和方法论体系相适配的认识论原则，来获得对管理实践的合理认识和解释。

第三节 管理案例学的方法论基础

方法论是指探讨如何认识和改造世界的方法的理论，也是普遍适用于各门具体社会科学并起指导作用的范畴、原则、理论、方法和手段的总和。基于本体论的主客体同一性问题和认识来源问题上的二分对立，实质上蕴含了研究者关于认识的方法或逻辑的不同理解，即产生了不同的方法论。而方法论为研究者观察管理现象和解决管理问题提供了方式、方法、原则和手段。

在第二节中已明确方法论体系与管理理论体系的适配能帮助研究者得出更具贡献性和深度的研究结论。那么，管理案例研究究竟应该遵循怎样的方法论原则？从管理研究最常见的两类方法来看，定量研究方法由于注重寻求原因和支持因果关系的解释，强调理论的一般化和普适性（井润田和孙璇，2021），故广受学界的认可。反之，以案例研究方法为代表的质性研究方法，因采取个案研究的方式，强调情境嵌入和理论涌现，常被质疑其结论的普适性、严谨性和科学性。具体研究方法的分歧背后，实则反映了不同学派在方法论、认识论及本体论上的差异和对立。这种方法论的分立实际上常使研究者感到困惑，造成实际研究中对研究方法的使用产生混乱，进而不利于本土管理理论的创新。对此，我们试图在前文新构建的统一本体论和认识论基础上，形成新的方法论体系，以指导研究者对具体研究方法的选取和应用。

本节首先对现有的方法论研究展开回溯，对管理研究领域过往的方法论分歧进行系统化梳理。进而，基于面向管理实践的本体论基础和认识论原则，构建管理案例学方法论体系。

一、方法论的相互割裂

为了更加清晰地回顾哲学史上的方法论发展过程，Machlup（1978）列出了方法论的几个关联概念：形式逻辑、归纳逻辑、一般方法论、具体方法论、认识论和本体论。前文已经对本体论基础和认识论基础进行了探讨。具体方法论通常指具体学科或领域的研究程序规则，反映于方法论中有关方法的具体运用以及方法论与其探究对象之间的关系上，此处我们不做专门的讨论。因此，本节首先从逻辑层面和一般方法论层面展开，厘清社会科学中的主导方法论。其次，在现有的方法论基础上，构建互补融合的方法论基础。

（一）归纳、溯因与演绎

如第二节所述，经验主义与理性主义的争论影响至今。在认识论上，两流派分别持有不同的知识观，由此产生了两种迥然相异的方法论。换言之，源于本体论和认识论的分歧，衍生出获得认知和改造世界的方法论及方法差异。

追溯至早期希腊哲学思想，苏格拉底和柏拉图已建立起逻辑学的基础，而后亚里士多德使之完善。逻辑学，即论述取得知识的方法，其主旨是分析思维的形式和内容以及取得知识的过程（梯利和伍德，2015）。亚里士多德认为，逻辑学是获得真正知识的重要工具，并首先发现三段论是一切思维运动的基本形式，他的三段论学说在逻辑学发展过程中影响深远，即大前提（rule）、小前提（case）、结论（result）（Aristotle，1989）。这成为形式逻辑的开端，也即演绎逻辑的开端。

亚里士多德及其后继者甚至认为，一切演绎推理，如果给以严格叙述，都可以是三段论式的。

演绎法是由一般到特殊的推理方法，一般表现为三段论、假言推理、选言推理、关系推理等形式。近代理性主义的奠基人笛卡儿推崇理性，笛卡儿的目的是发现一些确实而自明的真理。他提倡学习数学中的推理，从公理或自明的原则推导出命题，如果推理没有错误，这种命题在逻辑上可以从原则中演绎出来，同原则一样具有确实性。也就是说，在追求真理的出发点上，必须首先探求出一种无可怀疑的原则，并在这个原则的基础上去形成普遍性的思想，即新逻辑演绎。

归纳法是由个别到一般的推理方法，与演绎法相对。这一方法创始于近代经验主义的拓展者培根。培根从知识起源于经验这一原则出发，发展出由个别的感性经验上升为普遍必然性认识的"归纳法"，即经验归纳法。但同时，他也反对只重视经验的做法，从他对三段论的批判便可知其反对一切公理都建立在经验之上。培根尖锐地批判了亚里士多德及其之后经院哲学所提倡的获取知识的演绎法。他认为三段论中的概念、原则和公理不过是建立在模糊与错误的经验上。因此，能看出的是，尽管培根是将实验科学中的归纳法搬到哲学中来，并进行了详细的研究，但他始终不满意简单地枚举归纳，且试图找到更高明的方法，尝试做到连续逐渐地构成命题，并有秩序地达到最一般和精确规定的公理。

小贴士：培根的归纳法

培根是近代归纳法的创始人，制定了系统的归纳逻辑，他被称为"英国唯物主义和整个现代实验科学的真正始祖"。

培根认为过去科学和哲学之所以毫无结果，是由于缺乏正确的方法，双手得不到帮助，知性独自思考，力量微薄。我们必须想出求知的一种新途径、头脑所用的新机械或机关，那就是新逻辑、新工具。对于科学的发现来说，旧逻辑无所作为；旧逻辑使来自粗浅的概念的错误确定下来，根深蒂固，而无助于追求真理。

在仔细地描述这种方法以前，培根坚持必须清除头脑中的一切错误的意见、偏见或幻想，单纯担当认识的工具而不受干扰。幻想总共有四种：种族（idolatribus）的幻想、洞穴（specus）的幻想、市场（fori）的幻想和剧场（theatri）的幻想。必须牢记，目的在于发现原则本身——不是要用文字战胜对方，而是要用工作战胜自然。不认识自然，就不能达到这个目的；为了产生效果，应该认识原因。现在的三段论方法没有用处。现在的科学无非是把已经发现的事务做特殊的处理而已。培根希望有真正的归纳法。

归纳不是单纯的枚举，单纯的枚举是儿戏。人类认识的目的在于发现某种特性或性质的形式，或其真正的差异，或其产生的根源。培根所谓的形式不是唯实论者所指的形式，不是抽象的形式或理念。他指出，我们所关注的对象是物质，而不是形式；自然中除去按照规律活动的个体物体以外，别无他物。在哲学中研究、发现和解释这个定律，既是认识的基础，也是活动基础。培根称这个定律为形式，形式已经成为通用的词；他提到特勒肖，特勒肖说热和冷是自然中能动的形式。

因此，科学要发现的最重要的原因或规律是形式，而靠的则是归纳法。①一种特性或性质（如热）的形式是这样，有了形式，性质便随之而来。因此，性质存在时，形式总是存在；形式含有性质，恒常为性质所固有。②形式又是这样，如果把形式移去，性质一定消失。因此，性质不在时，形式总是不在；形式的不在含有性质的不在，形式不蕴藏于任何其他东西里面。③真正的形式是这样的形式，它从较多的性质所固有的某种存在之源推演出某种性质，而这较多的性质所固有者，在事物的自然秩序中是比形式本身更清楚地为人所认识的。培根认为，这一切都为归纳法的进行提供了线索：首先，给出一种性质，我们必须首先研究一切已知的事例，这些事例尽管在质料上非常不同，在这同一性质方面却彼此一致（这是所谓肯定的事例）。这是本质表或存在表（穆勒称之为契合法）。其次，我们应该检查缺乏这种性质的事例（这是所谓否定的事例）。应该给肯定的事例增补上否定的事例，只在那些非常类似具有和会有这种性质的事例的事物中，探究某种性质的缺乏。培根称之为差异表或接近中的缺乏表，穆勒称之为差异法。最后，我们要考察这种情况，其中有我们所研究的对象，而大小的程度却不相等；这要靠比较它在同一对象中的增减或在不同对象中的程度。这是程度表或比较表，穆勒称之为共变法。培根还提出十一种其他有助于头脑发现形式的方法，每一种都有名称，如排拒法、第一次收获和优异事例等，但是他只详细论述了三种。

资料来源：梯利和伍德（2015）

此外，发展到近代，实用主义的创始人查理·桑道尔斯·皮尔士在继承和批判经验主义与实证主义的基础上，基于亚里士多德的逻辑演绎三段论，提出了溯因法。溯因法是一种根据某现象来推测该现象产生原因的逻辑推理方式。它开始于事实的集合，并推导出其最佳解释的推理过程，且推理结论带有不确定性。因此，一方面，不少学者认为，相对于最基础的两种方法归纳和演绎，溯因更像是一种猜测，这种猜测除了严谨有根据的猜测，甚至还包括胡乱猜测（Peirce et al., 1994）。但另一方面，许多学者也认同溯因法对于被解释项到解释项的不断追溯，正是科学家所致力的工作。皮尔士也表明，通过外展（溯因）所得出的科学知识，能够利用演绎来进行验证。

值得一提的是，皮尔士在研究溯因逻辑的初期采用三段论专门区分归纳法、溯因法和演绎法，这有助于我们深入理解三者的方法逻辑差异。如图 4.2 所示，归纳法是从结论出发，由结论+小前提得出大前提；溯因法同样从结论出发，但不同于归纳法的是,它是由结论+大前提推出小前提;演绎法是由大前提+小前提推导出结论(Philipsen,2017)。

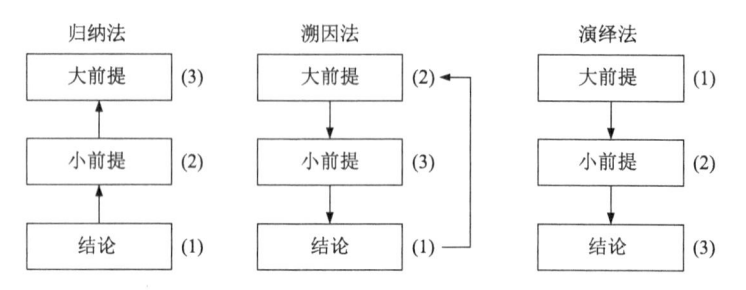

图 4.2 归纳法、溯因法和演绎法

资料来源:Philipsen(2017)

综上所述,从逻辑层面来看,因归纳法、溯因法和演绎法在逻辑思维、认识论基础上的差异,故学界在对三种方法的运用上呈现各自为政、相互割裂的局面,尤其是归纳法和演绎法之间表现尤为明显。

现有的管理研究最常见的是运用归纳法和演绎法来开展分析工作。质性研究重视且善用归纳法,管理案例研究尤其如此。一是体现于功能上,质性研究作为理论构建型研究,核心内容是运用编码技巧对现实数据进行归纳并逐步理论升维,得到对管理现象的新的理论见解。因此,需要不断地对现象进行归纳、对比、聚焦和提炼。二是体现在应用效果和频率上,罗伯特·殷的"复制逻辑"和艾森哈特的"逐项复制原则"被看作归纳法中契合差异法则的一个不严格的表述,这两种方法也是目前管理学顶级期刊中被使用最多的管理案例研究方法(吕力,2014)。徐淑英和刘忠明(2004)也指出本土管理研究在发展概念和构建理论的时候要采用归纳法,这是质性研究中必要且适宜的研究工具。同样,被质性研究者广泛应用的扎根理论,也是通过对数据的不断比较而逐步归纳出理论(贾旭东和衡量,2016)。可以说,归纳法在理论构建方面做出了重大贡献,因此质性研究以归纳法为主导方法论进行研究。

相比质性研究,定量研究者更加偏爱演绎法,演绎法在结构方程模型、样本统计分析等量化研究中运用得十分普遍。定量研究通常采用"假说—演绎"的体系展开(吕力,2010),其分析路径遵循:基于文献分析和理论推演提出构念间的因果关系假设,并构建构念模型,通过量化处理和数据分析验证假设是否成立。不可否认,演绎法为严谨的理论推演和因果关系的验证做出了巨大的贡献。

溯因法虽出现较晚,但近些年也受到了大量学者的青睐。例如,Ragin(1987)提出的定性比较分析(qualitative comparative analysis,QCA)方法在运用时,实则是根据研究问题有针对性地采取归纳、溯因或演绎(杜运周等,2021;Furnari et al.，2021）；扎根理论学者乔亚（Gioia）基于溯因加扎根理论方法，提出了结构数据分析方法来系统性地应用现有理论帮助解释数据等。Bamberger（2018）甚至认为，大多数管理学的扎根理论研究本质上都属于溯因推理，即既非单纯归纳也非演绎。

（二）体验、理解与解释

实证主义与诠释主义之间的流派之争进一步派生出经验研究与诠释研究的长期对立。经验研究与诠释之间的对抗，也就是相关者方法与诠释者方法之间的对抗。

相关者方法首先预设了一种主客体相互独立的本体论基本假设。因此，在认识论和方法论中，强调研究对象的客观性和研究者的"价值中立"，注重寻求原因和支持因果关系的"解释"（井润田和孙璇，2021）。解释，是通过观察和实验把个别事例归纳于普遍性法则之下，发现行为的因果规律，借此预测或解释社会实践，并对这些规律进行经验验证，这是自然科学通用的因果解释方法。自霍布斯之后，奥古斯特·孔德是把自然科学方法首先专门应用于研究社会现象的人之一。他发明了"实证科学"和"社会学"两个词语，前者指的是一种研究事实和规律的严格的自然科学方法，并由此发展出了逻辑实证主义，后者则指诸如劳动分工及其导致的社会联系如何从相似到相互依赖的社会现象。被视作现代社会学创始人的埃米尔·涂尔干受到孔德的极大影响，也主张每个社会事件要像自然事件一样，要在与某一社会事实的法定联系中寻找普遍的规律，这些社会事实包括社会现象和社会力。社会科学的任务就是发现可以描述社会事实与人类行为之间联系的因果规律。

由此，孔德和涂尔干所支持的将自然科学方法应用于研究社会现象，为管理学研究中实证主义方法论的运用所奠基。因这种自然科学式的研究方法追求客观中立和对社会事实的准确预测，成为管理科学乃至社会科学的主流方法。

小贴士：孔德的实证主义思想

孔德是第一个把自然科学方法专门应用于研究社会现象的人之一。他相信人类行为必然遵从一些严格的规律，就像撞球必然遵循牛顿运动定律一样（普遍—规律概念），支配人类行为的规律可能与那些支配自然物体（如撞球）的行为规律有相似的来源。有这些规律在手，就可以设计出完美的社会。孔德认为，唯一合理的知识模型就是具有经验方法的自然科学及逻辑和数学等形式学科。这与孔德认为社会经历三个发展阶段的观点非常一致。

（1）神学阶段：在这一阶段中，我们对于我们自己和我们在社会中的位置的反思是通过直接诉诸神来完成的。

（2）形而上学阶段：在这一阶段中，人的普遍权力建立在某种比人类权威史高的平面上，尽管这个平面除了隐喻性的意义之外与神毫无关系。

（3）科学阶段：在这一阶段中，人类使用自然科学、逻辑和数学方法找到了所有问题的解，这些问题涉及社会问题和其他一切问题。

因此，对于孔德来说，如果社会科学想要真正成为"科学的"，就不能与自然科学、逻辑和数学区分开来。科学方法是新任务要遵循的方法科学，唯一的目的是发现自然规律或存在于事实中间的恒常的关系，这只有靠观察和经验才能做到。这样取得的知识是实证的知识，只有为实证科学所证实的知识才能成功地运用到人类实践的各个领域。凡是没有把握这种知识的地方，我们的任务是要靠模仿高等自然科学所用的方法，来取得这种知识。我们看到，孔德是站在经验派思想家一边的，他属于以休谟和狄德罗为重要代表的哲学家的行列。

据此，按照泰勒的分类，孔德可能是一个相关者，很多人把他视为社会学的创始人。他强调要发现行为的因果规律，借此预测或解释社会事件，同时需要对这些规律进行经验验证。

资料来源：毕夏普（2018）

诠释者方法首先并未在主体和客体之间做严格的区分，相反，其本体论的基本假设是个人能够影响并塑造客观世界。于是，理解和体验被认为是质性研究中诠释派方法的重中之重（洪汉鼎，2001）。理解，是通过自身的内在体验去进入他人的生命活动甚至精神世界，可以被定义为"我们由外在感官提供的符号或表现去认识其中被固定了的生命或精神的过程"（洪汉鼎，2001）。体验能够帮助研究者在深入实地时获得对地方、人及其文化的理解。社会理论家威廉·狄尔泰对孔德"自然科学转向"做出了强烈的回应，他并不强调通过经验观察来寻找普遍规律，而是提出了诠释学方法的三大步骤：经验、表达和理解。首先，我们的直接生活经验未经分析和反思，通过意义连接在一起；其次，哲学经验在人类生活中通过思想、判断、概念及行动等形式得到创造性表达；最后，对这些经验表达的反思性理解结果，就是领会人类行动和实践及其语境的意义。可以说，诠释者方法否认了相关者方法对人类行动给出的一种完全客观、价值中立的描述的可能性，并重视行动和关于行动的知识是受到历史制约的。诠释学哲学家认为，诠释对于社会研究而言至关重要且不可避免，这极大地区别于自然科学。

尽管相比相关者视角，诠释学方法受到的关注较少。但当前管理学者愈渐认识到，这种强调研究者通过与研究对象互动来理解其行动意义的内部人视角，相比追求客观中立的相关者视角，似乎在创造性地阐释关乎人类动机、情感、态度等方面更具优势。因此，诠释学方法近年来愈渐受到学界的青睐。

小贴士：狄尔泰的诠释学方法

狄尔泰是一般诠释学发展进程中的一位至为关键的人物。当代德国的哲学，特别是哲学诠释学，与狄尔泰有着密切的联系。

与孔德相反，狄尔泰并不强调通过经验观察来寻找普遍规律，而是强调历史偶然性和变动性，他更聚焦于社会行动对于行动者而言具有的意义和诠释。他认为，自然科学从"外部"把对象视为无意义的物质事物，这些事物没有经验和意向性等"内部"能力（如原子、岩石、恒星等）。如果尝试通过把事件归入普遍规律来解释事件，那就需要一种把世界当作一些去语境化的对象的集合来处理的能力，而这些对象可能存在于各种因果关系中。反过来，把事物当作纯粹的客观对象来处理，预先假定了一种抽象能力，这种抽象可以把所有意义和价值从我们以往通过经验得到的东西中移除掉。按照这种方式，我们所研究的事物就被当作受规律支配的内在无意义的时空对象。正如狄尔泰所说，"只要我们经历自然的方式、我们对自然的参与以及我们享受自然的重要感受，都后退到根据空间、时间、质量和运动来抽象地理解世界"，我们就可以把我们周围的世界看作一个受规律约束的对象的集合。换句话说，这种物化的世界观是霍布斯的世界图景，而这无非是运动中的物质。

狄尔泰研究社会现象的诠释学方法，本身受到德国哲学家弗里德里希·施莱尔马赫（Friedrich Schleiermacher）思想的强烈影响，这种方法包括三个步骤：经验、表达和理解。他强调经验的作用，这点与英国经验主义哲学家休谟和洛克是一致的，同时他还相信所有科学都是经验的。但是与经验主义者相反，狄尔泰坚持认为，所有的经验最终都必须回溯到我们自己的意识和历史背景中。基础是我们的直接生活经验，这些经验通过意义连接在一起。但是在第一个阶段中，我们的经验仍然是前反思性的（或称为未经分析的）。这些经验反过来在人类生活中得到创造性的表达或实现。这些表达采用思想、判断、概念及行动等形式，通过诸如艺术作品、文学甚至理论化等语言和手势来得到阐释。对这些经验和行动的反思性理解的结果就是，领会人类行动和事件及其语境的意义。通过这种方式，狄尔泰想要把社会研究根植于一种历史的、诠释学的方法中，而这种方法与孔德所倡导的经验方法截然相反。然而，狄尔泰也的确认为，对于防范对生命的推测性的形而上学理论化而言，经验研究是必要的。

按照泰勒的分类，狄尔泰是诠释者的一个例证，而且狄尔泰认为，社会科学如心理学、历史学和社会学，都与自然科学之间存在严格的区分，因为前者至关重要地包含意义和诠释，而后者没有。在他看来，自然科学的目的仅仅在于对概念和现象进行描述与解释，而社会科学则旨在理解概念和现象。对他而言，尽管社会事件不能得到预测，但是社会科学可以通过揭示社会事件的意义来解释社会事件，而且，他强调诠释学方法恰恰适用于发现这些意义。与孔德相反，狄尔泰相信在自然科学与社会科学之间存在一种根本不能逾越的鸿沟。他认为，社会科学应该以对人的内心生活和经验的客观描述或诠释为目标，社会科学与自然科学是平等的，甚至优于后者。

资料来源：毕夏普（2018）

总体而言，从一般方法论层面来看，以解释为主要形式的实证主义方法论与以体验和理解为主要形式的诠释学方法同样呈现一种相互割裂的局面。两者之间的割裂亦表现于质性研究方法与定量研究方法的运用上。一方面，质性研究者注重理解和体验，如案例研究方法中，强调研究者目的是想认识一个真实的案例，并认为这种认识很可能与影响这个案例的一些重要情境条件相关（Yin and Davis，2007），因此要求研究者关注案例情境以及进入其中来发现问题；民族志研究是基于实地调查、建立在人群中第一手观察和参与之上的方法，研究者往往需要参与到研究情境中，作为"局内人"进行田野调查数个年月，来获得充分的一手资料。而另一方面，定量研究者非但不认同研究者过多地参与，反而强调研究者的"价值无涉"，要求研究过程中保持客观中立，作为"局外人"对物质世界固有的科学规律进行解释。

二、互补融合的方法论

基于上述回顾可以明确，主流方法论受到经验主义和理性主义的影响，形成了归纳、溯因和演绎三种主要逻辑体系，以及以解释为主要形式的实证主义与以理解和体验为主要形式的诠释主义两种方法论。显然，不管是逻辑层面的归纳、溯因或演绎，还是一般方法论层面的解释或理解，各方法论在运用中均瑕瑜互见。尽管已有学者开始意识到知识的发展和理论的论证需要不同方法各司其职、相互补充、共同推动（陈春花和马胜辉，2017；亚历山大，2008），但正因为方法论背后所遵循的本体论和认识论原则存在根本上的分歧，方法论之间的争论和割裂始终未得到调和。

正因如此，本书以管理实践为本体，构建了新的本体论基础，明确了研究者与研究对象之间的主客体关系是辩证统一且相互转化的。在此基础上，提出了认识管理实践所遵循的统一和适配的认识论原则。进一步，在这样的本体论和认识论指导下，下文试图在二元方法论中取得平衡和统一，形成"归纳、溯因和演绎并存"以及"体验、理解与解释相融"的方法论基础为具体研究方法的选择和实施做指导。

（一）归纳、溯因与演绎并存

当前学界在对归纳、溯因和演绎方法的运用上呈现各自为政、相互割裂的局面，尤其是归纳法和演绎法。然而，学者不得不承认的是，在实际的研究分析过程中，难以避免三种方法并用的思维逻辑。比如，在案例研究中，研究者往往首先要在浩瀚的实地数据中对研究问题进行聚焦（这涉及归纳思维）；其次，根据研究问题和理论视角展开分析，寻找导致现象的原因（这涉及溯因思维）；最后，在得出结论时，需要研究者对比现有文献提炼新的规律（这又涉及演绎思维）。抑或在定量研究中，首先采用演绎思维提出因果关系假设、构建理论模型，其次通过量化处理检验假设是否成立，最后一定程度地涉入溯因思维对得出的结论进行解释分析。Skyrms（1966）也指出，当在许多复杂情况下使用归纳逻辑寻找现象的原因时，可能难以确定真正的原因，而仅是在谈论征兆或症候。因而归纳逻辑往往需要和演绎逻辑一起使用方能提升归纳的深度，得出较为可靠的结论（吕力，2014）。由此，打破归纳、溯因和演绎相互割裂的局面，形成互补融合的方法论显得十分必要。

因此，本书认为，在管理案例研究中，研究者需要并用归纳法、溯因法和演绎法三种方法，即要将三种方法灵活嵌入于管理案例研究的不同阶段。首先，发现独特的本土管理现象，并基于研究者个体立场的分析视角，采用归纳逻辑对现象进行构念化和框架化；其次，以问题为导向提出问题，并采用溯因逻辑对质性数据展开分析；最后，根据分析结果与文献进行比对，采用演绎逻辑探究理论规律，得出结论。采取归纳、溯因和演绎并存的方法论原则，不仅可以为研究者建立一套完善的分析逻辑体系，也能通过合理嵌入演绎和溯因逻辑，加深研究者在案例研究中归纳的深度和广度，增强结论的可信度和推广度。

（二）体验、理解与解释相融

实际上，从管理实践本体论基础来看，主体与客体间是相互转化的关系，即研究者难以避免对研究对象赋予自身的理解与评价。同时，由客观性与主观性相统一，和情境化与整体性相统一的认识论原则也可得出，研究者需要承认客观事实的存在，尊重管理实践的客观性，也需要深入情境中，基于自身主观认知对管理现象进行整体把关和认知，方可得出具有系统性和解释性的研究结论。

据此，本书从一般方法论层面，提出体验、理解与解释相融的方法论。同时，将体验、理解与解释同归纳、溯因与演绎相互嵌套，构成一系列全面的管理案例方法论体系。其一，在挖掘本土独特现象时，研究者需深入管理实践中去"体验"研究对象的活动、认知及精神世界。当研究者与研究对象产生交互后，会触发研究者发现管理实践中一些有趣且新颖的现象。然后，经由研究者不断地数据收集和比较，将这一新现象进行初阶的外推，从而上升为具有初步理论化的解释。这一过程便是研究者通过"体验"现象来展开"归纳"的过程。其二，基于自身体验和归纳，研究者需要抽离现象，以客观的视角来"理解"和领会研究对象实施行动的影响因素和决策过程。首先，采用整体性思维将管理现象中所呈现的诸多纷繁复杂的影响因素进行逐步剥离。其次，基于研究者对现象的理解，在诸多因素中找到影响决策的关键因素。这便是研究者在对现象的理解中逐步溯因的过程。最后，在数据饱和的情况下，研究者通过与现有理论对话，采取理论推演（演绎）的方式来实现研究者对管理现实中新的规律的解释。这一过程便是演绎和解释相互嵌套的过程。

由此一来，通过将逻辑层面和一般方法论层面相互嵌套，形成了一种系统的管理案例方法论体系，即在体验中归纳、理解中溯因、解释中演绎，为实现本土理论的重大创新以及构建管理的中国学派提供方法路径。

第四节　管理案例学的价值论基础

价值论作为哲学的主干学科之一，通常指研究自然和社会的价值现象与价值问题，解释价值的本性、本质，以及人类认识和实现价值的规律，阐明价值世界的规定性及其对人类的意义；在此基础上提供理想的社会价值体系及其构建方案，回答人类生活中的重大价值问题，为人类追寻理想生活提供价值论原则（江畅和左家辉，2021）。从哲学意义上来看，价值既是功能范畴也是关系范畴，能够反映主体改造客体和自身的感性物质活动与对象性关系（王玉樑，2008）。换言之，价值既代表了一事物满足另一事物需要的效用关系或客体对主体的效应，也反映了对事实的超越和人们所追求的理想目标，是对终极意义或终极价值的探索。价值的这种超越性决定了价值的本质在于发展（王玉樑，2008）。

正因价值论在管理学科中发挥着指引学界同行追求本土乃至世界管理学科发展的重要作用，故价值论基础在管理案例学的学理基础中占据支柱地位。然而，在管理研究中，实则长期存在一种矛盾的价值现象，即对于本土管理研究的实用价值和理论价值，学者往往偏重其一，形成两种价值二元对立的局面。而管理案例研究的价值本质应该是共同性和根本性的，将研究的实用价值和理论价值相统一、兼顾本土理论和世界理论的发展，而非这种相互割裂的单一价值获取。进一步，管理研究若是缺乏这种共同性，便难以实现其之于本土管理实践、世界知识体系乃至人类的重要意义。

如此而言，亟须对管理案例学的价值论基础进行明晰，这不仅是为了帮助研究者探清质性研究的价值本质，也是为研究者从认识价值到实现价值的过程提供明确的指向标，从而更好地为中国本土的管理学者发展管理的中国理论、构建管理的中国学派服务。

一、管理学的价值性

要认识价值的本质,首先要有正确的研究价值论的思维模式。在价值哲学史上,影响最大的三种价值论思维模式分别为实体说、固有属性说和关系说(王玉樑,2008)。其中,实体说把价值理解为实体,如"人就是价值本身"或"许多不同的东西本身就是善的或者恶的"的论断便是分别从主体或客体出发来解释价值,实体说又分为唯主体论和唯客体论两种学说。这两种学说的观点的弊端在于把主体的价值和评价混为一谈,或片面地只看到客体对价值的作用。固有属性说是把价值视为客体本身固有的属性。类似于本体论中唯实主义者的观点,人们感知到的价值实际上是客观事物自然的反映。可见,这种观点同样较为片面,未能看到主体的作用。关系说则认为价值是关系范畴,即价值是主体与客体相互作用的产物。相比实体说和固有属性说,关系说既强调价值的客观性,也肯定了价值的主体性,相对合理全面且更加契合价值的特点。主客体关系论,系统地说,不仅包括主体与客体的关系,还应内含主体与主体的关系,客体与客体的关系等。只有全面地研究主客体各方面的关系,才能更好地研究价值的本质(王玉樑,2008)。

管理学是一门致用的学科。追溯学界对管理学及其研究成果的价值性的定义和论述,其价值性主要体现在管理学及其研究成果对于管理实践的关系价值上。最早提出价值理论的是以斯密、李嘉图、马克思为代表的古典经济学家,他们认为使用价值指物品的有用性或效用,即能满足人们某种需求的属性;而交换价值则表现为一种使用价值同另一种使用价值交换的量的关系或比例。源于经济学领域的这一价值论断的启发,管理学界开始对管理学及其研究成果的价值性展开讨论。孙继伟(2010)提出管理学研究成果的使用价值和交换价值,前者指研究成果对同行、实践者、学员的有用性或效用;后者指研究者可以用这一成果换取的直接经济利益和间接经济利益。其中,管理研究的效用往往体现于在直面实践导向性上,能够从实践和经验中发现并探究管理科学知识,从而预测未来管理和解决实践问题(高良谋和高静美,2011)。吕力(2011)认为当今管理学主流研究持有典型的管理工具论立场,工具价值是指对于其他事物来说作为一种工具的价值。因此,管理最重要的就是能找到解决管理实践问题的方法、途径,选择最优方案、决策和手段。此外,他还提出"本体价值"的概念,即管理寄寓了人们实现生存的最终目的或最高理想,是一种最终价值和内在价值(吕力,2011)。高良谋和高静美(2011)认为管理学应该同时关注两种价值:学科价值和实践价值。这两种价值反映了管理学之所以存在意义,即管理学在知识生产过程中所具有的独特贡献以及管理学之于实践的指导性意义。

由此可见,管理学及其研究成果的价值性讨论一直围绕管理学之于管理实践的效用上。令人困惑的是,学界始终未能对管理实践的价值意义展开探索。而这也在很大程度上造成了管理学界的"价值迷失"。因学者过度追求管理研究的工具价值和经济利益，将论文数量、"帽子"人才等短期利益作为个人发展的主要目的，并将其凌驾于管理研究的实践导向性和学科发展性目标之上，造就了一种"自娱自乐"与"功利型"的学术氛围。

实际上，从哲学范畴的主客体关系论来看，仅单方面讨论管理研究对管理实践的价值是缺乏全面性的。管理研究与管理实践之间的相互关系，也映射了管理实践的价值与意义所在。我们认为，管理实践实则是管理研究的根与源。无论是学界的"理论脱离实践"、学科"合法性"，还是学科构建的方式方法等诸多问题，均可归因于未能厘清管理实践的价值导向上。因此，有必要从管理实践出发进行价值重构，明晰管理实践的价值层次和对学界和实践界的效应，统一传统的价值观念，把握管理案例学的价值本质，为本土管理学界发展管理的中国理论及中国学派提供价值的指向标。

二、管理案例学的价值重构

（一）管理实践的价值分解

根本而言，管理实践关系范畴的价值在于管理实践与管理理论之间的相互关系，功能范畴的价值则在于促进事物特别是人类社会的发展而言。立足于管理实践本体论，管理案例研究所做出的本土理论创新，一方面要服务于管理实践，满足国内管理学界开展质性研究和发展管理科学的本土目标；另一方面还要贡献于世界管理知识体系，完成本土管理理论走向国际化并拓展和丰富世界管理知识体系的终极目标。也即，管理案例研究要致力于形成"本土意义"与"普世价值"共存的管理理论。由此，本节将管理案例学及其管理案例研究的价值分解为本土价值和通约价值两方面。

1. 本土价值

本土价值，是指实践导向的管理研究在发展本土管理实践上的指导作用，反映在本土管理理论源于本土管理实践并服务于本土管理实践上。一方面，管理学是一门致用的学科，管理新知需要经历"从实践中来，到实践中去"的过程。从实践中来，即独特的本土管理实践经由研究者使用本土语言和具有本土意义的构念对其进行解释；到实践中去，就是管理知识在解决管理的实际问题中不断经受检验而完善。另一方面，中国本土管理实践能够为本土研究以及中国各大学术期刊、商学院建设、科研基金或研究管理机构提供实践价值指向，形成以实践为导向的学术共同体和学术氛围，引导研究成果在实践中转化为社会生产力，推动管理学在中国的发展以及整个社会经济的进步。

实际上，学界已对本土管理研究的"本土意义"做出了解释：以指导中国本土企业管理实践问题为目标（陈春花等，2014）。这反映了学界普遍认为的本土研究的本土价值所在。

本书认为，以管理案例研究为代表的本土管理研究的本土价值应不限于此。进而，结合管理实践与管理知识的交互关系，下文从两个层面对本土价值进行了挖掘。具体地，其一，从管理知识的地域性来看，立足于本土管理实践的管理研究所创造的是具有特定地域意义的本土知识，其内含着独特的文化背景、区域生态（如相较于西方，独特的制度环境、市场环境和社会文化等）以及其所产生的管理智慧，是其他地域知识所难以替代的。因此，区域性的管理知识不仅相互联结构成了本土管理理论体系，也成为世界管理知识体系的基本组成部分。其二，从管理知识的功能来看，只有在特定的实践情境内所发展出来的管理知识，方能解释并预测特定社会文化环境的特定现象（徐淑英和张志学，2011），更有针对性地解决实践中的现实问题，并推动本土管理实践乃至整个社会经济的进步和发展。

进一步，从价值本性的角度来看，管理案例研究的本土价值是实然的，是现实存在的价值，是管理案例研究所必要的价值。正如在西方管理理论垄断之下华人学者所呼吁的，需要开展管理理论的本土化研究（Tsui，2004）。从另一个角度来说，追求管理案例研究的本土价值，也就是在谋求管理案例学乃至管理学科的进步和发展。

2. 通约价值

通约价值，是指管理实践为本土管理研究提升世界管理知识体系的多元异质性所提供的重要源泉。徐淑英和吕力（2015）认为社会知识是本土的，没有本土理论，便难以进行真正的比较研究。纵观世界管理体系，源于中国本土独特实践的本土理论在其中独树一帜，以其相较于西方管理理论的相似性和独特性，成为世界管理知识体系中不可或缺的重要部分。

因此，通约价值可以从以下两个层面来剖析。其一，从本土研究的最终目的来看，具有本土特色的管理新知通过研究者使用国际通用语言和规范的研究方法，可实现一定程度的外推，向西方世界发出来自东方的声音，贡献于世界管理理论体系。其二，从知识演进的角度，一是本土管理知识在管理实践的检验中不断被重新认知、反思和改进，推动本土管理知识体系逐步充实；二是世界管理知识体系也在本土管理知识的不断挑战和补充中逐步完善，最终推进人类对管理科学的认识和进步。

进而，从价值本性来看，通约价值内含着应然性，是理想的价值，也是对现实的超越。换言之，从管理案例研究的本土价值出发，去追求通约价值，使整个世界管理知识体系发展、更加完善，也促使人类对管理科学的认识进步。

总体而言，本书围绕管理实践分解出两种价值，形成管理案例学的价值论基础。这两种价值，涵盖必然性与超越性两个层次。一方面，包含了本土管理学者的自身发展追求、本土管理实践的发展需求以及本土管理理论的发展目标；另一方面，也兼顾了世界管理知识体系的多元化需要，由点及面地推动管理案例学及管理学科的发展和进步。

（二）两种价值的辩证统一关系

由前文本土价值和通约价值的具体内涵可知，尽管实现这两种价值不仅是管理学者所需追寻的目标所在，也是当前学界的广泛共识。然而，令学界较为困惑的是，在实际的管理研究中，学者往往很难做到本土价值和通约价值的兼顾。具体体现在以下方面：第一，尽管一些本土研究关注本土现象的独特性，然而由于研究者自身的认知局限，未能对本土现象的独特性及其起因进行深入剖析和理解，将一些普遍现象误认为是中国所独有的，因而所得出的理论见解缺乏深度和贡献，以至于难以真正实现本土价值，更难以有效地外推以实现通约价值；第二，大量定量研究习惯于从文献出发来挖掘科学问题，未能结合本土管理实际，其研究结论不仅缺乏独特性和新颖性，也无法真正解决管理实践中的实际问题，从而使本土价值和通约价值均丧失。实际上，两种价值关系的兼顾，不仅能够满足学界在本土理论发展中的实践导向性，也能迎合本土理论发展有机嵌入世界知识体系的需求。因此，兼顾两种价值关系既显得十分必要，对于学者来说也是一种挑战。

本书认为，关注管理实践与管理知识的交互关系，是兼顾本土价值和通约价值的关键所在。从哲学属性来看，如前所述，管理案例研究的本土价值是直面管理实践所带来的，是实然的、基础的，也是现实存在的价值，本土管理学界必然要通过挖掘本土管理实践的独特性来实现本土价值，以谋取管理学科的进步和发展。在此基础上，所发展出的具有本土特色的管理理论嵌入于世界管理理论体系当中，为世界管理知识体系献力。进而带来的通约价值则是对本土价值的超越，是应然的、理想的价值，其本质在于发展，是对整个世界管理体系的发展和完善。从内容构成来看，管理实践活动和实践者是多元的与区域性的，所有人类知识也都由地方性知识构成（吴彤，2007）。一方面，从本土管理实践中总结出的经验和规律，若不能提升为普适性和一般性的理论，则会导致世界知识的碎片化，不利于世界知识的整合与进步。另一方面，本土管理理论生成与发展所需的特定情境边界，不仅为理论提供了适用范围（Whetten，1989），也为其提供了普适性的条件，使本土管理理论所产生的价值扩大化。

因此，可以说，本土价值和通约价值是相辅相成且相互转化的辩证统一关系。其中，通约价值是在本土价值基础之上发展而来的，本土价值有可能上升为通约价值，即本土价值是实现通约价值的基础。而通约价值又是对本土价值的一种超越和扩展,即通约价值是实现本土价值的最终目标。

由此看来,管理案例学作为一门具有双重价值取向的学科,兼具本土价值与通约价值。相较于一般管理学方法,案例研究以直面管理实践的天然属性赋能研究者,使其实现并兼顾双重价值。

第五节 管理案例学的学科属性

属性为"事物本身所固有的性质,是事物必然的、基本的、不可分离的特性,又是事物某个方面质的表现"(教育大辞典编纂委员会,1990)。如果说,一门学科的哲学基础是学科的前提、基石和范式,以一种隐性的存在方式指引着管理案例学术共同体的研究工作和实践工作。那么,学科属性就是基于哲学基础所达成的学科共有的显性共识,既反映了该学科的特性,也反映了该学科知识的基本特征。因此,在认清管理案例学的本体论、认识论、方法论和价值论这一系列底层理论的基础上,准确认识管理案例学的学科特征有助于更好地发展和传播管理案例知识及本土管理理论。

本节基于管理案例学与其相关基础学科的关联性,提出了管理案例学的三个属性:实践性、交叉横断性和融合性。下文将针对每一种属性进行一个简要阐释。

一、实践性

从管理学和管理案例学的关联性上来看,管理案例学是由一般管理学衍生出的、结合案例研究和案例教学于一体的新兴学科。因此,管理案例学同管理学一样,重视管理类实践并服务于管理实践。众所周知,管理学有极强的实践性,这一特征甚至可以被看作管理学的基本特征(王迎军等,2015)。管理理论主要源于实践,管理理论的有效性也由其对管理实践产生的影响和效用来衡量。与管理学同源的管理案例学亦如此。

除此之外,管理案例学相较于一般管理学,在"实践相关性"方面表现更为突出,具体体现在:一方面,管理案例学以案例为载体,案例来源于管理实践,案例素材同样来源于管理实践;另一方面,管理案例学以管理实践为本体,发展了面向管理实践的本体论基础、认识论基础、方法论基础和价值论基础。因此,管理案例学可谓是具备"直面实践"的天然属性,也就是说,管理案例学具有实践性。

二、交叉横断性

回顾学科发展史,第一阶段主要是寻求对学科的初步认识;第二阶段按照研究客体的性质将学科分为自然科学、社会科学和人文科学等;学科发展到第三阶段，出现学科交叉现象。诺贝尔奖获得者西蒙提出"交叉学科不应该是人为形成的，而应该是对一个真正的科学机会的反应"。可见，交叉是研究客体复杂到一定程度，学科自发进行的。此阶段，为了适应学科交叉发展趋势，从该学科与其他相关学科的关系及其在学科群体中的位置可以将学科划分为三类：比较学科、综合学科、横断学科等（林坚和刘文，2015）。

随着管理实践的动态性、易变性、不确定性和模糊性的增强，研究者逐渐意识到研究对象或问题愈渐复杂，对所需知识的综合化程度也愈来愈高，从而促进了管理学知识和案例知识的组合与渗透，催生了管理案例学的诞生。一方面，从纵向维度来看，案例研究、案例教学和案例应用形成了案例知识的纵向演化路径，也构成了一个三层架构的案例知识体系，管理案例学是在管理学与案例研究、案例教学和案例应用交叉发展的基础上形成的。另一方面，从横向维度来看，管理案例学以案例知识体系为着力点，横切社会科学和自然科学中不同学科群组（管理学、社会学、教育学等学科及专业领域），运用管理案例方法研究不同研究领域的现象，使不同学科的方法和研究对象有机地结合起来，形成一套管理案例学独有的概念、原理和方法（图4.3）。因此，管理案例学具有交叉横断的特性。

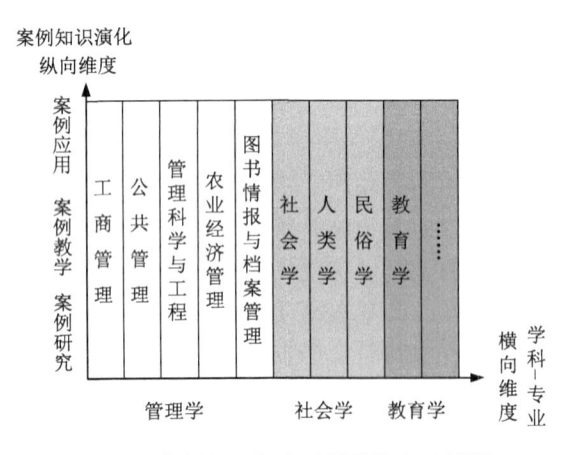

图 4.3 案例知识与多元学科的交叉横断

三、融合性

正因为管理案例学是基于管理学知识、案例知识以及其他自然科学和社会科学中不同学科群组知识相互交叉、渗透与综合而成，所以其在某些方面显示出交互融合的属性。具体体现在以下方面。

第一，学科范式的融合。学科范式是对本体论、认识论、方法论和价值论这类哲学范畴的基本承诺，是一门学科内学术共同体所共同接受的一组假说、理论、准则和方法的综合，其构成了学术共同体的理想和信念，是使一门学科成为科学的必要条件或成熟标志（Barnes，2002；Kuhn，2000；Morgenstern，1976）。从前文对管理案例学学理基础的建构可知，其是在社会科学的学科范式及质性研究的研究范式基础上发展而来。同时，管理案例学的学理基础在社会科学及其质性研究的范畴之上，还融合了部分自然科学范式的思想，如本体论上既重视客观事实也关注主观认知、认识论上形成"统一"原则、方法论上强调互补融合等。这样一来，不仅形成了管理案例学之于其他学科的融合属性，也能够保证这门学科及其研究的科学性，巩固管理案例学的学科体系的合法性。

第二，学科知识与案例知识的融合。尽管案例研究和教学方法早已被广泛应用于不同学科领域的研究中，但案例研究与教学方法通常仅作为一种方法和工具被使用。实际上，案例及其相关活动自成一套知识系统，包括案例知识的发现、案例知识的传播和案例知识的应用。管理案例学的交叉横断性，一方面将案例知识的演化路径纵向连接起来，另一方面横切自然科学和社会科学中的不同学科群组。因此，案例不管是用于研究、教学还是应用，都能将不同学科的知识内容与研究方法及研究对象有机融合起来，从而扩展案例研究、案例教学与案例应用的边界，形成学科知识和案例知识交相融合的态势。这也就是说，管理案例学具有融合性。

第六节 管理案例学的学科体系

学科体系是学科的框架设计，当学科形成和发展到一定阶段，没有适宜的学科框架，就如同没有框架设计而建筑房屋，其学科发展的效率和效果都缺乏足够基础与保障。学科体系内包含与该学科相互联系、相互依存的一系列科学内容和体系。既然管理案例学是一门独立的学科，无疑需要构建一套完善的学科体系，来架构知识体系，协同学科建设、人才培养和管理案例事业的发展。

一、学科基础

管理案例学是新兴的交叉学科，有自身的哲学基础，并且是在多种学科理论日趋成熟的基础上发展起来的。因此，管理案例学的学科基础可以从两方面展开，一是底层的哲学基础，二是上层的支撑学科。

1. 哲学基础

管理案例学的学理基础中，以本体论、认识论、方法论和价值论为主要内容构成了管理案例学的哲学基础，是学科的知识生产方式和体系。其中，本体论能为管理案例学的概念、研究对象、学科属性等方面的明确提供方向。认识论的重点在于指导学科共同体以什么样的共同原则认识管理实践。方法论主要是对研究者认知管理实践的认知逻辑和具体方法、原则进行明晰。价值论则是关于学科的终极目标的探索。基于管理案例学的哲学基础的明晰，才能更好地为整个学科的基本理论打下根基。

2. 支撑学科

1）社会学

社会学是系统地研究社会行为与人类群体的社会科学，是从社会哲学演化出来的一门现代学科。因此，社会学与社会哲学之间的关系密切，其学科创始人就是创始实证主义的哲学家孔德。社会学作为管理案例学的支撑学科，其一，是为管理案例学的学理基础奠定了扎实且思想理论渊源深厚的哲学根基，如实证主义、现象学、阐释学等都是源于社会学派，管理学及质性研究的哲学基础均是在继承和批判这些学派中发展而来。其二，是为管理案例学提供了系统的质性研究方法，如案例研究方法、扎根理论、民族志等。其三，是为管理案例学的理论创新和发展提供理论借鉴。管理学作为社会科学范畴中的一部分，所聚焦的研究现象和问题均离不开管理实践中的人为因素与社会化因素，因此，适当地借鉴社会学理论能够为管理学者解释和预测管理现象助力。实际上，当下已有不少来自社会学领域的理论在研究管理现象中得到发展和应用，如社会交换理论、社会认知理论、相对剥夺理论等。

2）教育学

教育学是一门探索人类教育活动及其规律的社会科学。19世纪中叶以后，马克思主义的产生以及近代心理学、生理学的发展，为科学化教育奠定了辩证唯物主义哲学和自然科学基础。教育学之于管理案例学，其重要的奠基作用在于对案例教学开展及商学院教育发展的指导。案例教学与教育学的有机结合，能为管理案例教学提供学科土壤，为管理知识传播提供科学途径，并为商学院教育的发展提供有益建议与启示。

3）管理学

管理学指研究各类管理现象的相关学科，包括工商管理类、公共管理类、管理科学与工程类、农业经济管理类、图书情报与档案管理类五大一级学科。各学科以自身研究对象为基础在相关领域展开研究，如工商管理学科以企业经营管理活动为主要研究对象；公共管理学科侧重对公共事务管理的探究；图书情报与档案管理学科则以信息资源为研究对象等。在五大学科的基础上能进一步划分出不同的细分领域，包括围绕人力资源与企业效益关系的人力资源管理、探究产品或服务如何转移到消费者和用户手中这一全过程的市场营销等。

管理案例学实际上是衍生于管理学，并基于管理学相关知识，运用管理案例学的具体研究方法对具体问题展开具体分析的一门学科，如面对不同企业的"战略决策差异性"问题，需运用战略管理相关理论知识结合多案例研究方法对此问题进行探究等。因此，管理学为管理案例学的学科构建奠定了坚实的基础。管理案例学中蕴含了大量分别来自工商管理类、公共管理类、管理科学与工程类、农业经济管理类、图书情报与档案管理类等学科领域的基础知识、原理和概念。运用自身方法论及具体方法对各学科领域中的具体现象和问题展开研究，管理案例学承担着发现和传播管理新知，并将其广泛应用于实践界和商学院建设之中的重任。

二、学科结构

学科结构通常指一门学科的学科构成。辨析和确认管理案例学的学科结构，是对管理案例学实施科学化管理的重要前提条件。关于管理案例学的学科结构，需要考虑学科构成与哲学论域和案例知识范畴的契合性，以及案例知识在不同领域之间的跨界性。因此，管理案例学的学科结构是以哲学基础、案例知识演化规律为底层架构，形成的一种复合层次结构。具体地，管理案例学的学科结构包括四个部分：学科范式、案例研究、案例教学和案例应用。

1. 学科范式

学科范式是对本体论、认识论、方法论和价值论这类哲学范畴的基本承诺，是一门学科内学术共同体所共同接受的一组假说、理论、准则和方法的综合，其构成了学术共同体的理想和信念，是使一门学科成为科学的必要条件或成熟标志（Barnes，2002；Kuhn，2000；Morgenstern，1976）。管理案例学的学科范式，即围绕管理实践所构建的本体论、认识论、方法论和价值论的管理案例学科的学理基础。其中，本体论识别了管理案例学的本体角色为管理实践，其遵循主客体相互转化的基本假设；认识论在本体论基础上，明确了两大认识论原则，即客观性与主观性相统一、整体性与情境化相统一的"统一"原则，以及管理实践与管理理论体系相适配、管理理论体系与方法论体系相适配的"适配"原则；方法论提出了获取管理知识的一种互补融合的方法途径，即归纳、溯因与演绎并存，以及体验、理解与解释相融；价值论从管理案例学的本土目标和终极目标出发，提出了服务本土管理实践的本土价值，以及贡献世界知识体系的通约价值两方面，为管理案例学提供学科价值导向。

2. 案例研究

案例研究是对现实生活环境中正在发生的现象进行深入研究，它被用于多个领域，可以帮助我们增进对于个人、组织、机构、社会、政治及其他相关领域的了解（Yin，1984）。广义的管理案例活动遵循"深入企业先行→案例研究与案例教学并行→案例的组织管理后行"的流程规范。案例研究实则贯穿了管理案例活动的前端和中端。案例研究不仅在管理案例学中是获取管理知识的最基础的方法之一，也是管理知识创造的逻辑起点、管理理论建构的有力工具。从管理案例活动视角能够进一步解剖出案例研究方法的规范流程——"进入企业→发现现象→案例数据收集→案例分析与讨论→案例研究报告撰写"。其中，进入企业、发现现象和案例数据收集有机嵌入于"深入企业先行"阶段，包含了研究者对独特现象的识别、理论的回顾、科学问题的提出、案例研究的设计等前期构思过程；案例分析与讨论、案例研究报告撰写则在"案例研究与案例教学并行"阶段实现，包含了数据分析技术的选择、现象构念化、理论对话和框架化等案例研究实施与写作过程。通过将管理案例学的学理基础与案例研究的规范流程相结合，一方面，案例研究的情境性为知识发现塑造边界；另一方面，案例研究的发现功能和外推功能也为知识的创造提供底层逻辑体系、程序与实现条件，帮助研究者做出更具深度的理论构建。总体而言，在管理案例学的学科结构中，案例研究模块是知识演化的起点，为本土管理理论的创新起到不可轻视的关键作用。

3. 案例教学

案例教学是教育者根据一定的教学目的，以案例为基本教学材料，将学习者引入教育实践的情境中，通过师生、生生之间的多向互动、平等对话和积极研讨等形式，提高学习者面对复杂教育情境的决策能力和行动能力的一系列教学方式的总和。案例教学可从知识来源多元化、知识内容结构化、知识转化情境化和知识迁移实践化等方面有效促进教学效果的提升，因而成为多学科教育的重要教学方法，被广泛应用于医学、法学、教育学、管理学等众多领域。案例教学同案例研究一样，贯穿了管理案例活动的前端和中端。具体而言，案例教学遵循"进入企业→案例采编→撰写教学案例和笔记→实施案例教学"的规范流程。其中，进入企业和案例采编环节与案例研究中的进入企业、发现现象和案例数据收集环节相对应且相统一，属于管理案例活动的"深入企业先行"阶段；撰写教学案例和笔记、实施案例教学两个环节属于"案例研究与案例教学并行"阶段，这两个环节和案例研究的案例分析与讨论、案例研究报告撰写相互串联并彼此交融，包括运用理论知识点对案例进行解读、构思案例写作脉络等。基于此规范流程，管理案例知识能够实现有效传播，一方面承接管理知识创造，为本土管理理论创新寻找出路；另一方面能为案例知识的应用奠基，为本土管理理论的推广提供平台。因此，案例教学在管理案例学的学科结构中，发挥着重要的中介和连接作用。

4. 案例应用

案例应用是指以案例为载体的知识应用方法。案例应用位于"案例的组织管理后行"阶段，是管理案例活动的终端，直接面向实践界、社会面的管理案例知识应用。一方面，案例作为人们生产生活中普遍存在的高级知识，拥有解释、判断、诊断、启发、学习、预测、决策辅助等功能，能广泛应用于微观层面的企业管理（如战略管理、人力资源管理、研发管理、运营管理等）、中观层面的产业实践（如工业、农业、教育、医疗、信息咨询等）、宏观层面的社会及其人类生活环境治理中（如政治、经济、文化、历史、社会安全等）。另一方面，案例作为工商管理学科建设最有效的方法（黄江明等，2011），在应用型管理人才的培养方面发挥着巨大作用，也得益于管理案例体系与商学院学科建设的高度耦合性，为商学院学科建设发挥着愈加重要的协同作用。可以说，案例应用是案例知识的归属，但并非终点。得到应用的案例知识和管理理论在管理案例学的体系下，能够进一步展开知识的迭代更新，即再次转入案例研究模块，形成"知识创造—知识传播—知识应用"的螺旋上升。

第五章 管理案例的知识发现：底层逻辑与理论建构

直面实践的管理研究已得到国内管理学者的广泛认同，产生了诸如中国管理学、东方管理学、中国管理哲学等一系列以中国情境为基础的管理学派，强有力地促进了管理的中国学派的构建。但与此同时，各学派之间存在的情境认知不同、逻辑起点差异性等问题又会影响管理的中国学派的蓬勃发展。因此，如何打破各管理学派之间的隔阂，实现融会贯通是亟待解决的焦点问题，其本质在于挖掘出各学派赖以生存和发展的共用逻辑基础。为此，本章的首要目的是通过挖掘直面实践的管理研究的底层逻辑，为各管理学派建立可共用的逻辑基础。底层逻辑，就是对事物或现象所做出的最本质的原理解释。本章从功能角度出发，通过分析不同逻辑的适用阶段以及逻辑间的组合应用，明确直面实践的管理研究背后的本质核心。从理论而言，针对底层逻辑的探讨属于最基础性的研究，这是每个学科得以构建的坚实保障；同时，也能够揭示以管理案例为代表的直面实践的管理研究与其他研究的底层逻辑之间的区别和联系，从而丰富关于管理研究基础逻辑的深度探索。从实践而言，基于底层逻辑这一共用基础，各个管理学派的构建才会不断提高和完善，也将吸引更多的管理学者投入直面实践的管理研究，从而切实助力管理的中国学派蓬勃发展，以及本土特色管理学科的构建。

为此，本章围绕直面实践的管理研究的底层逻辑，以管理案例研究为例，针对以下研究问题展开探讨：①如何全方位认识管理研究对象所在的情境？②直面实践的管理研究的底层逻辑是什么？③针对底层逻辑的研究如何助力构建管理的中国学派？④如何基于底层逻辑构建中国情境下的管理理论？为解决上述问题，本章首先从情境基础观出发，力图构建各学派对于情境的共用认知基础，并从情境视角剖析管理案例的研究过程，由此识别出研究的核心功能；其次，从功能性角度出发，着重探讨管理案例研究的程序和实现，以及如何发现相对普适化的问题，并进一步挖掘知识发现功能和普适功能背后的逻辑思维；再次，归纳总结管理研究的底层逻辑，并就其作用和意义展开探讨；最后，将底层逻辑的思维贯穿于理论建构与涌现的实际研究，明晰理论建构的具体操作过程。本章通过对上述基本问题的深入研究，不仅可以挖掘出以管理案例为代表的研究方法的最基础、最底层的逻辑体系，还能够揭示直面实践的管理研究与其他研究的区别和联系，最终为构建被广泛认同的管理的中国学派提供基础源动力。

本章的意义在于：其一，为形成中国本土的研究体系奠定坚实的基础。通过对底层逻辑的研究，发现基于本土实践的管理研究的独特逻辑体系，以此为基础开展的研究工作，或将形成不同于既有本土研究的新特点和新规律，从而为形成基于本土实践的研究新体系奠定基础。其二，为构建管理的中国学派提供赖以生存和发展的共用逻辑基础。通过探讨管理研究的底层逻辑，能够从更基础的角度解决各管理学派之间逻辑起点不同的问题，从而打破各学派之间的隔阂，最终推动管理的中国学派的蓬勃发展。其三，为推动全球管理知识体系的构建贡献中国智慧。建立全球管理知识体系亟须高水平的针对单个国家的本土研究，而本章旨在深入挖掘基于实践的管理研究的内在逻辑体系，在丰富本土管理实践的学术价值与理论体系的同时，还将补充完善现有的全球管理知识体系。

第一节 基于情境敏感的管理案例研究

管理案例研究以情境作为起点，这是区别于其他研究的关键所在。情境具有高度的敏感性特征：其一，情境自身的敏感性。扎根实践的管理研究对象均位于社会大环境中，而情境以及情境组合会随着环境的改变发生变化，这种动态性特征赋予了其高度的敏感性。其二，复杂情境的动态变化是与其他研究有所区别的核心因素，贯穿于管理案例的整个研究过程，这也再次突显了情境在管理研究中的重要价值。其三，情境敏感性并不意味着管理研究一定会随着情境的变化而变化，这就涉及去情境化的过程，否则无法保证管理的中国理论的普适性。由此可见，基于情境敏感的管理案例研究是至关重要的，目前我国各管理学派从不同视角透视研究对象所处情境的特殊性，为构建管理的中国学派做了大量研究贡献，但并没有形成可共用的情境认知体系，从而无法系统全面地把握研究所处情境的独特性。基于此，本节首先诠释了情境基础观的基本内容；其次，从"要素、架构、谱系"三方面明晰管理研究的情境敏感性特征，构建起各学派对于情境的共用认知基础；最后，深入剖析情境嵌入和情境脱敏两大研究过程，并识别过程中的核心功能。本节围绕管理研究的情境展开探讨，一是提供一套全面认识情境的框架体系，助力各管理学派对情境的全方位把握；二是通过对情境的深入理解识别出管理研究的两大核心功能，为挖掘管理研究的底层逻辑奠定坚实的情境基础。

一、情境基础观与案例研究

情境指的是与现象有关并用于对其做出解释的内外部因素（Mowday and Sutton, 1993）。context 源于拉丁文，本意为交织、连接的意思（Rousseau and Fried, 2001）。情境的研究经历了从普遍适用到聚焦的过程，早期情境被认为是事物发生并对机体行为产生影响的环境条件（谷传华和张文新，2003）。后来，管理学研究者将情境引入组织层面，用来描述组织内外部各种现象或刺激因素的集合以及交互作用关系，并区别于组织环境这一概念（林海芬和苏敬勤，2017）。由此可见，管理研究的情境并不能单纯地理解为宏微观环境，而是指影响企业活动的各种刺激因素，以及因素之间的交互作用。此外，研究对象所处情境对组织结构的构建和管理运行有着显著影响，因此将一个研究对象与其他体系进行比较研究时，需要优先考虑情境要素（苏敬勤和张琳琳，2016），也就是管理研究的情境基础观。

情境基础观，旨在强调学术研究的深度情境化特征，即在独特情境下解释重要的独特现象，并得到符合情境的研究成果。与既有的资源基础观、知识基础观等相比，情境基础观认为在研究过程中，情境应是最优先考虑的因素，是一系列研究操作开始的前提。具体而言，任何理论都有它的默认情境假设，在一种情境下建立的理论可能不适合解释另一种情境下的类似现象（Tsui et al., 2007）。比如，委托—代理理论的研究基础是利己假设。虽然受利己思维影响的竞争行为在提倡个人主义的情境下是被广泛接受的，但在重视集体利益的情境中，这种假设就无法对人们的行为做出解释。由此可见，以情境基础观为基石开展直面实践的管理研究是尤为必要的。而管理研究的最终目的是提供高度可靠的研究，通过解决时下最紧迫的管理问题，或是解释独特现象背后的管理谜题为实践提供指导。这种扎根于实践的管理研究本身就对管理学者提出了深度情境化的要求。因而，由情境基础观展开的管理研究保障了管理研究的实践针对性与理论性的高度契合。

直面实践的管理研究是高度情境敏感的，这为管理案例研究的情境基础观提供了有力依据。

其一，实践导向。当下，世界正处于百年未有之大变局，新一轮技术革命正在逐渐改变个体、组织、行业的行为方式，颠覆性的技术变革也推动着管理思想和管理模式的革新。新的时代情境催生了诸多管理问题亟待学界探索和解决，越来越多的国际化企业渴望得到前沿的理论指导，在不同的国家和组织之间，企业的能力和组织结构等存在着显著差异（Chen，1995）。比如，西方的组织管理研究，尤其是内部行为研究，在很大程度上仅针对美国（Porter，1996），将其简单地复制到其他国家中并不能发挥理想作用。因此，当实践导向与理论根源大相径庭时，情境化就变得尤为重要。各种独特的情境不仅造成许多企业关键战略要素的区别，其他诸多管理实践也不尽相同（蓝海林等，2012），因而现有的管理理论在其他实践情境中不一定有效（Rosenzweig，1994；Rousseau and Fried，2001）。当前，我国大量领先企业实践都展现出与西方企业截然不同的管理模式，这为发现独特知识提供了肥沃的土壤，正如Tsui（2007）所说，虽然在像美国这样成熟的情境下不太可能形成大问题，但在中国、印度、俄罗斯、非洲、东欧等新兴经济体的情境下，却不乏有趣的或重要的管理问题，它们提供了各种新颖的大问题，为唤醒停滞的思维创造了机会，这也说明了管理研究的情境敏感性所在。

其二，理论需求。苏敬勤等（2014）认为，情境具有客观性、多样性、复杂性、相对性和动态性。研究对象所处情境极有可能对组织结构的构建和管理运行有着显著影响，从而使得管理案例的研究框架和整体思路发生改变。具体而言，由于基本国情的巨大差异，一些典型创新理论的假设前提与应用条件同中国企业所处的现实情境呈现出显著异质性，以至于对西方理论的简单修正已经难以完全解释中国企业创新实践背后的规律与特征。比如，先发国家企业在核心技术的颠覆性创新与全球价值链理论的支撑下应长期占据领先地位，而后发企业则应长期处于低端锁定与技术追赶过程中。但这与近年来我国企业在诸多领域呈现出的赶超乃至领先趋势显然相悖。由此可见，将一个研究对象与其他体系进行比较研究时，需要将情境要素考虑进来（苏敬勤和张琳琳，2016），从情境基础观出发，设计并实施深度情境化的管理研究（Tsui，2004）。这再次从理论需求方面凸显了管理研究的情境敏感性特征。由此可见，由情境基础观展开基于情境敏感的管理案例研究是至关重要的。

二、管理研究中的情境

现有探索性研究多是从不同视角透视研究对象所处情境的特殊性，如传统文化或以人为本的中国特定情境，进而构建起各自的理论体系，为管理的中国学派奠定了良好基础。比如，围绕中国特色管理研究，从中国传统文化的"和为贵""整体性"等观点中提炼出了诸如和谐管理、和合管理和水理论等管理思想（黄江明，2011；席酉民等，2020），构建了如中国管理学、东方管理学、中国管理哲学等学术框架（吕力，2013；彭贺和苏宗伟，2006；苏东水，2002）。但与此同时，对情境认知的差异性造就了各学派不尽相同的理论体系，进而导致各学派之间难以融会贯通、互相吸纳，影响了管理的中国学派的发展壮大。如今，全球企业所处环境的VUCA（volatile、uncertain、complex、ambiguous，易变性、不确定性、复杂性、模糊性）给中国管理实践带来了全新的挑战（苏敬勤和张琳琳，2016；朱小燕和王磊，2019），而理论的构建要求学术研究成果在新情境下需适用且有意义（Whetten，2009）。这种情境的多重动态复杂性决定了仅仅聚焦于某一特定情境要素的研究很难适用于VUCA情境下的全部特征（张佳良和刘军，2018），不仅其普适性会受到质疑，价值性也会受到影响。这就对我国管理学者提出了更高的要求——如何全方位地把握管理研究的情境敏感性特征，进而实现各个理论体系之间的沟通交流，正在成为亟待解决的根本性问题。基于此，后文将从情境基础观出发，对管理研究的情境敏感性特征展开剖析，形成各学派对于情境的共用认知基础，从而助力各管理学派对情境的全方位把握，促进各学派之间的融会贯通。

现有研究从不同角度阐述了情境的构成。比如，Hackett等（1996）认为情境包括获取的信息、任务要求、物理和社会环境等因素。陈晓萍等（2018）进一步研究发现，情境要素还涵盖了政治、经济和历史等环境。此外，还有学者从不同视角对情境进行分类，如 Child（2009）从管理运作的角度提出了一个全面的国家情境的构成体系，包括物质体系、理念体系和制度体系。上述研究为我们认识情境奠定了扎实的理论基础，但并没有形成一套完整的情境认知体系，对于各情境要素之间的相互作用关系及其具体表现缺乏深入探讨，从而导致管理学者针对情境的见解或有差异，也就形成了不同的理论体系。为解决上述问题，研究者首先要全面分析研究对象所处情境，不但要关注具体的情境要素特征，还要进一步厘清多重情境要素的动态变化与组合叠加。

在直面实践的管理研究中，研究者需要利用自身对于信息的敏锐度深入了解研究对象所处情境，确定其在时间维度和空间维度上的演化以及情境变量特征。其中内部情境包括组织特征、高管特征、阶段特征等变量；外部情境则可以通过 GMT（government、market、technological，制度、市场、技术）、PEST（politics、economic、social、technological，政治、经济、社会、技术）、SLEPT（social、legal、economic、political、technology，社会、法律、经济、政治、技术）等衍生模型进行聚类分析（林海芬和苏敬勤，2017；苏敬勤和张琳琳，2016），以此明晰本土企业管理实践的内外部情境，抽象概括出独特现象背后的核心要素，使研究者在正式研究前就对企业实践活动有较为清晰的认知。同时，情境也是不断变化的，如某家企业在一个时点上，面临强制度监管和相对较弱的技术情境；在另一个时点上，则演变为制度监管变弱而技术水平增强的状况。由此可见，管理案例研究是极具情境敏感性的。只有清晰地界定研究对象所在情境，按照逻辑开展的后续研究才具有实践指导性的理论价值。由于情境的多重复杂性，下文将以 GMT 模型为例来说明情境敏感性特征，结合案例资料具体分析各情境要素间的相互作用关系。

GMT 模型主要是基于整体论思维，从制度、市场和技术三个相互关联的维度将中国企业管理情境进行划分。①制度情境。制度是社会建构的一种游戏规则，以减少人们互动的不确定性。制度作为重要的外部情境因素会影响组织行为（林菁菁等，2021），它的改变会对企业采取的资源行动产生影响。Webb 等（2009）认为，正规与非正规经济是影响管理者行为的一种不可或缺的制度情境。比如，国家出台的一系列政策法规会影响企业管理者对自有资源的配置行为（Vanacker et al.，2017），新的制度情境会扩大或者限制资源搜寻范围。此外，更多的制度设计可以加快资源拼凑过程。②市场情境。市场情境的研究较为广泛，主要包括产业企业、生产者、供应商、消费者等各方利益相关者，以及因受到政策影响而发生供需变化的相关因素（Chen et al.，2017）。我们从表 5.1 蒙草市场情境及其对应的业务复杂程度演化中可以看出，企业所面临的不同的市场情境与相应市场所对应的业务有着密切的关系。蒙草发展过程中所对应的市场情境主要体现在其目标客户、主营业务等方面，尤其从不同市场情境所对应的业务复杂度而言，其市场情境主要经历了由简单市场到专业市场再到多元市场三个阶段。③技术情境。技术情境指的是企业发展过程中的基础架构。改革开放以来，大量中国传统企业呈现出快速崛起和蓬勃发展的势头，引领相关产业的发展，还有大量新兴企业在互联网等信息技术新环境下孕育而生并发展壮大。在此技术情境中，企业如何采取行动实现转型等一系列管理问题应运而生，管理学者也开始迫切渴望构建能够有效指导中国企业发展的管理理论（林海芬和苏敬勤，2017）。

表 5.1 蒙草市场情境及其对应的业务复杂程度演化

类别	阶段一	阶段二	阶段三
市场情境	简单市场	专业市场	多元市场
核心业务	园林美化	生态修复	以生态修复为核心的草产业
核心业务流程	项目招投标→苗木采购→组织绿化	草种采集⇌土壤、气候等信息→草种选育→植物驯化→应用推广	天然牧草、草种采集⇌土壤、气候等信息、草种修复、草种选育、草原乡土植物驯养、公路护牧、节水园林、应用推广、矿山修复（相互关联）
业务复杂度	低	较高	高且相互关联

资料来源：林菁菁等（2021）

综上，在中国独特情境下，制度、市场和技术情境中的政策、文化等因素均会影响企业管理中的战略认知等行动，而在动态环境中，企业战略认知更是会直接影响企业战略选择和决策制定。由此可见，由于研究对象多处于复杂变化的情境中，管理案例研究也就具有了情境敏感性特征。当下世界处于百年未有之大变局时期，复杂性和脆弱性更为突出，大国之间均应理性应对彼此之间的矛盾和冲突。面对此般国际政治态势，我国也迎来了一个符合 VUCA 时代特征的 GMT 情境。在此情况下，管理案例研究倘若仅仅关注单一情境要素对企业管理的影响，而忽视了制度、市场等情境要素的叠加与组合带来的系统性作用，那么就无法得到令人信服的研究结论。比如，成熟场域中企业往往同时面临制度的强监管与市场的高度饱和，而互联网企业初创时则面临着巨大的市场空间和宽松的制度监管。当企业同时面临制度与市场双重约束或双重支持等不同情境组合，也会引致差异化的管理行为，由此可见，情境要素并不是孤立存在的，而是与其他情境相互作用的。

以中国企业外部情境架构为例,我国企业所处的外部情境并不是以后发企业、转型经济体、新兴市场等单一宏观情境背景所能泛化概述的,不是孤立存在的单一情境要素,而是一种交互作用、相互影响的情境架构。比如,在经济情境范畴中,市场正式机制的不完善是情境因素框架中的核心因素,它不仅会影响到企业经济范畴内的其他情境因素,还会波及企业所处的社会、政治、技术情境。此类关注单一情境要素的研究,会忽视制度、市场等情境要素的叠加与组合带来的系统性作用。也正因如此,各类情境要素相互作用形成的情境体系构成了我国企业外部情境的独特之处,也因此使得企业管理实践活动呈现出不同的特征,为管理案例研究带来全新视角。由此可见,管理案例研究的情境敏感性不仅体现在情境的动态性上,还表现为情境之间相互作用的复杂关系方面,即由各个情境要素交织而成的具有空间立体感的情境架构。

鉴于转型经济背景下我国长期处于新老更替的动态情境变化之中,同一企业在不同发展阶段多面临不同的制度、市场或技术情境。比如,在初创阶段企业多面临行业规制不清晰、市场空白、技术缺失的情境叠加特征,而在成熟领先阶段则演变为行业监管严格、市场竞争激烈与技术丰富的场景特征。而企业的战略调整也往往与外部情境的动态演变息息相关。在管理案例研究中,倘若只关注单一阶段的情境特征,就会脱离现实实践。比如,仅仅关注到单一阶段的强制度特征,忽视了企业其他发展阶段的制度空缺或制度柔性等带来的影响,便会与纵向视角下中国本土刚柔并济的制度、巨大但多层次的市场等"你中有我、我中有你"的动态现实情境相悖。基于此,当加入时间变量以后,情境便有了动态性,本书将这样一种连续性的情境变化称为情境谱系。

小贴士:管理研究中的情境

《中国情境架构及作用机理——基于中国企业战略变革案例的质化研究》(苏敬勤和刘畅,2015)一文以企业的战略变革决策过程为例,对中国情境架构及作用机理展开探讨。研究发现,企业在最初的情境下做出的战略变革决策并不是企业战略变革的最终决策,而是阶段性的。例如,在千岛湖啤酒公司最初经营模式弊端重重、销售受限及具有天然优势的情境下,企业决策向定位高端客户转型。而此时,随着国内啤酒行业出现大型企业整合小企业的趋势,其管理者认为"单独依靠企业自身很难发展",因此进一步决策通过合资进行战略转型,即"合资型"战略变革,如图 5.1 所示。根据对案例资料的归纳性分析,从情境特征的角度来看,这即为情境架构的另一特征——动态性导致的。随着情境主客观因素的动态变化,企业的战略变革决策也随之改变,并在上一阶段性决策的基础上,做出新的战略变革决策。因此受情境动态特征的影响,企业战略变革的决策路径呈现"进阶式"的特征，如图 5.2 所示。

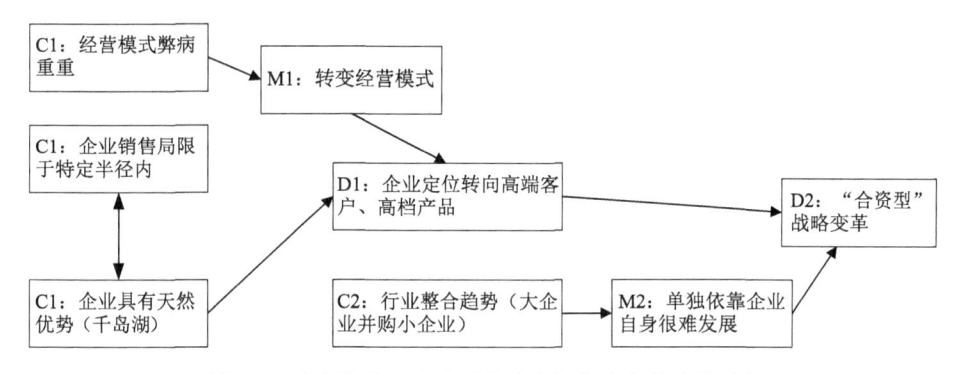

图 5.1 千岛湖啤酒公司"进阶式"战略变革决策过程
C 表示 context（情境），D 表示 decision（决策）；M 表示 model（模式）

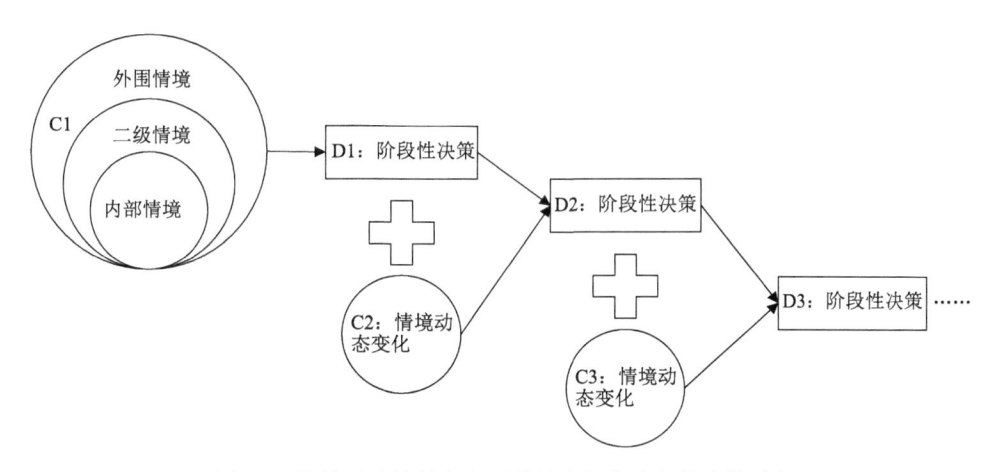

图 5.2 情境动态性特征与"进阶式"战略变革决策过程

综上，研究发现管理研究所处情境是相互交织，而又复杂多变的，研究者可以通过"情境要素—情境架构—情境谱系"认知体系，深入分析研究对象所处情境。这为广大管理学者提供一套全面认识情境的框架体系，助力各管理学派对情境的全方位把握。直面实践的管理研究对象均位于社会大环境，尤其是中国企业处于多元复杂的独特情境中。当情境认知不同时，研究者极有可能采取差异性行动，这就会导致部分管理研究结论或许不适用于当下情境中的管理现象，也就无法解决棘手的管理问题，因而减少了管理研究的普适性价值。本章构建的"情境要素—情境架构—情境谱系"认知体系则可以帮助广大管理学者全面把握研究对象所处情境。

此外，中国情境不仅有独特性，还有相似性。具体而言，中国情境的独特性是针对其他国家而言，中国具有最复杂多元的情境因素。比如，随着我国金融机构体系和监管措施的不断完善，金融企业受到越来越严格的管控，而存量博弈的趋势导致金融机构头部化情况愈发严重，市场饱和度尚有空间。中国情境的相似性是针对广大中国管理学者而言，诸多研究的情境基础大多是一致的。比如，新冠疫情加速了企业数字化进程，由其引发的管理问题也愈加凸显，在这一问题研究中，中国学者所处情境大多相同。在此基础上，按照底层逻辑的思维进行研究可以吸引一大批管理学者，从而不断壮大管理的中国学派。但在百年未有之大变局下，国家和企业所面对的情境是复杂多变的，研究者可以从不同角度认识情境，但随着情境的变化，如何构建兼具价值性和普适性要求的管理理论，成为亟待解决的问题。为此，本节接下来将从情境视角出发，梳理管理案例的研究过程。

三、管理案例研究的情境嵌入与情境脱敏

情境基础观认为情境是管理研究中最基础的要素，全面认识情境是一系列研究操作的前提条件。进一步地，情境也始终是嵌入管理研究整个过程中的，既先于其他研究活动，同时也伴随管理研究的全过程（苏敬勤和张琳琳，2016）。情境嵌入要求研究者将情境置于具体研究过程中，深入挖掘情境要素之间的关系，以及情境对研究的影响作用。此外，研究者不仅要重点关注影响重大的情境要素，更重要的是深刻解读现象和要素背后的本质，基于此才可能在纷繁复杂的情境中找到新颖的知识发现。进一步，为保证管理研究的普适性价值，将研究成果推广至更宽泛的情境中，需要对情境进行脱敏，即一般化情境知识。基于此，本节从情境视角出发，深入挖掘管理案例的研究过程，并对其核心功能加以识别。

1）情境嵌入

情境嵌入，即情境化一般知识。这是直面实践的管理研究的最基本要求，通常体现在管理研究的发现过程中。该过程要求研究者首先要清晰界定研究对象所处情境，在具体情境化管理实践基础上，以构建或拓展理论为目的，通过一系列科学规范的分析流程（既包括对现象或问题的剖析，也要考虑多元情境以及情境变动对研究对象的影响作用），最终探索发现一般规律性认知。考虑到社会环境的高度复杂性，当进行管理案例研究的学者不加批判地借用在不同情境中发展起来的管理理论时，他们的研究成果极有可能会陷入与情境相关的误差。换言之，当研究对象处于不同情境中时，研究结果会有所差异。此外，高质量案例研究指的是在本土化研究视角下，对已有理论体系进行扩展或构建出新理论，从而对特殊管理现象进行恰当的理解和解释。由此来看，管理案例研究要想实现重大的理论创新，就需要设计并实施情境嵌入式的管理研究思路。

在实际研究中，研究者要确保针对具体情境的管理案例研究，是通过明显的情境化而与现有的理论研究联系起来的，也需要在理论建构和管理案例研究过程

中，仔细考虑如何进行情境嵌入。Whetten（2002）描述了两种情境嵌入的方法，用熟悉的概念描述新现象和用新的观察体现熟悉的管理理论，这两种方法都可以有效保证将不同情境中的管理现象与既有的管理研究中相似或相关现象联系起来。总而言之，管理学者可以通过归纳性的方法或是扎根理论研究独特情境中的实际问题。这种考虑情境因素的研究或针对具体情境的情境嵌入研究，要求研究者对当地情境有深刻的理解。换句话说，情境嵌入研究实质是本土化的，是一种使用本土语言和具有本土意义的构念对本土现象进行的科学研究。因而，直面实践的管理研究由于情境的嵌入而具备了较高的本土价值。

此外，情境嵌入过程明确了研究成果的外推边界。实际研究中，并非所有类型的情境都可以作为管理研究的情境关注焦点。研究者需要注意识别与研究相关的情境，并确定在情境嵌入的理论中应发挥的作用，以此构成理论的应用边界。具体而言，由于中国企业所处情境纷繁复杂，管理案例研究需要依据情境的强弱和重要性来决定嵌入哪些情境开展研究。对于研究影响较小的情境因素属于情境钝感型因素（当然，那些影响程度极低的情境要素，研究者可能不会予以考虑），此类情境因素并不足以构成研究成果的理论边界；与之相反的便是对于研究而言举足轻重的情境因素，该类因素被称为情境敏感型因素。该类型的情境为直面实践的管理研究赋予了实践价值性，是本土价值性的核心体现。

当下，新的时代情境催生了诸多亟待学界探索和解决的本土管理问题。例如，数字经济下，中国企业如何应对大数据、人工智能等新兴科技对组织或参与者的影响，如何更新组织认知、重塑组织架构、优化资源配置并提高创新能力，最终实现数字化转型，实现长期发展等，均需本土管理学者进一步研究和探讨。此外在宏观层面，我国已转入高质量发展阶段，如何通过科学有效的管理促进科技成果转化，通过调整、优化营商环境增强企业创新能力、促进区域经济发展，如何提升管理学理论服务国家战略的能力和水平等问题，也是当代管理学领域所要面对的时代课题。在这一严峻背景下，一方面中国独特的企业管理活动为直面实践的管理研究提供了丰富的本土资源；另一方面，扎根实践的管理研究势必要担负起解决上述棘手问题的核心任务，由此也彰显了案例研究的本土实践应用价值。

2）情境脱敏

情境脱敏，即一般化情境知识，这是直面实践的管理研究的拓展性要求。该过程要求研究者通过某种方法去除研究所在的特殊情境，使研究成果可以推广至更广阔的情境中。正如徐淑英和张志学（2005）所说，建立全球管理知识体系急需高水平的针对单个国家的本土研究，正是欧美本土研究构筑了如今的管理知识体系。因此，中国的管理学者同样可以通过在中国进行高水平的本土研究为全球管理知识做出卓越贡献，以此获得普适性价值。前面提到的情境嵌入使得案例研究具有明显的本土价值性，但这并不是排斥其他国家的学术研究成果，而是要在比较、对照、批判、吸收、升华的基础上，使中国情境下的管理理论更加符合当代中国和当今世界的发展要求，越是民族的越是世界的。解决好本土性问题，就有更强能力去解决世界性问题；把中国实践总结好，就有更强能力为解决世界性问题提供思路和办法。这是由特殊性到普遍性的发展规律，因而在情境嵌入之后，管理案例研究还要求研究者进行情境脱敏，以确保研究的普适性价值。简言之，针对单个国家的本土化研究属于情境嵌入阶段，具有明显的本土价值，继而在情境脱敏之后，也会推动全球管理知识体系的构建，从而衍生出全球化的普适价值。由此可见，直面实践的管理研究若想实现普适性价值，就需要弱化甚至去除研究对象所在情境，以使研究成果能够运用到更广阔的情境中去，这就涉及案例研究中的情境界定与情境动态演化过程。这种由特殊性到普遍性的发展规律，不仅保证了直面实践的管理研究的价值性，还为其增添了普适性意义。

任何理论的拓展都不是无止境的，因此首先需要划定理论的外推边界，而这种理论适用范围的界限是由我国多元复杂情境的动态组合决定的。一般而言，随着研究对象的演化发展或是转型升级，所处情境也会发生相应改变，因而案例研究成果的适用范围就需要随之不断进行调整。这一过程不仅逐步完善了管理理论的适用范围，还是对所构建的理论的检验、完善和修改，以保证管理领域的新观点和新理论永远处于积极向前的状态。需要注意的是，情境脱敏这一概念并非严格意义上的完全脱离情境，而是一个情境相似度的概念。虽然说，处于同质情境条件下的研究主体，适用理论可作对比探讨，但是现实中并不存在完全意义上的同质情境，情境的相似度越高，外推的可行性就会越大。此外，如果研究对象的情境毫不相关，那么此时所进行的外推就极有可能失去意义，甚至在某种程度上就无法实现外推操作。由此可见，案例研究的外推范围与情境脱敏程度密切相关——管理案例的研究结论能否实现普适性价值，关键在于案例研究的情境脱敏程度。该过程彰显了管理案例研究的核心功能之二——普适功能。

综上，中国管理学者可以通过直面实践的管理研究在祖国大地上开展高水平本土研究，既立足本国企业管理实践，又吸收借鉴其他理论观点，使得管理的中国学派在实现本土价值的基础上，通过补充完善既有研究，进一步为全球管理知识做出中国贡献。而若想实现这一目标，直面实践的管理研究就需要进行深度情境化，即通过情境嵌入和情境脱敏得到兼具价值性与普适性的知识。本节深入分析了研究对象所处情境以明确管理研究的情境敏感性特征，进而构建"情境要素—情境架构—情境谱系"认知体系，以形成各学派对于情境的共用认知基础，并从情境视角剖析管理案例的研究过程，由此识别出管理研究的两大核心功能——知识发现功能和普适功能。该章节内容为构建管理的中国学派提供了一套全面认识情境的框架体系，助力各管理学派对情境的全方位把握。此外，由情境嵌入与情境脱敏过程中识别出的两大核心功能，也为探讨管理研究的底层逻辑奠定了坚实的基础。

第二节 管理案例的知识发现功能——程序与实现

情境嵌入过程反映了管理研究的知识发现功能，其中探索性是管理研究功能的核心体现，也是知识发现的源头所在。具体而言，管理研究的首要步骤是从企业实践出发，对研究所在情境中的独特现象进行探索，从而得到有价值的研究点。在此基础上，通过找寻研究对象的发展规律并提出问题假设，继而对该假设进行验证以解释现象背后的本质。最后通过与既有研究深度对话，将本质加以抽象化得到研究结论。然而，仅仅关注上述管理研究的程序、步骤等基本内容，难以解决各学派间由逻辑起点不同所导致的隔阂问题。基于此，本节从管理研究的探索性功能出发，通过全面梳理管理研究的知识发现过程，总结归纳背后的内在逻辑。研究目的在于构建一套共用的知识发现结构框架，以辅助管理学者进行更深层次的研究，最终实现各个管理学派的融会贯通，并推动管理的中国学派的发展。

一、管理案例研究的探索性

从功能角度来看，管理案例研究具备探索性功能、解释性功能和检验性功能等。其中，探索性功能主要是基于管理研究直面实践的本质属性，先于检验和解释等其他功能；后两种功能则多体现于研究的现象分析、假设验证等后置过程。因而，与其他研究方法相比，探索性功能可以说是管理案例研究所独有的核心功能，这也是该方法脱颖而出的重要原因。目前，"探索性是管理案例研究的核心功能"这一观点已得到管理学者的普遍认可（王梦洺和方卫华，2019；Eisenhardt，1989）。比如，Eisenhardt 和 Graebner（2007）认为，管理案例研究是通过一系列科学规范的分析流程，探索发现得到新颖研究成果的重要质性研究方法，主要体现在创建新理论与探索复杂多变的未知领域等方面（Pan and Tan，2011）。具体而言，管理案例研究的探索性功能实际上体现的是一种发现真理的过程，即以形成一般性、普适性的理论为目的，基于现有理论对特定情境中单一或一组独特现象所处情境、事件过程进行系统描述和分析，从而归纳出具有解释和预测作用的普适性结论。基于此，本节从知识发现的角度展开研究。

一般情况下，有价值且新颖的研究点较多地蕴含于独特现象中，由此探索出的研究点多围绕社会上的痛点问题或是亟须解释的复杂现象，具有较强的针对性和即时性。而正是管理研究强大的探索性功能才可以发现独特现象中存在的研究点。在实际研究中体现为以得到打破一般思维的独特见解为目的，从企业管理实践出发对特定情境中的独特现象进行系统描述和分析，进而得出具有普适性的管理理论，其本质在于创建新颖的构念、命题和管理理论，这也是案例研究得以在众多研究方法中脱颖而出的主要原因。尤其在中国独特的情境中，能够把握现象产生原因、深入解释其背后本质的案例研究方法将具有更为广泛的应用空间。当然，这并不意味着我们否定其他诸如定量研究方法的优势。接下来，通过比较定量研究与定性研究各自的探索性功能，进一步阐述直面实践的管理研究的探索性体现。

其一，定量研究的探索性。定量研究是一种基于观察和实验取得的大量事实、数据，利用统计推断的理论和技术，同时经过严格的经验检验并引进数量模型，对社会现象进行数量分析的研究方法，其目的在于揭示各种社会现象的本质联系。在该方法中，数据及其处理步骤本身才是分析的关键，着重考察和研究事物的量，依据客观数据分析而促使研究更精确科学（洪永淼和汪寿阳，2020），强调操作化、概括化及客观性。此外，逻辑实证主义将定量研究的核心确定为验证理论而不是提出假设，因此定量研究不能提出创新型理论（王梦洺和方卫华，2019）。其二，定性研究的探索性。以案例研究为例，质性研究主要是一种从现实中的复杂现象或困惑问题中，通过归纳分析等方式寻找新规律、构建新理论的研究方法（苏敬勤和贾依帛，2018）。近年来，更是因其构建理论等探索性功能而备受青睐（Tsui，2006）。具体而言，质性研究的探索性首先体现为在复杂现象或是未知领域中，对研究问题的初步确定过程（Yin，1984），倘若研究者没有研究重点，就会很容易被大量的数据淹没。其次，针对研究重点进行分析探讨是质性研究寻找新规律或是构建理论的核心，也是探索性过程中最困难的部分（Eisenhardt，1989）。在该过程中，研究者需要从独特现象中抽象出构念，并厘清构念之间的结构关系。此时，新的构念或是构念间的新颖关系为质性研究的探索性提供了依据（刘璞等，2020）。最后，研究者需要将具体经验事实上升到普适化理论（苏敬勤和崔淼，2011）。通过将分析中可能出现的新构念、新见解等与既有研究对话，产生既新颖又具有理论基础的研究结论。该过程中的探索性突出表现为将不同现象的潜在相似性联系在一起，这样可以更深入地洞察新兴理论和相互冲突的既有文献，最终形成具有更强内部有效性、更广泛的概括性和更高概念层次的理论（Eisenhardt，1989）。

由此可见，与定量研究相比，管理案例研究在创建新理论与探索复杂多变的未知领域等方面具有独特优势——强大的探索性功能。讲好中国故事离不开扎根本土实践的定性研究（毛基业，2020），尤其是案例研究更能凝练出原创性管理理论，适合于研究情境、实践现象和关系等问题（Eisenhardt，1989）。另外，直面实践的管理研究可以形成对独特现象的全面认识，解决科学研究中实践应用和理论意义的背离问题，与实证研究等方法具有多重互补性。比如，实际研究中，可以通过案例研究等定性分析探索出具有较强价值性的独特现象或管理难题，继而运用实证研究不断检验，二者多重互补促使研究结论更加普适化和科学化。综上所述，直面实践的管理研究是构建管理的中国学派的重要利器，其核心优势则在于强大的探索性功能，而这一功能则体现在管理研究的发现过程中。

二、管理案例研究的发现过程

探索性功能是实现管理研究知识发现的源头活水，反之，知识发现的过程也为实现管理研究的探索性功能提供活力。在管理案例研究的不同阶段，知识发现所要实现的具体功能及其内在逻辑或有差异。按照人类的一般认知结构，首先是事物或现象认知，这种认识只是一种符号性标记，而非真实的认识；其次便是针对现象背后原因的深入分析，这样才能对现象的因果关系形成综合认知；最后结合既有知识库判断因果关系的正确与否，才能完成客观理性的知识发现过程。针对管理研究的知识发现过程，我国管理学者做了大量研究，但多是强调研究过程中的核心思维模式，对于不同研究阶段使用哪种逻辑、研究的整体逻辑等问题缺乏深入思考。基于此，本节深入探讨管理案例研究的发现过程，致力于挖掘出不同阶段的适用逻辑，以辅助管理学者进行更深层次的理论研究。

（一）管理案例研究发现的起点：归纳

归纳作为管理案例研究的起点，是一种从许多个别事物中概括出一般性概念、原则或结论的思维方法。实际研究中，首先，独特的情境和实践蕴含于独特现象中，两者耦合提高了在独特现象中发现新颖且有价值的研究点的可能性，这种现象化的过程保证了管理案例研究的实践价值。其次，没有经过理论的抽象与精简的现象描述无法全面、真实地描绘现实情境下的研究问题，因而需要将独特现象构念化。最后，仅仅依靠构念并不能完美地描述独特现象，更不能揭示现象背后所蕴含的关系问题，此时就需要进一步将构念框架化，以保证研究者更深刻地理解现象问题。上述"现象化—构念化—框架化"的过程即是案例研究中的归纳推理，其难点在于研究者识别独特现象的能力、形象化概括总结的表达能力等基本要素，实质是一种结构化思考的逻辑能力。具体分析如下。

1）现象化——识别独特现象

管理案例知识发现既可以通过文献得出，也可以基于实践现象得出。前者主要通过对既有研究做出延展或填补不足，如在既有研究中引入新构念、新变量或是新的框架体系等方法。这种以理论为核心的研究过程，通过发现的独特现象证实或证伪既有理论，保障了管理理论发展的正当合理性。然而，从既有文献中发现研究点逐渐成为研究者的一种便利选择。由于我国管理学发展基础薄弱，有关中国管理的研究积累相当稀少，于是研究者纷纷从西方文献中寻找研究点。但这极有可能致使忽视我国管理实践的最新发展，尤其对处于制度转型背景下的中国管理而言，从经典文献中发展出的研究点与中国情境下的管理实践关联甚少。另外，将管理研究和企业紧密结合在一起是文献之外的第二个研究场景，即由实践现象得到知识发现。研究者要深入了解研究对象，从实践现象中发现与现有研究相悖的研究问题，深入思考后得到符合科学范式的研究结论，以此得到的研究成果一定是可以指导实践的。综上，管理案例知识发现既可以来自文献，也可以来源于实践现象。文献中已经被验证的管理理论，确实可以指导大多数企业，但在动态复杂的情境中，不乏部分企业打破了传统的管理理论，创造出了新的企业实践活动。在这种情况下，基于现象进行管理案例的知识发现过程便显得尤为重要，且具有较高的实践和理论价值。因此，本节针对基于现象的管理案例研究的发现过程进行探讨。

纷繁复杂的独特现象是管理研究知识发现的源泉（毛基业和李高勇，2014）。在通常情况下，独特现象是独特情境和独特实践耦合的结果，而有价值且新颖的研究点则孕育其中。需要注意的是，这并不意味着一般现象中没有值得研究的内容，而是在独特现象中挖掘出的研究成果更能凸显中国本土管理特色，因而相较于一般现象，在独特现象中发现的研究点的价值性也就更大。换言之，在独特现象中挖掘出的研究点多是针对社会上的痛点问题或是亟须解释的复杂现象，具有较强的针对性和即时性。倘若不注重现象化过程，那么研究者极有可能会迷失在众多管理实践中，无法得到价值性更大的研究点。洛克的经验主义认为人类的一切知识都是通过经验获取和验证的，这与案例研究知识发现的研究过程不谋而合——研究初始，研究者通过深度访谈、观察、对话等一系列实地研究手段，获取来自企业管理实践的输入（Edmondson and McManus，2007），继而结合自身实践经验和收集到的新闻资讯等二手资料，了解备受争议的热点管理问题或是无法解释的独特现象，发现可供研究的矛盾或新颖之处。由此可见，管理案例研究发现的起点是独特现象的发现，其有效性则需要在实践中不断检验（周泽将等，2021）。

此外，只有独特的现象发现才能有强大的实践针对性。管理学的研究内容是对企业管理实践规律及特征进行总结和提炼，研究目的是构建管理理论以提供高度可靠的研究，通过解决时下最紧迫的企业管理问题，或是通过解释独特现象背后的管理谜题为企业实践活动提供指导（徐淑英，2015）。由此可见，管理理论具有较高的实践针对性，其是否科学和是否具备可接受性则取决于其能否有效解决现实问题（Laudan，1978）。基于此，研究者在进行直面实践的管理研究时，应重点关注本土实践中的独特现象，及时总结并揭示该现象背后的管理机制和因果关系等内容，进而修正和完善管理的中国理论，否则研究者可能会迷失在众多一般的管理实践中，无法及时有效地对管理的热点问题做出回应。

小贴士：归纳之现象化

《中国制造企业的低端突破路径演化研究》（苏敬勤和高昕，2019）一文，从独特现象中归纳总结出了有价值的研究问题。

大连机车建立之初以修理、仿制蒸汽机车起步，后在内燃机"交—直—交"等技术领域取得了突破性进展，批量生产的东风4B、东风4D型内燃机车不仅成功替代进口产品，还多次担当铁路客运大提速的主力机型。然而，在内燃机车技术日趋成熟时，大连机车进行了重大战略与技术变革，从内燃机车这一优势领域跨越到与国际领先技术差距悬殊的电力机车领域，其突破过程可分为以下三个阶段。

阶段一：2000~2005年。当时内燃机车在中国国内市场趋于饱和，铁道部也明确指出由内燃机车向电力机车转型的发展趋势，大连机车在一缺理论储备、二无制造经验、三无实践基地的情况下，着手成立了电力机车设计组，并作为成员单位参加了韶山4改和SS3B型电力机车研制项目，在模仿与合作开发过程中初步搭建了自主产品平台。后期大连机车根据铁道部安排，获得了株洲电力机车厂转让的韶山4改型图纸和生产技术，研究发现大连机车在内燃机车领域积累的"交—直—交"传动技术和机车总成、车体钢结构等系统技术，都可以"移植"到电力机车，但在动力系统的关键核心技术，如电气和控制技术（逆变器、变压器等）上，大连机车的技术储备近乎于零。为此，大连机车通过引进集成的方式，与东芝合资建厂，引进其主辅发电机、交流逆变装置与德国福伊特提供的SET-553型驱动装置等成熟核心部件，共同研制出适应铁路货运的120千米/时交流传动电力机车——HXD3的首台原型车SSJ3-0001。

阶段二：2006~2009年。前期的技术积累使大连机车获得了铁道部500台大功率交流传动9600千瓦六轴货运电力机车合同。为了进一步提高牵引功率与国产化技术水平，大连机车与加拿大庞巴迪公司进行了深度技术合作，面对国际电力机车巨头，大连机车仍提出了"以我为主"的面对面合作方式，庞巴迪公司在提供牵引系统及控制设备的技术设计后，产品将由其在中国的合资公司与大连机车共同生产。由于国外合作方的技术保护，大连机车为彻底破解动力系统的电气与控制技术壁垒，组织国内知名企业、高校、科研院所与咨询、中介机构就多项核心技术进行联合攻关，最终它们合作研制的11 620千伏安牵引变压器成为世界上铁路牵引动力装备的首创与重大突破，这不仅提高了大连机车在电力机车领域的核心技术攻关实力，也巩固了其在轨道机车行业价值链中的控制权及与庞巴迪公司合作中的主导权。

阶段三：2010年至今。大连机车在已有HXD3平台架构的基础上进一步开展衍生创新，为细分市场创新衍生产品HXD3C、HXD3D等，并主动拓展海外市场，2014年出口乌兹别克斯坦的高寒机车便是在成熟的HXD3C型机车技术平台的基础上，根据其国家环境特点进行了特殊防寒设计，增加AC3000V列车供暖系统以抵御-30℃的低温，为进一步拓展北半球及南美等高寒地带的铁路市场打开了局面。

通过上述案例我们了解到，机车产业是我国复杂产品系统中具有国内市场且通过开放式创新达到领先地位的代表性行业，大连机车从修理、改造、仿制我国首台蒸汽机车开始，逐步达到自主设计制造世界先进水平内燃机车与电力机车等，公司内每一类产品的从无到有都体现了大连机车作为机车产业国内价值链（national value chain，NVC）中的"链主"企业，在后发地位下实现了对世界先进技术的追赶与突破，是复杂产品系统成功实现低端突破的典型企业。上述独特现象蕴含着许多研究问题，如大连机车在嵌入全球价值链后，面临被"俘获""锁定"于低端环节时，是如何提升自我能力以摆脱升级受阻局面的呢？中国制造企业实现低端突破背后的机理与演化规律究竟是什么？这些问题便是从独特现象中挖掘出的有价值的研究问题。

2）构念化——概括独特现象

独特现象构念化是衔接企业实践和管理理论的桥梁（Cheng et al.，2009），没有经过理论的抽象与精简的现象描述无法全面、真实地描绘现实情境下的研究问题，因而需要将独特现象构念化。构念，指的是一种为了研究管理现象而发展出来的抽象概念，如组织承诺和创新绩效等，它与理论和模型相关联，是抽象的并且不可直接观测的，构念化则是对该过程的描述。该过程的目的主要有三个：①保证独特现象概括的全面简约性；②清晰准确地描述独特现象；③在研究过程中发现新的构念，或是为此后发现新关系、新理论奠定基础。具体而言，社会管理现象复杂多变，为保证管理案例研究的清晰明确，研究者需用精短干练的语言加以概括描述。在该过程中，研究者在保证语言简约可概括的同时，必须做到对独特现象的真实还原，不可加入自身的主观因素。实际研究中，研究者一般通过调整构念维度力图接近清晰描述独特现象的目的。其中，一维视角的构念属于低阶抽象，如体重、外貌，而多维视角的构念由高阶抽象而成，可以视为一组相关概念的组合，如天气状况就包括几个潜在概念，如晴天、阴天等。

实质上，管理案例研究中的构念化是一个从社会实践走向理论的基础环节。Whetten（1989）认为，理论的涌现通常来自证明某些新构念如何通过重新组织框架体系而产生，从而显著改变对现有现象的固式思维。从这个角度而言，管理案例研究初始，研究者需要凭借个人经验识别研究点，通过对独特现象的归纳整合初步形成概念，随后根据研究者自身的知识储备将不必要的概念删除，最终形成逻辑上具有共同特征和属性的初步构念。以此为基础，研究者才能开展后续案例分析和理论对话等过程。这也就为研究中涌现新构念、新关系或新管理理论奠定了基础。在实际研究中，为避免研究者的个人主观偏见，现象构念化的过程通常应有两个以上的研究者分别分析访谈记录，独立寻找其中的规律性与异同点，之后彼此先就访谈数据的分类达成一致，即形成一阶概念，之后再通过聚合形成最终构念。

小贴士：归纳之构念化

《技术嵌入与数字化商业模式创新——基于飞贷金融科技[①]的案例研究》（苏敬勤等，2021b）一文，借鉴 Pettigrew（1990）的数据分析策略，首先，根据多来源数据识别企业发展的不同阶段和关键事件，并根据不同发展阶段将所有素材编入一级编码库。其次，在不断与文献对话的基础上，对不同阶段中的外部情境、技术嵌入和商业模式创新进行构念化编码，形成二级编码基础，并逐项、分阶段进行编码，由关键词归纳不同阶段的差异化特征。最后，按照"情境—行动—结果"逻辑，对不同变量间的关系进行编码，深入梳理每个阶段关键事件背后的潜在关系。在分析过程中，研究者不断在文献和数据之间对话，提炼研究发现。值得一提的是，该研究所有的编码过程均由三名成员同时进行，每当一位成员提出一种观点时，其他成员会扮演支持者或反对者的角色，对其所提观点进行验证补充或进行质疑，直至观点达成一致。由表 5.2 可以发现，此研究的编码过程即为将独特现象构念化的过程，编码结果即为本节所强调的"构念"。需要注意的是，案例分析中涌现的构念是建立在情境分析基础上的，情境是理解构念内涵的基本元素，因此，案例分析首先要对情境因素进行清晰的描述和界定，否则会导致模糊的理论构念。

表 5.2　案例企业外部情境的引语条目及编码结果

阶段	外部情境	典型引用语举证	关键词	编码结果
信贷工厂阶段	市场压力	银行做不了，银行不愿意做，银行也不敢做。所以就有商机，那个时候不是说要帮助中国小微企业，那个时候就是为了生存	求生存	生存压力
	技术窗口	当时很多行业已经开始应用 IT 管理企业内部信息了，我们也想着是不是能借助科技的力量提高贷款审批的效率	IT	信息化窗口
飞侠O2O阶段	市场压力	我们所做的业务是面对普罗大众的，（客户）不是进了你的门就不能进别家门了，就是说客户有很多选择，既可以选择飞贷，也可以随时被别的公司拉过去，所以当时市场上买卖客户信息很普遍	竞争门槛低	同质化竞争压力
	技术窗口	2013 年是中国互联网经济的元年，应该叫作中国移动化的前夜，当时互联网在小微金融领域的应用还都是在初期探索的状态下	互联网技术	网络化窗口
移动信贷阶段	市场压力	（飞贷）面临的竞争并没有因为飞侠模式而减少，反而有更多对手从各个领域涌进小微信贷市场……P2P 大行其道，BATJ 等互联网巨头及其旗下金融服务快速崛起	跨界玩家	跨界竞争压力

[①] 飞贷金融科技指深圳中兴飞贷金融科技有限公司（以下简称飞贷）。

续表

阶段	外部情境	典型引用语举证	关键词	编码结果
移动信贷阶段	技术窗口	一开始没有数据的话是玩不转大数据的，我们更多讲大数据是要用来做分析的……机器学习平台支持深度学习模型与算法的定制扩展，较传统神经网络算法速度可提升百倍以上	大数据、机器学习	智能化窗口
技术赋能阶段	市场压力	向B端转型并不是竞争带来的，如果C端不限制的话，（飞贷）一年能干500亿元到1000亿元，但是国家出台政策告诉你，只能干50亿元	业务受限、被迫转型	转型压力
技术赋能阶段	技术窗口	现在虚拟机的价格很便宜，华为、阿里、腾讯都在生产，所以云的成本不高……以Docker为代表的容器技术正在以一种不可阻挡的趋势席卷全球，其最大的过人之处在于它统一了云的交付件，赋予企业IT快速响应和持续创新的能力	云计算、容器化技术	虚拟化窗口

注：IT即information technology（信息技术），O2O即online to offline（线上到线下），P2P即peer to peer（点对点网络借款）

飞贷自2010年成立以来，先后构建了四种数字化商业模式，具有明显的阶段演化特征。并且，飞贷于2018年斩获了由世界银行集团和二十国集团共同推出的"全球小微金融奖"，是借助数字技术迅速崛起的金融科技企业的典型代表。在飞贷的发展过程中，每个阶段都有一种主导的市场压力推动飞贷对商业模式进行重构，而飞贷每次都很好地把握住了外部的数字技术窗口构建出新颖的数字化商业模式。因此，首先对飞贷面临不同的外部情境分别采取何种技术嵌入策略构建数字化商业模式进行分析。每个阶段飞贷面临的外部情境见表5.2。

3）框架化——分析构念关系

研究框架化是将各要素关系结构化的关键环节。仅仅依靠构念并不能全面具体地描述独特现象，更不能明晰背后蕴涵的结构关系，此时就需要将构念初步框架化，即对构念之间的关系做出设想。在此基础上，通过研究思考进一步得出构念之间关系的框架化，以保证深入了解现象或问题。该过程相当于实证研究中的研究假设，目的在于提出各要素之间的关系架构。黄江明等（2011）指出，独特现象产生的根源以及构念间的关系，是研究者需要深入探讨的问题，而关系隐藏在纷繁复杂的现象和数据背后，这就需要研究者将这种关系挖掘出来，才能达到揭示要素之间关系的目的。由此可见，研究框架化不仅是要素关系结构化的关键环节，也是进行管理案例研究分析的前提条件。否则，研究框架化的模糊将无法保证构念的有机整合，也难以挖掘管理现象背后的本质。

具体而言，研究者仅仅析出情境化构念并不足以分析情境化因素在案例研究中的作用机理，通过一定逻辑解释所析出情境化构念与其他抽象构念之间的逻辑关系，并最终以命题方式表述出来才是关键。该过程首先需要研究者考虑构念之间的结构关系，此时的"初步框架化"并非必须是一种可视化图形，而是强调研究者要清楚表达构念间的关系。在此基础上，研究者需要进一步将关系框架化，以更清晰直观的方式将其反映出来。这种框架化的描述将现象与构念有机整合，而且构念越繁多或关系集越复杂，以框架化方式描述现象的重要性越强。我们继续以上述飞贷为研究对象。

小贴士：归纳之框架化

选取《技术嵌入与数字化商业模式创新——基于飞贷金融科技的案例研究》（苏敬勤等，2021b）的部分研究内容，对"构念框架化"过程进行解释。研究得出的"技术嵌入""拼凑式""协奏式""要素创新""架构创新""渐进创新"等构念本身没有意义，这种认识只是一种符号性标记，而非真实的认识。此时，研究者就需要在逻辑联系基础上建立起对不同构念的认知，搭建起构念之间的联系。例如，"技术拼凑"和"技术协奏"属于"技术整合策略"、"要素创新"和"架构创新"属于"商业模式创新"范围中的相关构念，并且在飞贷发展的不同阶段，飞贷采取的技术整合策略和商业模式创新存在潜在的因果关系，技术整合策略也会影响飞贷的商业模式创新范围。研究中，将上述分析过程中构念之间的联系用图线表示出来，即为"构念框架化"过程。

通过案例分析发现，在不同数字化商业模式的构建过程中，企业采取的技术嵌入策略和商业模式创新存在潜在的因果关系。在不同发展阶段，企业的技术整合策略会影响其商业模式创新的范围，如图5.3所示。具体来看，拼凑式整合策略会导致商业模式要素创新。企业在评估新技术对旧商业模式的影响时，以"模块嵌入"和"简单对接"为特征的拼凑式技术整合会导致企业聚焦技术对特定模块的影响。对于科技型企业，数字化商业模式本身就代表特定的技术安排，对单一模块的影响往往体现为对商业模式局部要素的改进。与此相较，协奏式的技术整合更强调不同技术资源间的协同和互补，会加强数字化商业模式不同要素间的联通和相互影响，往往是"牵一发而动全身"，驱动对商业模式架构的创新。综上，拼凑式技术整合更有利于商业模式要素创新，而协奏式技术整合更有利于商业模式架构创新。

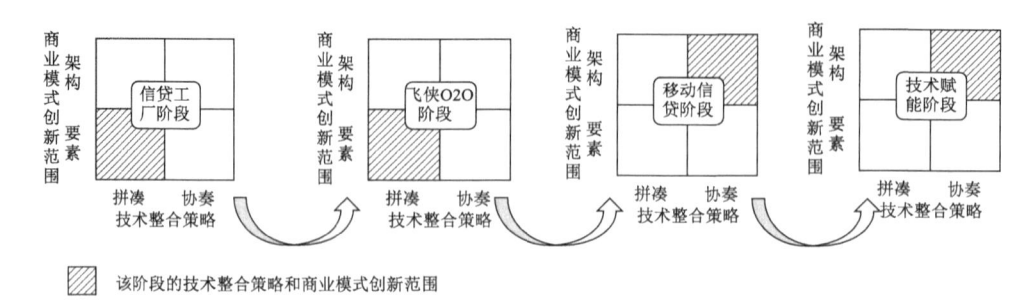

图 5.3 技术整合策略及其对应的商业模式创新范围

（二）管理案例研究发现的过程：溯因

溯因是管理案例研究知识发现的核心环节，实际是通过定性数据回答"how"的问题。该过程通过某种推理方法进行，诸如因果关系分析，即在目标确定的情况下，在一组可供选择的手段中挑选出一个最优的手段去实现这一确定的目标，但该方法忽视了情境对研究过程的影响（王玲玲等，2019）；效果推理，基于一组既定的手段和资源，关注这些手段和资源的整合可以带来的各种可能结果与效果，从中选择满意的结果（张敬伟等，2021）；溯因推理，则是按照从结果到原因、从现象到解释或从事实到假说的程序进行推理，得到最佳解释（刘剑凌和蔡曙山，2014）。该推理方式以问题为导向，首先将初始问题复杂化，在对其进行分解后进行细粒度匹配，通过因果关系分析得到相对应的解释，并基于此一步步向上聚合得到最佳回答。此外，还有类比推理等方法可以进行案例分析。综合对比上述分析方法发现，溯因推理是最有可能获得最佳解释或是答案的方法，既考虑了情境因素的影响，又符合管理案例研究探索性的功能——通过对新颖独特的现象或实践活动进行分析，找出各要素之间的关系。因此，将管理案例研究发现的过程凝练为溯因过程。

在管理案例研究知识发现的过程中，独特现象产生的根源以及构念间的关系是研究者需要深入探讨的问题，也是构建管理理论的核心步骤——分析独特现象。该过程的首要目的在于探索发现新的关系模型，以回答独特现象背后的本质原因，或是对管理中存在的困惑问题做出解释。上述溯因过程对应于实证研究中的假设检验，尽管案例研究的样本较少，无法借助结构化的方式进行验证，但研究者同样需要对框架化阶段得出的各种复杂关系图加以验证。此外，构念之间的关系集越复杂，以问题为导向的分析方式越有用。由此可见，溯因推理在管理案例研究知识发现的过程中尤为重要。主要表现为，在分析独特现象时坚持"问题导向"的思维逻辑，按照"提出问题—迭代问答—最佳解答"的框架分析独特现象，即从底端向上层层迭代，最终解决顶层最复杂的现实问题，其关键点在于问题背后的本质，以及问题域和解决域之间的细粒度匹配。从生态学的视角来看，溯因逻辑体现在科学猜想随着新数据的出现而不断变化的过程中（李烜，2018），这种随着新现象的出现而不断更新迭代的管理理论，不仅保证了实践经验和理论研究的相关性，还赋予研究成果以时代创新性。

此外，遵循问题导向的溯因逻辑强调从多元多维度视角获取有价值的信息，以对独特现象做出全局性分析，保证了管理理论建构的全面可靠性。需要注意的是，溯因过程考验的是研究者自身的匹配能力问题。简单来说就是问题与研究者自身的经验点之间是如何匹配的。溯因就是一个从问题输入到答案输出的过程，里面的核心便是问答匹配。此过程涉及两个环节，分别是简单匹配和复杂匹配。前者指的是最简单的一对一的问答过程；后者涉及将复杂问题分解后的细粒度匹配，并在匹配后进一步向上聚合形成最佳回答。大多数研究者无法很好地对现实问题做出解释，其一是因为自身的知识积累少，其二就是研究者的问答模式匹配能力相对较弱。换言之，研究者的分析和解决问题能力突出，原因多在于进行模式匹配的能力较强。在溯因的过程中，研究者会不断更新自身的知识体系，因为通过实践会发现原有理论体系有不少内容会被抛弃掉，同时又通过实践增加了更多额外的知识点。当然，在溯因过程中难免会经历反复的试错，研究者需要通过不断循环迭代，最终才能得出研究结论。

（三）管理案例研究理论的建构：演绎

演绎是管理案例研究中理论的建构过程，是将研究结论理论化的必要一环。溯因阶段通过验证归纳提出的关系假设形成初步结论，但并没有上升到理论化维度。而管理案例研究的目的在于构建一个具有普适性的管理理论，以便可以将其应用到其他情境中。因此，研究者需要通过与既有研究反复对话，赋予初步结论以本质性的理论解释，以使管理案例研究诠释的理论意义更加深刻，这实际上就是演绎推理的过程。简言之，演绎是由反映一般性知识的前提得出有关特殊性知识结论的一种推理方式。《心灵的桥梁：语言学与逻辑学》认为演绎推理是一种必然性推理，其前提含结论，即当前提为真时，结论一定真。在现实生活中，人们通常会运用自己过去所获得的关于某种事物的一般性认识，去指导认识此类事物中某些新出现的个别事物，该过程就是演绎推理的主要体现。由此可见，分析或是解决问题的过程本身就是一个演绎推理的过程——前期的归纳总结已经在脑海中形成了大量的经验逻辑或定理，因而当一个问题属于某种类型 A 的时候，就需要对应的解决方案 A_1 去解决它。这种演绎推理的前提反映的是既有的一般性知识，而结论反映的是特殊性知识，其结论所断定的知识范围没有超出前提覆盖的知识范围，也就是说，脑海中的前提知识蕴含着结论的知识点。从这一角度来看，演绎推理的结论具有必然性，同时也为研究结论的普适性赋予了合法性基础。

在管理案例研究中，为什么要进行研究对于理论发展和实证研究之间的联系有着重要的意义，理论研究则针对这一问题提供了解释（Whetten，1989）。上述立足本土实践的研究过程涵盖了"what"和"how"两大要素，为管理理论的构建提供了独特现象的深层描述等定性数据，而这往往导致经验上的，而非理论上对研究结果的讨论，只有全面彻底地与既有文献对话，才能明晰独特现象的理论根源（Cheng et al.，2009）。从上述归纳和溯因的推理中发现，引导归纳性研究问题的类型主要包括对现象独特性的识别、理解独特现象发生的过程，以及分析解释发生的原因，而对这些问题的兴趣不但来自独特现象，还有对既有理论的完善或是质疑，这种基于理论的逻辑思维即为演绎推理，这是一种由理论演绎出待检验假设、预知或理论体系等，再通过收集数据检验假设，由结论反证明原始理论的推理手段（白胜，2017）。基于此，为了确保研究诠释的意义更加深刻，并将研究结论推广至其他情境中，研究者需要通过与既有知识对接，赋予研究结论以本质性的理论解释。这一演绎过程为中国情境下的管理理论赋予了理论价值性，并明确了管理理论建构研究的原因所在。需要注意的是，在管理案例研究中，演绎推理能否应用得恰到好处，更多地在于研究者是否把借鉴参考的复杂理论简单化，真正抓住既有理论的本质，并采用最贴切的形式嵌入自身研究中。这就要求研究者不仅要对既有理论熟记于心，更要明白研究本身与可供参考的既有理论之间的内在联系。

三、管理案例研究的发现逻辑

逻辑，狭义上指的是个体思维的规律；广义上泛指规律，包括思维规律和客观事物的发展规律。马克思主义哲学认为，劳动创造人，人通过制造工具开启了人类的理性觉醒。工具，就是当人们想要达到一种目的时，就需要解决人与物的普遍联系问题，而这种普遍联系的思维表达就是"逻辑"，逻辑的理论化就是"理念"，而"逻辑和理念"的物质化，就是工具。因此，在学术研究中的逻辑思维通常被作为一种工具，与其他思维模式结合起来使用，并通过客观事实加以检验。这种逻辑思维可以帮助研究者分析原因、事物的本质以及客观规律。需要注意的是，逻辑并不等于逻辑学，逻辑学是一种理论，而逻辑则是人们进行信息加工时大脑的工作方式（刘剑凌和蔡曙山，2014），遵循着科学的思考方法而非个人主观意识。Bacharach（1989）认为，在具体现象事态中，各逻辑单元所依据的原理、原则和规律，以及单元之间所建立的确定性关系的总和构成了逻辑，建立在此基础上对现象的认识，才是人们对事物进行全面认识的科学方式。基于此，本节通过分析管理案例研究的知识发现过程，挖掘背后使用的思维逻辑。

管理案例研究的知识发现过程要求研究者能够在众多现象中发现独特的研究点，并基于既有理论突破原有研究框架，试图提出新的理论以揭示现象或解决困惑（苏敬勤等，2021a）。具体而言，研究者对现象的最初认识仅仅是一种简单的符号性标记，需要通过分析判断和综合判断才能得出客观理性的认识。其中，分析判断是一个基于经验发现、分析现象的动态过程，能够得到对现象的某种属性的片面认识；综合判断则是通过与现有理论反复对话，将初步结论升维至理论层面，形成对同质现象的全要素、全属性的认知。该过程背后蕴含着研究者的思维模式，即逻辑。结合上述管理案例研究的发现过程来看，归纳推理和溯因推理符合分析判断过程，形成研究的初步结论；继而通过演绎推理，也就是综合判断得到具有理论意义的研究结论。由此可见，管理案例研究过程中归纳、溯因和演绎三者缺一不可，否则研究者就无法全方位认识管理现象或管理难题，也就无法解释现象背后的本质或是提出具有针对性的建议。此外，从逻辑的基础构成来看，上述三种推理方式均属于研究者进行信息加工时的工作方式，体现了研究的思维过程，因此归纳、溯因和演绎既是推理方式，也是逻辑思维。综上，"归纳—溯因—演绎"集成为一体便构成了管理案例研究的发现逻辑。

发现逻辑体现了管理案例研究知识发现的结构框架，不同于归纳、溯因和演绎等推理方式。发现逻辑是管理案例研究的底层逻辑，或者说是构建管理的中国理论的最底层的内在逻辑，明确了不同逻辑的适用阶段以及逻辑的组合应用，进而为直面实践的管理研究建立了共同的逻辑基础；归纳、溯因和演绎等推理方式则是强调研究者的思维模式，以发现逻辑为基础，实际研究在重点突出某项功能或某种思维模式的时候，就衍化出了不同的案例研究类型，如归纳式案例研究、溯因式案例研究以及演绎式案例研究等。从功能性视角出发，发现逻辑的目的在于全面分析管理案例研究在不同研究阶段所要实现的具体功能，进而聚合以构建最终的研究成果。具体而言，通过案例研究构建中国情境下的管理理论，要求研究者在深度情境化的基础上，能够从众多现象中发现独特的研究点，并基于既有理论突破原有研究框架，最终提出新的理论以揭示现象或解决困惑，这一研究过程反映的便是案例研究的发现逻辑。由此可见，管理案例研究中并非只涉及一种思维模式，而是多种思维的混合共同构成了最底层的发现逻辑框架，在此基础上构建起的各个管理学派才会不断发展和完善。

另外，"归纳—溯因—演绎"的逻辑顺序符合人类的一般认知结构。首先是事物或现象认知。在实际研究中的初始阶段，研究者对于现象所知甚少，更不能明确研究点所在，需要凭借自身经验识别出现象中的独特性，找寻研究对象的发展规律并得出问题假设，而其中最重要的便是"归纳"。其次是问题分析和解决。在归纳得到研究问题后，现象背后的原因和要素之间的关系是需要研究者深入分析的问题，并在众多解释原因中选择最优的那个，该过程即为溯因。最后，最优的原因是否能对问题假设做出完美的解释，并保证研究结论的普适性价值，就需要研究者与既有研究进行深度对话，将现象和原因背后的本质抽象出来，该过程最重要的便是演绎。需要注意的是，归纳和演绎在实际案例研究中往往密不可分，归纳的过程是从特殊到一般，而演绎则是从共性到个性，从一般到特殊的过程。之所以在发现逻辑中将归纳和演绎分割开来，主要是由于在案例研究的不同阶段，功能发挥作用的强度不同——初始阶段往往处于摸索的过程，强调的是一种创造性的思维模式，因而归纳作用强于演绎。结论升维阶段，更注重如何将研究成果向他人传播，则务必和既有研究深度对话，该过程演绎强于归纳。综上，发现逻辑并不是随意混合而成，而是基于人类一般认知结构形成的"归纳—溯因—演绎"逻辑体系。具体分析如下。

(1)归纳作为管理案例研究发现的起点，其"现象化—构念化—框架化"的过程实现了对"what"要素的深度优化，保证了管理案例研究的实践价值性。首先，纷繁复杂的独特现象是管理理论建构的源泉。通常情况下，独特现象中蕴含着独特情境和独特实践，是二者耦合的结果。因而有价值且新颖的研究点一般蕴含于独特现象，而非纷繁复杂的一般实践中，这一"现象化"的过程保证了研究价值。其次，独特现象构念化是衔接企业实践和管理理论的桥梁。没有经过理论的抽象与精简的现象描述将无法全面、真实地描绘现实情境下的研究问题，因而需要将独特现象构念化。该过程中，研究者根据自身的知识储备将不必要或意思相近的概念删除，最终形成逻辑上具有共同特征和属性的构念，以保证现象概括的全面简约性。否则，就无法实现研究过程中对现象的全方位描述。最后，研究框架化是将各要素关系结构化的关键环节。仅仅依靠构念并不能全面具体地描述独特现象，更不能明晰背后蕴涵的结构关系，此时就需要研究者进一步将构念框架化，以保证研究者更深刻地理解现象问题。否则，研究中框架化的模糊则不能保障构念的有机整合。上述"现象化—构念化—框架化"是统一顺承的关系，缺一不可。

(2)溯因是管理案例研究知识发现的核心环节,实际是通过定性数据回答how的问题，为理论建构的过程严谨性和实践相关性提供了基本保障。独特现象产生的根源以及构念之间的关系框架，是研究者需要深入探讨的关键问题，而这种关系通常隐藏在纷繁复杂的现象和数据背后，研究者需要通过对经验数据的解释与阐释达到揭示关系的目的。具体而言，研究者在分析独特现象时以问题为导向，首先将初始问题复杂化，再对其进行分解后进行细粒度匹配，通过因果关系分析得到相对应的解释，并基于此一步步向上聚合得到最佳解答。按照"提出问题—迭代问答—最佳解答"的框架分析独特现象，可以探究独特现象背后的本质性问题，进而在根源处提出解决方案。需要注意的是，这种从多元多维度视角获取有价值信息的案例分析过程，极有可能出现将初始问题复杂化、问题分解不彻底或是现象与分解后的问题不匹配等情况，进而导致无法探究现象背后的本质,而"提出问题—迭代问答—最佳解答"的溯因框架可以有效避免这一难题。

（3）演绎作为管理案例研究中理论的建构过程，通过与既有理论的深度对话，为管理案例研究的知识发现提供了一个相对普适化的本质性解释（"why"），实现了管理现象与理论发展的有机联系。归纳和溯因过程为管理案例研究的知识发现提供了独特现象的深层描述等定性数据，而这往往停留在经验上，而非理论上对研究结果的讨论，只有全面彻底地与既有文献对接，才能真正将现象背后的本质抽象出来，明晰独特现象的理论根源。这种为实践现象在已形成的管理知识中寻找一个恰当的位置，凸显研究的理论贡献并获得理论研究的"合法性"的做法，其背后的逻辑思维即为演绎。若是缺少这一过程，研究者就可能无法对"为什么要进行研究"这一问题进行回答，研究也就失去了理论意义，只有全面彻底地与既有文献进行对话，才能明晰独特现象的理论根源。

综上，管理案例研究的发现逻辑是一种集"归纳—溯因—演绎"于一体的逻辑框架。管理案例研究知识发现过程要求研究者能够在众多现象中发现独特的研究点，并基于既有理论突破原有研究框架，试图提出新的理论以揭示现象或解决困惑。这一过程背后反映出来的逻辑思维即为管理案例研究的知识发现逻辑，其目的在于全面分析管理案例研究在不同研究阶段所要实现的具体功能，进而聚合以构建最终的研究成果。管理案例研究发现的结构关系即为"归纳—溯因—演绎"的逻辑框架。需要注意的是，归纳逻辑和演绎逻辑是彼此的镜像，归纳理论是从案例中建立的，从数据中产生新的理论，而演绎理论则通过使用数据测试理论来完成循环。综上所述，管理案例研究的知识发现过程并不仅仅是单纯的归纳、溯因或演绎的推理形式，而是遵循集三者于一体的完整逻辑体系。按此底层逻辑可以为直面实践的管理研究建立共同的逻辑基础，明确不同逻辑的适用阶段以及逻辑的组合应用，如图5.4所示。

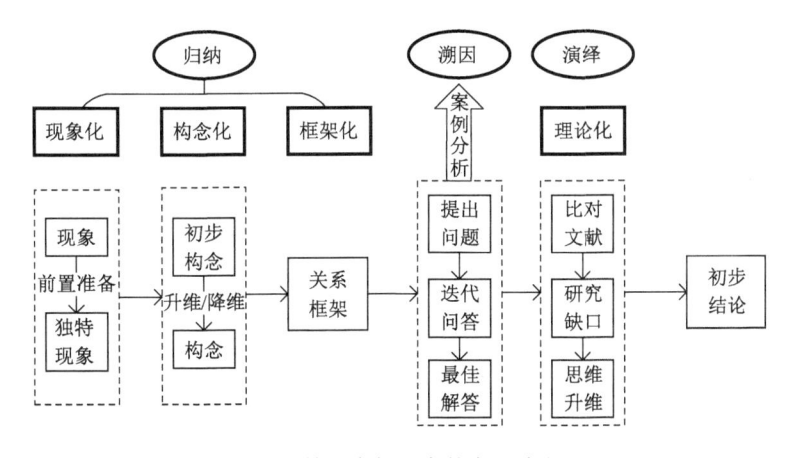

图5.4 管理案例研究的发现流程图

本节构建了一个共同的逻辑基础，从更基础的角度来辅助管理学者进行更深层次的知识发现，从而梳理、识别出重要的科学问题以及构建清晰的理论架构。通过从管理研究的探索性功能出发，全面梳理管理研究的知识发现过程，总结归纳背后的内在逻辑，从而形成了一套各管理学派可以共用的知识发现结构框架，以辅助管理学者进行更深层次的研究，最终实现各个管理学派的融会贯通。需要注意的是，由于研究者自身的认知有所差异，研究中提出的构念和框架体系具有经验性差别，按照发现逻辑的思维框架并不能保证一定得到有价值的知识发现，但实现的可能性会相对较大。倘若不按照发现逻辑进行管理案例研究，就无法全面回答理论建构的"what"、"how"和"why"的相关问题。由此可见，研究者只有切实把握好情境界定、现象识别、分析发现和理论贡献的内在一致性，遵循发现逻辑才能保证管理案例研究的知识发现过程的要素完整性，实现实践和理论的高度契合。

第三节　管理案例的普适功能——如何实现相对普适性

管理案例的探索性功能已得到了管理学界的广泛认可，但同时也存在对于案例研究普适性等方面的争论，如管理案例研究本身是否具有普适性？研究成果能否实现普适性？倘若可以实现普适性，在管理研究中又该如何操作？此外，普适性的缺失也会反噬管理案例研究的价值性。仅仅依靠发现逻辑指出现有构念、研究框架或理论贡献的局限性是不够的，无法将结论推广应用到具体情境之外，研究者需要理解为什么存在既有理论的不适用性，以便他们能够对既有理论模型的内容等做出修改完善。因此，本节围绕管理案例的普适功能展开探讨。在既有研究中，部分管理学者从不同视角如外推形式（王晓晖和风笑天，2017）、外推的理论逻辑（张建民和何宾，2011）以及外推方向和范围（王宁，2008）等角度探讨管理案例研究的普适性，认为"个案中蕴藏共性"是其能够外推的理论依据，分析的推进是一种从逻辑入手，到逻辑基础，再到外推意义的递进结构（柳倩，2017；王晓晖和风笑天，2017）。由此可见，管理案例在一定程度上是具备普适性价值的，但既有研究并没有对实现普适功能的外推操作过程进行深入探讨。基于此，本节主要针对如何实现管理案例研究的普适性展开探讨。

在通常情况下，研究的普适性功能和所在情境是密切相关的。任何管理现象的发生都离不开情境，而构建中国情境下的管理理论要求处于同质情境条件下的理论可作对比探讨，也就是在同质情境下，研究结论可以外推。但是现实中并不存在完全意义上的同质情境，这就需要研究者对管理案例研究的情境加以界定，研究中情境的相似度越高，外推实现的普适性功能就会越强大。倘若研究对象的情境毫不相关，那么普适性功能也就极有可能失效。由此来看，外推是实现管理案例研究普适性功能的核心操作。由前文可知，研究者可以通过"情境要素—情境架构—情境谱系"认知体系，全面认识研究所在的情境，这也是本节所探讨的外推操作的情境基础。情境是敏感且动态复杂的，因此研究者需要进行情境特征挖掘和动态组合调整，以全方位界定研究所在情境。基于此，本节首先阐述了外推的基本内涵以及与情境间的关系；其次，从情境视角出发，回答管理研究实现相对普适性的外推条件；再次，通过对现有研究中外推方法的梳理，明晰在管理研究中的具体外推操作；最后，归纳总结外推操作背后的逻辑体系，以明确管理研究实现相对普适性的逻辑思维。

一、外推界定

外推是对定义不清的现象形成某一解释性假设的推理过程，实质是基于实践经验和理论储备的研究，本质上是对已有知识进行外推而生成适用于更广泛情境的解释，从而形成对同质现象的全要素、全属性的认知。Steinberg（2015）认为外推是一种逻辑论证，它将观点拓展到经验资料之外，可以在被研究的事件与未研究的事件之间建立联系。简言之，外推是一种能够学术自恰并给出其他方法不能解释的规律和特点的推理方式（苏敬勤等，2021a）。当我们将一个案例理解为不仅仅是一个单一的观察，而是具有维度的事物——包含的信息远远超过任何研究人员可以合理调查的信息时，就可以运用外推来获得研究结论。例如，在生物学中，研究人员通过利用共享进化谱系的逻辑将发现从一个物种推广到其他物种——昼夜节律，或称内部时钟的机制。该研究首先在水果中进行，随后被推广到哺乳动物物种。通俗来讲，外推实则是一个"举一反三"的论证过程，这在管理案例研究中主要体现为研究过程中的外推思维和将研究成果加以外推两方面，前者指的是研究者在进行构念化、框架化及理论化的过程都是基于自身既有知识库进行的；后者是指研究者将得到的研究成果加以普适化，也就是前文所说的情境脱敏过程。具体分析如下。

（1）大多数案例研究的目标是通过对特定案例的深入研究，提供对企业实践活动的丰富经验、情境化的理解。在一个理想化的外推过程中，研究者通过深入研究和高阶抽象可以将现象构念化，进而通过严格的归纳分析，综合运用验证性策略解决结论的可信性，正如Thorne等（2009）所指出的，当研究者以真实可信的方式表达时，可以对复杂现象进行深度有效的描述，以保证与理解领域相关的概括性程度。由此可见，在研究过程中外推的目的主要是提供详细的描述，将研究中的概念升维。这里的详细描述是指关于研究对象所处情境、研究参与者以及观察独特现象的丰富全面的描述性信息，只有研究者提供高质量的描述性信息，才能对其他研究的情境相似性做出良好的判断。

（2）将研究结论进行外推实质是管理研究中"去情境化"的过程。一般来讲，外推和情境是密切相关的。任何现象的发生都离不开情境，但这并不意味着外推可以在任何情况下都适用，只有在一定条件下才能进行合理的外推。需要注意的是，现实中并不存在完全意义上的同质情境，我们只能说情境的相似度越高，外推的可行性就会越大。如果研究对象的情境毫不相关，那么此时所进行的外推就极有可能失去意义，甚至在某种程度上就无法实现外推操作。由此来看，情境脱敏本质上是调整外推范围的过程。

由此可知，外推是实现管理案例研究普适性的核心操作，并且与研究所在情境紧密相连。管理案例能否实现普适性的基础则在于研究对象所处情境的相似程度，而非严格意义上的情境一致性。换言之，研究结论只有在与所研究的情境有某种相关性的情况下才能外推。具体而言，企业管理实践是一种嵌入社会大情境中的活动行为，而任何现象都有特定的情境。构建中国情境下的管理理论，要求研究者的学术成果能够在大部分情境中适用，满足这一条件需要结论在两个足够相似的情境之间"转移"，即处于同质情境条件下的研究主体，适用理论可作对比探讨。因此，研究过程无法脱离情境而存在，实现普适性价值更离不开情境。此外，按照"情境要素—情境架构—情境谱系"认知体系，研究者一方面应挖掘研究对象所处的内外情境特征，如组织特征、制度、市场、技术等情境，以此抽象概括出独特现象背后的核心要素，得到对企业实践活动的清晰认知；另一方面，由于情境的动态性特征，研究者要对核心情境组合进行动态调整。

二、外推边界

从整体性的角度而言，管理案例研究的情境是由不同情境因素、不同维度构成的一个整体架构，正如 Tsui 等（2007）所说，在一种情境下建立的理论很有可能不适用于解释其他情境下的类似现象。因此，研究者首先要识别管理案例研究中的敏感型的核心情境，并明晰情境特征，通过诸如强弱、大小等程度加以衡量。此外，"共性寓于个性之中，并通过个性表现出来"是案例研究能够外推的理论依据。在外推过程中，研究者力求对现有理论 a 进行修正或扩展。那么"为什么针对理论 a，而非理论 b"的问题就涉及管理理论的边界问题。而核心情境的特征界定可以有效解决这一问题，也就形成了管理案例研究的第一个外推条件。这也再次说明外推操作并不是在任何情况下都能够顺利进行的，只有在满足一定条件下才能进行合理的外推，外推的首要条件便是情境特征挖掘以确定外推边界。简言之，管理案例研究外推边界的确定过程，实际上是针对理论边界的情境特征挖掘。该过程明确研究对象、时间要素和空间要素，因而形成了管理理论可概括性的外推边界。

实际研究中，研究者可以根据二手资料等基本信息，以及与研究对象密切接触的相关人员积极互动，利用自身对于信息的敏锐度，深入了解研究对象所处情境，确定其在时间维度和空间维度上的演化以及情境变量特征，而非将我国独特的复杂情境泛化为转型经济体、新兴市场等单一情境特征。具体而言，内部情境包括组织特征、高管特征、阶段特征等变量；外部情境则可以通过 GMT、PEST、SLEPT 等衍生模型进行聚类分析，以此明晰本土企业管理实践的内外部情境，抽象概括出独特现象背后的核心要素，使研究者在正式研究前就对企业实践活动有较为清晰的认知。如若不然，研究者就无法将研究结论推广应用到具体情境之外，也就无法理解为什么存在既有理论的不适用性，基于此开展的后续研究才具有实践指导性和理论价值。值得注意的是，情境特征因素在为研究增添价值意义的同时，也在很大程度上受到经典管理理论的制约，因此研究者需要不断提高情境特征与独特现象的匹配细粒度，为最终的管理理论预先确定边界条件，以保证理论的普适化应用和后期完善。

如图 5.5 所示，以金融企业为例，随着我国金融机构体系和监管措施的不断完善，金融企业受到越来越严格的制度管控；就市场而言，存量博弈的趋势导致金融机构头部化情况愈发严重，市场饱和度尚有空间；就技术情境而言，目前人工智能等技术的价值得到了金融机构的广泛认可，传统金融机构纷纷成立全资科技子公司，但对于更为复杂的场景数据，金融企业仍然无法完全依靠人工智能等科学技术进行预测和分析，说明金融企业的技术化水平较低。通过上述"制度、市场和技术"的复合情境特征，研究者就可以限定管理理论外推的边界条件，而外推范围的确定则取决于情境组合的动态变化。

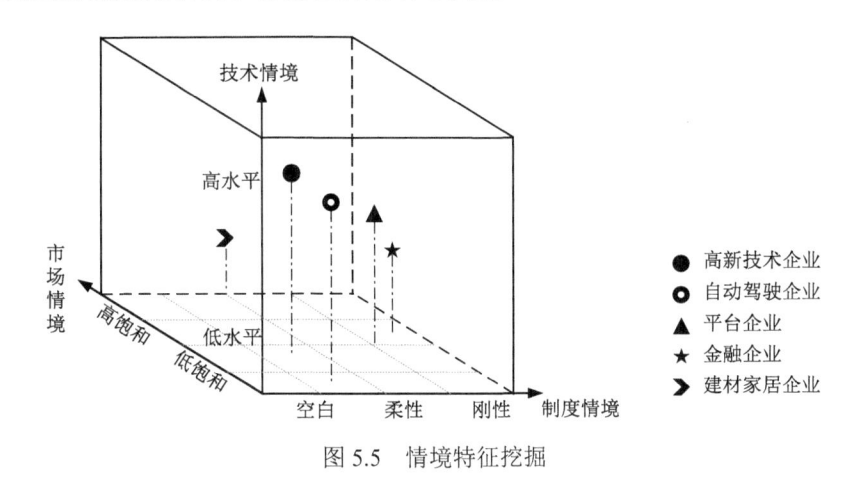

图 5.5 情境特征挖掘

小贴士：情境特征挖掘

《含摄情境的管理理论是否具有普适性》（苏敬勤和刘电光，2016）一文中深入分析探讨了管理研究的情境。以问题发现阶段为例，作者认为管理理论与情境存在着"情境伴随"式的关联关系。这种关系与相应阶段的具体情境特征有关。

具体而言，情境可以从背景层面、对象层面和触发层面上析出：①背景情境，主要是组织外部的政治、经济、社会、技术等宏观背景，即 PEST 情境，它为问题发现设定了宏观背景；②对象情境，主要是指组织内部长期存在的某类管理问题、运行状态、技术条件等客观因素以及主观认知状况，它给问题发现提供了稳定的对象来源；③触发情境，主要是具体管理实验、典型管理案例、组织随机事件等直接证据，它直接启发、引出并激活了问题发现。上述研究通过情境特征挖掘发现，三个层面的情境既相互区别又相互关联，它们共同引致了问题发现，同时确定了管理理论的外推边界，如图 5.6 所示。

情境的层次分化		背景情境	对象情境	触发情境
科学管理阶段	泰勒科学管理	社会化大生产的经济环境，追求高产和高效的社会氛围	生产性企业的现场作业条件，工人"磨洋工"的状态	生铁搬运实验、铲运实验、砌砖研究等
行为科学阶段	梅奥人际关系学说	经济和社会生活更丰富，工业心理学兴起	在相对较好的物质条件下，工人仍有不满情绪、生产效率停滞不前的状况	霍桑实验的五个阶段：照明、福利、装配、访谈、群体
现当代管理理论丛林	波特战略理论	经济动荡、竞争激烈，美国企业领先地位受到挑战	对企业所处产业的认识模糊，对战略分析缺乏有效的分析工具的状态	美国及欧洲的案例：林肯电气、艾默生电子、德州仪器、西南航空等
	哈默等流程再造	顾客需求为主导的市场新格局，经营环境快速变化对组织提出新要求	企业的目标、业务流程、组织结构、信息渠道等日益僵化的状况	昔日优秀企业的戏剧性表现：杜克电力、IBM、迪尔公司等

组织外部环境-PEST	长期形成的状况和认知	具体实验、实践和案例

情境伴随

图 5.6 情境和管理理论的关系——发现阶段

三、外推范围

继外推边界确定之后，管理案例研究的适用范围，或称外推范围随之产生。由于情境的动态复杂性，管理研究的外推范围是始终处于动态变化中的，研究结论的有效性也会随着外推边界的变化而变化。比如，某一管理理论适用于解释过去大多数传统制造业企业的管理行为，但随着数字经济时代的到来，无法有效解释当前制造业企业的数字化战略决策，或者不能指导传统制造业企业向数字化转型的过程。当然，也有曾经不适用，但随着人类认知的不断深化而得到普遍认可的理论。这些理论有效性的变化都是由于使用情境发生了改变。由此可见，外推操作需要满足的第二个条件便是，随着情境的变动调整研究所在的情境组合，以确保管理案例研究能够经受住时间的考验。

此外，随着企业的演化发展或是转型升级，研究对象所处情境也会发生改变。如图 5.7 所示，以互联网企业为例，初创期的技术水平和市场竞争都处于较低、弱的状态，并缺少相应的制度管控。随着企业的不断发展演化，互联网企业的技术水平得到质的飞跃，与此同时，市场竞争度和制度约束与日增加。因而，管理理论的适用边界就需要不断调整，外推范围也因此处于动态变化中。这也是不断完善中国管理理论的必要条件，力求使其得到最大程度的普适化。需要注意的是，随着情境组合的动态变化，研究者的研究颗粒度水平也要与之并进，这样才能不断调整外推边界以确定外推范围，最终得到相对普适化的管理理论。

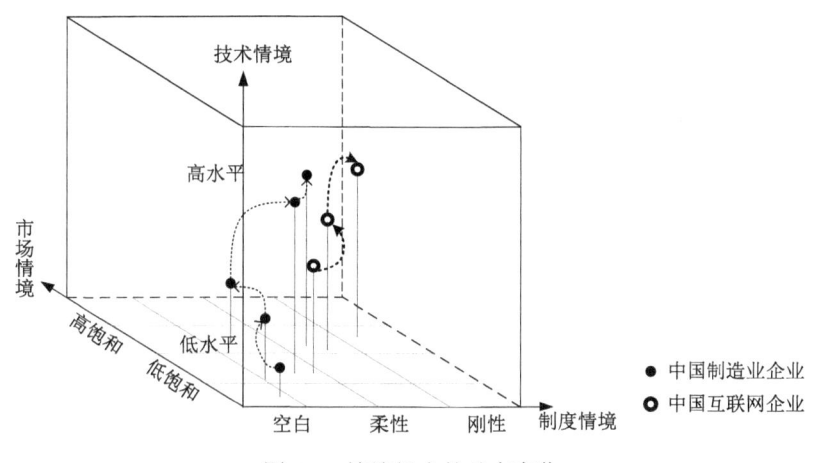

图 5.7 情境组合的动态变化

小贴士：情境组合

《含摄情境的管理理论是否具有普适性》(苏敬勤和刘电光，2016)一文以科学管理理论为例，深入分析探讨了管理研究的动态情境。

情境的层次分化	背景情境	对象情境	触发情境
科学管理阶段	泰勒科学管理	效率与时间观念	生产定量化程度，利益分配方式调整，独立的、专门的管理职能	对实验的分析：动作、时间、工具、流程的标准，工作分解、工时测度的方法
行为科学阶段	梅奥人际关系学说	人的社会性需求	工人的心理状态、人际关系状况、自我满足程度对工作效率的影响	对实验的分析：工人士气变化、"派系"的各种规则对工作的影响
现当代管理理论丛林	波特战略理论	结合产业的战略定位	企业对产业的认知水平，企业战略对企业生存的影响状况	对多个企业案例的分析
	哈默等流程再造	以适应外部环境为目标的组织变革	组织在流程方面的主要缺陷和改进空间	对多个企业案例的分析

```
┌─────────┐      ┌─────────┐      ┌───────────────┐
│ 组织基调 │      │ 理论视域 │      │ 理论的现实原型 │
└─────────┘      └─────────┘      └───────────────┘
    ╲_____情境相关_____╱
```

图 5.8　情境和管理理论的关系——建构阶段

在理论建构阶段，相关情境的概化程度逐渐加深，具体情境向抽象情境转化，情境表象向情境变量转变：①背景情境，从泛泛的时代和社会背景聚焦到效率与实践观念，这对"工时"等理论建构产生影响；②对象情境，从工人"磨洋工"表象性情境找到其背后生产定量化程度低的成因性情境，这对"定量作业"等理论建构产生影响；③触发情境，从生铁搬运等实验中工人发散的作业表现收敛为关键动作分解、最短时间流程、标准化工具等量化情境指标，这对"工人培训"等理论建构产生影响。由此，在科学管理理论的建构阶段，情境并没有因为科学归纳工作而完全脱离理论，而是经过科学研究工作，情境自身形态发生了变化，依然嵌入于理论当中。除此之外，在理论建构阶段，梅奥的人际关系学说、波特的战略理论、哈默等的流程再造理论等代表性管理理论均发生了前述类似变化（图5.8），情境与管理理论之间依然没有被取消关联性。

由此可见，在理论建构阶段，管理理论与情境存在着"情境相关"式的关联关系。这种关系与该阶段情境的变化有关。具体而言，情境在背景层面、对象层面和触发层面上均发生了变化：①背景情境，经过理论归纳，相对模糊的、零散的背景情境逐步明确、聚焦，它影响着理论基调；②对象情境，经过理论迭代，表象性的对象情境逐渐本质化、理论化，它影响着理论的核心视域；③触发情境，经过理论比较，单个的、偶然的触发情境慢慢呈现出类型化、必然性，它影响着理论的现实原型。上述三个层面的情境均经历了理论建构的"去情境化"，情境在整体上提升了理论化程度，但情境并未从管理理论中完全消失。这也意味着理论建构工作的科学性并不是通过彻底排除情境来保障的，而是依赖于对科学研究逻辑的贯彻。

在理论应用阶段，抽象的管理原理回到管理实践，不可避免地面对各种情境：①背景情境，美国当时相对自由开放的政治环境加速推动了普适化进程，科学管理原理普适化进而发展为一项社会运动，同时也冲击了既有的组织管理目的、改变了生产消费状况、挑战了生活节奏观念等，理论应用范围和深度受到很多限制；②对象情境，科学管理原理在生产作业现场，在蓝领工人从事的重复性、标准化类型的劳动方面最容易发挥优势，能产生良好绩效，但是直接移植应用到其他生产场域、人群对象、劳动类型等，则难以取得理想效果，还会出现新的问题；③触发情境，科学管理原理所设定的实验情境毕竟是相对封闭的、可控的，实验对象一线工人的"经济人"属性突出，而现实中管理情境是开放性的、不易控制的，组织中的人本身具有心理情绪影响，也身处复杂的社会关系之中，具体应用理论的组织也有其自身条件和特点，这是理论应用现实的、客观的影响因素。不单科学管理理论如此，在理论应用阶段，梅奥的人际关系学说、波特的战略理论、哈默等的流程再造理论等代表性管理理论也都受到情境的制约（图5.9），情境与管理理论之间仍然存在关联关系。

情境的层次分化		背景情境	对象情境	触发情境
科学管理阶段	泰勒科学管理	美国相对自由、开放的市场环境，社会对技术进步、效率提高的共同追求	生产作业现场，重复的、标准化劳动	从钢铁公司的生产实践复制到杜邦、通用汽车等过程中，遇到产品、技术、市场、管理等新的具体情境制约
行为科学阶段	梅奥人际关系学说	美国开始出现经济危机，社会运动深刻影响企业的生产经营，仅将人视为机器的观点越来越难以适应管理实践	组织内部微观层面，易受心理、社会关系影响的工作和工人	从西屋电气公司的霍桑实验扩展到其他大型企业过程中，发现具体企业自身的独特情境因素制约
现当代管理理论丛林	波特战略理论	跨国企业大量涌现，日本崛起，日企纷纷进入美国市场，给美国本土企业带来很大冲击，美国企业对自身战略急需反思	发达国家成熟的产业环境，企业面向外部的竞争环境	从商学院教学、研究案例应用到其他企业管理实践过程中，遇到新的具体情境因素
	哈默等流程再造	经济、科技和环境等均出现新问题、新变化，需求主导的经济发展成为主流，对客户需求亟待重新认知	组织网络化水平较高、信息手段普及较高的企业	IBM、柯达等的成功不能完全复制到福特汽车、霍尔马克卡片、贝尔公司等管理实践，还受到新的具体情境制约

| 应用地域的制约，如西欧、苏联、日本等引进科学管理后，又发展出适应本地的、特殊化的科学管理理论和实践形态 | 应用对象的制约：最佳适用场域仍主要集中于理论开发的对象情境 | 理论应用受到具体企业现实条件的制约 |

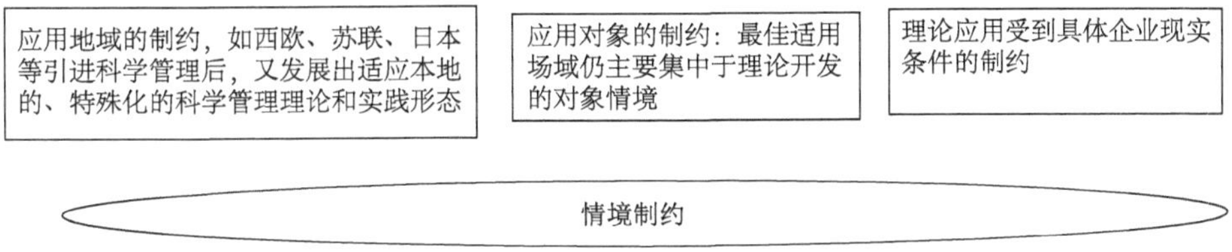

情境制约

图 5.9 情境和管理理论的关系——应用阶段

实际研究中，研究者需要在确定情境特征的基础上，进一步细化核心情境之间的动态关系结构，以达到弱化某一核心情境的目的，从而确定管理研究的外推范围，而这种理论适用范围的界限是由我国多元复杂情境的动态组合决定的。苏敬勤和刘畅（2016）研究发现，随着管理理论的生成，情境因素也相应发生了情境聚焦、情境概化、情境内敛的变化，直至情境逐步涤除得到相对普适化的管理理论。从上述资料中可以发现，我国企业长期处于不断迭代变化的动态情境，研究对象在不同发展时期多处于不同的制度、市场和技术情境，而企业的各项战略变革或转型政策也往往与外部情境紧密相关。任何理论的外推都不是无止境的，而这种理论适用范围的界限是由我国多元复杂情境的动态组合决定的。一般而言，随着研究对象的演化发展或是转型升级，所处情境也会发生相应改变，因而管理理论的适用范围就需要随之不断调整。综上，在整个研究过程中，研究者需要建立起全方位、多维度的深度化情境认知，按照"多元情境变化—初步结论颗粒化—适用边界调整"的一般思路，从复杂情境下的本土企业管理创新活动中挖掘中国情境下的管理理论。这一过程不仅逐步完善了管理研究的适用范围，还是对所构建的理论的检验、完善和修改，以保证管理领域的新观点和新理论永远处于积极向前的状态。

四、外推方法

为了能够更好地阐述管理研究中的外推操作，我们以个案研究的外推方法为例（表5.3），主要从外推范围和外推逻辑两方面进行阐述。

表 5.3　个案研究的外推方法

学者	借鉴方法	借鉴内容
罗伯特·殷	序贯访谈法	以深度访谈法为基础，连续进行个案访谈
费孝通	类型比较法	（1）分类型。界定类型划分基本特征 （2）解释性。比较影响类型异同的因素
Geertz	案例深描法	对案例进行可被人理解的、深入的描述
Burawoy	拓展个案法	（1）从观察者拓展到参与者 （2）从时间和空间观察上进行拓展 （3）从微观过程拓展到宏观力量 （4）理论的拓展
王富伟	关系个案研究	构建情境理论，界定理论发挥作用的边界

（1）罗伯特·殷的序贯访谈法。这是一种具有时间序列的访谈方法，也是以深度访谈法为基础的研究方法，连续进行的访谈个案能逐步加深我们对研究的总体了解。前一个访谈个案的结果会帮助研究者提出下一个访谈个案的问题，在研究未结束之前所需要的案例数量是未知的。而当研究者感觉访谈的内容结果已经开始重复时，研究的目的就达到了。但序贯访谈法并不适用于研究宏大的宽泛的总体，而适用于微小的具体的总体，并且限定在一定的视角范围里。所以，该方法的外推范围是"有限的视角内"的总体，即对总体进行主观视角范围的描述分析。

（2）费孝通的类型比较法。该方法将每个个案视作一种类型的代表，因此不断地积累不同的个案就是不断地认知总体的不同类型,从而逐渐接近所认知的总体。通过费孝通先生的《江村经济》来看,类型比较法分为两步——确定同质性类型和类型间的比较。第一步是将个案的自身分析总结为"一个具体的标本",这样个案就从"个别"走向了"类别",代表着"与所研究的个案同质或同类的其他个案的集合"。第二步就是比较并解释这些类型间的不同,并不断添加比较不同类型的方式,进而认识整个总体的目标。从费孝通的研究来看,他是从农村个案研究开始的,目标是认识整个中国社会,"江村只是我认识中国社会的一个起点……从这个起点全面了解中国农村……从中国农村去全面了解中国社会",所以费孝通的类型比较法的外推范围是中国社会总体。但是,在庞大的中国社会的研究目标里,谁也不会从某个视角就足够认清中国社会的全貌。

(3) Geertz 的案例深描法。Geertz 认为文化分析应当是"一种探求意义的解释科学"而不是"一种寻求规律的实验科学",而案例深描法正是体现了他的这种主张,即对研究对象、行为、实践过程进行可被人理解的、深入的描述。这种方法虽然没有从个案研究中获得研究对象的总体本质或特征,但借以对原有理论进行修正,作为促使个案"走出自身"的一种方式,即在已有实质性理论的前提下,针对某个案进行描述并归纳出一般结论,然后将总结的理论与原理论进行对比验证,补充完善原有理论,此时的外推范围不再是"某种类型"、"部分"或"总体",而是直接上升为与总体相关的理论(柳倩,2017)。但该方法较多地依赖于研究者自身的知识库储备和表达能力。

(4) Burawoy 的拓展个案法。该方法是一种通过参与观察,将日常生活置于其超地方和历史性情境中加以考察的方法,突破了个案研究本身所受研究视角、时间、空间以及所处情境的局限,让微观的个案研究置身于更加宏观的系统中去,目的是从"特殊"中抽取"一般"。拓展个案法主要分为四个方面:从观察者拓展到参与者;从时间和空间观察上进行拓展;从微观过程拓展到宏观力量;理论的拓展。因此,如同 Geertz 的案例深描法,拓展个案法的外推范围也是理论层面的。

(5) 王富伟的关系个案研究。该方法认为,异质性的存在让个案研究无法实现研究事实层面的超越,其根本原因在于他们对整体与部分的看法持有实体论立场,而要克服这样的困难,就要采用关系本体论。在关系的视角里,个案不再被看成整体的部分,而转变成关系性的思维,只需要弄清楚"什么样的关联机制界定了个案及其在整体中的定位"即可,与个案无关的事实便不在研究范畴里,也不会对研究造成影响,总体异质性的问题也不复存在(柳倩,2017)。这种关系个案的理论诉求不是证实或证伪,也不是创造新的理论,而是要构建情境理论,界定理论发挥作用的边界。实际上,关系个案研究是一种"形式理论"指导下的经验归纳研究,这样的个案研究是为了"发现某些普遍共同的属性在特殊环境中的特殊运作过程、表现方式和约束条件"(王宁,2008)。

从上述外推方法中可以发现，研究结论的外推是一种知识积累的集结过程（Flyvbjerg，2006）。高质量的管理案例研究成果的外推，不但可以深化对企业管理相关机制的理解，还能够不断完善研究者自身的认知架构。然而，在管理案例研究中的外推并不是自动生成的，它贯穿于研究的整个过程，需要研究者时刻保持外推的自觉性。总的来说，上述外推方法虽具有各自的局限性，但这能为本书归纳外推逻辑提供扎实的理论基础。上述外推方法的逻辑基础均来自系统思维，即整体是由各个局部按照一定的秩序组织起来的，要求研究者以整体和全面的视角把握对象。其特定的原则和规律可归纳为三个方面：①连续性原则。当思维对象确定后，思维主体就要从许多纵向方面去反映客观整体，把整个客观整体视为一个有机延续而不间断的发展过程。②立体性原则。当思维对象确立之后，思维主体要从横向方面，即基于客观事物自身属性进行探索，使整体性事物内在诸因素之间的错综复杂关系的潜网清晰地展示出来。③系统性原则。从纵横两方面来对客观事物进行分析和综合，并按客观事物本身所固有的层次和结构，组成认识之网，从而再现客观事物的全貌。

五、外推逻辑

管理案例研究的外推逻辑是一种从情境视角出发，基于既有知识库的分析性探讨和理论性延伸的外推性思维框架，属于纵向视角的"基础性外推"。这种概括逻辑建立在对研究对象与其所属的较大现象类别之间的关系（包括相似程度或单位同质性）的理解上。具体而言，研究者基于实践经验和理论储备，对已有知识进行外推而生成适用于更广泛情境的解释，从而形成对同质现象的全要素、全属性的认知。在管理案例研究中，遵循一定的发现逻辑可以实现案例研究的实践相关性和应用价值性，但无法保证研究结论的普适性，而这种普适性的缺失也会反噬案例研究的价值性。例如，部分学者认为案例研究的分析多是基于研究者的主观意识，缺乏客观严谨性，以及案例研究方法缺乏由大样本统计分析所得结论的普适性，这样就会降低案例研究的价值性。因此，若想保证管理研究的普适性功能，就需要遵循基于静态化知识组织的外推逻辑，体现为对已有知识进行外推的过程。需要注意的是，案例研究具有明显的本土价值性，但这并不是排斥其他国家的学术研究成果，而是要在比较、对照、批判、吸收、升华的基础上，使管理的中国理论更加符合当代中国和当今世界的发展要求。这是从特殊性到普遍性的发展规律，不仅保证了管理研究的实践价值性，还为其增添了相对的普适性意义。

实际研究中，外推逻辑主要体现在研究的外推思维和行为两方面。前者指的是基于知识库的构念化、框架化以及理论化的过程；后者则是将研究成果普适化的过程，对应于前文所说的情境脱敏过程。由前文可知，管理案例研究在满足外推边界和外推范围的条件下才能进行合理的外推，这样构建起来的中国情境下的管理理论才能实现价值性与普适性的高度契合，这也有效回应了管理研究如何实现普适性的焦点问题。而外推的基础在于研究对象所处情境的相似程度，也就是上文所说的情境嵌入和情境脱敏的程度。因此在管理案例研究中，研究者首先要通过明晰本土企业管理实践的内外部情境，抽象概括出独特现象背后的核心要素，使研究者在正式研究前就对企业实践活动有较为清晰的认知，并按照"多元情境变化—初步结论颗粒化—适用边界调整"的一般思路，建立起全方位、多维度的深度化情境认知。

管理案例研究的外推逻辑分析如图 5.10 所示。其一，分析性探讨。在归纳推理中的现象化阶段，研究者通过前期准备掌握的相关资料可以确定研究对象所处的情境，明确研究对象、时间和空间的基本要素，从而初步确定管理理论的外推边界。在构念化阶段，研究者以简洁明确的一般性概念对独特现象进行归纳，此时形成的初步构念属于对独特现象共同特征和属性的描述，还需要研究者基于已有知识库进一步外推将构念升维或降维，使其能够描述更广泛的同质现象，该过程是基于研究者自身的理论积累进行的外推。在框架化阶段，构念之间的关系结构有助于研究者进一步分析独特现象，而这种关系框架依然是基于研究者实践经验和既有知识库产生的。其二，理论性延伸。由于研究对象始终处在动态变化的情境中，只有满足特定情境组合这一条件，得出的研究结论才具备相对普适性。因此，研究者需要按照"多元情境变化—初步结论颗粒化—适用边界调整"的动态过程不断调整理论边界，从而逐步明确管理理论的适用范围。综上，在情境特

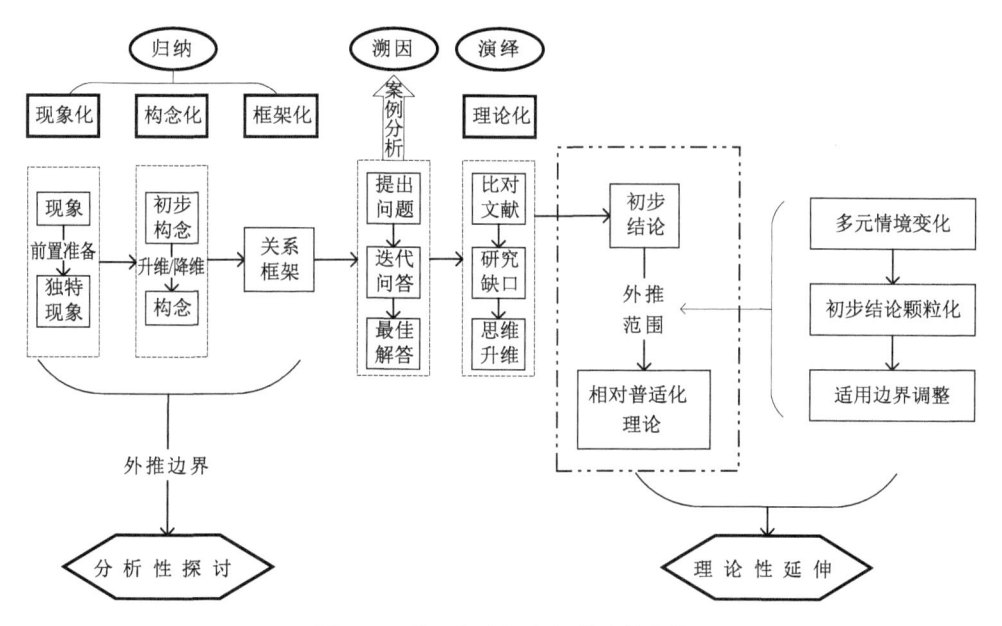

图 5.10 基于纵向视角的基础性外推

征挖掘和动态情境组合的过程中，前者为管理理论的普适化确定了边界条件，后者明确了初步研究结论外推的边界范围。上述分析性和理论性的基础性外推过程共同决定了管理理论的普适化程度。

上述外推过程遵循着基于既有知识库的外推性思维框架，这可以加深管理研究的认知深度，却往往会忽略直面实践的问题广度。为解决这一问题，研究者可以突破既定领域的结构框架，从其他领域的现象、理论中得到启示而产生新设想，这种思维模式同样属于外推性思维，称为基于横向视角的拓展性外推。比如，使用物理学分析管理领域中的某些独特现象，由于物理学的实证性和完善性可以更快、更准确地触及管理学的本质，从而减少学习的精力成本和时间成本，为管理学领域的创新提供灵感。这种外推方式并不遵循规律性的逻辑思维，是一种强调去中心化的发散性思维框架，旨在通过跨领域、跨部门的发散性思维对问题本身提出问题、重构问题，倾向于探求观察现象的所有角度，而不是接受最有可能的研究结论。横向思维与常规的逻辑思维完全不同，不仅体现在思维方式上，其作用和价值也不同。主要表现为以下几个方面。

（1）思维断裂性。横向思维的外推旨在关注思维的断裂，与逻辑思维正好相反。譬如，按照一般逻辑思维思考问题时，必然要从事物本身开始，而横向思维思考问题可以从与目标事物无关的问题开始，寻找满足该问题的全部可能情况，继而逐一排除直到找到较为合理的解释。或是直接从问题的终点开始，如不考虑企业产品质量的优劣，而是直接思考用户想要什么样的产品，从而发生了由"产品主导逻辑"到"服务主导逻辑"的转变。再以饮料产品品牌营销为例，横向思维者可能直接联想到罐头或手电筒，然后与饮料品牌营销产生交叉，看能否产生全新的创意。

（2）交叉拓展性。横向思维的外推没有二元对立，在思考问题或解释现象时采用立体思考或者多维思考，其结果没有绝对的正确与否。这种多点式可能性的思考模式实则是一种前进式的思考，为研究者提供不曾想过的新方法和新思路。按照一般逻辑思考问题时，研究希望所有相关人员集中精力去解决问题，但横向思维的外推却要求与更多不相关的事物进行交叉性思考。比如，使用物理学分析管理领域中的某些独特现象，由于物理学的实证性和完善性可以更快、更准确地触及管理学的本质，从而减少学习的精力成本和时间成本，为管理学领域的创新提供灵感。

（3）破局可能性。从字面意思来讲，横向思维就是横着进行多角度思考。譬如，同样挖一口井，横向思维者会从多种角度思考如何才能更快地挖出水，甚至还会思考挖井事件的本质诉求，如果这个难题不需要挖井也能解决，假如挖井是需要解决饮水的问题，横向思维者可能会告诉需求者，可以将附近山上的泉水引到村子里以解决水源问题。此外，在传统的逻辑思考中，研究经常会遭遇结论的否定。而在横向思维的思考中，任何回答都有可能存在。这种带有强烈破局意味的思考，会促使研究者找到独特新颖的研究思路或方法。

综上所述，本节针对管理案例的普适功能的研究发现，外推操作在满足外推边界和外推范围的情况下，可以实现研究成果的相对普适性。其中，情境特征挖掘和动态情境组合的过程分别确定了管理研究的外推边界与外推范围，实际研究体现为"多元情境变化—初步结论颗粒化—适用边界调整"的动态过程，最终得到相对普适化的理论，这也有力回应了管理研究过程中的情境脱敏过程。此外，基础性外推以研究者自有知识库为依据，将实践经验上升为系统化理论而加深了理论研究的深度，拓展性外推则从其他领域的现象或理论中产生新设想而扩展了研究的广度。本节通过明晰管理案例研究实现相对普适性的过程，总结得出外推逻辑体系，不仅推动了中国本土管理知识的广泛化应用，还补充完善了既有管理知识体系。需要注意的是，随着研究者认知的强化，经过上述推理得出的既有结论存在被推翻的可能性。但也正因如此，管理理论才会被不断完善，自我更正的潜在可能性越强，这也保证了管理的中国学派持续充满活力。

第四节 管理案例知识发现的底层逻辑

一、底层逻辑的基本内涵

底层逻辑，就是事物或现象背后最本质的原理解释。本节从功能角度出发，通过明确各逻辑的适用阶段以及逻辑间的组合应用，明确直面实践的管理研究背后的本质核心。通俗来讲，我们思考问题时，通常会先找到一个切入点进而形成思考路径，实际上这种入口有很多，差别在于不同的思维路径决定了问题能否得到解决以及通顺程度，这里就涉及了思考问题的本质——底层逻辑。逻辑实证主义指出科学知识源于可观察、可验证的经验，经验之间的逻辑联系是先于经验而存在的，并可以通过语言总结出的理论命题来反映，故逻辑分析在知识创造中至关重要（井润田和孙璇，2021；阙祥才，2016）。此外，任何学术研究都遵循着整体性思维，这是在归纳、演绎等众多逻辑基础上搭建而成的一个完整思维体系，由认识论所决定。比如，归纳逻辑是来源于培根的经验主义，认为人类的一切知识都是通过经验获取和验证的，包括实践经验和理论知识；溯因逻辑是以实用主义为基础的推理方式；演绎逻辑则来源于笛卡儿的唯理主义，认为理性是获取知识的唯一正确途径，一旦掌握了事物的基本规律，就能演绎出其他的知识。上述研究为本书研究奠定了扎实的理论基础。但需要注意的是，本书所提出的底层逻辑指的是逻辑组合，区别于上述相对独立的逻辑形式。

底层逻辑是思考问题或解释现象的最本质出发点。从这一点来看，我们若想实现弯道超车,通过促进各管理学派的沟通交流而形成更强大的管理的中国学派,就需要将直面实践的管理研究背后的底层逻辑研究清楚,在此基础上结合我国本土独特的多元复杂情境才能与管理实践相适应,进而推动本土管理研究的开展。这不但可以提高和完善各个管理学派,还能够弥补西方经典管理体系的缺失和不足,进而为全球管理理论发展贡献中国智慧。回望中国管理学界的发展路程发现,我国管理研究基本上是在对西方管理学的引进、消化和吸收的基础上发展起来的,在这一过程中引进了各种各样的研究方法、研究范式,如诠释主义案例研究范式和实证主义案例研究范式等。这种将西方管理领域的东西直接应用到中国情境中,是确保与我国现有知识体系相联系的合理方法,但潜在问题是研究会受限于经典理论背后的思维逻辑。Eisenhardt(1991)认为,一个好的管理理论本质上来源于严谨的研究方法和缜密的案例分析逻辑思维。在理论挖掘过程中,研究者可以用逻辑代替数据作为评价的基础(Whetten,1989),进一步地,将案例研究中构念之间的关系以及背后蕴藏的逻辑连接点作为构建管理理论的核心所在(Eisenhard and Graebner,2007),确保了研究中相关数据和材料可以充分支撑起研究结论,从而排除其他可能的理论性解释(毛基业和陈诚,2017)。而目前国内外对案例研究的底层逻辑研究较少,因此若想真正推动管理的中国学派发展,就需要深入探讨案例研究的底层逻辑,形成一套适合中国企业实践与学界发展的思维逻辑体系,这不但有其本土化价值,也会推动全球管理知识体系的构建,从而衍生出全球化的普适价值。反观欧美的本土研究也正是基于其本土实践构筑了如今的管理知识体系,因而关注案例研究的底层逻辑,特别是在构建管理的中国学派方面非常有必要。这就要求我们从更基础的角度挖掘直面实践的管理研究的底层逻辑,建立中国本土研究的逻辑基础体系。

　　底层逻辑的挖掘可以强有力地推动管理的中国学派的发展壮大。其一,为形成中国本土的研究体系奠定坚实的基础。通过对底层逻辑的研究,可以发现基于本土实践的管理研究的独特逻辑,以此为基础开展的研究工作,或将形成不同于本土既有研究的新特点和新规律,从而为形成基于本土实践的新研究体系奠定基础。其二,为我国管理学派提供了赖以生存和发展的共用逻辑基础。通过探讨管理研究的底层逻辑,能够从更基础的角度解决各管理学派之间逻辑起点不同的问题,从而打破各学派之间的隔阂,最终推动管理的中国学派的蓬勃发展。其三,为推动全球管理知识体系贡献中国智慧。建立全球管理知识体系亟须高水平的针对单个国家的本土研究,而本书通过深入挖掘基于中国本土实践的管理研究的内在逻辑体系,不断丰富基于本土实践的管理研究的学术价值与理论体系,这将切实推动全球管理知识体系的构建。此外,底层逻辑的研究还为解决管理的中国学派发展中的问题提供了新思路。当前,管理的中国学派在发展中存在两大问题:一是重数量而非质量;二是忽视研究的理论和实践相关性,或是二者难以维持平衡。而底层逻辑的相关研究恰恰有助于解决上述两大问题。通过扎根实践的研究能够深度了解中国情境，解决中国本土出现的实际问题。研究者可以通过对独特现象进行系统化、批判性和精心设计的深入分析，建立中国情境下合理的管理理论以解释令人迷惑的现象，既保证了研究质量，同时也实现了理论与实践的有机结合。此外，科学研究遵循着自然科学与社会科学普遍认可的科学逻辑，因此根据底层逻辑这种科学严谨的思想和方法进行研究，有助于得到管理领域学术共同体，特别是国际上的认可，从而扩大管理领域的中国话语权。

二、管理案例研究的底层逻辑

近年来，管理学者对管理研究中的逻辑思维做了大量工作，认为管理研究主要通过归纳逻辑、采用大胆假设的演绎或是解释性的溯因等方式，实现管理研究的知识发现（白胜，2017）。其中，多数管理学者认为案例研究过程遵循着归纳逻辑（吕力，2014；毛基业和李高勇，2014），即从现象中归纳得出具有一般性的管理理论。部分学者认为案例研究的逻辑方法以归纳为主，演绎为辅，在研究过程中二者被重复使用（项保华和张建东，2005）。此外，溯因作为科学发现"模式"或"逻辑与方法论"，在认知科学、人工智能、教育学、工程学等领域的知识创新方面具有重要影响，引起了管理学界的广泛关注。比如，白胜（2017）指出，溯因为"问题意识"和"问题导向"的管理研究策略提供了逻辑推理基础，基于此研究者极有可能找到创新契机。还有学者通过比较不同研究方法指出，以各种质性资料为研究载体的案例研究法与采用问卷调查数据为载体的定量研究不同，其本质可归纳为一种开放的、质性—实证的归纳研究逻辑（唐权，2017）。

此外，仅仅依靠归纳、溯因和演绎等基础逻辑并不能将结论推广应用到具体情境之外，还需要在研究过程中辅以外推逻辑满足普适性需求（李宝元等，2017）。针对此，部分学者从不同视角研究发现，管理案例研究具有一定的普适性功能（王晓晖和风笑天，2017；张建民和何宾，2011；王宁，2008），但大多将研究对象直接设定为研究结论，并没有对案例研究过程中的外推思维进行更为深入的探讨，以至于造成研究成果普适性的缺失。此外，还有学者提出诸如借助"复现逻辑"以构建准确、有趣和可验证的理论（井润田和孙璇，2021），基于因果逻辑的案例分析（叶成城和唐世平，2019）等逻辑观点。由此可见，我国管理学者针对构建管理的中国理论的内在逻辑做出了一定研究，普遍认为管理案例研究中存在归纳、溯因和演绎三种逻辑，认为研究者应当根据各自适用条件恰当应用（白胜，2017）。但对于何时使用哪种逻辑等问题缺乏思考。基于此，本文从功能性角度深入探讨了案例研究的底层逻辑，以探索出各学派赖以生存和发展的共用逻辑基础。

研究发现，管理案例知识发现的底层逻辑是从情境基础观出发，以"发现逻辑"为主，以"外推逻辑"为辅的逻辑体系。具体而言，其一，发现逻辑是一种集"归纳—溯因—演绎"于一体的逻辑框架。结合管理案例研究的发现过程来看，归纳和溯因属于人类认知的分析判断过程，形成了管理研究的初步结论；继而通过演绎，也就是综合判断得到具有理论意义的研究结论。由此可见，在管理案例研究过程中，"归纳—溯因—演绎"的顺序符合人类的一般认知结构，且三者缺一不可。此外，从逻辑的基础构成来看，上述三种推理方式均属于研究者进行信息加工时的工作方式，体现了研究的思维过程，因此归纳、溯因和演绎既是推理方式，也是逻辑思维，共同构成了管理案例研究的发现逻辑。其二，外推逻辑是一种从情境视角出发，基于既有知识库的分析性探讨和理论性延伸的外推性思维框架，属于纵向视角的基础性外推。这种逻辑建立在对研究对象与其所属的较大现象类别之间关系（包括相似程度或单位同质性）的理解上。据此外推逻辑框架可以实现管理案例的普适性功能，但需要满足外推边界和外推范围两大条件，即通过情境特征挖掘以确定外推边界，以及调整动态情境组合以细化外推范围。上述基础性外推通过将实践经验上升为系统化理论，加深了理论研究的深度。为了扩展管理研究的广度，则需要拓展性外推，即从其他领域的现象或理论中产生新设想。

相较于针对单一归纳、溯因和演绎推理的相关研究，本书得出的以"发现逻辑"为主，以"外推逻辑"为辅的逻辑体系，并非单一地强调研究者在某一研究阶段的思维模式，而是明确了管理案例研究的整体逻辑，更加清晰准确地阐述了不同逻辑的适用阶段，以及各种逻辑之间的组合应用，实现了各研究脉络的有机融合，进而为各管理学派建立了共同的逻辑基础。进一步地，本书结合 Whetten（1989）的理论构造方法，即一个完整的理论必须包含"what"、"how"、"why"和"who、where、when"的基本要素，针对以下问题进行阐述，如应用案例研究解释独特现象时，哪些因素在逻辑上应被研究者考虑、因素之间的关系如何，以及研究的意义等，进一步明确上述逻辑体系对于理论建构的意义和价值所在。

在管理案例研究中，研究对象处于社会复杂环境中，不断与外界进行信息交换，因而基于企业管理实践的研究首先要求研究者能够按照"情境要素—情境架构—情境谱系"认知体系，深入分析研究对象所处情境。该过程满足了理论建构过程中的"who、where、when"要素；其次，管理案例研究要求研究者通过归纳从差异中寻求共性，进而通过溯因由现象到本质深入探讨研究。该过程实际是通过定性数据回答"what"和"how"的问题；在此基础上，通过演绎逻辑与既有理论对接而提供相对普适化的本质性解释（"why"），强化实地观察和管理理论建构之间的联系。此外，为了从有限的案例中探索发现出来的新理论，或是将新的发展规律在更宽泛的情境中得到应用，由外推所得到的普适性功能也尤为重要，而研究结论能否外推则在于研究对象所处情境的相似程度。换句话说，案例研究在多大程度上可以外推以及如何实现这一过程便是外推逻辑所要解决的核心问题。这种由特殊性到普遍性的发展规律，不仅为案例研究的价值性保驾护航，还为其增添了普适性意义，因而外推也为理论建构提供了不可忽视的重要作用。

那么，为什么需要在之前学界关注的案例研究的程序和步骤等内容的基础上进一步关注底层逻辑呢？

一般而言，任何研究都有其独特的架构体系。案例研究也不例外，之前学界关注的程序和步骤等内容其实是案例研究体系的中间层，它的底层便是需要进一步关注的底层逻辑，上层便是期待得到的研究成果。近年来，国内外管理学者较多地关注案例研究的中间层，而对底层内容关注较少。围绕案例研究方法的程序、步骤和研究技巧等内容实现了越来越多的论文、专著等成果的发表，但多数研究者对于底层内容缺乏深入理解，以至于涌现出了研究问题与案例选择不匹配、现象分析不足、理论贡献模糊等问题。如此来看，以往案例研究成果大多聚焦于案例研究体系的中间层内容，着实有力地推动了我国管理领域的发展，但在挖掘本土独特管理理论等高质量、高水平的原创性研究成果方面收效甚微。究其根源，在于管理学者对案例研究背后的本质，即最底层的实质性内容关注不足。

此外，在管理案例研究中，知识发现并不仅仅体现在所提出的构念、框架或结论这些研究结果上，更重要的是从数据或现象中得到这些研究结果的整个过程，也就是研究者如何基于一定的逻辑思维，在所收集的资料与研究结论之间建立起可靠的、具有理论价值和意义的联系，上述这些问题是需要深入探讨的。学者需要将建立理论联系过程中的关键推理环节清晰展示出来，以增加研究的可信度和说服力。因此在现阶段，仅仅关注案例研究的步骤、程序和技巧等基本内容已经无法保证管理的中国学派的发展壮大，要想实现中国管理的弯道超车，就需要从最底层的本质问题上探究思考。总之，目前的严峻形式要求中国管理学者不但应该关注案例研究的方法、步骤程序等基本内容，还要进一步深入思考案例研究的底层逻辑等深层次学理，并以其为方向标对中间层基本内容进行修改和完善。

在管理案例研究之后，研究者需要注意的事项如下：第一，在研究深度方面。研究者首先要根据既有知识库，判断能否通过已有理论解释发现的独特现象。如果既有理论可以有效解释，则增强了该理论效度；倘若不能，则为优化该理论找到了突破口。其次，研究者可以通过演绎推理的形式对现有理论做出延展或填补不足，如在既有研究中引入上述新构念、新变量或是新框架体系等方法。这种以理论为核心的研究过程，通过发现的独特现象证实或证伪既有理论，保障了管理理论发展的正当合理性。第二，在研究广度方面。研究结束后，研究者需要对研究结论的普适化程度进行检测。首先，检验研究结论能否应用到与研究对象相似的情境中。例如，张剑等（2009）在中国情境下对情绪智力三维结构模型的通用性进行了验证，从而拓展了其应用的范围。其次，检验研究中形成的构念等要素能否应用到不同领域或部门，如研究中的某个构念是否能像物理学中的重力、速率等被大家公认，从而赋予其在不同领域中的应用价值和意义。

第五节　管理案例研究的理论建构与涌现

围绕管理的中国学派，我国管理学者基于不同的视角做了大量工作，诸如提炼出了和谐管理、和合管理和水理论等管理思想，构建了如中国管理学、东方管理学和中国管理哲学等学术框架。这些探索性研究构建起各自的理论体系，强有力地促进了我国管理学领域的发展。然而由于各学派之间研究范式等的差异性，我国在挖掘高质量、高水平的原创性研究成果方面收效甚微，这说明案例研究等质性研究方法并没有真正发挥挖掘中国管理理论的作用，在一定程度上制约了管理的中国学派的更好发展。那么，如何基于底层逻辑构建中国情境下的管理理论，就需要从具体的研究过程中发现问题并提出相应的解决策略。基于此，本节将底层逻辑的思维贯穿于理论建构与涌现的实际研究，从研究设计、样本选择、方法选择、数据收集、分析技术和理论涌现六大步骤，明晰中国情境下管理理论的具体构建过程。

一、研究设计

研究设计是连接所收集的数据与研究问题的逻辑，并用书面的形式将这种逻辑表达出来，用以指导研究者进行相关数据的收集、案例描述和分析等工作，最终得到兼具价值性和普适性的研究成果。这也就是本章所强调的案例研究的底层逻辑，即在众多逻辑的基础上架构而成的一个完整体系，这是我们思考问题时最先关注的核心所在，在此基础上进行的关于案例研究步骤、程序等基本内容才不会脱离轨道，最终才能从根本上解决需要突破的瓶颈性问题，得到期待的研究成果。简言之，研究设计是一种指导性的"研究蓝图"，它至少包括四个问题：要研究什么问题？哪些数据与研究问题相关？需要收集哪些数据？如何分析结果？（Sloss et al.，1980）。由此来看，研究设计的主要目的是避免出现与研究问题无关的情况，一个好的研究设计能够指导研究者有效地推进案例研究的开展。就好比"城市规划"是以发展眼光、科学论证、专家决策为前提，对城市经济结构、空间结构、社会结构发展进行规划，具有指导和规范城市建设的重要作用，是城市综合管理的前期工作，是城市管理的龙头。

本节主要描述理论建构型案例的研究过程。案例研究按照其研究功能的不同可以分为探索型、描述型和解释型。其中探索型案例主要用于定义将要研究的问题或假设，或判断预定研究方案的可行性，能够提出新的结构及建立新的理论；描述型案例提供了对现象及其情境的完整描述；解释型案例用来解释因果关系（Dube and Pare，2003）。由于案例研究依托于坚实的理论基础，而好的案例研究对发展理论也有重要意义（张丽华和刘松博，2006）。因此，本节主要描述理论建构型案例的研究过程。案例构建理论是指运用一个或多个案例，根据案例中的数据创建理论构念、命题或中层理论的一种研究策略。此类案例研究的宗旨是以案例为基础从中归纳产生理论，而产生的理论完全根植并升华于案例内或案例构念之间的关系模式以及这些关系所蕴含的逻辑论点。

　　Whetten(1989)指出，一个完整的理论必须包含"what"、"how"、"why"以及"who、where、when"的基本要素。因而应用案例研究解释独特现象时，研究者需要思考哪些因素在逻辑上应被考虑、因素之间的关系如何，以及研究的意义等问题，这也是研究设计阶段应该考虑的内容。首先，"who、where、when"要素在情境界定的特征挖掘中被明确提出，为管理理论的外推边界指明限制条件。管理理论的研究对象处于社会复杂环境中，不断与外界进行信息交换，因而基于企业管理实践的研究，要求研究者能够深入了解研究对象所处情境，并能对其进行丰富描述。因此在正式研究前，需要对研究对象的情境进行特征挖掘，以预先确定管理理论的边界条件。其次"what"、"how"和"why"要素确定了管理理论的领域或主题，为研究的合理性奠定基础。从逻辑视角来看，案例研究要求研究者通过归纳逻辑从差异中寻求共性，进而通过溯因逻辑由现象到本质深入探讨研究。前三个子过程实际是通过定性数据回答"what"和"how"的问题。在此基础上，通过演绎逻辑与既有理论对接而提供相对普适化的本质性解释（"why"），强化实地观察和理论建构之间的联系。具体而言，归纳推理强调开发新的构念、量度和可验证的理论命题，溯因推理保证了研究的相对严谨性和实践相关性，演绎推理则是从理论视角完善案例研究过程从而构成完整的研究周期。

　　具体到管理案例研究中，研究设计首先要通过文献梳理聚焦有理论价值的研究问题，为后续研究奠定扎实的理论基础。其次，以尝试解决上述问题的过程为理论假设，对其进行更精确的分析时，需要选择合适的分析单元（案例样本），并清晰界定其所在的空间界限和时间界限，以及要素之间的关系，即"现象化—构念化—框架化"。再次，收集资料时将具有竞争性解释的相关信息收集起来，有助于后续的案例分析，并按照"提出问题—迭代问答—最佳解答"的过程对研究假设进行验证。最后，完整的研究设计还应包含与研究主题相关的理论。由此可见，案例研究设计的要素主要包括研究的问题、理论假设、分析单元、解释研究发现的标准和资料与命题之间的连接。本节借鉴定性方法、案例研究设计（Yin，1981）和扎根理论建构等既有研究，并综合先验规范、三角验证、案例内和跨案例分析等方法，总结出案例研究设计包含七个步骤——文献综述、案例选择、现象化—构念化—框架化、资料收集与溯因分析、得到研究成果、理论化、确认研究成果，与之对应的内容和目的如表5.4所示。

表 5.4　案例研究设计的过程

步骤	内容	目的
文献综述	结合研究主题，梳理既有文献	为研究奠定扎实的理论基础
案例选择	按照样本选择的基本原则确定案例	为研究赋予实践价值性
现象化—构念化—框架化	根据发现的独特现象确定研究问题，并推测相关构念以及概念之间的关系结构	从一般现象中挖掘独特现象以发现新颖有趣的研究点，并提出初步的研究假设
资料收集与溯因分析	收集相关资料，溯因的初始阶段要求研究者将初始问题复杂化，在对其分解后进行细粒度匹配	从多元多维度视角获取价值信息，验证研究假设
得到研究成果	将分解后的回答一步步向上聚合以得到最佳回答，通过溯因推理方式反复试错，不断地循环迭代，最终得出初步研究结论	减少由主观性导致的结论片面性，保证了实践经验和理论研究的相关性
理论化	与既有文献研究对话，归纳对比异同点并作解释	结合独特现象或是实践数据得到新见解，赋予初步结论以本质性的理论解释
确认研究成果	得到兼具价值性和普适性的研究结论	在实践和理论两个层面都具有了重要意义和价值

二、样本选择

样本选择是从管理案例研究中建构理论的一个重要方面，也就是发现逻辑的现象化阶段，在实际研究中，有价值且新颖的研究点通常蕴含于独特现象中，而非纷繁复杂的一般现象中，这一现象化的过程保证了研究价值。例如，同在假设检验研究中，所选数据组的概念是至关重要的，因为数据组决定了要从中抽取研究样本的一组实体。此外，选择合适的样本可以控制其他变量的影响，并有助于将研究成果进行外推。例如，Warwick 对战略变革和竞争力的研究说明了这一观点（Pettigrew，1990）。研究人员从四个行业领域的大规模公司中挑选案例样本。这种对于四个特定市场的选择使得研究者能够控制行业环境变化，并且公司之间的规模差异限制了大公司的规模要求。由此来看，该研究案例样本的规范限制减少了外来的变异因素。恰当的样本选择能够很好地支持理论研究工作的展开，而不恰当的样本则会影响管理案例研究的进程。案例研究样本的选择不同于问卷调查研究中样本的选择，后者往往会采取从总体中进行随机抽样或是方便抽样的原则，通过普遍化得出总体的研究成果，而案例研究的样本选择却不受随机性和总体代表性的制约。具体到实际研究中，研究者需要及时关注财经信息和时事新闻，根据收集到的新闻资讯等二手资料了解备受争议的热点管理问题或是无法解释的独特现象，以此作为案例研究的样本。

虽然说独特现象中蕴含着新颖且有价值的研究点，但这并不意味着所有的独特现象都值得挖掘，它必然要遵循一定的基础原则。其一，样本的真实完整性。

案例素材需要真实、客观地再现事件发生时的管理情境。案例涉及的各项数据、图表、言论和主体的行为特征都应该尽可能完整、准确地保留下来。如果涉及某些单位机构的隐私，可以对相关数据进行同比例的放大或缩小，但切勿改变它们之间的定量化联系，以免干扰对研究假设的验证，导致研究结论上的误差。只有细节丰富、数据完整准确的案例才能够为我们提供全面描述和深层探讨的空间，才能避免胡乱拼凑信息数据和理论知识的研究空缺。其二，新颖典型性。与研究条件类似，案例事件及各主体要素会受到时间、历史、政治等客观因素与认知能力等主观因素的影响，因此为了尽可能排除不必要因素产生的误差，也更加贴近企业实践，应该选择备受争议的热点管理问题或是无法解释的独特现象。换言之，研究者应该选择那些在关键领域中存在突出性差异的典型事件作为研究案例，同时以理论知识为判断支撑，侧重于选择那些在经典管理理论之外的独特现象或是独特研究对象。

此外，理论与实践之间的差距一直是应用社会科学界关注的焦点，特别是在管理学领域。越来越多的证据表明，当管理研究产生的知识与管理实践相去甚远时，无论研究成果多么新颖独特，也会影响管理领域的发展（Hambrick，2007）。因而管理理论始于企业实践活动，又终于实践，研究者在进行样本选择时，需要紧紧把握住实践针对性的原则。基于此，研究者在构建管理理论时应回归本土管理实践，聚焦于某一特定的热点实践问题，通过分析企业面临的复杂情境，挖掘企业所面临的有效决策信息，并在此基础上制订相应的解决方案。这些现象或谜题引起了管理理论的开发，或是更简单的构念开发。由此可见，一个合适的样本是管理案例研究的重要起点，在一定程度上决定了研究层次。

三、方法选择

管理案例研究是在具体情境性管理实践的基础上，以构建或拓展理论为目的，通过一系列科学规范的分析流程，探索发现一般规律性认知的重要质性研究方法（Eisenhardt and Graebner，2007）。与定量研究不同，案例研究在创建新理论与探索复杂多变的未知领域等方面具有独特优势——其强大的探索性功能（Pan and Tan，2011）。在实际研究中体现为以得到打破一般思维的独特见解为目的，从企业管理实践出发对特定情境中的独特现象进行系统描述和分析，进而得出具有普适性的管理理论，其本质在于创建新颖的构念、命题和管理理论，这也是案例研究得以在众多研究方法中脱颖而出的主要原因。尤其是在中国独特的情境中，有助于把握现象产生的原因、深入解释其背后本质的案例研究方法具有更为广泛的应用空间。当然，这并不意味着我们否定其他诸如实证研究方法的优势所在。

定量研究人员错误地认为案例研究应该同大规模假设检验研究中的数据一样代表着大规模的现象，这样得出的研究成果才具有普适性价值。然而亟待澄清的是，案例研究的目的在于构建理论，而不是验证既有管理理论。正如实验样本是从一组实验中随机抽取的，是出于能够提供理论见解的目的选择，案例研究的样本选择也同样如此——揭示独特现象、构建新型管理理论。此外，只要严格遵循案例研究的底层逻辑，案例研究所得出的理论成果就不仅可以在信度和效度上达到科学研究的要求，还能将研究成果外推至更广阔的情境中。除上述问题之外，在管理学中还存在另一个争议——案例研究的样本数量。是选择单案例研究还是多案例研究？如果是多案例研究的话，案例应该选择多少样本才合适呢？其实这是由研究成本、研究的科学性等因素共同决定的，最终选取的案例样本数量还是应视具体的研究情况和研究内容而定。实质上，关于案例数量争论的问题掩盖了案例研究的核心问题：关键不在于多个案例优于一个案例，案例的数量合适与否取决于多少信息是已知的，多少信息可以从增加的案例中获得。

1. 单案例研究

单案例分析是研究者在围绕研究主题进行数据收集的基础上，通过对案例研究现象、事件的充分掌握和透彻分析，识别出数据背后蕴含的关系、模式等要素是否与在研究之初提出的研究假设相符，及其与竞争性研究假设的关系，最终研究者能够对模式进行划分，明晰整个事件过程并实现对理论的扩展。具体到探索性单案例分析中，研究者的主要目的在于构建新的理论。相对于多案例研究而言，单案例研究具有研究成本低的优势，这不仅体现在实际研究中的物质因素方面，还体现在研究者投入的时间和精力方面。此外，单案例研究所选样本通常是一些具有不同寻常启发性的、极端的案例，能使研究者获得不同寻常的研究机会。例如，苏敬勤和张琳琳（2013）选取海尔作为案例研究对象，探究在创新国际化的不同阶段动态能力各维度作用的变化；苏敬勤等（2021b）基于飞贷的创新实践开展纵向案例研究，探究技术嵌入对数字化商业模式创新的影响，丰富了数字化商业模式创新的相关理论，并为科技型企业构建数字化商业模式提供了实践启示。由此可见，研究者通常会使用单案例研究探讨在罕见或极端情况下的独特现象。与此同时，单案例研究由于数量限制而在适用条件上存在局限性。

小贴士：单案例研究

《技术嵌入与数字化商业模式创新——基于飞贷金融科技的案例研究》（苏敬勤等，2021b）一文中使用的飞贷的创新实践发展案例属于单案例研究范畴。

作者遵循理论抽样原则，主要基于行业典型性、企业代表性和数据可得性选择飞贷作为案例研究样本。案例研究中的相关数据主要来自对飞贷中高层管理者的半结构化访谈，并辅以二手数据和实地考察，多种来源的数据形成三角验证。在实际调研过程中，研究团队首先通过网络公开资料了解飞贷的基本情况，生成访谈提纲,并获得企业的调研许可。其次,调研团队在2019年1月到飞贷开展两天的面对面访谈。访谈对象主要为飞贷的创始人以及各部门的负责人,每人的访谈时间在两小时左右。随后在2019年3月,调研团队到为飞贷提供战略咨询的第三方公司开展调研,该公司自2015年起与飞贷达成战略合作,对飞贷的发展历程及关键决策非常熟悉,能够提供数据的补充和验证。以上访谈全程录音并转录形成文档资料,与通过网络途径收集到的二手数据共同形成该研究的案例数据库。在研究过程中,如果重要信息缺失或者模糊,研究者则通过微信和邮件向企业相关人员进行询问或确认。在案例分析过程中,研究团队首先根据多来源数据识别企业发展的不同阶段和关键事件,并根据不同发展阶段将所有素材编入一级编码库。然后,在不断与文献对话的基础上,对不同阶段中外部情境、技术嵌入和商业模式创新进行概念化编码,形成二级编码基础,并逐项、分阶段进行编码,由关键词归纳不同阶段的差异化特征。最后,按照"情境—行动—结果"逻辑,对不同变量间的关系进行编码,深入梳理每个阶段关键事件背后的潜在关系。

最后经过研究发现:技术嵌入包含技术整合和技术开发,这两种策略在企业发展过程中经历了不同形式的演变。其中,拼凑式技术整合更有利于商业模式要素创新,而协奏式技术整合更有利于商业模式架构创新。利用式技术开发更有利于商业模式渐进创新,而探索式技术开发更有利于商业模式颠覆创新。最终,案例企业的数字化商业模式呈现出一条"流程信息化→渠道平台化→产品数字化→技术产品化"的进阶式演化路径,数字化程度相应呈现"类抛物线"的演变规律。此研究丰富了数字化商业模式创新的相关理论,并为科技型企业构建数字化商业模式提供了实践启示。

2. 多案例研究

虽然单一案例研究可以丰富地描述一种现象的存在(Siggelkow,2007),但多案例研究通常为理论建构提供了更强大的基础。同样,用实验室实验的类比,在所有其他条件都相同的情况下,基于多个案例实验得出的研究成果将会更扎实准确、更普遍。多个案例可以进行比较,以阐明新颖的发现是否只是单个案例的特质,还是被多个案例一致复制(Eisenhardt,1991)。多案例研究可以构建更稳健的理论,是因为这些命题更加深入地建立在各种经验证据中。构念以及构念间的关系被更精确地描述,因为它更容易从多个案例样本中以更高阶的抽象确定准确的构念及其结构关系。例如,苏敬勤和刘静(2012)选取三家制造企业进入新产业多元化的案例,对外部环境、企业的技术能力、管理能力和资源整合能力如何影响企业的多元化战略进行探讨,研究提出了多元化战略影响因素的三棱锥模型。此外,多个案例还可以更广泛地探索研究问题和管理理论阐述。例如,苏敬勤等(2020)通过对三家中小制造企业的纵贯式多案例研究,探索企业如何通过供应链整合推动技术创新能力演化的内在机理。

小贴士：多案例研究

《后发国家企业技术能力发展理论与实证研究》（苏敬勤和洪勇，2008a）一文中使用的华松公司的技术能力发展案例属于基于二手数据的多案例分析范畴。

作者首先在《发展中国家核心产业链与核心技术链的协同发展研究》（洪勇和苏敬勤，2007）一文中使用了华松公司盒式录像机（video cassette recorder，VCR）技术链与产业链协同发展的案例，对构建的发展中国家产业与技术协同发展模式研究假设框架和据此构建的发展中国家核心产业链与核心技术协同发展机制研究假设框架进行了实证检验。此后，在《后发国家企业技术能力发展理论与实证研究》一文的研究过程中，作者发现采集的华松公司案例可以移植到该研究中，研究所需的绝大部分数据都已经获得，只有少量数据还有待于进一步采集，为此作者对所需数据进行了进一步的收集，主要针对华松公司是如何针对VCR产业进行进一步的自主研发，在前后两次数据收集整合的基础上作者使用华松公司的案例对提出的三项研究假设（后发国家技术能力发展路径遵循简单到复杂、低端到高端循序渐进的过程；后发国家企业想要迅速提高技术能力，追赶发达国家企业，就需要在技术引进的同时开展自主研发活动；后发国家企业为了迅速实现技术能力的提升应根据所在行业产品和技术特性等来决定适合自己企业的技术能力发展具体过程）进行了初步探索。为了进一步提高研究结论的有效性，作者又使用了吉利公司技术发展的案例对研究假设进行了验证。研究结果表明，后发国家企业的技术能力发展遵循从技术引进到自主性创新逐步进化的路径，自主研发活动是后发国家企业技术能力提升的有效途径，后发国家企业的技术能力提升过程因不同产业产品或技术特性等的不同会呈现出差异性。

案例样本通常很少，因此其他一些案例可能会显著影响新颖的管理理论的质量。例如，在单个案例研究中添加三个案例在数字上是适度的，但提供了四倍的分析能力。因此，与单案例研究相比，从多个案例构建理论通常会产生更强大、可推广和可测试的理论。需要注意的是，尽管多个案例可能会导致更好的理论，但理论抽样更为复杂。总而言之，在管理案例研究中，如果案例样本较为独特新颖且具有高度的典型性，那么选择单案例是可以的；若是处于理论原因选择案例样本，诸如理论的扩展、完善等，那么此时多案例研究则是更好的选择。此外，还有一种特别重要的案例样本选择方法是"极性类型"，指的是研究人员对极端案例（极好和极差）进行采样，以便更容易地观察数据中的对比模式，这种样本选择会导致研究者可以清楚地识别焦点现象的中心结构、关系和逻辑。

四、数据收集

在数据收集阶段，案例研究具有丰富的数据来源，包括访谈、档案数据、调查数据、民族志和观察等方法围绕研究主题展开，该阶段研究背后体现的就是归纳推理，主要是通过对相关数据的归纳整合从一般现象中发掘独特现象，并初步形成一般概念，随后根据研究者自身的知识储备将不必要的概念删除，最终形成逻辑上具有共同特征和属性的初步构念，以保证独特现象概括的全面简约性。然后，需要进一步考虑构念之间的结构关系，即上述中的框架化。研究进行至此，便完成了发现逻辑中"现象化—构念化—框架化"的归纳推理阶段。简言之，研究者首先要做好调研资料的整理，按照同一属性和维度对现象进行分类筛选，以方便后续的研究工作，在这一过程中体现的本质能力就是抽象和归纳能力。

实际研究中，案例研究的数据来源不限于一种，而是多种方法的混合使用。其中，访谈是收集丰富的经验数据的一种高效的方法，特别是当观察到的现象是在高度偶发和不频繁的情况下。然而，访谈也经常引发一种"膝动"的反应，即由于研究者自身的认知而使得数据存在偏见。那么如何解决这一问题呢？最好的方法便是使用大量的观察者，从不同的角度观察焦点现象。比如，苏敬勤等（2021b）在飞贷的案例研究中是由团队进行采访获得相关数据，这一方面有效保证了案例数据信息的完整性；另一方面减少了由个人偏见或主观性导致的结论片面性，保证了研究的信度和效度。根据案例研究问题的形式和受访者回答的自由度，访谈可以分为结构化访谈、半结构化访谈、非结构化访谈和非正式访谈。而选择哪种访谈方法通常需要根据研究问题，所需要的数据类型和受访者数量来决定。具体分析如下。

①结构化访谈，或称正式访谈（标准访谈），往往用于研究者对于案例所要研究的问题有较深入的了解和研究的时候。在结构化访谈中，研究者首先要向受访者介绍研究目的等基本情况，并在此后提出研究问题。需要注意的是，研究者应避免代入个人主观想法，也不能向受访者解释任何研究问题。该方法的优点在于方便研究者后续进行数据的三角验证，并对数据进行比较，降低数据分析的难度；缺点是由于受访者的回答中掺杂着个人背景和认知，研究者在进行结构化访谈时要注意巧妙地设计访谈问题。②半结构化访谈，或称半标准化访谈，是一种介于结构化访谈和非结构化访谈之间的访谈方式。当研究者对于所研究的问题有一定理解，但需要扩展时往往使用该方法。在半结构化访谈中，研究者只需在访谈之前，确定访谈的主题即可，具体的访谈问题是在访谈过程中临场发挥的。该方法的优势在于研究者能够在很大程度上对访谈结果进行比较，但是此方法对研究者的个人能力提出了更高的要求。③非结构化访谈指的是在访谈中，研究者围绕研究主题对受访者进行提问而获取信息。该方法相比前两个具有更大的弹性，可以

围绕研究主题根据访谈实况进行有针对性的修改和补充。在非结构化访谈中，研究者除了要识别出受访者回答中的关键词和主要思想外，还要集中精力观察受访者的行为举止。由此可见，非结构化访谈是一个研究者与受访者之间高度互动的过程。④非正式访谈是指研究中的未事先设计和安排的非正式对话，主要通过实地笔记记录。

这些访谈有效地增加了案例的数量和深度，从而使研究人员能够覆盖更多的信息提供者并纳入更多案例。在实际研究中，访谈过程中还有观察法等的嵌入，旨在收集与被观察者言行举止相关的数据，这有助于减轻回顾性意义构建和印象管理。Shin 和 Miller（2022）提出了一个系统化的观察问题框架——观察对象分为九个维度（空间、行为者、活动、客体、行为、事件、时间、目标、感受），着实有利于研究者系统化地观察事物的各个方面，从而获取全面甚至出乎意料的信息，有效避免了问题的遗漏。但还有学者认为研究者应该放弃搜索式观察，进行更有针对性的观察（Engin，2011）。总而言之，无论是哪种数据收集办法都不能单独存在，实际研究中还是应该采用综合访谈的方法，以保证能够收集到充足的数据，且要保证数据的质量。此外，通常情况下，研究者还要使用档案文件等二手数据作为其他数据来源的三角验证或补充，只有如此才能探究出现象背后的机理。需要注意的是，研究者除了要明晰数据来源，熟悉数据收集的技巧外，还要格外重视研究对象所处情境、文化、研究者自身的客观性和信息提供者的偏见等事项。

小贴士：数据收集

本书作者和合作者在《追赶战略下中国制造业的技术能力提升——以中国华录·松下公司视听设备产业发展为例》（苏敬勤和洪勇，2008b）这一案例研究中，综合使用了多种基于访谈的案例数据收集方法，包括结构化访谈、半结构化访谈及非结构化访谈等。

在该案例研究中，作者以探究我国视听设备产业的发展历程和中国华录·松下（以下简称华录）公司视听设备产业的发展历程为主线进行数据的收集。在研究我国视听设备产业的发展历程中，案例研究小组综合使用了结构化访谈和焦点小组访谈的方式进行数据的收集，旨在分析我国视听设备产业的发展历程的同时形成数据的三角验证，以获得高质量的质性数据，主要访谈问题是请受访者（包括华录公司的总经理、技术主管、市场主管等）描述我国视听设备产业的发展历程。在分析华录公司视听设备产业的发展历程中案例研究小组使用了基于焦点小组访谈的半结构化访谈技术，访谈主题紧紧围绕华录是如何进行产业转型开展的，一方面获取了丰富的数据，另一方面也形成了数据的三角验证。在对总经理和技术主管进行深度访谈过程中，案例研究小组采用了单独的非结构化访谈方法，要求两位受访者分别介绍各个阶段的转型背景、决策依据，以及其中的具体产业发展细节。

从上述资料来看，数据收集阶段主要体现在实际调研过程中（表 5.5）。具体而言，在实际调研前，研究者需要及时关注财经信息、时事新闻，以了解备受争议的热点管理问题或是无法解释的独特现象，结合调研企业的相关背景以及相关文献寻找理论视角，初步确定独特且有趣的研究对象以及其所处时间要素和空间要素。在实际调研中，研究者需要时刻保持思维活跃的状态，按照"时间线—空间线—知识线"的一般框架对研究对象进行提问，及时总结独特现象的影响因素、关系结构等基本要素，并将获取的价值信息与既有文献反复对比迭代，试图在实践数据中发现既有理论中存在矛盾或缺失的地方，进而初步形成研究预判。在实际调研后，研究者需要通过横向对比和纵向深挖进行复盘，结合实践数据与相关文献找到既有研究的缺口，进而形成初步构念和研究点雏形。上述过程为管理案例研究的实际调研阶段，为正式展开理论研究积累相关材料，提供最初的研究思路。需要注意的是，独特现象的规律特征是构建管理理论所需的实体基础，因而构建管理理论的难点在于研究者识别独特现象的能力、形象化概括总结的表达能力等基本要素，实质是一种结构化思考的逻辑能力。此外，识别独特现象背后的本质需要研究者扎实的理论积累，并在实践过程中不断与现有理论进行对比，将初步结论进一步升华形成一般性、原理性的理论描述。此时，构建管理理论的关键在于研究者自身的知识库积累。

表 5.5　案例研究的调研过程

时间	调研前	调研中	调研后
实践	关注财经信息、时事新闻，训练敏锐度，积累实战经验	保持思维活跃的状态，按照"时间线—空间线—知识线"有序提问，获取价值信息	横向对比、纵向深挖，复盘并积累经验
理论	结合调研企业的相关背景，以及相关文献寻找理论视角	与既有文献迭代，在实践数据中发现既有理论矛盾或缺失之处	结合实践数据与相关文献找到既有研究的缺口
目的	通过实践与理论的反复比对，发现有价值的独特现象，并确定研究对象及其所在范围	总结独特现象的影响因素、关系结构等基本要素，不断迭代形成研究预判	形成初步构念，并与理论比对后，生成研究点雏形

五、分析技术

在收集完案例研究所需要的数据之后，独特现象产生的根源以及构念间的关系，是研究者需要深入探讨的问题，而关系隐藏在纷繁复杂的现象和数据背后，研究者需要通过对经验数据的解释与阐释达到揭示关系的目的(黄江明等,2011),这意味着研究者将进入案例研究中最关键,也是最困难的阶段——案例分析,也就是前面所说的溯因推理阶段。研究者在实际研究中需要以问题为导向,按照"提出问题—迭代问答—最佳解答"的框架分析独特现象。该过程要求研究者将初始问题复杂化,在对其分解后进行细粒度匹配,并基于此一步步向上聚合得到最佳解答。这是一种强调从多元多维度视角获取价值信息的分析过程。倘若针对独特现象的分析不是按照溯因框架,则极有可能出现初始问题复杂化,或是现象与问题不匹配等问题,进而导致无法探究现象背后的本质。由此可见,这种以问题为导向的溯因推理为理论分析的过程严谨性和实践相关性提供了基本保障。

虽然从案例研究方法出现至今,广大管理学者都在竭力挖掘案例的分析方法,但目前来看这一过程仍是相当曲折的。研究者只能依靠自身经验和既有知识库完成案例的分析,这也是为什么研究者的分析技巧逐渐在提高的重要原因。案例分析技术是在研究者的总体分析思路上,对案例数据进行分析的具体技巧和方法。现有的案例分析技术主要包括模式匹配分析、建构性解释分析、时间序列分析和逻辑模型分析。这些分析技术为案例研究的开展奠定了方法论基础,但是迄今为止,在管理学领域中真正使用上述这些案例分析技术的规范研究还是很少,这在很大程度上影响了案例研究结论的信度和效度。

①模式匹配分析。该方法通过对于预测模式与实际模式的比较,判断模式是否相符,旨在找出各种竞争性解释,不断对模式进行对比。如果模式相互之间达成一致,则表明研究假设得到验证;反之,研究假设则被证伪。其中,预测模式是案例研究的研究假设,实际模式则是案例研究中的构念及其关系结构。②建构性解释分析,属于一种特殊的模式匹配,目的在于建构一种关于案例的解释来分析案例研究的资料。该技术主要通过将复杂的案例中呈现的因果关系与研究初期提出的研究假设进行比较,进而得到研究结论。③时间序列分析旨在探讨一定时间内各种事件之间的联系。区别于其他学科中对未来趋势的预测分析,案例研究中的时间序列分析是对研究假设进行验证。④逻辑模型分析,也属于一种特殊的模式匹配分析,主要用于研究事件的因果关系,强调的是对干扰事件的研究,分析内容包括如何解释干扰事件的影响,或者如何通过干扰事件获得预期结果。在逻辑模型中,通常包括输入,行为、项目或过程,直接输出,长期结果这四个要素,如图 5.11 所示。

输入(干扰事件) → 行为、项目或过程 → 直接输出 → 长期结果

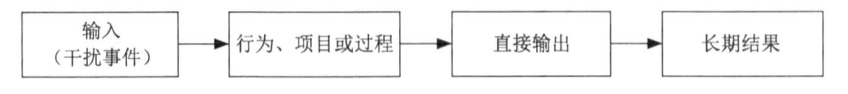

图 5.11 逻辑模型分析的因果关系链

此外，为了满足扎根理论的探索性案例研究的分析，内容分析方法应运而生。如今，内容分析得到了广泛应用，尤其是在社会科学、教育学和心理学等领域应用广泛，但在管理领域还相对较少。内容分析技术是一种用于解释研究问题、现象或事件的质性数据研究方法，通过对原始数据的不断浓缩和提炼实现对数据的精简，并构建相关理论对研究问题进行解答。根据分析目的的不同，内容分析主要分为两类：词频分析（概念分析）和关系分析。①词频分析即对数据中某些特定表述出现次数的统计，这些表述可以是原始数据中出现的表述，也可以是研究者在对原始数据进行分解和编码的基础上形成的新的编码、概念或类别，这是内容分析的最基本功能和最初目的所在。某一特定表述出现的次数越多，其在案例中的作用则越发显著，研究者就应该予以高度重视。但是由于人类语言的丰富性以及一些其他原因，建立在这种假设基础上的词频统计分析难免会出现问题而影响研究结论的准确性。②关系分析是建立在概念分析基础之上的一种更为先进的内容分析技术，旨在分析概念或类别之间的关系，以此对研究问题进行解析。关系分析使内容分析甚至是案例分析前进了一大步，它使研究者可以从图形层面或统计层面对质性数据进行分析，从而提高质性数据分析的精准性。但同时由于关系分析是基于对数据的拆分和重组进行的，概念和类别完全独立于情境，在很大程度上抵消了案例分析的优势——情境性。

如今，大数据等数字技术的快速发展使得质性数据分析软件受到了重点关注。毕竟嵌入数字技术的分析软件可以处理超乎人类能力的海量数据，可以让研究者将大部分时间和精力放在数据收集与分析的研究思路上，而非放在对海量数据的编码过程中。但是，目前质性数据分析的相关软件在很大程度上需要人工智能的支持，所以，相关质性数据分析软件的主要功能还是对数据进行编码，而研究中所提出的构念以及构念之间的关系建立还是要依靠研究者自身的能力和既有知识库。总而言之，案例研究者在重视质性数据分析软件的同时，要注意不能过分依赖于此，毕竟研究者本身也属于研究工具的一种，其自身的能力以及学术态度决定了案例研究的分析技巧。

对案例进行分析的过程实质就是溯因的过程，主要考验的是研究者自身的匹配能力问题。简单来说就是问题如何与研究者自身的经验点之间进行匹配的，对于粗粒度的问题是如何通过分解后在底层进行细粒度匹配然后再抽象整合的。溯因就是一个从问题输入到答案输出的过程，里面的核心便是问答匹配。此过程涉及两个环节，分别是简单匹配和复杂匹配。前者指的是最简单的一对一的问答过程；后者涉及将复杂问题分解后的细粒度匹配，并在匹配后进一步向上聚合形成最佳回答。大多数研究者无法很好地对现实问题做出解释，其一是因为自身的知识积累少，其二就是研究者的问答模式匹配能力相对较弱。换言之，一个人的分析和解决问题能力强，很大原因就是在这种模式匹配的能力强。在溯因的过程中，研究者会不断更新自身的知识体系，因为通过实践会发现原有理论体系有不少内容会被抛弃掉，同时又通过实践增加了更多额外的知识点。当然，在溯因过程中难免会经历反复的试错，研究者需要通过不断的循环迭代，最终才能得出令人满意的答案。

六、理论涌现

理论涌现的一个基本特征是将新出现的构念、理论或假设与现存的文献进行比较，这体现为与既有文献的不断对话，这并非简单地从既有管理理论中演绎出其他理论或是研究结论，而是一个将案例实践与既有理论不断比较迭代的过程，主要遵循的就是发现逻辑中的演绎推理。具体而言，研究者需要思考为什么要进行管理案例研究，这对于理论发展和实证研究之间的联系有重要意义。这就要求研究者回到文献中，寻找文献中与现象符合的构念和理论，最终形成有价值的研究问题。只有回到文献中才能真正将现象的本质抽象出来，并为实践现象在已经形成的管理知识中寻找一个恰当的位置，凸显研究的理论贡献并获得理论研究的"合法性"。由此可见，如果没有最后的演绎推理，那么研究者可能无法对 why 的问题进行回答，研究也就失去了理论意义，只有全面彻底地与既有文献对话，才是明晰独特现象的理论根源。

具体而言，在案例研究中，通过案例描述可以呈现相对完整的事件过程，其中穿插着采访对象或是被观察者的引述和其他支持证据以丰富研究中的定性数据，进而研究者需要将"故事"与理论交织在一起，以证明经验证据与新兴理论之间的密切联系。这一过程的关键是与大量的既有研究相比较，原因主要有两点：①如果研究人员忽略了相互矛盾的发现，那么对自身研究的信心就会降低。例如，倘若研究结果是不正确的，就会形成对内部有效性的挑战；倘若结果是正确的，但研究对象是特殊的，则形成对研究适用性的挑战。②与既有研究的冲突迫使研究者形成一种更具创造性的、打破框架的思维方式，而不是他们原本能够做到的。这一结果可以更深入地洞察突发性理论和冲突性文献，也就可以更好地把握焦点研究的可泛化性极限。由此看来，管理理论的构建是通过案例相关数据、形成的研究理论以及现有文献三者之间的反复循环迭代构成的。这也就说明了虽然由案例构建的理论看起来处于研究者的主观意识，但是成功的案例研究却往往会得到令人惊讶的客观结论，因为实践与理论的唇齿相依使得研究者保持客观。

在与既有文献的对话过程中，理论建构的特征主要表现为与既有文献相比，研究者正在进行的研究有什么相同之处或是矛盾之处，以及出现这种情况的原因，本书称之为发现"理论缺口"（gap）的过程，通过回顾已有研究成果，梳理其他研究者发现了什么，进而思考在既有研究中还没有涉及什么。简言之，就是了解某一理论存在哪些可能的研究缺口、不足或漏洞，再围绕这些问题填补缺口或完善理论。其中心思想是研究者不断地将理论和实践数据迭代，并与数据紧密吻合的理论进行比较，这种紧密配合对于建立良好的管理理论非常重要，因为它利用了独特现象或是实践数据中可能出现的新见解，并产生了经验有效的理论。进一步地，Locke 和 Golden-Biddle（1997）总结出了弥补理论缺口的基本步骤。为要找到现有研究文献存在的某种 gap，研究者可以针对文献对话中存在的共性问题加以梳理，从更加抽象的层次对研究主题进行凝练，或是从其他视角解释这种共性；而针对与研究不一致的既有文献，研究者可以提出研究中尚存争议的特征及共同面临的挑战，或采用二分法将其归为两个极端，进而挖掘理论缺口。那么在找到理论缺口之后如何填补呢？研究者可以针对既有研究补充其忽视的某些方面，或是增加理解和解释现象的新视角，甚至通过自己的研究纠正已有文献的错误。

这种与既有文献对话的重要性主要体现在两个方面：一是研究人员忽略与现有文献的矛盾，会使得研究结果的可信度降低；二是与现有文献冲突也意味着机会。对冲突结果的比较迫使研究人员采用更加具有创新性、突破性的思维模式，既能进行更加深入的思考，又能精确界定当下研究结论的适用范围。研究与讨论与现有文献的相似性也同样如此，研究者可以将那些通常互不相干的现象通过内在的相似性关联起来。由此得出的研究结论会具有更强的内部效度、更广泛的普适性和更高级的构念。与既有文献对话之所以是理论建构的最后一步，主要在于其产生的理论贡献是一种累积式的边际贡献，即通过完善或修改既有理论，并以此为参考框架判断问题和确定它们的适用边界，这是管理案例研究中不可或缺的一步。研究者在此步骤中，可以将实践经验上升到理论层面，为研究成果的普适化奠定扎实的理论基础，从而产生更多的理论贡献。

小贴士：案例研究中的理论对话

《技术嵌入与数字化商业模式创新——基于飞贷金融科技的案例研究》（苏敬勤等，2021b）一文是在已有理论回顾和理论框架构建基础上，开展案例研究的一个典型例子。

文章通过与既有文献对话发现，现有研究对技术嵌入策略关注不够，使得从数字技术到数字化商业模式这一转化过程仍处于理论黑箱。此外，有关数字化商业模式的研究多采用静态视角，忽略了其动态属性。基于此，文章选取飞贷开展纵向案例研究，识别出不同阶段企业的技术嵌入策略，并探讨其对商业模式创新的影响，揭示了科技型企业成长过程中数字化商业模式的动态演化路径。从理论角度而言，该项管理案例研究丰富了数字化商业模式创新相关理论。

文章首先通过回顾"商业模式创新与数字化商业模式"的既有研究发现，在该领域研究者有必要在区分商业模式创新类型的基础上进一步开展更多的解释性研究。此外，在企业发展的不同阶段，商业模式的数字化程度可能是存在演化的，因此数字化商业模式的动态属性亟须进一步拓展，进而从根本上解答数字化商业模式在企业不同发展阶段的演化问题。其次，文章还就"技术嵌入与商业模式创新的关系研究"展开与既有研究的对话，发现现有研究多关注特定数字技术在科技型企业商业模式创新过程中对商业模式要素和整体架构的影响，却很少关注这些外部技术是如何作为关键要素嵌入科技型企业的商业模式创新过程。因此，文章引入技术嵌入视角探讨从外部技术到商业模式创新的内化过程。综上，文章通过与既有理论的对话得出结论——技术整合策略和技术开发策略都会影响商业模式创新，但差异化的策略对商业模式创新程度和范围的影响还有待进一步揭示。因此，文章从技术整合和技术开发两个维度对技术嵌入策略进行解构，找到了研究的理论缺口。

第六章 管理案例的知识传播：系统、机理与实现

管理案例是对管理实践典型事件与情境的描述，被认为是一种有针对性传播教育目标的有效载体（苏敬勤等，2021a），具有知识传播功能。知识传播是管理案例学体系中的重要一环，管理实践中的新素材、新问题，知识创造阶段构建的新观点、新理论等优秀成果通过案例教学得以广泛传播，案例资源的影响广度、使用效率与效果在案例知识传播过程中实现最大化。知识传播阶段案例知识的内化，也为案例知识在各领域的广泛应用并实现最终价值做储备。目前，虽然学者已经围绕案例教学资源的采编、撰写、使用等进行了广泛的探索（郭文臣等，2014；吕一博等，2017；苏敬勤和高昕，2020），但对案例教学的研究仍聚焦于个别分散的传播流程，尚未将案例教学作为一个系统，对其系统构成、传播规律、实现路径等仍缺乏整体深入的探索。那么，基于案例知识传播的独特性，管理案例知识传播的系统构成和系统间要素关系应该如何？知识传播机理有何特殊性？有效的实现模式应该是什么样的？这一系列问题还有待回答。

基于此，本章将从知识传播的视角出发，系统探索案例教学的情境性、传播系统、传播机理以及实现模式，对现有的研究不足进行回应。首先，从案例教学的核心特征——情境性出发，对情境的内涵、情境的来源及情境对管理案例知识传播的影响等基础问题进行阐释。其次，综合建构主义、情境主义及知识资源行动理论，探讨了管理案例知识的传播机理，建立了管理案例知识传播机理的系统框架。再次，基于对管理案例知识传播机理的探讨，进一步对管理案例知识传播系统的要素构成、要素角色、要素间关系进行诠释，构建与案例功能的异质性相适配的管理案例知识传播系统，该系统以案例为核心、以师生为主体、以案例载体以及教学课堂中的物质情境、社会情境为教学场景，以商学院、案例库等社会主体为支持系统。最后，以管理案例知识传播机理为理论基础，对案例教学、案例竞赛、师资培训三种管理案例知识传播路径的具体实现过程进行设计。综上，本章搭建了涵盖管理案例知识传播情境性、传播机理、教学系统及实现路径的系统框架，以期为管理案例知识传播实践提供借鉴。

第一节 基于情境的管理案例知识传播

小劳伦斯·E. 列恩（Laurence E. Lynn Jr）、理查特（Richert）、郑金洲、李忠茹等国内外学者在对"案例"的研究和界定中都强调了案例的情境性，以及这一

属性对缩小课堂与实践距离、内化知识的重要意义。情境性是管理案例知识传播相较于其他类型知识传播的核心特征，也是其连接理论与实践的恰当结合点。此外，情境是管理案例知识传播的出发点，对管理案例知识传播情境的准确界定和深入阐释是构建管理案例知识传播系统、探索管理案例知识传播机理与实现路径的前提。基于此，本节将对管理案例知识传播情境的内涵、来源及其对管理案例知识传播的影响进行介绍，为管理案例知识传播机理、传播系统及实现路径等后续研究的展开奠定基础。

一、教学中的情境

"情境"起源于心理学的研究，此后管理学、教育学、社会学等不同学科的研究不断丰富情境的内涵，对情境内涵的认知则经历了"物质环境—物质与理念环境—理念环境"的不断发展与完善过程。教育学将情境定义为"为达到某一学习目标而设置、创设的功能性学习情境或环境"（高文，2002）。管理学将情境定义为"存在于组织内外部的各种现象和刺激因素，通常表现为不同的分析层面"（Mowday and Sutton，1993）。管理案例知识传播对教育学和管理学均有涉猎，借鉴二者对情境的定义，本书将管理案例知识传播的情境划分为案例情境、物质情境、社会情境三个层次。

案例情境指教学案例内部的情境。教学案例本身充满了情境，案例中的情境也是案例实践赖以存在的载体和基础。企业的任何管理实践，都是在纷繁复杂多变的情境下产生的，受情境的影响，与情境之间形成某种复杂的映射关系。比如，任何企业的转型实践，都与其转型中的制度、技术、市场等外部情境因素密切相关，也与企业自身的定位、资源、能力和企业决策者的意志密切相关。缺乏对内外情境的描述，学习者就无法做出有效的决策。一般而言，针对中国企业的教学案例，情境因素会包括市场竞争因素、制度环境因素、技术变革因素等。因此，对情境的有机嵌入是教学案例必不可少的内容，也是教学案例的生命力所在。案例中的情境是对案例企业实践焦点问题和背景信息的映射，也是案例教学研讨分析的对象。首先，案例情境具有感知功能，能够使缄默知识被看到，使隐含于社会、生产、生活之中的格式化知识通过案例显性化，进而让学员通过案例分析在探索体验的过程中习得。其次，情境具有探究功能。案例情境往往是复杂、动态且不可复制的，蕴含着复杂的情节、问题和管理知识。案例知识的学习往往需要基于案例中的情境描述，探究问题所属的范畴，通过师生、生生之间的合作对话以及教师"剥洋葱式"的提问，引导学员向案例纵深前进，以加深其对事件背后的情境理解。最后，案例的情境嵌入功能能够将管理实践引入课堂。学员的讨论围绕案例中的情境信息以及情境中出现的管理问题展开，通过对教学案例中真实事件和情境的反复思辨，学员利用理论工具解构现实问题的能力得以提升。

物质情境指案例课堂中以环境形式存在的、影响案例教学开展的物质因素。根据吴也显（1991）提出的教学过程"四体模型"，物质环境是教学要素结构中的重要因素，包括教学活动的外围环境以及教学设备等部分介体因素。本书认为案例教学中的物质情境一方面来自教学过程中自然环境存在的各种因素的影响，如教室的空间、照明、通风、采光、噪声等；另一方面包括教学设备、教具、座位等物质设备。教学环境是教学活动开展不可缺少的客观条件，各种环境因素以不同的形式渗透、参与到教学活动的各个方面，并以其特有的方式潜移默化地干预教学活动的进程和效果。以阶梯形教室、可移动座椅等构成的有助于开放互动的物质情境是案例教学的重要辅助，也是影响案例教学效果的关键。比如，座位的编排方式会直接影响教学信息交流的方式和交流的范围。

社会情境指案例课堂中与教师或学员个体心理相关的全部社会事实的一种组织状态。社会情境既包括发生在学员周围的、与学员发生直接相互作用的真实情境，如案例教学中师生的合作互动；也包括案例教学课堂中潜在的与个体心理相关的社会意识，如案例教学课堂规则。案例教学是在教师和全体学员的社会网络中进行的，通过学员主导的协作交流完成学习过程和意义建构，因此案例教学受到课堂规则、互动模式、教学方式等诸多社会情境因素的影响。社会情境会影响个体的心理活动与行为模式，如教师作为知识权威，在受其高强度控制的灌输式教学课堂中，学员往往成为知识容器，主体角色发挥受限，这样的社会情境必然是不利于案例教学开展的。因此，灵活、开放、互动的社会情境是案例教学顺利开展、学员主人翁角色发挥的前提和先导。

二、教学情境的来源

管理案例知识的情境性源于管理实践中内外部情境的复杂性和多变性。管理案例知识是对管理实践的灵活的知识表征，而管理实践受到企业内外部情境的制约。从企业边界的视角，企业情境可以分为内部情境和外部情境。企业的内部情境是复杂动态的有机系统，包括企业内部的技术、战略、制度、组织认知等诸多要素。其中，企业意识形态、价值观、组织规章制度等正式与非正式制度是企业内部情境要素的逻辑起点，而制度要素则会影响企业的技术能力和组织结构，进而约束企业的阶段性战略设计（黄海昕等，2019）。企业内部情境具有不可复制性，不同所有制、持有不同资源要素、不同企业文化、企业家不同风险倾向、不同的企业愿景都决定了企业所面临的管理问题、管理决策约束等普遍差异，即企业内部情境的异质性会导致企业制定差异化的管理决策。企业的外部情境包括政策情境、经济情境、技术情境和社会文化情境（苏敬勤和张琳琳，2016），企业发展总是置于特定情境中的，不同地区、不同行业、不同企业甚至同一企业的不同发展阶段所面临的外部情境都是不同的，企业的战略选择要考虑企业外部情境的制约，企业外部情境的多变性决定了管理实践的复杂性。管理案例在对管理现象进行描述、理解及情境化时，应该与其发生的情境相结合。首先，案例基于对企业实践焦点问题和背景信息的客观描述，能够以多个事实、从多个角度呈现管理知识，案例中的概念和实践构成了多维非线性的"纵横交错型"景观，管理案例中的知识点通过具象表征的符号分散在案例不同位置，需要人为获取组装，以原有知识为基础，通过自我建构的方式寻找解决具体问题的图示（王淑娟和马晓蕾，2014）。其次，案例允许学员从多个视角交叉探索，学员需要沿着多个主题维度对案例信息进行编码进而将大量的案例信息集成到单一的综合图像中，还需要在不同案例的不同语境中重新审视每个案例"地点"，从各种抽象维度对案例进行比较。

管理案例知识的应用也具有情境敏感性。管理案例知识是被多样化的情境条件和情境边界所包裹的，在管理实践中难以被结构化表达和应用（苏敬勤等，2012），属于典型的结构不良领域的知识。结构不良指知识应用的每个实例中都包含着许多不同概念的相互作用（即概念的复杂性），即使同类的不同实例之间，所涉及的概念及其相互作用的模式也会有很大差异（即实例间的差异性）。结构不良领域是普遍存在的，在所有领域中，只要将知识运用到具体情境中去，就有大量的结构不良的特征。因此，为保障掌握的管理案例知识能够顺利地迁移应用，管理案例教学非常重视让学员在"做中学"（李凤珍，2007）。案例教学通过创设学员在今后实践中可能遇到的类似管理情境，提供开放互动的教学条件，让学员在体验不同的现实场景、合作互动解决结构不良问题的过程中，提高复杂问题的分析、决策与解决能力。

综上，管理案例教学的情境性源于复杂多变的管理实践，管理知识的结构不良特征决定管理案例教学需要采用有助于学员情境嵌入、独立探索建构知识的教学案例以及情境性的教学场景与教学策略（于鸣和岳占仁，2012）。

三、情境对管理案例知识传播的影响

Jonassen（1991）提出的知识获得三阶段模型将知识获得分为初级阶段、高级阶段和专家知识学习阶段。初级阶段涉及的是结构良好领域的知识，主要以简单字面编码的形式呈现，学员通过大量的练习和反馈即可掌握；高级阶段涉及的是大量结构不良领域的问题，概念具有复杂性和实例间应用的差异性，高级知识的学习以对知识的理解为基础，通过师徒式的引导进行，可以解决具体领域的情境性问题。专家知识学习阶段涉及的问题则更加复杂，学习者已经掌握了大量图示化的模式，并且建立了丰富的联系，因而可以灵活地对问题进行表征。管理案例知识属于高级知识，很难通过讲授式教学传播，管理案例知识的传播只能通过情境嵌入的方式在体验、感悟、认知过程中进行。此外，厘清管理案例知识传播情境的内涵、来源及对知识传播的影响，是后续开展管理案例知识传播机理、传

播系统及传播路径研究的基础。

那么，为什么讲授式教学不再适用于管理案例知识的传播呢？Spiro 等（1988）通过研究发现，传统的教学方法在传授更高级、更复杂的知识时，容易盲目使用低级知识的教学策略，存在简单化的倾向。结构良好领域知识的教学往往通过单一的原型和类比来传授知识，默认为相似主题的实例本质上可以采用相同的方式处理，案例通常被用作抽象主题的实例或插图。教学目标旨在为学员建立整齐的、层次化的心理表征，形成单一的、预先包装的、刚性的、整体的知识结构。管理案例知识与低级知识不同，属于高级知识，具有情境化特征，知识受到各种各样的应用条件和应用边界的包裹，旧知识在不同管理情境中的应用条件、应用方式、应用范围也有所不同。因此，将结构不良知识构造成适用情境明确的捆绑结构是不可实现的，当解决问题的路径既不是任务描述中固有的，也不是早期学习知识表征的直接应用时，影响先验知识在新情境中应用的关键就是个体对这些灵活表征的掌握或控制（重组表征的元素，在不同情境中对知识片段进行排列组合以满足情境需求的能力），而传统讲授式教学传递的结构化知识会导致知识的拆解组装困难，难以灵活地运用于管理实践。如果盲目忽视管理案例知识的情境化属性，沿用结构良好领域的教学策略，势必会陷入"一学就会，一用就错"的窘境。

情境是管理案例知识传播的核心（图 6.1），情境对管理案例知识传播的影响具体体现在以下三个方面：首先，对管理案例知识情境属性的清晰界定是探索管理案例知识传播机制的前提，管理案例知识的情境性决定了其具有特殊的传播规律。其次，管理案例知识传播系统是情境性特征的外化，管理案例知识的情境性以及基于情境的管理案例知识独特传播机理，决定了管理案例知识传播系统构建

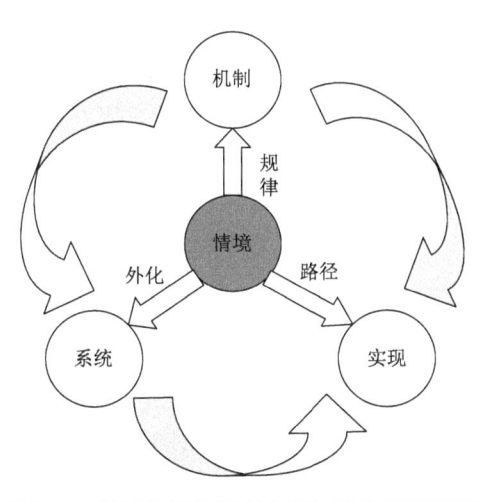

图 6.1 基于情境的管理案例知识传播框架图

的底层逻辑。最后，管理案例知识的情境性决定其需要采取情境化的教学方式，管理案例知识传播实现过程模型的构建是对情境性知识传播路径的探索。综上，情境在本章整个管理案例知识传播系统中发挥核心作用，对管理案例知识传播情境的界定以及情境来源的追溯也是后续研究内容开展的基础。

第二节 管理案例知识传播机理

目前学者已经对管理案例知识传播的方式、传播渠道、传播形式等进行了广泛的研究与实践，特别是近年来陆续推出的全国管理案例精英赛、竞争战略教研坊、案例行动学习法等特色活动表明，案例知识传播表现出了与结构良好知识截然不同的传播规律。那么，管理案例知识传播区别于传统知识传播的机理何在？有学者从建构主义视角出发认为知识是通过个体的主动意义建构获得的，案例教学是基于建构主义的教学模式，但建构主义在案例教学过程中具体体现在哪里？是如何体现的？什么样的教学方式是建构主义的最佳体现？此类问题尚未得到清晰的回答。还有学者认为案例教学是基于情境主义的教学模式，认为教学应在与管理实践相类似的情境中发生。但管理案例教学过程中，情境由哪些要素构成？情境是否有层次性？如果有层次的话，不同层次的情境在案例教学中如何体现？上述问题在现有研究中也尚未阐明。虽然学者已经基于建构主义和情境主义对"为什么进行案例教学""如何进行案例教学"等基本问题进行了回答，但关于"如何提高案例教学的有效性"等更深一步的问题，尚无法系统回应。从教学实践层面看，商学院案例教学不断尝试创新教学方式、教学流程、传播渠道等，但案例教学效果提升并不明显，学员提升能力的诉求也未得到满足。基于此，厘清管理案例知识传播的机理是理论和实践的双重诉求。本节将基于建构主义、情境主义和知识资源行动理论，对建构主义和情境主义的部分研究缺口进行回应，从知识资源行动理论视角，探索提高管理案例知识传播有效性的规律所在。在此基础上，系统整合建构主义、情境主义和知识资源行动理论，力图构建管理案例知识传播机理的理论框架。

一、案例教学的建构主义基础

（一）建构主义的基本观点

建构主义是一种认识论，是关于学习本质的哲学解释。建构主义理论最早可以追溯到18世纪拿破仑时代的哲学家詹巴蒂斯塔·维柯（Giambattista Vico），他提出，"认识的本质是一种双向性的思维运动模式，人在认识世界的同时认识自身，在建构与创造世界的同时建构与创造自身"。建构主义拒绝了认知心理学关于"认识过程仅存在于人的头脑中"的教学假设，提出"认识是在人与情境的互动过程中构建的"观点。在建构主义的发展和应用过程中，约翰·杜威（John Dewey）、让·皮亚杰（Jean Piaget）、维果茨基（Lev Vygotsky）等先后做出了重要贡献，并形成了激进建构主义、社会建构主义、社会建构论、信息加工建构主义、中介行为的社会文化取向或社会文化认知的观点和控制论系统观六种主要范式。当然也有研究者根据不同的分类标准将建构主义分为不同的类型，如从知识获得的角度将建构主义分为外源建构主义、内源建构主义和辩证建构主义。不同流派在对"知识和学习"的认识上都有不同的观点和主张，但在核心观点上存在以下三点共性。

1. 知识是由认知主体积极建构的，而不是通过感觉或交流被动接受的

"知识是由认知主体积极建构的，而不是通过感觉或交流被动接受的"是激进建构主义的代表人物冯·格拉塞斯费尔德（von Glasersfeld）的观点，被称为建构主义的第一原则，凡是接受该原则的观点都可以被认为是建构主义观。该原则是对传统教学弊端的批判，传统的认识论认为，知识是对外部客观世界的被动反映，传统教学的目的是使学员通过教学过程获得刻板的现实映像，学员的感官类似于照相机。此外，传统认识论还将学员应用知识解决问题的过程简化为"按图索骥"的过程，该观点忽略了现实世界的无限复杂性。在传统教育模式中，学员获得的知识具有惰性，无法在新的或类似的情境中灵活地迁移应用。建构主义的第一原则缩小了学校学习和现实生活的差距，建构主义认为知识不能以实体的形式存在于具体个体之外，尽管我们通过语言、符号等形式赋予了知识一定的外在形式，但并不意味着每位学习者会对这些知识有同样的理解，这些理解是个体学习者自己建构起来的。个体建构知识首先服务于自身的目的，在建构过程中，个体会积极控制自身需要并可以加以控制的事物，排除与目标背离或产生干扰的东西，从而有可能应用于类似的、变化的环境。知识是人们对客观世界的一种解释、假设或假说，而非最终答案，知识会随着人们认识程度的深入而不断地变革、升华和改写，出现新的解释和假设。

2. 学习者学习知识离不开原有的经验系统

建构主义认为学习者不是空着脑袋进入课堂的，教学不是将新知识填入学员的脑袋，而是以学习者原有的知识作为新知识的生长点，进行新知识的转化和处理。意义是学习者在新旧知识经验反复、双向的交互过程中建构的，新经验要获得意义需要以原来的经验为基础。每个学习者都会基于自己原有的经验系统对新的知识进行编码，以建构自己的理解。因为个体的经历具有独特性，所以每个学员基于自己原有经验对新知识的理解也有所不同，原有知识系统也会因为新经验的进入而发生调整和改变。建构主义虽然强调学习者自身的经验和自我的发展，

但并不否认外部的引导，因此教学过程中，教师应该倾听学员的看法，洞察想法的来由，尊重学员对各种现象的理解，引导学员不断丰富和调整自己的认识。

3. 个体是在社会文化背景下、在与他人的互动中，主动地建构自己的认知与知识

"个体是在社会文化背景下、在与他人的互动中，主动地建构自己的认知与知识"是社会建构主义的核心观点。建构主义强调在知识获取提炼过程中人与情境的交互作用，认为文化和社会情境在个体认知发展过程中发挥着巨大的作用，这一观点与社会认知理论相似，但关注的重心还是个体的能力建构和自我发展。在这一观点上，建构主义发展了条件反射理论和信息处理理论对学习过程的认知，条件反射理论仅仅强调环境对人的单向刺激，而信息处理理论则将学习的过程限制在大脑内部，很少关注学习发生的环境。因此，建构主义强调在真实的教学环境中（如学校、工作场所和家庭）探索认知。建构主义认为知识具有情境性，不存在通用知识，应用知识是针对具体的问题情境对原有的知识进行再加工和再创造的过程。

（二）建构主义的教学应用

建构主义理论经过皮亚杰、维果茨基等众多教育学家和心理学家的丰富与完善已经建立了较为完整的体系，这为建构主义应用于教学创造了条件。基于建构主义的教学活动具有如下特征：以学员为中心，教师在教学过程中扮演组织者、指导者、帮助者和促进者，通过情境、协作、交流等创设学习环境激发学员首创精神，以完成对所学知识的意义建构为目标。建构主义催生了教学环境的变革和多样化教学模式的产生。下文将详细阐述建构主义对学习环境的影响以及五种基于建构主义的教学模式，包括发现学习、探究式教学、同伴互助学习、讨论和辩论、反思性教学。

1. 建构主义对学习环境的影响

建构主义学习环境与传统课堂存在显著差别（Brooks J G and Brooks M G, 1999）。传统教学过程中，主要基于教科书和练习册，以教师说教的方式向学员传递信息，教学目标为基本技能的培养和问题正确答案的探寻，对学员学习效果的评价也是通过与教学相分离的测试环节独立开展的。建构主义强调教学的重点是创设有助于学员构建新知识和新技能的学习环境（Schuh，2003）。基于建构主义的教学课堂具有以下四个特征：课程侧重于大的概念主题，教师通过提问方式与学员互动，常采用学员分组学习的形式，评估环节与教学环节互动交织。

建构主义学习环境遵循以下五个指导原则：第一，提出与学员相关的问题。问题的相关性可能是客观存在或教师预先设计的，以此激发学员发现探索的兴趣。第二，学习围绕基本概念进行。这意味着教师设计教学活动时应该围绕问题及问题所涉及的概念群展开，从而使知识能够以整体而非孤立的形式呈现，这一原则的典型例子是跨学科教学，如以"勇气"为主题的综合课堂会同时包含社会研究（如当人民与政府发生冲突时，人民站起来采取行动维护信念的勇气）、语言艺术（表现出具有勇气的文学人物）和科学研究（对主流理论质疑的科学家的勇气）等多个规划单元。第三，重视学员观点。传统教育中我们常常只关注学员的答案是否正确，建构主义则要求我们致力于关注学员探索答案的过程，通过提出问题、激发讨论等教学设计充分发挥学员存量知识在学习中的基础作用。第四，调整课程以适应学员的猜想。这意味着课程设计不是一成不变的，课程难度要位于学员的最近发展区，教师通过"剥洋葱式"提问引导学员发现正确的原则，而不是直接给出正确答案。第五，教学与评估交织进行。传统课堂中，学习评估与教学脱节，常采用期末考试、单元测试、突击测试等方式。建构主义环境中，评估与教学同步开展，评估方式也往往采用撰写反思性的文章、对学习收获的讨论以及技能的展示和应用等方式。

2. 基于建构主义的教学模式

1）发现学习

发现学习也被称为基于问题的、探究的、经验的和建构主义的学习（Kirschner et al.，2006）。发现学习包括构建和检验假设，覆盖从学习特定的例子到形成一般性的规则、概念和原则的全过程，而不是简单倾听或阅读教师的报告。发现学习的流程与问题解决过程相类似（Klahr and Simon，1999），课堂开头教师会创设一个问题情境，在此基础上指导学员展开搜索、操作、探索和调查活动，帮助学员在发现过程中获取与解决问题相关的领域知识以及制定规则、收集信息和测试假设等一般问题解决技能（Bruner，1961）。需要注意的是，发现学习是一种弱指导性的学习，但还是有指导的。

发现学习需要教师和学员做好背景知识的准备。学员需要准备充足的陈述性、程序性及条件性知识，这是学员从材料信息中获得发现的必要条件。发现学习要求围绕"令人困惑的问题的解决过程"展开，在组织课堂讨论过程中，教师可以提出一些没有现成答案的复杂问题，在不对学员的观点进行评价和打分的情况下，鼓励学员构建自己的理解。发现学习的使用不局限于学校里面，学员可以在校内或校外的任何地方寻求答案。需要注意的是，发现学习并不适合结构良好、易于呈现的教学内容以及学员对教学材料背景信息毫无经验的情形，只有当学习过程对实现教学目标非常重要时才适合使用发现学习，如通过开展解决问题的活动可以激励学习或习得必要的技能。

发现学习作为一种最低引导的教学方式，在 21 世纪初受到了 Mayer 等（2004）、Kirschner 等（2006）学者的批评。部分学者认为教师为学员提供必要的支持，引导学员发现可以产生更强的学习效果。教师引导也体现了建构主义的另一个特征——学习过程受社会环境的影响。因此，只有当学习者已经掌握了一定的知识技能并且能够自我指导时，教师提供的指导才能最小化。此外，在决定是否采用发现学习时，也应该综合考虑学习目标（如获得知识或学习解决问题的技能）、可用时间及学员认知能力等。

2）探究式教学

探究式教学是发现学习的形式之一，比发现学习更加强调教师指导的重要性。探究式教学源于苏格拉底，由 Collins 和 Stevens（1983）提出，目标是让学员通过推理得出具有一般性的结论，并将其应用到新情境中。探究式教学的结果包括形成和检验假设，区分充分条件和必要条件，基于已有的信息做出预测。在实施探究式教学过程中，教师会通过反复的渐进式提问引导学员深入思考，提问的逻辑则是："询问一个已知的问题""质疑一个没有足够信息支撑的预测"（Collins，1976）。

探究式教学是为一对一的辅导式教学设计的，经过改进后也可用于小群体的教学。开展探究式教学的教师需要经过全面的培训，以确保能够提出与学员思维水平相匹配的问题。此外，学员需要掌握一定的与探究主题相关的知识，这是在探究式教学过程中获得解决问题技能的先决条件，缺乏基础知识的学员不太可能在一个旨在教授假设推理和原则应用的探究系统中获得成功。与其他的建构主义方法一致，教师实施探究式教学时也需要考虑教学目标并评估学员成功参与探究过程的可能性。

3）同伴互助学习

同伴互助学习与建构主义非常契合。同伴互助学习是指同伴在学习过程中发挥积极角色的教学方法（Rohrbeck et al.，2003）。强调同伴互助学习的方法包括同伴辅导和合作学习（Palinscar and Brown，1984）。

（1）同伴辅导。同伴辅导是指教师和学员自愿参与辅导过程的一对一的教学设计，该设计会鼓励学员提出他们在大班教学中不愿询问的问题，带来比传统教学更高的成就收益（Fuchs et al.，1997）。此外，同伴辅导鼓励学员之间的合作，教师一般会将学员分为若干辅导小组，在分别辅导不同小组过程中鼓励小组成员内部辅导，辅导的内容根据教师的要求量身定做，辅导目标往往是具体的而非笼统的。此外，同伴辅导不仅发生在学员中间，教师有时也需要指导同侪教师，以确保他们拥有必要的辅导技能。

（2）合作学习。合作学习经常在教学中被采用（Slavin，1980），合作学习的目标是发展学员与他人合作的能力，合作的任务往往要求在有限时间内完成，该任务对个体来说是困难的，更加适合以团队形式开展。以下三个原则是合作学习成功的关键。第一，将学员组成小组，学员以小组形式开展工作，发展和实践合作技能。小组划分不意味着学员可以自己选择群体，也不意味着一定要组建能力水平不同的异质性群组。虽然组织异质性的群组经常被倡导，但研究表明，高成就者并不总是能从低成就者的分组中获益（Hogan and Tudge，1999），低成就者的自我效能也不一定会随着高成就者的成功而提高（Schunk，1995）。因此，无论采用哪种分组方式，教师都应该确保每个小组可以通过合理的努力而获得成功。第二，团队需要在"他们需要完成什么""预测成果是什么""预期行为模式是什么"等问题上得到指导，合作学习的任务往往需要小组协作完成，不提倡个别小组成员完成绝大多数任务的行为，任务的完成提倡采用多样化的解决方案。第三，确保每个小组成员对学习成果负责。合作学习的两种变型是拼图法和学生小组成绩分工法（student team achievement divisions，STAD）。拼图法中，学习内容被细分为若干部分，团队内部每位小组成员各负责一部分内容，各个小组负责相同内容的成员组成专家组，共同对同一问题展开讨论，讨论结束再各自返回原始团队，帮助团队成员学习自己部分的内容。拼图法结合了合作学习诸多特点，包括小组合作、个体责任、目标明确等。学习成绩分组法是指小组成员共同学习材料，单独进行测试。每个成员的分数会影响小组总分，个体改进会提高小组整体分数，因此每个小组成员都会有改进的动机。学习成绩分组法作为合作学习的一种形式，适合有明确目标或有明确答案的研究问题。

4）讨论和辩论

讨论的目标是获得对某一概念或主题的多方面的理解，讨论的主题往往是复杂的、有争议、没有明确答案的问题。在讨论过程中，创造有利于自由互动的课堂氛围至关重要，学员还需要为讨论制定规则。比如，不要打断别人的发言、在讨论主题一定范围内发言、话题不要过于分散等，以确保讨论的顺利进行。此外，教师是讨论的推进者，教师需要鼓励学员发言，要求学员详细阐述自己的观点，在学员违规时及时提醒。讨论的一种变型是辩论，即学员针对一个问题的某一方面有选择地展开讨论，局部知识点的辩论有助于强化观点或提出新的观点，进而推动更大范围内的讨论。

5）反思性教学

反思性教学是基于建构主义理论的教学模式。在反思性教学过程中，教师将包含学员、情境、心理过程、学习动机及自我认知等诸多因素的教学实践作为认识对象，对其进行全面而深刻的思考和总结，进而批判性地考察自我行为表现和行为依据，并在此基础上做出深思熟虑的教学决策。Henderson（1996）提出了教师开展反思性教学应该具备的四个条件：第一，情境敏感的教学决策。教学决策要考虑学校、教学内容、学员背景、教学期望等众多情境因素的影响。第二，流动的教学计划。教学计划必须是灵活的，能够根据教学需要随机调整。第三，教师要具备强大的专业知识和基础知识，以便根据学员和情境变化灵活调整教学计划。第四，教师要把握正式和非正式的职业成长机会。综上，反思性教学设计体现了诸多建构主义原则，如学习的情境性、个体经验对知识建构的重要意义等。

（三）基于建构主义的案例教学

对建构主义的理论回顾初步回答了"为什么进行案例教学"的基础问题。建构主义学习理论认为，符合建构原则的教学模式应该具备情境、协作、交流和意义建构四大要素（苏敬勤等，2012）。案例教学的教学目标、教学策略、教学实施等系列流程均反映了建构主义的原则，接下来，将从情境、协作、交流和意义建构四个方面分别阐述建构主义对"为什么进行案例教学"的解释。

从情境的视角出发，建构主义认为学习环境中的情境应该有助于学员个体对所学内容的意义建构。案例教学符合这一原则，案例教学是以情境为核心的教学模式，通常采用多媒体、角色扮演、案例阅读等多种手段进行课堂情境的创设，学员通过阅读案例中焦点企业的背景信息和焦点问题实现情境嵌入，在对案例情境中预设的知识线、情节线和问题线进行交织探索、纵深挖掘过程中，构建管理知识。案例教学关注学员的情境嵌入，旨在培养学员在复杂多变的环境中构建知识和系统决策的能力。

从协作的视角出发，建构主义的社会性原则认为协作包括自我协商和相互协商。自我协商指学员针对特定问题进行的反复思考，相互协商指学员与学员之间以及教师与学员之间进行的讨论和辩论。此外，协作应该贯穿教学全过程，通过协作可以补充与完善对学习资料的收集和分析、假设的提出和验证、学习进程的自我反馈和学习结果的评价以及最终的意义建构。案例教学流程可以笼统地分为自主学习、协作学习、教师点评三个阶段，每个阶段均体现了建构主义的协作原则。在自主学习阶段，要求学员独立阅读案例并分析案例中的问题，进行自我协商，完成知识的自我建构工作。协作学习阶段包括小组讨论和课堂讨论两个环节，小组讨论环节要求学员完成组内的相互协商，经过团队成员的协作和典型人物的启发，平衡各方意见形成初步的解决方案，完成组内的知识建构。在课堂讨论环节，教师和学员会对汇报小组的方案进行意见补充或批判性提问，在班级层面进行师生、生生之间广泛的相互协商。在教师点评阶段，主要进行师生之间的相互协商，教师会对课堂讨论中出现的共同问题进行纠偏，从学员的讨论中总结一般性结论，并对学员尚存的疑问进行解答，帮助学员完成最终的知识建构。

从交流的视角出发，建构主义认为交流是协作过程中最基本的方式和手段，协作学习的过程就是交流的过程。案例教学的学习过程建立在协作交流基础上，案例教学过程中交流的模式包括合作性交流、竞争性交流和交互性交流三种类型。当小组成员为了完成共同目标而积极发表观点、询问其他同学意见时，所进行的就是合作性交流；当其他组成员对汇报组的方案进行质疑和批驳时，而汇报组极力维护本组观点时，所进行的是竞争性的交流；当学员向教师求助或在访谈案例讨论过程中向涌现的"行业专家"获取信息时，所进行的是交互性的交流。

从意义建构的视角出发，建构主义认为建构的意义是指事物的性质、规律以及事物之间的联系，知识不是对现实的纯粹客观反映，而是个体基于已有知识对特定情境中的具体问题进行的再加工和再创造。这意味着学员不再是被动的信息接收者，而成为知识的主动建构者。案例教学的目标、案例教学对知识的理解、案例教学对师生角色的定位与建构主义的意义建构原则相匹配。案例教学具有知识建构、思维训练、能力培养三个层次的目标（马风才，2022），案例教学的关键不在于概念知识的传递，而在于培养学员针对具体情境分析问题、决策问题、解决问题的能力。案例教学认为知识是对企业实践和决策的解释，这与建构主义理论中"知识不可能以实体形式存在于个体之外，只能由学员基于自己的经验背景建构起来"的观点不谋而合。案例教学也强调学员在案例讨论中的主导地位，强调学员的课堂参与和表达倾听，教师转变为复杂教学环境中的引导者和协调者，符合建构主义对师生角色的定位。

目前学者已经基于建构主义学习理论对案例教学的培养目标、教学策略、教学实施和教学评估等进行了广泛的探讨（罗素平等，2018）。基于上述分析，我们认为，案例教学的要素构成和操作步骤均与建构主义学习理论的原则相匹配，案例教学是符合建构主义原则并且最具可操作性的教学模式。建构主义回答了"为什么进行案例教学"的问题，反过来又对案例教学的实践具有一定指导意义，但更深一步的关于"如何进行案例教学""如何提高案例教学有效性"等问题，仅依托建构主义则难以系统回答。

二、案例教学的情境主义基础

情境认知理论，是20世纪90年代以来西方学习理论研究的热点，是心理学领域继"刺激—反应"学习理论、认知学习理论、人本主义学习理论、建构主义学习理论之后的又一个重要研究取向。情境认知的突出特点就是把个体认知放在更大的物理和社会情境脉络中，这一情境脉络是互动性的，包含了文化性建构的工具和意义。也有研究者从学习环境的建构视角出发，认为情境认知理论将认知研究的重点从环境中的个人转向了人与环境（王文静，2005）。情境认知是认知科学家惯用的叫法，因为他们对个体和社会层面的认知更感兴趣，人类学家对文化的意义建构更感兴趣，所以在人类学家的研究中，一般不使用情境认知，而使用情境学习或情境行动。情境学习不仅是一种使教学必须情境化或"与情境密切相关"的建议,还是一种有关人类知识本质的理论。

综上,情境主义主要包括人类学和心理学两个主流观点。心理学关注于学校情境下的学习,研究的重点集中于如何达到特定的学习目标和学会特定的内容,研究问题主要包括如何设计学习环境以支持学员学习,问题的核心在于如何创建实习场?心理学视角下的情境主义理论关注的是真实情境活动中的情境化内容。人类学视角关注的不是意义或内容的情境性,而是共同体以及学习意味着什么,分析的单元从个体境脉转向共同体境脉,关注点从"技能学习和发展理解"转向"形成一种作为共同体成员的身份,成为智识化的有技能的人"。下文将对情境主义的基本观点进行介绍,阐述情境主义对教学的影响和发展,在此基础上,探索情境主义在案例教学中的指导与应用。

(一)情境主义的基本观点

1. 对情境的理解

心理学和人类学对情境的理解存在显著差异。心理学将情境看作促进学习的条件或因素,可以被设计或根据特点和功能进行分类。比如,《MIT认知科学百科全书》将情境分为三类:①物理的或基于任务的情境(包含人工智能或信息的外部表征);②环境的或生态的情境(如工作坊或商业中心);③社会的或互动的情境(如教育、教学或临床背景中的情境)。人类学视角将情境基本等同于社会情境,人类学认为学习和实践情境不可分割,学习本身就是情境中的实践,因而人类学基本不考虑情境的设计问题。

2. 知识本质属性

情境认知理论提出,知识本质上是情境性的,镶嵌于情境之中并与情境形成互动,在知识发展和使用过程中,知识是作为活动、情境以及文化的副产品出现的。人类学家进一步将知识的情境性与人的实践活动联系起来,更深刻地指出知识位于实践共同体中。正如莱夫和温格在对学徒制的研究中发现的那样,学徒进入到某一行业的实践共同体后,通过广泛的边缘性参与,不仅学到行业中的技能,更重要的是获得对行业的实践文化的总体理解。情境主义认为知识具有情境性和工具性双重属性。知识具有情境性,所以学习者最好基于情境而习得知识,所习得的知识是一种默会性知识。知识的工具性是指只有通过运用才可能使外化的知识内化为个体的知识和经验。如果缺乏知识运用的情境、机会、活动、任务以及知识运用的条件,学习者和知识之间不会存在联结。

3. 学习发生过程

情境认知理论也对学习的过程重新进行了审视。心理学和人类学家都强调学习是通过参与实践而得到促进的，不同之处在于如何将学习和实践相联系。心理学和教育学视角下的情境主义理论将关注点放在学校情境下学员的学习上，主要是通过为学员设计真实的学习活动，创建与学员今后实践中遇到的问题相一致的"实习场"，从而使学员能够更好地为未来做准备。人类学视角下的情境学习理论更加关注日常世界和社会生活中的实践，重点聚焦于实践共同体中的个体。与心理学视角不同的是，人类学家不仅关注内容的理解和技能的获得，还关注个体在实践共同体中的身份建构和共同体的发展。个体参与实践共同体的过程就是从旁观者、同伴到成熟实践的示范者的、合法的边缘性参与的过程。

（二）情境主义的教学应用

教育界中针对情境认知的许多讨论，仍然是把重点放在情境脉络对认知的影响上，而不是对意义、身份和共同体的建构上。因此，下文将主要基于心理学和教育学视角下的情境主义理论探讨其对教学的影响。基于情境认知理论的教学设计更加注重语言、个体与群体的互动、文化的意义、工具（包括计算机工具和环境）以及这些因素的互动。因此，情境主义的教学设计更多是通过对上述因素的组合以帮助学员参与到个体和群体认为重要的活动中。

1. 情境主义对教学环境的影响

关于实习场的设计，米切尔·雷斯尼克（Mitchel Resnick）给出了以下原则：①专业相关实践。学生开展与专业领域相关的实践，而不是阅读课本或倾听教师总结的他人的发现和经验。②探究的所有权。学员必须拥有困境的使用权和寻找解决方法的所有权。也就是说，必须将问题情境作为一个真实的值得努力克服的困难。③思维技能的建模和指导。教师不仅是内容专家，更是学习和问题解决的专家。教师的工作是通过参与性的提问指导学员解决问题。④反思的机会。在实习场中，反思是处于核心地位的要素。反思给个体提供了思考"他们正在做些什么""为什么这么做""做的效果如何"的机会。⑤困境是结构不良的。学习者面临的困境必须是不够明确的或是松散界定的，能够提供足够的空间让学员构建自己的问题框架（Mayer et al.，2004）。⑥支持学习者而不是简化困境。教学设置的困境必须与学员未来在校外情境脉络中参与工作的复杂性相一致。也就是说，给出的问题必须是真实的问题。搭建脚手架的方法是为了在处理复杂问题时给学员提供必要的帮助，从而支持学习者在实习场中的学习。⑦工作是合作性的和社会性的。意义的形成是一个持续协商的过程，协商和理解的质量和深度只能在社会环境中决定。有效的实习场应该包含能够进行思想交流和产生丰富理解的学习共同体。⑧学习的情境脉络具有激励性。教学中设置的困境应该能够吸引学员注意力,进而将学员引入问题的情境脉络中。

2. 基于情境主义的教学模式

1) 抛锚式教学

抛锚式教学是约翰·布兰斯福特(John Bransford)带领美国温特贝尔特大学认知与技术小组开发的一种以情境学习和建构主义理论为基础的教学模式。抛锚式教学的主要目的是使学员在一个完整的、真实的问题背景中,通过镶嵌式教学以及学习共同体成员间的互动、交流,亲身体验从识别目标到提出和达到目标的全过程,从而使学员在解决问题的情境中学会知识和技能。其中,"锚"是通过技术手段创建的、镶嵌了问题解决宏观背景的故事情境,教师和学员可以由这个宏情境(macro context)进入,参与到问题解决之中。抛锚式教学的目标是帮助学员理解不同领域专家遇到的问题和机会,并观察专家如何把知识作为工具来识别、表征和解决问题,同时通过从多个视角(如作为科学家、数学家、历史学家)探索相同的情境(锚)来整合自己的知识。

2) 认知学徒制教学

认知学徒制教学是阿兰·柯林斯(Allan Collins)等提出的一种基于情境学习理论、试图改造现行学校教育的学习模式。它吸取了传统学徒制中对学徒的成功学习起到关键作用的示范、指导、脚手架、实践共同体等核心要素,结合学校教育侧重认知能力培养的特点,提出认知学徒制学习环境设计的四个维度:内容、方法、顺序、社会性(陈家刚,2009)。

内容,即构成专长所需要的知识,也是在设计学习环境时要考虑的通过学习获得的目标知识,既涉及包括概念、事实和程序在内的领域知识,也涉及应用这些概念、事实和程序去解决真实问题的默会知识,包括启发式策略、控制策略和学习策略。

方法,促进专长发展的方式,在研究专家实践背后的技能和策略基础上,通过教学方法的设计,让学员有机会去观察、参与、发现具体情境中的专家实践。具体方法包括示范、指导、搭建脚手架、清晰表述、反思和探究。

顺序,即对学习活动进行排序,具体而言可以遵循三大原则。第一,复杂性递增原则,通过对任务进行排序和使用脚手架,让学习者在完成任务的过程中越来越多地使用专家实践所需的技能与概念。第二,多样性递增原则,通过构建一系列的任务,让学习者有机会运用多样化的技能和策略,从而获得更广阔的情境脉络,有助于其在面对新情境和新任务时的灵活迁移。第三,全局技能先于局部技能原则。让学习者对整体任务有一个清晰的概念模型,建立概念地图,这样有助于学习者聚焦任务的整体结构而不是着眼于细节,更加关注解决复杂、真实问题所需的高级推理和策略。

社会性,即考虑影响学习的社会性因素,具体包括情境学习、实践共同体、内部动机、利用合作四个方面。情境学习强调让学习者在一个反映真实任务本质的环境中去执行任务;实践共同体强调要让学习者像专家一样思考和解决问题,有机会与专家进行互动;内部动机强调学习者要从内部认同他们感兴趣的目标,而不是因为要获取高分或取悦教师;利用合作强调让学习者以合作解决问题的方式来学习,合作学习一方面可以激发学习者的内驱力,另一方面也为学习提供多元的资源和给养。

3)随机进入教学

随机进入教学基于 Spiro 等(1988)的认知弹性理论,适用于从结构不良领域中获得高级知识。该方式主张运用各种多媒体交互技术(如视频、超文本技术),为学习者提供一个复杂的、结构不良的情境,并鼓励学员对知识的积极探索与建构。学习者可以在不同的时间、不同的角度,进入由不同情境支持的同一教学内容,从而获得对同一事物、同一问题的多方面的、超越现有信息的认识与理解。该教学策略主要包括以下步骤:呈现基本情境(真实的,劣构的)——随机进入学习(根据学员随机选择的学习内容,呈现与当前学习主题相关联的不同侧面的情境,为学习者提供知识的多元表征)——意义建构(为学习者提供思维的指导与支持,通过协作与会话,随机进入学习,学习者自身对知识进行多种方式的表征)——效果评价(根据自主学习能力、对小组协作学习所做出的贡献以及是否完成对所学知识的意义建构,进行自我评价和小组评价)。

(三)基于情境主义的案例教学

情境认知理论做出了以下两个方面的贡献:第一,情境认知理论可以看作教学情境设计的规定性的基础。第二,情境认知理论可以看作一个理解和适应不同意图、工具、方法等的描述性的基础。一方面,情境认知理论能够回答如何形成积极的、繁荣的实习场的问题,帮助师生选择一些能够提高学习效率的方法(如信息丰富的真实场景中的真实作业),避开一些其他的方法(如直接学习)。另一方面,借助情境认知理论可以通过观察和评价理解以下问题:某一学习环境是如何将各个因素组合起来以完成特定目标的?学习环境是否成功地达到了学习的目标?不同的参与者、工具和客体是如何一起互动的?建构了什么样的意义?互动和意义如何帮助或阻碍了所期望的学习?等等。描述性的基础不涉及教学环境的明确设定,但有助于对设计进行思考,进而适用于教学的不同概念和目标。

情境主义回答了"如何进行案例教学"的问题,"如何进行案例教学"可以理解为"设计怎样的环境来支持学习者理解相关的知识和获得相关的能力",立足于教育心理学的情境主义非常重视功能性情境（实习场）的创设，为开展案例教学提供了指导。案例教学是在情境中进行的，情境的创设一方面给学习者提供了能达到学习目标的背景与支撑，另一方面也有助于学习迁移的产生。

情境主义理论对案例教学的指导具体体现在以下三个方面：第一，案例教学拟真的条件性环境的创设。情境主义认为实习场本身就是为了达到特定目标而创设的条件性情境，类似于真实的运动场（Jonassen and Land，2000）。条件性环境通常包括物理情境和虚拟情境，"故事"作为情境学习的要素之一，对情境学习和知识的建构非常重要。案例教学的虚拟情境是通过"案例"这一教学素材人为创设的，选择案例时通常会选择真实的、具有挑战性的企业案例，案例材料包含的信息非常丰富，十分接近于企业真实的决策情境。案例通过翔实生动的文字描述和富有悬念的情节设计可以给学员以身临其境之感，学员通过案例阅读实现情境嵌入。另外，案例教学还非常重视物理环境的创设，案例教学教室往往采用阶梯形教室、可移动座椅、大型可移动白板等基础设施，以支持案例教学开放互动的需求。第二，案例教学支持社会情境化的学习。情境主义认为学习是情境化的社会实践，强调社会协商、共同体建设和社会文化对知识建构的重要意义。案例教学通过案例模拟的企业经营实践，以"案例"为锚为学员提供了一个有意义、有故事情节的逼真的学习环境，并将学员解决问题所需的信息资源和知识镶嵌在案例情节中，让学员从企业管理者的角度出发，扮演多重角色，从多视角分析企业的经营状况、情境限制、资源约束并做出分析决策。案例教学还非常重视协商、合作、反思等要素在案例教学中的应用，案例教学常以小组合作的形式开展，团队成员观点之间的相互碰撞、关键人物的启发、教师对学员学习过程的指导都体现了案例教学的社会性和合作性。第三，案例教学是以解决问题为核心的系统环境。情境主义认为问题在实习场中体现了认知、境脉化、评价、对话等综合功能，知识和学习的目标都设置在问题境脉中。问题贯穿案例教学始终，在案例教学开始阶段，教师会通过抛锚向学员提出具有挑战性和开放性的问题，案例情境则为学员搭建了问题解决的平台。学员首先要独立分解问题，并从案例中搜索解决问题所需的信息，初步拟定解决问题所需的方案。接着在团队学习过程中，取长补短进行合作学习，小组成员分工协作，共同讨论问题、分析问题、解决问题，完善解决方案。在班级讨论过程中，教师和其他组的成员会提出汇报组方案中的逻辑漏洞，并抛出新的问题，促使汇报组进一步思考问题情境，完善问题解决方案。

综上，实习场理论是情境主义应用于教育领域的核心观点，为案例教学开展提供了包含教育支架和促进反思等一系列的教学策略和原则。情境主义涵盖的情境、资源、工具、支架等要素为创设案例教学环境提供了指导。情境主义理论中涉及的虚拟情境、物质情境及社会情境都是案例教学开展的关键要素，但关于案例内部的情境，即案例内部与企业实践相关的企业内外部情境，尚未得到情境主义的重视，更深一步的关于"如何提高案例教学有效性"的问题，仅依托情境主义仍难以回答。

三、建构主义和情境主义对案例教学的差异性解释

建构主义和情境主义都是认知学习理论的重要组成部分，它们从不同角度回答了关于人类知识本质的理论以及知识是如何在活动过程中发展的问题。情境主义和建构主义在很多观点上是相通的，特别是社会建构主义和情境主义都认可社会文化背景在个体意义建构中的作用。情境主义和建构主义既有联系，又有各自相互独立的观点，情境主义更在很多方面发展了建构主义的研究，建构主义和情境主义共同回应了关于案例教学知识传播过程中的部分问题。对于建构主义和情境主义的关系，下文将基于情境主义、建构主义的案例教学进行阐述。

（一）建构主义和情境主义的关系

1. 对知识的定义和来源观点不同

建构主义认为知识是对外部世界的重新建构，知识产生依赖于个体先前的知识和经验，知识产生于人与周围环境的互动。而情境主义改变了知识的假设，认为知识是情境化的社会实践，是个体与环境交互作用过程中的一种交互状态和适应环境的能力。情境主义认为，知识只是活动、情境、文化适应的副产品，知识作为一种工具的最终目标是促进学员在实践活动和社会交互过程中的文化适应，情境性是知识的首要特征。

2. 个体和情境两要素的地位不同

建构主义关注的焦点是"个体的建构"，情境只是个体建构的条件和激励因素，在建构主义视角下，教师所提供的案例是用来创设与现实管理情境相类似的情境，媒体用来辅助情境创设，是帮助学员主动学习的认知工具。情境主义认为个体和环境是同一个学习系统中具有同等地位的相互建构的两个要素，实践共同体指的是学习的一种社会情境，包括学习个体、目标、课程、工具及资源、规则、学习分工和学习的环境等要素，是保障"合法的边缘性参与"这一学习过程有效进行的重要条件。

3. 建构的对象不同

建构主义最为关注的是个体的建构，即建构主义认为个体建构的是知识，虽然社会建构主义也关注建构过程中个体的经验背景以及与环境的互动，但这些因素都是对个体建构的一种促进。情境主义拓展了建构主义对建构内容的认知，认

为个体建构的不仅是知识或个体的主观世界,共同体中的"意义"和个体的"身份"也是在互动中建构的。个体身份的建构是指学习者原先处于共同体中不同的位置——或学徒或老手,通过在实践共同体中的边缘性参与,最初的新手可能逐步发展为老手,老手也可能发展为专家,即个体的身份得到建构。同时,通过共同体的学习能够使组织了解到让自己变得更有价值的方式,这有助于维护共同体中的文化遗产,并建立相互依赖系统,即共同体的"意义"得到建构。

4. 知识迁移的范围和条件不同

现代心理学家认为,迁移是一种学习对另一种学习的影响,这种影响可能是正向的,也可能是负向的,有可能是前面的学习影响后面的学习,也可能是后面的学习影响前面的学习。建构主义也非常重视学习的迁移,将学习迁移定义为"在新情境中对知识的重构",认为复合而丰富的学习情境有利于学习迁移的产生,学习迁移的产生依赖于两个迁移情境之间联系的建立。也有学者从建构的视角提出了"学习情境"与"应用情境"的概念,提出建构同时发生在学习和应用情境中。综上所述,建构主义虽然关注学习迁移过程中情境的重要作用,但是,对学习迁移的研究更多关注的是学校中的学员,关注学员的学习在学科之间的迁移、在校内和校外之间的迁移以及在学习情境和应用情境之间的迁移。

情境主义则对建构主义的迁移观点提出了质疑,并提出以下观点。第一,学习迁移发生在真实的、复杂的情境中,这是因为情境主义认为知识具有情境性,知识的建构不仅发生在学习环境中,还发生在考虑特定目标的应用环境中,个体迁移发生在个体与社会情境的互动过程中。因此,脱离具体的情境讨论迁移是没有意义的。第二,个体的学习与其所处的共同体发展密切相关,个体的知识迁移是在"合法的边缘性参与"过程中发生的。第三,迁移范围不同,情境主义关注的是校外学习者日常生活实践中的迁移,关注日常生活实践和互动、协商在迁移中的重要作用。从一个更广泛更开放的层面上认为迁移不仅发生在个体层面,还发生在个体、共同体及更广泛的社会文化情境之间。

(二)基于情境主义、建构主义的案例教学

案例教学是符合建构主义、情境主义的最具可操作性的教学方法。建构主义和情境主义为案例教学提供了理论依据。以对学习这一建构过程的理解为基础,建构主义学习理论的四个要素——情境、协作、交流和意义建构,与案例教学的教育目标和教学流程设计等背后的理论基础相契合。在基于建构主义的案例教学中,对案例情境的意义建构是学员案例学习的核心目标,案例教学课堂中的"情境、协作、交流"等环境要素是刺激学员发挥主动性、积极性,促进意义建构的工具。建构主义说明了管理案例知识的默会本质以及知识需要通过情境在协作会话中传递。建构主义回应了"为什么进行案例教学"的理论问题,指导了案例教学的教学流程、教学策略等部分实践。

情境主义深化了建构主义对情境的认知,并且给教学和学习环境设计的创新提供了空间,回答了"如何进行案例教学"的问题。情境主义认为重新设计教学环境能够使新来者以丰富的、富有成效的方式,合法地、边缘性地参与到真实的社会实践中,简单地说就是教学环境的设计要使学习者可能"偷窃"到他们需要的知识。基于情境主义,案例教学设置了拟真条件性环境、社会情境性环境以及以问题为核心的教学环境,推进了案例教学的顺利开展和知识的成功建构。但是,情境主义更多将情境理解为促进知识建构的刺激因素,尚未关注到案例的内部情境。建构主义和情境主义共同回应了案例教学的部分问题,但关于"如何提高案例教学有效性",建构主义和情境主义两种理论尚未能系统回答。

四、知识资源行动——一个新的机理解释

(一)知识资源行动对建构主义和情境主义的发展

建构主义和情境主义已经对"为什么进行案例教学"以及"如何进行案例教学"的基础问题进行了回应,但关于"如何提高案例教学的有效性"鲜有系统阐述,即管理案例知识传播的机理尚不明晰。下文将从知识基础观和资源行动理论的协同视角出发,对案例知识的传播规律进行深入探索,力图厘清管理案例知识传播的机理。

管理案例是具有情境性的教育知识,案例教学是围绕案例这一资源要素进行的讨论、分析、互动和推理等一系列知识传播活动,知识基础观和资源行动理论可以为"管理案例知识传播有效性"的探讨提供理论基础。

知识基础观认为知识是企业竞争优势的根源,企业内部的隐性知识难以被竞争对手模仿,并且由当前知识存量所形成的知识结构也决定了企业发现未来机会和有效配置资源的方式(Beckman,1999)。基于企业外部情境的动态特征,Teece(1998)等进一步提出了动态的知识基础观。Verona 和 Ravasi(2003)指出,对知识的创造和吸收能力以及对知识的重新配置能力是企业能力的内在基础,对知识资本进行获取、吸收、创造、整合所形成的动态能力支撑着企业的竞争优势。基于知识基础观,案例教学过程中师生针对案例情境所展开的协商、沟通、争论、批驳过程本质上就是师生对知识的共建,案例教学是对知识的管理过程。知识基础观回答了案例教学中"什么样的知识有利于能力构建"的问题,并从动态演化的视角阐释了课堂知识存量与能力建构之间的连接关系,但关于知识形成和配置的机理依然缺乏理论回应,即案例教学过程中知识如何转化为能力的具体机理还有待进一步探索。

资源行动理论最早由 Sirmon 等（2011）提出，从过程导向的视角出发探讨了组织聚焦内外部资源的动态行为在组织资源积累与动态能力构建之间的关键作用及内在机理，在集成传统资源基础理论和动态能力理论的同时弥补了在"如何进行案例教学"方面的理论不足。因此，知识资源行动理论为回答"知识如何转化为能力"这一过程机理提供了可行的视角。

基于上述分析，知识基础观和资源行动理论与案例教学具有天然的连接性。本节系统整合知识基础观和资源行动理论提出知识资源行动视角，即以"知识"为主要资源形式的资源行动理论，并从该视角探索管理案例知识传播的机理。从知识资源行动的视角对学员能力提升机理进行探讨，也为教学实践提供了更具可操作性的框架，运用管理学理论探讨商科教育问题也更容易被接受。

知识基础观认为，知识是创新的关键要素，企业核心能力的提升关键在于组织内隐性知识的获取，企业对异质性知识的吸收、掌握、整合能够促进企业知识体系的更新，缓解研发人员因个体认知的局限性而造成的创新不足、技术不佳等负面效应。知识异质性指成员个体在知识等方面的异质性程度（Amabile et al., 1996），来源于团队成员的异质性。学者分别从不同的视角对知识异质性和创新的关系进行了广泛研究。部分学者从信息获取的视角出发，认为企业可借助知识的异质性提升个体间知识、信息交流的速率，增加团队成员的知识储备，这有助于扩大团队单个个体的知识池，使得团队中用于辅助决策的信息资源更加充实，进而提高创新绩效（Guo et al., 2018）。从社会网络视角出发，Perry-Smith 和 Shalley（2003）研究发现，知识异质性可以为团队成员提供多种解决问题的方案，帮助个体提出多样化的观点和选择，有助于激发团队成员个体创新想法的产生。从互动认知的视角出发，吕洁和张钢（2015）研究发现知识异质性可通过整合不同学科的异质性知识与技能，引导团队成员从多个视角认识、理解事物，打破个体思维定式的局限性，提高其创造力想法产生的可能性。还有学者从知识吸收能力的视角出发探究团队多样性在提升团队创造力过程中的作用机理，研究发现团队多样性有助于扩大成员间拥有的与任务相关的技能、知识和视角的范围，帮助成员从多个角度思考问题，加快问题解决的速度。据此可知，异质性知识的获取是个体创新的前提。

那么，团队间异质性知识的知识距离是不是越高越好呢？实际上，过低或过高的知识距离都不利于知识的转移。知识距离是个体间知识水平或知识含量的差异或相似性，这种差距具体体现在个体间知识存量、知识水平和知识沟通等方面。团队成员知识距离过大会影响知识转移的成功率（Cummings and Teng, 2003）。首先，团队成员间较大的知识距离所体现出的专业知识壁垒使得员工间知识沟通出现困难，导致成员获取异质性知识的意愿下降。其次，基于团队伙伴间的社会比较，低知识位势者的自我效能会受到消极影响，其创新积极性会降低（Schulze and Brojerdi，2012）。最后，由于成员间的知识重叠程度小，个体往往难以消化和吸收对方传递的知识，容易形成知识冗余而不利于创新。团队成员异质性过低、知识距离过小也不利于个体创新。知识距离过小意味着团队成员间的知识存在较大重叠、相似度高、差异性小，虽然沟通起来更为顺畅，但无法提供更多的异质性知识，不利于知识的碰撞。综上，异质性知识应该具有适当的知识距离。

资源行动理论强调资源管理的重要性，认为基于管理者主观能动性所开展的资源行动才是组织实现资源向能力转化的关键。针对不同的资源情境，企业会采取不同的聚焦于组织内外部资源的行动。在创业情境下，企业受到自身能力以及内外部资源存量的限制，往往会采取"拼凑"资源的行动策略，即通过凑合利用已有的资源来创造价值。在组织一般情境性下，往往会采取资源编排的行动策略，即通过资源结构化、捆绑、利用的资源管理框架获取竞争优势。结构化指获取、积累和剥离资源以形成企业的资源组合。捆绑指整合资源以获得能力，利用指通过动员、协调、部署来利用能力创造价值。面对不同的情境企业采取的资源行动策略不同，但其本质都是对异质性资源的碰撞行为。

那么，什么样的碰撞有助于资源向能力的转换？Sirmon 等（2011）从深度、广度、企业生命周期三个层次探索了企业的资源行动，纵向的资源行动主要强调不同层次管理者的作用，横向的资源行动主要强调不同的商业战略和企业战略下资源行动的差异。不同层次的资源行动具有指向性，共同服务于组织的战略目标。此外，资源异质性会影响企业的资源行动选择，如 Phelps（2010）发现来自联盟伙伴的异质知识可以推动企业的探索式学习。探索式学习和利用式学习两种资源行动对于企业都非常重要，但其对知识学习的侧重点不同，探索式学习强调增加知识的广度，而利用式学习强调增加知识的深度，探索式学习更多强调与个人原有知识存在显著差异的知识获取，而利用式学习更加强调同质性知识的纵向累积。此外，探索式学习和利用式学习的选择还取决于有指向作用的具体任务的期望与目标（殷建瓴和费少卿，2020）。在现有文献基础上可以发现，企业所进行的资源行动并不是无序的，而是专注于深度的挖掘、广度的拓展以及具有一定指向性，兼具广度、深度、指向性的企业资源行动共同服务于组织战略目标的实现。此外，探索式学习和利用式学习受到有效的时间、精力、注意力等资源的限制，因此企业的资源行动不是无限的，碰撞的频率也不是越多越好，要根据企业的资源禀赋、战略目标、行动进度等进行综合判断。基于上述分析，本书认为资源行动的本质是有广度、深度、指向性的资源碰撞过程。

综上，从知识资源行动的视角看，管理案例知识传播的机理是异质性知识的反复碰撞，异质性知识要有适当的知识距离，且知识碰撞要兼具广度、深度和指向性。

案例教学过程中，异质性知识主要来源于案例素材中的情境、课堂中的教师和学员。首先，知识碰撞的广度是指参与编排的学员数量，如果仅仅由少部分学员主导课堂发言，那么课堂中输出的异质性观点是有限的，课堂中异质性观点越多越有利于碰撞，不善于主动发言的学员并不意味着他们没有自己的观点，要让尽可能多的学员尤其是平常不爱发言的学员参与到课堂中，让碰撞的范围由少数人扩大到班级所有同学。其次，深度是指纵向上观点碰撞挖掘的程度，如果碰撞的次数很多、参与的学员数量也很多，教学课堂看起来好像很热闹，碰撞的效果很好，但如果学员们输出的都是同质化的观点，难以互相启发升维，那进行的碰撞也只是低阶的碰撞，实质的收获较少。因此，碰撞的深度在教学效果表现中非常重要，提高碰撞深度的关键是适当提高参与碰撞成员之间的知识距离，当然知识距离过大或过小都不利于碰撞，过大的知识距离会导致沟通对话难以理解，更起不到启发的效果；过小的知识距离又难以碰撞出新的知识。学员之间的知识距离往往比较小，此时教师的加入是提高课堂中知识距离的关键，教师可以通过升维性的提问适时启发学员。最后，碰撞的指向性是指案例教学的讨论要围绕案例情境和问题进行，而不是漫无目的、随意地讨论。漫无目的的讨论可能会导致讨论的话题过于发散或偏离主题，碰撞效率低下。那么知识的碰撞是不是越多越好呢？碰撞并不是越多越好，过多或过少的知识碰撞都不合适，过少的知识碰撞会导致参与碰撞的知识容量少、异质性低，启发不足难以达到能力构建的效果；过多的知识碰撞会导致教学内容无法推进、课堂效率低下。

（二）知识资源行动视角下管理案例知识传播

明确"管理案例知识传播有效性的机理是异质性知识的碰撞"这一观点后，课堂中符合良好知识碰撞的教学过程应该是什么样的？如何基于该机理提高管理案例知识传播的有效性？下文将对这些问题进行探讨。根据已有研究对资源行动的释义，本节将知识资源行动分为资源共享、资源束集、资源协调三个阶段。资源共享指通过知识的获取、倍增和重新部署实现网络资源共享。资源束集指通过对新进入资源的孵化、分离和校正，促进其与现有资源的磨合和运作，进而将其转化为能力。资源协调指对资源组合进行调整以契合企业目标，剥离冗余资源，促进资源、能力、机会之间的适配以利用资源创造价值。

资源编排的第一个过程是资源共享，在这一阶段，案例情境、课堂中的经验、知识、信息等资源要素通过资源共享进入课堂，班级内的学员可以利用课堂中的资源，并与既有资源形成资源组合，使既有资源得到增加，急需资源得到补充，为知识形成构建新的资源基础，资源基础是知识构建的原材料。因此，该阶段资源共享范围越大，即参与课堂讨论的学员数量越多、范围越广，能力构建效果越好。

资源编排的第二个过程是资源束集，通过资源束集，可以进一步夯实资源，对短缺资源进行针对性的补充和扩张，促进新老资源之间的融合。资源的束集效应能够激发知识的提升，资源束集的深度会影响知识构建的效果。课堂成员之间的知识距离会影响资源束集的深度。小组讨论、课堂讨论是传统案例教学课堂中的重要环节，学员是讨论发言的主体，但这样的案例教学效果往往并不是很好，究其原因，学员与学员之间的知识距离很近，相互之间的观点碰撞无法起到启发作用，使案例讨论浅尝辄止不能继续下探，资源无法得到有效补充，新老资源之间的融合不足，故资源束集的效应也不佳。课堂的知识主体不仅包括学员，还包括教师等。为提高资源束集的效率，教师可以通过随机提问、追加提问等方式不断深挖促进学员认知能力的发展，还可以通过"还有没有其他方法""请对 A 和 B 作比较"等提问横向扩展学员的思维。在讨论过程中，每个学员的观点以及教师的观点都会受到班级其他学员的考察评价，同时每个学员也对别人的思考和观点做出反应，这有助于促进知识的发散、碰撞和组合。

资源编排的第三个过程是资源协调。资源协调能够通过对资源的配置和平衡构建多元化的资源组合，即建立新知识。资源协调的指向性会影响知识构建的效率。传统的案例教学课堂中，学员漫无目的的讨论常常会被无意义的案例信息带入无意义的争论中，从而影响资源编排的效率。为提高资源协调的指向性，教师可以通过交互策略设计、有指向性的追加、对共同问题进行纠偏提问、总结等方式控制讨论的方向、促进知识的形成。

综上，知识资源行动视角为打开管理案例知识传播机理的"黑箱"提供了新的洞见，案例教学课堂中的知识资源碰撞要适度，过多过少都不利于知识构建，知识碰撞的广度、深度、指向性也是影响学员知识构建和传播的关键。

五、管理案例知识传播机制框架

建构主义、情境主义、知识资源行动共同回应了案例教学中的基础问题。首先，建构主义回答了"为什么进行案例教学"，从情境、协作、交流和意义建构四个要素方面肯定了案例教学对于知识建构的必要性与优越性。情境主义深化了建构主义对情境的认识，并对"如何进行案例教学"进行了回应，提出案例教学应该在情境化的教学环境中进行，并提出了一系列的与学习环境相关的情境认知原则，包括实习场、行动中的知识、人工制品的中介、规则、规范和信念等，为案例教学的情境创设提供了可遵循的准则。知识资源行动回应了"如何提高案例教学有效性"的问题，提出应该从案例教学中知识碰撞的广度、深度、指向性三个层次进行调整和设计以提高案例教学效果。综上，建构主义、情境主义、知识资源行动三个理论共同奠定了案例知识传播的理论基础，具体管理案例知识传播机制框架如图 6.2 所示。

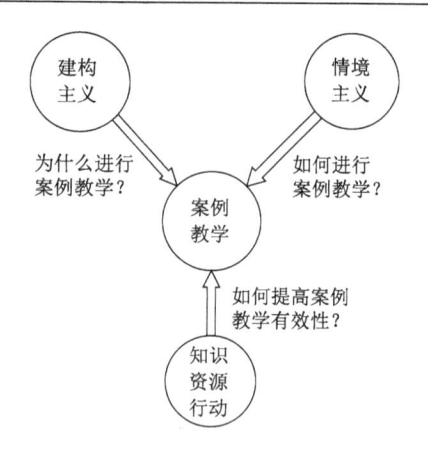

图 6.2　管理案例知识传播机制框架

第三节　管理案例知识传播系统

现有研究中，学者已经基于建构主义理论，对案例、师生、教学方式等诸多案例教学要素进行了诠释和重构，但从系统的角度对管理案例知识传播的要素构成以及要素间关系进行探讨的研究还较少。哈佛商学院虽然从多角度凝练了由教学目标、运行系统、案例教学支持系统构成的由内而外的教学系统，但该系统仅限于具体的操作，关于"各个要素在系统中的角色是什么"、"哪个要素是案例教学系统的核心"、"多要素间的关系"及"案例教学系统设计的理论基础"等尚未阐明。因此，本节将基于管理案例知识传播的情境性特征，及其衍生的涵盖建构主义、情境主义和知识资源行动理论的传播机理框架，对管理案例知识传播系统的要素、要素角色、要素间关系进行探索，旨在构建与管理案例知识传播规律相适配的管理案例知识传播系统。

一、传统教学方法的颠覆——案例的异质性

案例是案例教学区别于传统教学方法的关键所在，也是案例教学的核心。一方面，案例选择是案例教学的起点，案例素材的质量直接决定了案例教学的效果。另一方面，案例的情境性特征决定了外围的师生角色、教学场景、社会支持系统的设计，外围要素的设计共同服务于案例教学的开展。因此，对案例这一要素的探讨是后续要素设计的基础。

案例颠覆了传统的教学方法，与传统认识论将教材视为可直接进行传送和转移的、僵化的知识与教条的载体不同，在以建构主义为核心的案例教学中，案例一方面发挥了教材的作用，是协助人类扩展知识及符号沟通的工具（孙黎等，

2011）；另一方面，案例是商业实践通向课堂的载体，以及通过情境嵌入解决理论与实践之间差距的破冰点。长期以来，商科教学都存在重理论、轻实践的弊端。管理知识属于结构不良领域的知识，在结构不良领域，个体的行为与认知的关系受到情境的调节作用，即行为是认知和情境两者的函数，是两者共同作用的结果，用公式表示为 $B=(P, E)$（B 表示行为，P 表示个体，E 表示情境）(Lewin, 1939)。传统教材所传递的僵化知识忽视了管理知识的情境性特征，导致管理知识迁移困难。案例是理论与实践之间的桥梁，通过对管理情境的再现，使其具有再认识和多重表征的潜力（刘录护和扈中平，2015）。案例通过对事件的描述、冲突的展现、不完整不确定的情境设计将鲜活的管理实践引入课堂，学员得以在教师指导下"身临"各种管理实践中可能发生的、具有挑战性的问题情境。案例营造了学习者自主学习的空间，使学习者的创造性得到充分的发挥，实现教与学的沟通和融合。

案例的作用并非要取代理论的发展或实践的观察，而是在理论与实践的沟壑之间架设一道桥梁。相比于传统讲授式教学，案例教学可以从知识来源多元化、知识转化情境化和知识迁移实践化三方面提升教学效果（李征博等，2018）。此外案例还可以作为某个理论、视角或问题的标签，通过案例所提供的类比情境为管理者决策提供向导（于鸣和岳占仁，2012）。案例可引导师生在情境嵌入中界定、分析、解决现实管理问题，是商学院教师和学员接触真实商业世界的一种低成本高效率的途径。

二、异质性引致的师生角色转变

教师和学员是课堂教学的双重主体，在传统讲授式教学课堂上，教师处于金字塔的尖端，凭借对知识内容的绝对占有被赋予"智者"身份，学员则位于金字塔的底部，被看作需要进行教育和改造的对象，师生关系为金字塔式的等级分离关系。案例的异质性使案例教学中师生角色发生转变。管理案例知识属于结构不良的知识，知识分散在案例情节中，需要学员人为地进行筛选和组装。结构不良的知识没有标准答案，从不同的视角可以获得不同的结论。此外，管理案例知识还具有情境性，即案例知识应用于管理实践时受到情境条件的约束，因此案例教学的目标聚焦于培养个体分析问题、决策问题、解决问题的能力，个体要能够根据情境灵活地组装和应用管理知识。基于上述分析，管理案例知识无法再通过教师灌输、学员记忆的方式进行传播，而需要学员通过合作探究的方式进行自主建构。因此，案例教学中的师生角色要有助于激发学员的探究欲望以及提升学员参与案例讨论的积极性。传统师生观中学员仅仅是知识的"容器"，是被动接受知识的角色，这一师生观会压抑学员课堂参与的积极性和主动性。因此，案例教学课堂中师生角色亟待发生转变。

重新定位师生角色是推进案例教学的关键。比如，案例教学课堂中师生关系可进行以下转变：教师不再是命令的下达者和知识的传送者，而是课堂讨论的引导者、参与者、支持者。学员也不再是知识的被动接受者，而是知识构建的主动参与者。师生双方要在彼此尊重和信任的前提下做到充分的交流与互动，向着互助互联的平等伙伴关系转变。

（一）教师角色转变

1. 由独裁者转变为教练员

从教师的课堂地位来看，在案例教学过程中，教师的角色应该由独裁者转变为教练员。传统师生关系下，教师以知识权威者自居，习惯于主导整个教学过程，对案例中的问题给出确切的理论基础、专业的分析过程和正确的答案，对学员之间的争论下结论。但课堂争论其实意味着学员对案例内容的深入思考，教师若妄下断语，会导致学员讨论的终结。因此，高水平的教师应该扮演教练员的角色，即通过启发和引导让学员通过自己的讨论找出问题的解决方法。教师在案例教学过程中，要像教练员一样对学员提出明确具体的要求，引导学员进入学习状态，帮助学员明确学习目的，了解学习的程序、规范和操作方法，而由学员负责寻找解决问题的办法。当学员请求教师进行仲裁时，教师也不应该轻易进行评判，而应巧妙地将大家引导到正确的讨论方向上，使讨论得以深入。

2. 由演说家转变为主持人

在讲课的过程中，教师的角色要由演说家转变为主持人。常年的职业习惯使教师在案例教学中习惯于"照本宣科"的授课方式，从案例的选择到案例教学的准备、课堂教学的组织、教学效果的评价等各个环节，都是教师一个人的"独角戏"，其本质仍然是"讲授法+案例"。在该情况下，学员的讨论常常被忽视，学员自然又会回到安静的听课者角色，案例教学就无法取得成功。因此，教师在案例教学过程中要尽量少讲话、少发言，只在需要主持的时候适当地进行引导和催化。为了让更多学员参与讨论并且保证案例讨论有序进行，教师应该在教学过程中鼓励学员发言、决定发言顺序、倾听学员的讨论，并根据课堂进展积极推动案例讨论的深入。教师还应该在讨论跑题时及时提醒，使讨论始终围绕一定单位内的问题进行。

3. 由评议员转变为发现者

在课堂结尾，教师的角色要由评议员转变为发现者。在案例教学结束阶段，有些教师喜欢充当评议员的角色，为案例讨论的问题提供权威答案，并以权威答案为标准评价学员表现，对学员的发言和见解横加指责，并花大量时间讲述提前准备好的、结构清晰的、从该案例中可以学到的理论背景、内容、适用性等。评议员式的总结方式会让学员产生挫败感，并且无法达到培养学员分析问题、解决问题能力的目的。教师总结要紧紧围绕案例教学的目的进行，努力引导学员通过讨论发现知识，并对学员的发现予以肯定和引导，以此激发学员的内在动力。因此，教师在总结时要注意以学员为中心，对学员讨论的过程和结果进行适当的总结与升华，不提供明显且无争议的标准答案，启发、引导学员独立思考、尊重学员创见。

（二）学员角色转变

1. 由倾听者转变为参与者

传统教学课堂以掌握和储存知识为目的，因此学员只需要认真听讲，做好笔记，将教师传授的知识记准、记牢，教学目标就可以实现。案例教学是基于建构主义学习理论的教学模式，要求学员从传统被动的倾听者转变为课堂的积极参与者，自主完成管理知识的建构。在案例教学课堂中，每个学员都可以在充分尊重别人观点的基础上开放地表达自己的观点。学员需要在认真阅读案例素材、思考相关问题的基础上，通过积极地参与课堂讨论，剖析案例中当事人面临的关键问题，提出相应的解决方案，在群体互动中不断补充和完善，以此提升自己在复杂环境中决策的能力。

2. 由知识的接受者转变为知识的贡献者

传统教学课堂中知识信息由教师单方向地流向学员，教师是唯一的知识来源，学员是知识的接受者。在案例教学课堂中，不同学习背景、不同经历的学员都是课堂知识的贡献者，知识来源由教师扩展到学员、自我。学员在案例教学中还是知识的创造者，学员需要在案例讨论中汲取教师和其他学员的多样化观点，敢于自我否定、自我批判，不断修正个体对事物的认识。在教师引导下，学员通过倾听学习其他学员不同的分析视角、分析思路，在反复的批判式互动中不断逼近案例现象背后的一般性知识，这一过程本质上就是知识创造的过程。

三、教学场景设计——与案例的适配

教学课堂是管理案例知识传播的主要场景。场景是影响个体行为的刺激和现象，对行为塑造有调节作用。在传统师生观下，知识主要是由教师单向灌输给学员，因此传统教学课堂中的场景设计都是从教师角度出发的，学员的地位和权力通常被忽略。案例教学中师生角色发生转变，学员成为案例讨论的主人翁，教师成为课堂讨论的引导者，因此，案例教学的教学场景要有利于学员积极性的发挥，有助于学员观点交锋、激活碰撞、广泛参与。基于此，案例教学需要设计具有拟真性、挑战性、针对性和启发性的教学场景，通过用特定管理情境下的案例故事描述代替教科书，以引导学员讨论代替讲课，用阶梯形教室、旋转座椅等取代传统的秧苗式座位分布，以此调动学员的积极性和自主性，促进学员多角度的思考。基于前文对情境内涵的界定，本节将从案例载体设计、物质环境设计、社会情境设计等方面对教学场景进行具体的阐述。

（一）案例载体设计

案例是知识传播的载体，也是创设教学场景的重要手段。案例教学是通过采用一个或多个案例引导学员参与问题界定、问题分析和问题解决的教学方法，学员参与案例教学的目标是从案例情境中建构知识。因此，案例载体的设计必须有助于学员对案例知识的获取。近年来，案例载体形式得到了学者和教学实践的普遍关注与创新尝试，商学院接连推出了视频案例、融媒体案例等多种案例载体，但究竟哪种载体的案例更有利于学员的知识获取和能力构建呢？本节聚焦于目前使用最多、影响最大的三种案例载体形式——文本案例、视频案例、融媒体案例，分别从教学资源和教学质量的角度对三种案例载体进行评估。其中，教学质量的影响因素可以细分为对学员注意力的影响、传递信息量、学习深刻性、娱乐性、学员接受程度等维度。教学资源可以分为资源成本、资源可及性等维度。通过探讨，下文旨在回应"哪种案例载体形式教学效果最好"的问题。

1. 文本案例

文本案例最早被哈佛商学院采用并延续至今，是目前全球商学院使用最频繁、最知名的案例载体形式。文本案例与其他案例载体相比，之所以能够受到商学院和培训机构的青睐，在国际范围内广泛使用，主要有以下几个原因。

从教学资源上看，文本案例具有选择广泛性和标准化的特征。一方面，中国管理案例共享中心、哈佛案例库、毅伟案例库等案例库平台为案例教学提供了众多高水平、高质量的文本案例，并且每年还有源源不断的新案例入库，仅中国管理案例共享中心的案例数量就已有6000多个，覆盖20多门核心管理课程，如此庞大的案例数量，无论教师是选择行业、链接知识点，还是案例的写作风格，都有足够的选择空间，足以满足教师的教学需求。另一方面，文本案例的撰写基本遵循统一的写作规范，为了满足案例库的收录要求，还会附有规范的案例正文和使用说明，标准化的案例结构设计推动了文本案例在课堂教学中的广泛使用和迅速推广。

从教学质量上看，文本案例在学习深刻性、传递信息量上具有明显优势。第一，从学习深刻性上看，经过设计的案例所对应的知识点相对明确，材料信息组织指向"管理知识",在案例信息拆解、分析、重组过程中,学员的思考专注度更高,对案例及其内部结构反复学习时间更长,知识碰撞的广度、深度、指向性也更强,可以更具针对性地培养学员分析问题、解决问题的能力,在学习过程中所习得的知识和能力更具深刻性。蒋红(2017)认为相比于数字阅读,纸质阅读方便做注释和反复来回观看,有利于学员对文本材料进行深加工。第二,从传递的信息量上看,文本案例的内容和结构经过严格设计,逻辑嵌套严谨,学员在阅读文字过程中,可以凭借想象力进行合理的联想和想象,丰富案例细节,进而基于自己的知识基础将文字描述的细碎片段拼凑成结构完整的图幅,传递的信息量仅仅受制于学员个体的想象力。尺有所短,寸有所长,文本案例也存在一定的不足之处,与文本案例的标准化相对应的是个性化和趣味性的不足,因此对学员的吸引力不佳。尽管教师在文本案例撰写过程中已经尽量提高案例的可读性,但文本案例与精心制作的电影、视频等新媒体相比,趣味性和吸引力仍有欠缺,会影响学员的个性化体验。

2. 视频案例

视频案例是一种超媒体的界面软件,基于超媒体系统非线性、非依序性的优势,视频案例整合了案例企业视频片段以及文本、图画、照片、视频等各种相关的教学素材,通过可变性、非线性以及快速提取的方式链接了多样化的数据,从而为案例教学提供了复杂的、多元表现的环境(鲍建生,2003)。

从教学质量上看,视频案例在娱乐性、吸引学员注意力、学员接受度上具有明显优势。首先,视频案例载体本身具有生动趣味性,因其多空间展现及界面动态移动使得教学场景更丰富、更逼真,有利于真实情境的获取(赵曙明和于静静,2012);其次,视频案例提供了一种非常有效的方式去激发观众的真实情绪,画面极具趣味性,学员也愿意多次观看视频得到新想法,有利于吸引学员注意力,提高了学员参与的积极性(Perry and Talley,2014)。

但视频案例在教学过程中遇到了以下两个困境。首先,从教学资源上看,视频案例具有可及性差和开发成本高的缺陷。虽然国内许多管理类专业还比较重视视频案例的应用,但是在视频案例的制作与设计方面相对落后,截至2022年底,中国管理案例共享中心的视频案例数量仅为29个,案例来源匮乏。视频案例对行业的覆盖性也不足,仅涉及部分传统产业,缺乏对新兴产业的管理研究。视频案例的开发需要运用计算机及超媒体编辑系统,十几分钟的视频案例动辄需要几十万元的开发成本,极高的开发门槛和开发经费的不足使众多高校对视频案例开发望而却步。其次,视频案例学习的深刻性不足,虽然有学者认为视频案例能够为学习者提供更多和决策相关的细节信息,但实际上具象化的画面限制了学员自主想象的空间,视频时长较短导致其传递的信息量非常有限,难以用来进行深入的专业化分析。另外，视频案例虽然以极具趣味性的优点获得学员的青睐，但在学习过程中常常会出现重"热闹"轻思考的情况，更有甚者，部分视频案例中已经给出了明确的故事结论，侵蚀了学员讨论分析的空间，课堂中知识的编排、碰撞也极为有限。

3. 融媒体案例

融媒体案例最早由耶鲁大学提出，指将多种数据形式如文字、表格、图片、视频等综合运用展示在一定格式的网页中。从教学资源角度看，国内融媒体案例开发并不成熟，可使用的案例数量极为有限，且尝试应用的商学院也很少。从教学质量上看，首先，融媒体案例在传递信息量上极具优势。融媒体案例内容的信息量极大，覆盖了不同学科不同观点的信息，以多故事线的原始散乱方式呈现，更加契合管理实践（刘刚等，2019）。但师生对融媒体案例的接受度低、学习深刻性差、难以维持学员注意力等弊端导致融媒体案例的教学质量面临重大挑战。首先，融媒体案例对教师和学员的知识存量挑战极大。由于融媒体案例素材覆盖多学科知识，常常需要不同学科的教师合作上课，不同教师的教学风格、教学方式差异很大，协调起来非常复杂。此外，多学科多观点的碰撞对学员的知识结构提出了极高的要求，未经修饰的案例常常会使学员难以抓住要点，被无关信息干扰，每位学员关注的问题焦点也有所不同，传递的信息量过大导致学员注意力难以集中，不利于学员讨论过程中的知识碰撞和建构。

综上，通过对文本案例、视频案例、融媒体案例优缺点的简单介绍，本节试图回答哪种案例载体形式最有助于学员知识和能力的培养，视频案例和融媒体案例虽然在趣味性上优于文本案例，但就"案例教学学员能力培养目标"而言，趣味性远远不是最重要的，学习的深刻性、学习过程中学员知识碰撞的广度、深度、指向性才是最重要的，加上文本案例在可推广性上的优势，目前最为有效的提升学员知识和能力水平的载体形式应该是文本案例。对该问题的回应可以有效回答"为什么商学院频繁采用新的案例教学载体，令学员应接不暇，盲目学习后又始终觉得效果达不到预期"的困惑，以期对在案例教学过程中选择案例载体提供一定的借鉴。

（二）物质环境设计

案例教学需要情境化的教学环境设计来推进，情境化的教学环境是案例教学的辅助因素，从不同方面保障或干扰着案例教学的具体进程。教学场景设置的情境一方面来自教学过程所处自然环境中各种因素的影响，如教室的空间、照明、通风、采光、噪声等；另一方面来自教学设备、教具、座位等物质设备，如座位的编排方式会直接影响教学信息交流的方式和交流的范围。因此，开放灵活的物理环境是案例教学成功实施的保障。

1. 教学空间设计

案例教学"教"与"学"的特殊属性决定了案例教学空间应该具有伸缩性、灵活性、开放性的特征。不同于传统课堂中对学员进行填鸭式、广播式教育，在案例教学中，教师教学的方式是多样的，教师不仅仅需要向学员开展标准的授课式教学，师生、生生间还需要进行开放式、讨论式的互动、研讨活动以及自修的思考活动、实践教学等。案例教学模式中，学员是和教师地位相等的课堂学习主体，教师作为教练启发、设疑，鼓励学员主动学习、独立思考、发言提问、大胆质疑，积极参与课堂，授课的方式也更加灵活。相应地，教学空间的组织和形态也需要发生变化以满足案例教学互动的"教"以及非正式"学"的需求。因此，案例教学课堂空间布局往往具备伸缩性、灵活性、开放性的特征。

灵活伸缩的空间布局能够满足案例教学多样化的教学需求。教学空间的伸缩性和灵活性要求教学区域与教学设施可以快速灵活地伸展和收缩，既能够满足人数较多的集中教学，也能满足人数较少的小组活动。灵活的桌椅布局可以满足多样化的教学需求。传统教室中行列式的布局不利于学员互动，案例教学中教室桌椅的布局相对灵活多样，常见的有组团式布局、"U"形布局、放射式布局等（宣勤朗，2019），多样化的布局既能满足传统宣讲式教学的需求也能兼顾互动需求。

开放的教学空间设计有助于提高互动效率。教学空间的开放性是指各教学区域可以进行自由灵活的互动，以及教学信息资源具有开放和多元的特征。传统的教学空间结构是由墙壁进行区隔的四方盒子，封闭的空间设计不利于教学开展。现在开放式教室逐渐被越来越多的商学院采纳，开放式教室中没有封闭式的墙体，只设有可移动的隔断和教学设备，师生可以根据教学需求灵活地对教学空间进行设计和调度，利用教学设备、家具、玻璃等围合出灵动开放的学习区域。分割的教学空间一方面具有私密性；另一方面还可以保障不同区域的学员实现互通，营造良好的学习氛围，方便师生进行不同类型的交流互动。在教学空间形态上，大多数采用马蹄形教室和阶梯形教室，有助于全班学员的互动参与和交流合作。在传统教室中，后面的同学只能看到前面同学的后脑勺。在阶梯形教室中，每个人都可以彼此对视，后面的同学不会被前面的同学遮挡，该设计有助于调动更多学员课堂参与的积极性，促进知识、经验、思维在更广范围内进行碰撞。此外，教室中的通道方便教师在课堂中游走，有助于拉近教师和学员之间的距离，促进师生间平等的交流互动。在案例教学过程中，教师不会被讲台所束缚，教师要走到学员中间，在学员之间快速走动。对于学员来说，虽然白板距离比较远，但教师离自己比较近，有助于学员全程保持注意力集中。在空间资源的开放性上，教师在教学过程中会根据教学内容和学员特点安排案例学习、实践考察、角色模拟等多样化的教学活动，尤其是随着现代传播技术的发展和应用，学员可以通过网络等多媒体获得异质性信息，进一步提升教学资源开放性。

众多西方学者从权力视角出发，认为教学空间是微型社会，具有严格的权力渗透和规范性调控的功能，可以通过空间划分布局实现对人和事的操纵（吉登斯，1998），权力和权威可以通过师生教与学的语言沟通过程实现渗透（福柯，1999），灵活、可伸缩、开放的教学空间大大改变了传统教学中师生之间的地位和交往方式。传统教学空间中，讲台是教师的主要活动区域。在讲台上，教师是课堂的焦点，可以监督到每个学员的学习状态，加上教师具有知识上的优势，课堂常常是教师向学员的单向知识灌输，学员在课堂上处于被动的接受者角色，师生、生生之间的互动很少。教学空间的重新设计使学员有条件聚集在一起共同讨论问题、分析问题、解决问题，教师仅仅发挥启发引导的作用，学员成为知识建构的主体，有力推动了案例教学的进程。

2. 教学基础设施设计

在使用案例教学的研究生院中常常能够见到能容纳70多名同学的分层旋转座位、6~8块可自由上下移动的白板等教学设施，这些教学设计源于哈佛大学，已经在国内外商学院得到广泛应用，这说明，案例教学法已经通过嵌入MBA教育的基础设施中而被制度化。案例教学破除了传统认识论中知识是对客观世界的被动反映的观点，认为知识是在个体经验基础上与外部环境（无论是物理环境，还是社会环境）交互过程中建构起来的。因此，案例教学中的基础设施也不再是辅助教师传授知识的手段，而是用来帮助创设情境、进行学习和会话交流的认知工具（周英男和陈芳，2008）。

方便互动的坐席转换设计。案例教学区别于传统的讲授式教学，教学过程中需要互动讨论和及时反馈，目前沿用的座位设置难以实现学员的小组讨论，无法形成师生间的有效互动。而且，由于椅子无法移动，小组与小组之间无法区隔，相互之间干扰较大，整体教学节奏和秩序难以控制。一方面，分层旋转的座位设计使全班的学员可以互相看见，及时关注到其他学员的表现，有利于课堂讨论的开展以及师生、生生间的充分交流互动；另一方面，案例教室中的椅子可以按照教学需要自由移动组成需要的结构，在教学过程中更具灵活性。

方便资源交互的智能白板设计。课堂是班级授课的重要场所，而白板是课堂中必不可少的媒介工具。案例教学非常注重对白板的使用，对白板大小要求更高。由于每节课教师至少要提出3~4个问题供学员讨论，每个问题都需要专门的区域来记录学员的各种观点，学员回答多种多样，需要记录的内容很多，因此案例教学教室的白板往往由8块可以上下移动的白板组成，方便教师对白板的分区规划使用。例如，对某个问题的回答要写在哪个位置？不同问题及其回答用什么颜色的粉笔做记录。此外，案例教学的白板逐渐被更加智能化的白板所取代。作为资源集成和资源编排的载体，不同的视觉媒体向学习者传递的信息量是不同的，智能化白板在交互和逼真程度上都更有优势，在信息的传递和接收方面也明显优于传统黑板、屏幕投影等媒体（陈勇，2010）。白板是案例教学过程中资源交互和师生互动的媒介，师生之间的互动是通过输出信息和反馈信息来进行的，教师在教学过程中需要保留对学员观点的完整记录，在最后的总结环节方便对整个案例讨论过程进行有针对性的回顾，白板凭借其多维集成、反馈信息的能力，大大增强课堂信息量的流动。此外，通过白板，还可以实现对结构化资源的再编排，提高课堂资源利用的效率。白板不仅可以展示丰富的资源信息，还提供了教师与学员、学员与学员、师生与资源、师生与外部专家的交互平台，极大促进了各种各样的交互活动。案例教学过程中，教师通过选择性摘录学员输出的观点、对纷繁复杂的信息进行整理分块书写以及连接不同板块的信息归纳总结一般性知识。在这个过程中，教师的肢体语言与情绪表现，都间接传达了对学员的控制。白板这一教学基础设施有助于教师发挥导学与助学的功能，可以对整个教学过程有更灵活的控制。此外，白板可以辅助师生的课堂参与和交流互动，有助于学员案例讨论主体角色的发挥（丁兴富和蒋国珍，2005）。

保障信息高效流通的姓名牌设计。信息交互过程中不可避免地会有等待、混乱等噪声的存在，借助姓名牌教师能够准确地叫出学员的名字，建立课堂压力和激励机制，激发学员的活力，有效防止等待、搭便车等行为。此外，姓名牌的设计还有助于维持教学秩序、推动案例讨论有序进行。再者，姓名牌可以拉近教师与学员、学员与学员之间的距离，有助于师生、生生之间的互动。

（三）社会情境设计

案例教学是依托于学员个体的思考和协作交流完成学习的，因此案例教学过程中的互动方式、互动规则等必须有助于学员积极性的调动以及案例教学目标的实现。下文将主要从适度的场景切换、灵活的互动策略、中等强度的控制三个方面对案例教学的社会情境进行设计。

1. 适度的场景切换

场景是指真实世界中由分散的刺激物和空间分布合理的背景构成的、具有语义一致性的连贯图像（Henderson，2005）。场景通常由背景和对象两部分构成（王福兴等，2009），背景指范围较大、不可移动的表面或结构，如墙壁等；对象指小范围的、可移动的非关联实体。对象和背景在不同的场景中是相对而言的，如在小组讨论场景中，案例就是对象，教师、白板、多媒体等就是背景；在学员自主学习板书过程中，白板就是研究的对象，教师就是背景；学员听教师讲解案例时，教师就是对象，白板就是背景。不同的对象和不同的背景构成了多样化的教学场景，包括学习案例、小组讨论、师生互动、教师板书、知识点总结等。在案例教学过程中，适度场景切换的教学设计对提高案例教学质量至关重要。

场景切换推进教学内容转移。从建构主义视角出发，案例教学是将学员置于情境作用下，在与情境反复碰撞过程中使学员进行多次渐进式的知识与能力自我建构的过程。案例教学虽然给教师和学员留下了较大的发挥空间，但还是有相对成熟的结构和框架可以遵循的，学员的知识建构要经过自我建构、小组层面的建构、班级层面的建构、教师的补充建构等多层次建构的过程。首先，自我阅读、小组讨论、课堂汇报、教师纠偏、教师总结等递进式的教学场景切换可以推进教学内容转换，进而促进知识建构的不同层次转换。其次，教学场景切换还可以提高教学效率，减少时间浪费。比如，小组讨论过程中，当成员之间争论的焦点聚集在非关键信息上时，教师可以通过提问的方式"你们觉得目前我们争论的这点是导致事件发生的根本原因吗"，由此对学员进行纠偏，将讨论的内容引导到正确的方向。

场景切换推进发言角色转移。传统教学课堂中知识是由教师流向学员的单向的知识灌输，教师是发言的主体。在案例教学课堂中，强调学员对知识的自我建构，参与是知识建构的前提，因此，学员是案例教学课堂中发言的主体，教师在讨论中只起激励思考、引导讨论和调控节奏的作用，教学场景切换是教师推进发言角色转移、提高学员课堂参与的手段。首先，教学场景切换可以推进师生之间的发言角色转移，提高学员在课堂中的发言量，拒绝教师"一言堂"。其次，教学场景切换可以推进学员与学员之间的发言角色转移。在教学课堂中，教师常常会围绕案例中的问题通过随机提问的方式让学员在规定时间内陈述自己的观点，这时常常会出现少数学员承担绝大多数发言以及部分学员发言时喋喋不休超时的情况，此时，教师可以通过提示、打断或者抛出新问题的方式，挑选其他学员发表观点，让较为边缘的同学也能参与到课堂讨论中。

适当的场景切换有利于保持学员注意力。注意力是影响课堂学习效率的重要因素。脑科学研究的注意力维持10分钟法则表示，学员面对具有一定趣味性、不太乏味也不过于刺激的课程内容时，注意力只能维持10分钟。因此要持续吸引学员注意力，课堂教学方式每10分钟就需要适当加以改变，适当的场景切换有助于学员注意力集中，提高学习效率。那么，场景切换是不是越多越好呢？根据注意力与刺激的关系曲线（图6.3），当横轴表示刺激水平，纵轴表示注意力时，刺激与注意力的关系呈倒"U"形，在倒"U"形曲线的顶端也就是最中心的部分，刺激水平恰到好处，注意力程度最高，在中点的左端注意力随着刺激水平的升高而升高，在中点的右端注意力随着刺激水平的升高而降低，曲线的两端分别是注意力难以集中和过度刺激区域，注意力水平都不高。因此，在教学过程中，场景切换过多或过少都不利于学员注意力的集中，场景切换过少会让学员感到无聊，学习毫无动力，停滞不前；而场景切换过多，会让学员觉得眼花缭乱，紧张有压力、跟不上教学进度，只有适当的场景切换才能引导学员进入最好的学习状态。此外，个体的认知负荷是有限的，人的注意力不可能同时关注好几件事情，面对繁杂的案例信息和讨论观点的输出，学员往往会面临信息的选择困难或选择错误，或者只关注自己需要、喜欢或者感兴趣的细节，甚至会出现与学习任务相关的消极心理情绪，这时，教师适当的场景切换可以帮助学员对学习任务进行分解，对班级讨论有争议的点进行解释和校正，通过场景的切换将学员注意力引导到正确的教学线索上。

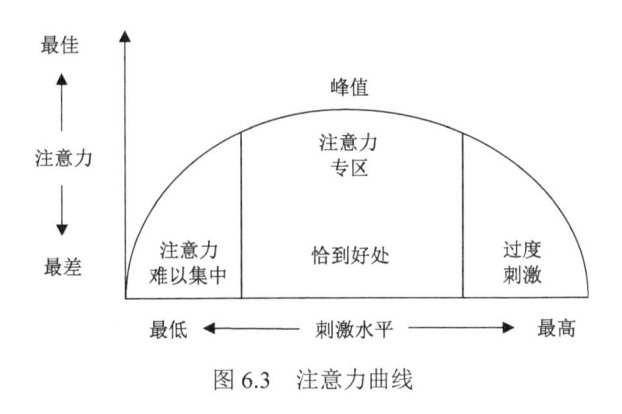

图 6.3 注意力曲线

2. 灵活的互动策略

为了模拟真实的复杂管理情境以及满足不同层次能力培养的需要，案例提供的情境信息并不总是与解决问题所需的信息相匹配，有时会出现情境信息凌乱分散、部分信息不直接给出、需要根据其他信息推算求得等情况。根据案例提供信息量与解决问题所需信息的比较，可将案例情境分为情境冗余、情境不足以及情境匹配三种情况。情境冗余指案例信息中资源约束过多以至于难以决策，情境不足指案例中提供的资源约束过少导致面临多样化的选择，情境匹配是处于情境冗余与情境不足之间的一种中间状态，即案例中的情境约束恰好能够满足决策的需要。情境不足、情境冗余、情境匹配都是案例教学中的常态，案例设计过程中并不总是追求情境匹配，适度的情境冗余和情境不足对于培养学员去伪存真、推理假设等能力都是必要的。案例情境的多样性需要多样化的教学策略与之相匹配，设计开放灵活的案例教学互动策略，是满足案例知识情境敏感性以及培养学员多重能力的需要。

1）情境冗余——情境提取

适度的情境冗余能够培养学员去伪存真、排除冗余信息的能力，教师的具体做法是要引导学员抓住问题的本质，对信息进行问题表征。学员在对信息进行处理时首先要明确的原则就是"案例中的信息总是服务于某一问题的结局，问题的本质隐藏在显性信息背后"。学员在处理信息时，首先要采用逆推法明确问题的本质，将问题一步步分解，使其显性化，然后有针对性地选择案例中的信息进行问题表征。冗余情境的信息处理工作量往往较大，学员信息选择、接受的难度也较大，为减少信息处理的时间成本还可以采取集体协同分工处理的方式进行。当学员无法自主完成信息的提取时，教师的引导至关重要。首先，在约束信息过于繁杂的情况下，学员解决问题的思路会分散和跑偏，教师及时地纠偏可以使学员的讨论始终聚焦于案例素材所涉及的决策点进行。其次，在学员忽略关键信息时，教师可以通过"同学们可以关注一下某信息"类似的提醒帮助学员捕捉关键信息。最后，需要注意的是，适度的情境冗余对于案例教学来说是必要的，过度的情境冗余会导致无法决策。

2）情境不足——情境延伸

适度的情境不足可以培养学员大胆假设、逻辑自洽的能力。学员在大胆假设时要符合连贯性、合理性的原则。连贯性是指学员在进行假设操作时，加上假设条件后的故事要与原有的案例材料逻辑自洽，且情节连贯，不能有自相矛盾的地方。合理性是指增加的假设条件要具有现实的可行性，要符合大众对这类事件的认知，必要时，可以借鉴已有相似的案例或者现实的商业实践，不能仅凭主观想象随意填补案例材料。在实际操作过程中，当学员面对前因不详的案例情境时，可以采用逆向推理的方式，结合已有的信息材料和自身的经验将能够导致该结果的前因事件全部列出，谨慎选择，大胆假设，在此基础上按案例教学的规范流程分析、解答问题。教师在此过程中，一方面要通过"在考虑某某信息情况下，结果是不是会不一样"类似的提问积极地鼓励、引导学员去建立假设。另一方面，在案例讨论因部分信息缺失而无法继续推进且学员没有能力对信息进行假设时，教师可以适当对缺失的案例信息进行补充。最后需要注意的是，过度的情境不足可能会导致理想化决策的情况。

3）情境匹配——情境嵌入

情境匹配是处于情境冗余和情境不足的中间状态，约束既不像情境冗余那样的复杂繁多，也不像情境不足一样需要对信息进行补充。情境匹配情况下情境约束适当集中、明确清晰，是一种难度较低的案例形式，适用于案例材料阅读能力、运用理论分析和处理案例材料的能力均相对欠缺的同学。面对情境匹配的情况，重要的是培养学员信息归纳的能力。在情境匹配情况下，案例信息与问题的匹配相对简单，学员需要参与到案例教学的课堂上，积极发言表达看法、注意倾听、关注讨论，重视在分析问题、解决问题过程中与其他课堂成员观点的反复碰撞，以及碰撞过程中对多视角观点的吸纳与总结。教师在情境匹配的状况下，只需要总体把控进度以及在需要时介入适当干预即可。总体把控进度是指教师需要事先布置好案例教学的总体进程，包括时间分配、环节安排等。适当干预是指在学员需要反馈时适当地给予反馈、对偏离主题的内容进行适当纠偏、提示时间等。

3. 中等强度的控制

课堂规则是课堂秩序的保障，案例教学常因缺乏规则而被诟病，案例教学课堂看似混乱，但真的没有规则吗？什么样的课堂规则才是恰当的呢？这是一个最基本的问题。

需要明确的一点是"案例教学课堂肯定是有规则的"。在案例教学互动过程中知识的激发、碰撞、生成是学员能力构建的关键所在。开放自由的教学环境能够激发学员参与碰撞的积极性，但是自由并不意味着不需要规则。完全的自由虽然可以最大限度地发挥学员的主动性，给学员充分的自由和时间进行发言与讨论，但容易出现讨论过于分散、超时等问题，从而导致教学效率过低。如果教师过于限制课堂自由，对案例教学进行全方位的干预，势必会影响学员主动性的发挥。那么什么样的规则才是合适的呢？或者说什么样的规则才能同时兼顾学员主动性的发挥和教学效率呢？案例教学是一种开放的教学形式，但并不意味着教师可以随意安排和操纵，必须根据案例教学的内在规律，确定相应的规则，这样才能收到良好的效果。

在案例教学过程中要坚持中等控制原则，包括总体的进程把控和局部教学实施过程中的适度干预。在总体进度把控上，教师需要事先设置好总体教学进程，包括时间分配和教学环节安排等。这里借鉴哈佛商学院的教学流程，对其原理进行阐释。哈佛商学院一个案例通常要讲两三节课，每节课 80 分钟。哈佛商学院案例教学的准备工作通常在课前就已经完成，在课堂上案例教学主要分为三个环节：第一个环节，上课时任课教师先指定一个学员回顾案例、提出分析问题、解决问题的手段，或者指出实现公司目标的方法或途径，所给时间一般是 10～20 分钟；第二个环节是案例分析，其他同学从自己的角度来分析同一个案例，阐明自己的看法、措施，以及在哪些方面比第一个发言者更好。学员争先恐后、积极发言、互不相让，案例分析部分基本上占据了剩下的 2～3 小时；最后是教师总结，只占 5 分钟左右。哈佛案例教学这样的教学环节设计看似浪费时间在无意义的争论上，争论的问题有时与答案并不直接相关，不如直接给出答案效率高，实则这是符合管理案例知识传播规律的。案例的答案并不是案例讨论唯一的成果，案例教学法重视的是如何获得分析复杂企业形势的方法，如何适应形势并根据形势变化确定更好的、更有效的管理手段，案例问题的解决方案并不存在正确与否，只是个人对经营状况的理解和判断不同。更重要的是，在学员发言和倾听其他学员发言、辩论过程中，个体知识已经和其他学员的知识得到充分碰撞，个体分析问题、决策问题的能力已经得到了建构。当然，在实施案例教学过程中，应该根据学员课前准备和课堂建构的质量，灵活调整总结时间的长短。如果学员准备和建构的质量不佳，则需要教师加长总结时间，适当多进行补充，以避免出现课堂节奏拖拉和课堂收获不大的情况。对局部教学进行适当干预指案例教学需要遵循一系列保障案例教学顺利开展的基本规则，包括：针对学员发言超时现象，教师应根据课堂进度给予一定的提示或者打断；针对学员偏离主体的内容进行适度纠偏；先举手再发言；不能打断别人发言；等等。

四、社会支持系统重构——各主体的新角色

案例教学是一项系统工程，既要有与案例相伴随的师生角色、教学场景的重构，还要有与之相匹配的社会支持系统。为保障案例教学的顺利进行，社会支持系统一方面要给案例教学提供源源不断的、覆盖多学科的教学案例，另一方面还需要提供有能力、有意愿推广案例教学的教师，以及有助于案例教学开展的开放互动的教学场景。因此，探索与案例教学相适配的案例开发、评价、推广模式，构建包含案例库平台、企业、商学院等主体的社会支持系统，是推广案例教学的前提和保障。社会支持系统的主要职能是知识的生产、集聚和搬运，每个主体在知识传播系统中承担一个或多个角色，不同角色之间可以相互转换（如商学院既是组织者，也是客户）。

（一）源头和消费者

企业既是知识的源头，也是知识的消费者。管理学是致用的科学，案例是对一定管理情境的客观描述，所以来自企业实践的管理问题是案例开发的起点。中国情境的独特性导致传统的管理理论在企业实践中常常出现失灵的现象，管理问题的出现使企业迫切需要新的管理理论指导实践，这种需求和供给的不平衡被看到、被研究，从而推动了管理知识的产生。企业常常也是知识的消费者，新知识的供给为企业科学管理提供了保障，很多企业和高校紧密联系，甚至共建企业案例基地，使管理理论能够在企业中更好地应用和内化。企业在知识传播系统中的双重角色可以通过上海君智企业管理有限公司的例子体现，中国管理案例共享中心与上海君智企业管理有限公司共同创立竞争战略教研坊，竞争战略教研坊一端链接了20余家像飞贷、波司登一样代表性强、行业领先、配合度高的优秀企业，为案例采编提供了丰富的原始素材；另一端链接了多所商学院教师，商学院教师通过企业调研、案例采编、教学、研究等活动为企业提供智力支持。

（二）生产者

教师是知识的生产者。教师作为案例采编的主体，经过多年实践，已经构建了一整套案例采编的结构化思路，在案例采集时需要提出明确的采编需求，根据资源可得性确定采集对象和采集方式。访谈是最典型的案例采集方式，在案例采集时要同步关注时间、空间与知识三重维度，其中，在时间维度，通过访谈主要管理者对关键节点、决策情境进行追问，把握后续访谈聚焦，勾画故事线；在空间维度，通过访谈职能部门人员，在故事线和部门架构的框架基础上，对关键事件的落地执行进行深化和多方印证；在知识维度，需要结合专业知识确定教学主题和理论基础，围绕知识框架进行补充提问。基于案例采集过程化的三维模型可以更好地厘清访谈思路，实现案例数据采集效果最大化。在案例撰写上，要兼顾"特定情境+独特故事+焦点知识"三个要件，还需要有规范的案例正文和使用说明。不同案例库对案例的要求各有侧重。比如，哈佛案例库更重视情境还原、毅伟案例库更重视系统呈现、中国管理案例共享中心更重视框架规范等。但就整体的案例撰写来看，案例正文应更具备趣味性、易读性、普适性，使用说明应基于"故事线—框架—理论—应用"提出系统性解决方案（苏敬勤等，2021a）。在此基础上，中国本土情境下的案例撰写更应关注对案例对象的情境化，而非以往案例撰写中仅仅将中国情境作为案例情节展开的背景介绍（苏敬勤和贾依帛，2018），从而做出真正有血有肉的中国特色本土案例。

（三）集散中心

案例中心是知识的集散中心，是指案例集中和发散的中心区域。案例中心一端要解决案例来源问题，另一端要实现案例资源在全国的共享和规范化应用。为了实现案例供给与案例需求的对接，案例中心首先需要制定严格的案例采编规范、案例入库评审规范，对教师开发的案例进行评审、入库、管理。同时，还要积极举办案例征集评选活动，通过资金支持、学术认可等鼓励案例开发，解决案例供给问题。其次，还需要对教师的认知思维、教学技能等进行专业培训，积极拓展国际合作渠道，推动案例成果在教学中的规范应用。目前毅伟案例库、哈佛案例库及中国管理案例共享中心是最大的三个案例中心。三个案例中心的定位、发展方向、流程、标准、评价、使用模式等各有不同。例如，中国管理案例共享中心是在中国管理教育高速发展的背景下结合中国的实际情况、充分考虑中国教师和中国学员特点设立的，中国管理案例共享中心与哈佛案例库、毅伟案例库在定位上的最大区别在于中国管理案例共享中心是以推进中国管理案例发展和中国本土案例开发和共享为目的的服务性、非营利性机构，案例自愿免费共享，毅伟案例库和哈佛案例库的定位均为营利性组织。

（四）组织者（客户）

商学院在知识传播系统中既是组织者也是客户。商学院是管理案例开发和使用的组织者。案例教学的有效开展主要取决于教师的积极性和主动性，随着全国百篇优秀管理案例获奖数量被纳入教育部第四轮学科评估指标体系（C5项），很多商学院开始设立案例方面的项目，出台针对案例成果的奖励政策。商学院教学激励机制完善可以有效解决教师案例教学动力问题。商学院对案例教学的态度主要包括强制、鼓励、不鼓励三种。在激励方式上，主要包括政策鼓励、资金支持、学术承认等。学术承认指案例成果可以积累"学术积分"等。哈佛商学院是强制使用案例教学的典型范例，案例教学占总课时的85%以上，这意味着哈佛商学院大多数课几乎是100%使用案例教学，基础知识课仅占很小比例或几乎没有，商学院MBA学员两年要学习400～600个案例，在哈佛商学院，几乎没有不会应用案例教学的教师。大连理工大学2007年提出"全案例教学"的理论，采取鼓励的方式激励MBA教育使用案例教学，在鼓励形式上：第一，资金支持，编写案例相关费用由学院负责，达到标准的给予奖励；第二，达到标准的案例按管理学院C类论文对待；第三，加强领导，设立管理学院案例推进领导小组，积极申报案例教学方面的教学成果奖励等。此外，与教师和学员作为用户直接使用案例不同，商学院是案例知识传播的客户，商学院会通过加入案例共享中心等方式获取案例资源，但大多数情况下不直接使用案例。

五、管理案例知识传播系统框架

案例教学不仅是一种简单的教学方法和教学技巧，而且是一场教材、师生角色、教学场景、运行模式的系统变革。综合上述内容，本书认为案例知识传播系统是一个四层嵌套式系统（图6.4），该系统以案例为核心，以师生为两大主体，以包含案例载体、物质情境、社会情境的教学课堂为教学场景，以案例库、商学院、企业等社会组织（个体）构成的知识生产、集聚、搬运系统为社会支持系统。案例的情境性服务于结构不良领域知识获取方式和学习目标的特殊性。案例的异质性引致师生角色发生转换，师生关系也由传统的等级分离式关系发展为互联的平等伙伴关系。案例的异质性和师生角色的转换需要开放互动的教学场景与之相适配，故从案例载体、物理情境、社会情境三个方面对案例教学场景进行了设计，初步得出文本型案例载体是目前提升学员知识和能力水平最为有效的载体形式，开放的教学空间和基础设施以及灵活的场景切换、互动策略和课堂控制则是保障案例教学顺利开展的关键。案例教学的顺利推进，还需要多方协调，重构与之相适应的包含案例资源供给体系、教师评价激励机制等的社会支持系统，进而形成有助于开展案例教学的教学文化环境。

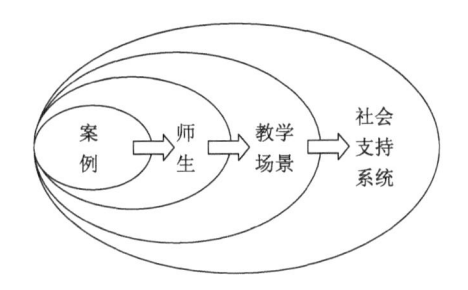

图 6.4 管理案例知识传播系统框架

第四节 管理案例知识传播实现过程模型

目前学者已经对案例教学的案例选择、案例分析、案例研讨、案例主导与调控、案例教学的基本流程等进行了广泛的探讨，但案例教学设计背后蕴含的理论基础往往被忽略，导致案例教学实践开展的质量参差不齐。此外，目前对案例知识传播实现过程的研究更多聚焦于案例教学的单一场景，对案例教学的后端实践和前端培训关注不足。案例竞赛是案例资源向最终用户的拓展，为案例教学的成果提供了训练场，具有以赛促教的功能。师资培训是对案例资源前端的利用和扩大，具有以培促教的功能。因此，案例教学、案例竞赛、师资培训是管理案例知识传播的三大路径。基于此，下文将基于管理案例知识传播的机理研究，对管理案例知识传播的实现过程进行设计，构建包含案例教学、案例竞赛、师资培训等环节，并覆盖案例知识从生产到实践全流程的管理案例知识传播实现过程模型。

一、案例教学

案例教学是管理案例知识传播的主要活动。目前，案例教学在国内外得到广泛应用，美国绝大部分商学院都采用案例教学法，哈佛商学院、毅伟商学院、达顿商学院等对案例教学方法的成功使用，使案例教学方法被广泛推广至全球。案例教学是一种开放的教学形式，给教师和学员都留有较大的余地，但这并不意味着教师可以随意安排教学流程，根据本章前三节对管理案例知识传播的情境性、管理案例知识传播规律以及知识传播系统的探索，结合作者案例教学的经验以及对中国教育模式特点的考虑，本节将进一步对案例教学环节进行设计。案例教学由三个环节组成——课前准备、课堂学习、课后评估，三个环节环环相扣，存在逻辑上的顺序和因果关系。下文将对案例教学的三个环节展开介绍和讨论。

（一）课前准备环节——异质性起点与一次碰撞

课前准备环节是案例教学的起点和基础。课前准备环节，教师应该选择合适的案例,并且为学员建立分组,案例选择和学员分组是异质性知识的起点。学员在课前应该进行案例熟悉、组内分析案例、提出初步的解决方案等工作,完成一次碰撞。接下来,我们将对教师和学员的课前准备分开阐述。

1. 教师的课前准备——异质性知识的起点

1) 结构化案例选择

案例是结构化的知识,也是案例教学异质性知识的起点。在选择案例时,关键看其与教学目标是否匹配,案例描述的管理情境与要探讨的理论问题是否贴切,这就需要根据教学目标、案例典型性、案例撰写水平、教学时间、案例难度、案例适用性及学员特点等因素综合考虑衡量选择。

根据案例教学目标选择案例。对教学案例的选择,要充分考虑案例教学的目标。根据雷诺兹对教学目标的分类,包括理论培养、方法认识、通过方法使用掌握技能、通过分析管理问题掌握技能、通过综合行动计划掌握技能、建立积极态度、培养成熟的判断力与智力七个层次。同时,雷诺兹将案例从描述问题的深浅、资料的分散性、分析方法的结构性和思想态度的复杂性四个维度进行了分析,对应于教学目标的七个层次,具体如表 6.1 所示。在教学过程中,为了实现不同教学目标,应该选择与之相对应的具有相关特点的案例。

表 6.1 教学目标与案例特点的对应关系

层次	教学目标	描述问题的深浅	资料的分散性	分析方法的结构性	思想态度的复杂性
1	理论培养	展示管理问题	事实多,突出因果关系	现成样板	目标功能明确
2	方法认识	习题			
3	通过方法使用掌握技能	简短、规范而真实的管理问题	案例事实经过筛选,但缺少明确含义	方法有提示但不是现成的	
4	通过分析管理问题掌握技能	复杂、不规范的生活片段	案例事实较多且集中在一种价值体系内,但分析方法不止一种	方法缺明确提示,分析途径由学员自选,包括综合的、连贯的分析	价值体系明确(往往是利润导向),但目标功能取决于学员自己的选择
5	通过综合行动计划掌握技能	行动重要性十分突出的问题			
6	建立积极态度	侧重观念性的问题	案例事实较多(常包含看似无关的事实),涉及若干价值体系,倚重案例人物特点	缺少已知的、令人满意的方法	价值体系取决于学员自己的选择
7	培养成熟的判断力与智力	复杂、不规范而真实的管理问题			

案例典型性。案例教学选取的案例要具有典型性特征。案例典型性体现为以下几个方面。首先，案例问题的典型性。案例应该以真实管理实践为基础，案例中的问题是管理实践中具有典型性的、适合讨论的问题。其次，案例应该与管理实践紧密衔接。案例的核心问题、案例中所呈现出的理论最好与本国的管理实际情况相衔接，讨论具有代表性的案例能够在实践中起到举一反三、触类旁通的作用。最后，与课程知识点相匹配。一个好的案例应该与其所服务的教育项目理论定向匹配，案例能够涵盖课堂想传达的核心知识点和技能。

案例撰写水平。案例撰写水平个体往往很难评判，但高水平的案例往往具备一些共性的特点。从案例构成要件上看，规范的案例具备"独特情境+独特故事+焦点知识"三个要素，案例所提供的真实情境应当是系统和全面的，不允许任何的夸张和偏题，内容上应该是丰富的，兼具经验性和情境性，还要有规范的案例正文和使用说明。从案例正文上看，具有选题典型，有恰当的决策点，谋篇布局合理，案例有翔实、客观的事实作为支撑，可读性高等特点。从案例使用说明上看，具有案例与思考讨题以及教学目标联系紧密、理论知识点分析深刻清晰等特点。在案例教学中，如果教师难以综合评价案例撰写水平，可以尽量选取来自哈佛案例库、毅伟案例库、中国管理案例共享中心等已经经过审核、修改、收录的成熟案例。

根据教学时间选择案例。教学案例的选择受到教学时间的限制。教学案例根据篇幅长短可分为短篇、中篇、长篇案例，根据在教学上的用途可以分为引导案例、随堂案例、综合分析案例。在案例仅仅用于引入话题、启发学员思考而不进行组织讨论时，可选择篇幅很小的引导案例；在案例仅用于本节课的教学内容，随堂发放、随堂阅读、即时讨论时，可以选择篇幅较短但长于引导案例的随堂案例；在教学时间不受限，需要学员课下阅读，课上用一次或几次课来讨论并进行汇报时，可以选择中长篇的综合分析案例。三种不同形式的案例根据教学时间的限制可以灵活选择。

案例难度。在选择案例时，需要根据学员的条件和状况以及教学目标要求选择不同难度的案例，以保证师生间围绕案例所进行的活动是有效的。王淑娟和王晓天（2008）的研究发现，当教学对象为本科生，教学目标仅仅针对课程内某一章节的知识点，为了培养让学员了解、理解和使用所涉及的相关概念时，可以选择既说明了情境也点出了存在的问题和解决方案与过程，只需学员对所介绍的方案进行评价的难度较低的案例；当教学对象为硕士生、MBA 学员，教学目标是针对某一章节知识点的学习以及对企业、基层管理人员进行培训，为了培养学员鉴别各种可选择的方案，在接近现实情境中应用所学习的各种概念时，可以选择既说明情境也点明问题，但未曾解决问题，需要分析者通过小组讨论才能弄懂或掌握的中等难度的案例；在教学对象为本科生、硕士生、MBA 学员，需要对课程进行总结学习,或者博士生针对课程某一章节知识点的学习时,选择只介绍了情境,既未交代问题在哪里,更未涉及解决方案,涉及概念复合性强、信息凌乱分散,筛选信息和构建假设信息难度较高的案例(王淑娟和王晓天,2008)。

小贴士:案例难度三维立方体模型

加拿大管理案例教学专家林德斯(Mauffette-Leenders)等发明了案例难度三维立方体模型(图6.5)。该模型认为,一篇案例的难易程度可以沿着分析思考、概念方法、信息表达三个维度进行评测和分析,每个维度按照难度等级分为1、2、3三个档次,分别表示较易、难易适中、偏难,案例的三个维度按照不同难度等级组合共构成27种难度组合状态。

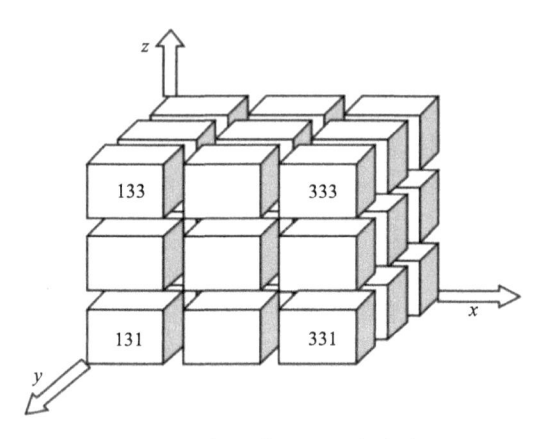

图6.5 案例难度三维立方体模型

资料来源:Mauffette-Leenders等(2001)

在案例难度三维立方体模型中,x轴分析思考维度的1档表示案例不仅说明了情境,也点明了存在的问题和解决的方案与过程;2档表示介绍了情境,也点明了问题;3档表示只介绍了情况,既未交代问题在哪里,更未涉及解决方案。

y轴概念方法维度的1档表示解决案例中的问题所需要的方法是简明易懂的、基础尝试性的,概念或学科都属于同一学科或职能领域;2档表示所涉及概念和需用的方法至少有一部分是复合的,不全属于同一学科或职能范围的;3档表示概念深奥复杂、综合度高,多门学科或职能领域的概念纠缠在一起。

z轴信息表达维度的1档表示案例提供的信息量少,但完整且集中,阐述得直截了当,条理分明;2档表示信息量增至中等,陈述得较为杂乱分散,少数信息需根据其他信息推算求得,存在重要信息缺失,决策时需做出假设或推测;3档表示信息多且杂,陈述无条理,相关信息分散在不同段落中,有些信息是间接的,还混有缺失、错误信息,且有关键信息的遗漏。

案例适用性。适用的案例，是指满足两个条件的案例：一是教师能够把握的案例，二是学员认同的案例。教师能够把握的案例，是指教师对案例所涉及的行业背景和学科领域足够了解，对案例涉及的问题也有一定处理经验。学员认同的案例，首先是指学员通过案例的学习可以提高能力、解决工作中遇到的问题。其次，案例最好是学员工作中能够遇到的管理问题，让案例情境真实可信。最后，尽量选择本土案例和经典的外国案例，避免因文化背景不同导致学员难以对案例内容产生共鸣。

根据学员特点选择案例。教师在选择案例时，要了解学员的知识背景和经验背景。在案例选择时，更应优先选择与学员行业背景相关的案例。同时，还要考虑学员所具备的知识与经验能否理解案例中所描述的内容，即学员能够识别出案例中的基本问题和与之相关的事实，学员的能力能否解决该问题，以及学员通过该案例所学的知识能否应用于实践。

2）小组划分

小组划分决定组内知识的异质性。教师需要在案例教学开展前做好小组划分以及团队建设工作。分组可以根据座位、学号等进行随机分配，也可以由学员自由组合，还可以由教师根据学员所在的行业和企业，有针对性地制定分组，总的原则是组内成员尽量是异质的，小组成员在性别、年龄、职业、心理特征、学习能力方面应该有所差异，满足知识与经验的多样性，有助于案例分析与讨论过程中异质性知识的碰撞。在划分小组时还应该考虑以下两个因素：①规模。调查表明，满足案例教学要求的小组规模不大，一般为4～6人，人数过多或过少都会影响创造性的发挥。②互容性。小组成员个性上可以相互包容，具有一定异质性但不会影响沟通，保证小组讨论的效率。在分组后，各小组应该在课前进行首次团队建设，小组成员相互熟悉，由小组成员自行确定团队的名称、口号，选择组长，课前的团队建设可以为整个课程的案例教学建立良好的沟通基础。

2. 学员的课前准备——一次碰撞

学员课前的准备任务包括以下两项：第一，熟悉案例，根据教师的布置和要求对案例进行阅读与思考，完成自我碰撞。第二，小组讨论，组内分析案例并提出初步的解决方案，完成组内碰撞。

1）熟悉案例——自我碰撞

在正式的案例教学课程之前，教师要提前一周将案例发给学员，并布置阅读任务和思考题。学员需要首先阅读案例，完成自我与案例情境的一次碰撞。学员在阅读案例时可以采用两步阅读法，先粗读以知其概貌，再精读究其细节。粗读是通过浏览式的阅读了解基本背景情况以及人物所面临的关键问题，浏览小标题，做到对全文的大致框架心中有数。精读是根据研究问题，对文中内容详细阅读同时引入自己的观察、发现、理解和体会。围绕决策问题重点识别、归纳出企业管理实践中涉及的内、外部主要情境信息,并查阅案例企业相关背景资料。阅读案例时学员应该调动内部的存量知识,对案例情境和问题进行初步的分析与思考。

2) 小组讨论——组内碰撞

课前小组成员需要完成组内的碰撞,制订初步解决方案。分析案例时,每个学员须遵循"是什么→为什么→如何做"(what、why、how,2W1H)的框架对案例素材进行深入分析,并详细记录分析的思路和结构。然后,小组在讨论基础上按照"设计方案框架→提出方案内容→完善方案内容"(framework,content,improve)的步骤制订小组的解决方案并形成书面报告。这个步骤的意义在于节省大量的课堂准备与讨论时间,保证教师在规定的时间内更好地完成课堂教学任务。小组讨论时,小组成员分别陈述自己的解决方案,小组长对方案进行归类形成几种解决思路,小组成员分别就每种解决方案的好处和存在的问题进行提问与反思,在异质性的观点碰撞过程中,最终求同存异,达成一致,形成小组初步的解决方案。

(二)课堂学习环节——情境创设与异质性知识反复碰撞

课堂学习环节是案例教学互动性、启发性特点的集中体现,也是异质性知识碰撞最为频繁和热烈的阶段。在案例讨论过程中,师生、生生之间多向互动,进行激烈的思想交流和观点碰撞。课堂中的教师、学员都积极参与到讨论中去,更多的异质性知识进入课堂。此外,知识碰撞的广度也由组内成员扩大到班级内绝大多数学员和教师,教师的参与使得案例教学课堂的知识距离适当增加,知识碰撞的深度也得到了纵向的延伸。教师及时的纠偏以及课堂总结使得课堂讨论具有指向性。接下来,本节将从回顾案例、提问与讨论、教师点评三个环节对案例学习的流程进行介绍。

1. 回顾案例——情境创设

教师首先带领学员简要回顾案例素材,运用语言、图片、影像等多媒体手段为学员呈现形象、生动、逼真的企业实践情境,介绍企业背景信息并提出核心决策问题,帮助学员实现情境嵌入,以企业管理者的角色对案例情境进行思考。此外,教师还可以将决策问题分解为若干个分析问题以及一个需要提供解决方案的问题,帮助学员思维层层递进,逐步挖掘出解决问题的要点与方向。

2. 提问与讨论——群体一次碰撞

随机提问——碰撞广度。课堂开始,教师围绕事先设定的分析问题,依次通过随机提问的方式让学员在规定的时间内陈述自己的观点,使课堂充满挑战性与趣味性,避免"搭便车"现象。在这个过程中,教师需要对处于发言边缘的同学给予更多的关注和适时反馈，引导其参与交互，根据课堂时间让更多的学员获得表达的机会，并要求大家合理分配发言时间。教师通过随机提问，帮助尽可能多的同学参与到课堂讨论中，发言的压力使得学员积极进行内部的自我碰撞，激活存量知识，形成自己的观点。为保证其观点不和之前发言的同学重合，学员还会认真倾听其他同学发言，进而更正、拓展自己的观点或对其他同学的观点质疑。在此过程中，学员个体的智慧可以被群体共享，即整个群体共同完成对所学知识的意义建构，而不是由其中的某几个学员完成，通过随机提问，参与知识编排的学员从个别学员扩展到课堂大多数学员和教师。

追加提问——碰撞深度。对于所涉及的每个分析问题，教师可以进行选择性的追问与小结。追问可以通过刨根问底不断深挖的方式，也可以通过"还有没有其他方法？""请对 A 和 B 作比较"等横向扩展学员思维的方式。小结部分的逻辑是，先确定分析框架，然后以事实为依据进行总结，而不是直接以理论知识为纲进行分析，这有利于帮助学员通过自我反思逐步接近问题的答案。教师和学员之间存在一定的知识距离，因此教师通过反复提问、追加提问可以提高课堂知识碰撞的深度，启发学员进行观点的纵向深挖和横向扩展，帮助学员开维。

共同问题纠偏——碰撞指向性。案例教学过程中，教师还可以通过对共同问题进行纠偏提问控制讨论的方向。讨论的指向性增加可以减少在无意义的问题上耗费的时间，使讨论的焦点始终聚焦于与问题决策相关范围内。此外，在课堂讨论过程中，教师会有选择地记录学员的观点，将有助于产生知识点的发言记录在白板上，该设计进一步引导了案例讨论的方向，提高了课堂资源编排的指向性，有利于案例教学的成功。

综上，在案例教学课堂讨论过程中，教师通过对学员进行反复的提问、追加提问、纠偏性提问，可以激励学员不断地对自身的知识进行积累、剥离、丰富、开拓、协调、部署等行动，提高知识碰撞的广度、深度和指向性，进而有助于个体能力构建。

3. 教师点评——群体二次碰撞

在案例讨论接近尾声时，教师需要对讨论过程进行总结点评，教师点评是知识建构完成的关键，也是对课堂异质性知识的第二次碰撞。点评阶段，教师首先需要对学员的重要观点进行归纳，并对大家提出的观点、见解、方案进行条理化、结构化、系统化，从中抽象出一般性知识。教师通过总结进一步提高学员知识碰撞的深度和指向性。案例总结质量不在于教师本人有多高的见解，而在于教师能把学员的发言提炼和升华到什么样的水平。这是一个基于事实的提炼和升华过程，也是学员从自己的发言中真正获取高附加值收益的过程。其高附加值在于学员知道教师所总结的都是他们自己的发言和见解。而教师将这些来自学员的发言总结升华成如此系统条理、结构分明的结论的思维过程才是所有学员可以获益无穷的关键点。

（三）课后评估环节——补充完成建构

评估的价值在于使教师和学员能够获得案例教学的信息反馈，对知识进行补充建构，进而有助于学员和教师的教学改善，达到提高教学效率和教学质量的目的。

1. 学员评估——补充碰撞完成建构

在课后评估环节，学员围绕课堂讨论的收获，将教学课堂中所学习到的思维和决策方式进行复盘与反思，运用管理知识工具对解决方案思路再次进行梳理迭代更新形成书面报告，并提交给教师。这是学员对个人头脑中整个案例分析过程的梳理，是对之前建构的关于思考逻辑路线与寻找答案方式的知识和能力的补充与巩固。

2. 教师评估——自我碰撞建构知识

在课后评估环节，教师需要进行两方面工作：学员评价和自我评估。对学员的评价往往从传授理论知识、提升管理能力、改变心智三个方面展开。理论教学效果可以分为学员概念掌握情况、学员概念应用情况、知识留存率等维度。评价学员对管理概念以及管理理念掌握情况的最常用的方式就是通过考试、书面报告、PPT汇报、课堂发言数量与质量等，也可在确定评分结构基础上灵活使用各种评分方式。管理能力提升效果可以细分为逻辑思维能力、信息收集与整理能力、分析与决策能力、创新能力、计划与组织能力、沟通与协调能力、人际交往能力、领导力等。在对管理能力提升效果进行评价时传统的考试方式往往难以奏效，可以采用制作调查问卷让学员自评的方式。心智指个体从不同的高度看世界的视角，在就案例教学对心智提升的影响进行评价时，学员个体往往不具备主观评价自身心智模式是否得到提升的能力。因此，可以选择时间序列数据分析的方式，组织参加案例学习的同学在开始学习前和学习后分别做同一套"心智评价量表"，通过纵向的数据对比，对案例教学心智提升效应进行评价。

此外，教师作为案例教学过程的参与者，参与到每一个课堂讨论与思辨中，无形驱动教师不断进行自我的知识建构。在课后评估环节，教师通过对课堂讨论、分析报告的整体内容、实施效果进行自我的碰撞与评估，并不断进行教学内容与教学技巧方面的建构。

二、案例竞赛

在全国MBA教指委支持下，为进一步推进案例资源的共享，检验案例教学成果，加强商学院之间的合作交流，各类案例竞赛不断涌现。案例竞赛是管理案例资源向最终用户的拓展，是一种重要的案例教学方式和途径，是课堂教学的补充与促进。全国管理案例精英赛通过对社会经济热点案例的分析和讨论，高度模拟现实商战，对案例企业内外部环境进行深入分析，针对企业经营管理面临的问题、挑战和机会等进行决策，提出决策方案。因此，管理案例精英赛为培养学员运用工商管理知识分析问题、决策问题、解决问题提供了实践场景。管理案例精英赛的比赛规则采取的是"大小 PK[①]制"（10 分钟 PPT 进行方案陈述；5 分钟同台队伍提问；8 分钟台下队伍及观众提问；12 分钟评委提问），比赛案例均来自全国百优案例，比赛形式采取逐级选拔制，即比赛团队需要从校园突围赛、分赛区晋级赛、全国总决赛中进行层层突围。接下来，本节将以全国管理案例精英赛为例，对竞赛中如何进行管理案例知识传播进行阐述。

（一）校园突围赛——商学院内知识碰撞

1. 参赛小组和教练团队构建——异质性知识起点

管理案例精英赛活动范围包括全国各 MBA 院校，在校园突围赛阶段，所有 MBA 院校在读学员都可以参与。为鼓励学员参与，相关单位一般会通过在各大院校举办案例竞赛的宣讲会，开展讲座等形式进行赛前宣传。在校园突围赛阶段，由各商学院自行组织比赛选拔种子选手，MBA 学员自行组队，一般采用 4 名正赛队员、2 名替补队员以及 4~6 名技术服务成员的参赛队伍结构，商学院会给每个参赛团队配备至少 1 名指导教师或由 1 名参加过管理案例精英赛的有经验的学员进行辅导，不分配的商学院由学员自行联系。团队组建阶段是异质性知识的起点，异质性知识不仅来自团队内的异质性成员，还来自指导教师等外部指导人员。

2. 组织培训——一次碰撞

在校园突围赛前，各商学院会对参赛成员进行培训，邀请知名的案例专家，向学员介绍有关案例教学、案例撰写、案例分析的基础知识、理论工具和技巧、大赛规则、参赛要点等，提高学员案例分析能力和水平，在这个阶段，学员所接触到的异质性资源进一步延伸，学员在培训过程中与培训专家进行知识的初次碰撞，初步建构关于案例知识的基本框架。

3. 参赛队伍选拔——二次碰撞

高校按照全国管理案例精英赛的比赛规则组织校园突围赛，所使用的案例均

---

① PK 表示 player kill（对战）。

来源于上一年度的百优案例，各组通过抽签的方式随机匹配进行 PK，比赛评委为本校案例专家，对参赛团队进行点评，筛选种子选手。案例素材以及其他参赛团队、评委教师的加入进一步充实了比赛中的异质性资源。比赛过程中，拿到案例的团队首先要在规定时间内进行团队内部的知识碰撞，在指导教师指导下，制定参赛方案。其次，小组需要对自己的方案进行汇报，然后进行小组两两之间的 PK，并接受其他参赛小组以及评委的点评，在这个过程中，参赛学员完成了第二次碰撞，知识碰撞的范围由团队内部拓展到了团队之间以及评审的教师。参赛师生经过实战，分析问题、决策问题、解决问题的能力得到初步建构。

（二）分赛区晋级赛——地区商学院间知识碰撞

在分赛区晋级赛中，参赛团队由商学院内部拓展到了地区的商学院之间，地区内每个培养单位会派出两支队伍参加分赛区晋级赛，参赛队伍从校园突围赛的种子选手中选拔，进行参赛队伍的重组。比赛过程中，参赛团队要在 60 小时内制订出参赛方案。团队成员需要对案例的情境进行反复的思考编排，从多个视角诠释案例问题，团队内部分工协作，教练全程指导，制订解决方案，技术人员完善并提交方案。在此基础上，现场答辩队员对汇报内容进行反复演练，不断自我批评，提前预判比赛过程中可能会出现的问题，团队内部完成首次异质性知识的碰撞。比赛过程依然采取"大小 PK 制"，各个小组来自同一地区的不同院校，评委也是来自中国管理案例共享中心的专家，比赛团队在比赛过程中再次进行地区商学院之间的更具深度、广度和指向性的知识碰撞。

（三）全国总决赛——全国商学院间知识碰撞

分赛区晋级赛中成功晋级的团队进入总决赛，参赛的团队进一步拓展至全国商学院之间。总决赛中案例的难度会进一步增加，案例所涉及的知识也由单一学科拓展到跨学科，各院校在参赛团队原有指导教师基础上，进一步选择擅长战略、营销、财务、法律等跨学科知识的专家进行指导。此外，管理案例精英赛允许学员在比赛过程中使用网络、现场调研、问卷调查等形式获取更加多样化的资源，学员所接触的异质性资源进一步增加。除了案例分析，全国总决赛也要求参赛队员善于用 PPT、语言、动态、眼神等多样化的沟通方式打动评委，因此，每个团队还要配备 1~2 名形体教师。比赛现场，中国管理案例共享中心的专家资源进一步共享，除了专家评委外，中国管理案例共享中心还邀请了企业评委。全国总决赛中，异质性知识容量进一步扩充，全国商学院间的知识碰撞更加激烈。

综上，全国管理案例精英赛过程中，知识碰撞的范围从商学院内部拓展到地区商学院之间再到全国商学院之间。专家评委、企业家的加入使得知识碰撞的广度和深度进一步拓展。比赛考察的内容也从学员对关键问题识别、筛选和分析能力，拓展到解决方案的可行性、创新性、有效性、管理决策对企业的实际意义和可落地性，以及参赛对手的语言、表达、神态等多维能力的综合评价。"大小 PK 制"的设计使学员在陈述方案、随机指定队员提问的同时还需要寻找对手的不足，提出具有挑战性的问题，在台上两两 PK、台上与台下的反复互动中知识碰撞的广度、深度、频率、效率都得到了全面提升。在从校园突围赛到地区晋级赛再到全国总决赛过程中，学员需要完成几十个不同领域不同行业背景的案例，将各类课程知识贯通，通过反复多层次的知识碰撞，学员管理知识的综合应用能力显著提升。

三、师资培训

教师培训场景是对案例资源前端的利用和扩大，为从事工商管理教育的一线教师提供了接触中国企业真实情境的有效途径。为培训更多"会写案例，会教案例"的教师，为我国案例开发和教学培育"肥沃土壤"，中国管理案例共享中心从 2007 年起，共举办了 33 场全国案例师资培训、5 届面向西部院校的师资培训，培养骨干教师近万人。中国管理案例共享中心的师资培训具有培训形式多样化、广泛性、实践性的特征。以"案例认知—案例采编—案例教学"三阶段流程为依托，中国管理案例共享中心师资培训班的培训主要包括理论培训、直面实践、现场模拟三种形式，下文将对这三种师资培训场景中的管理案例知识传播路径进行阐述。

（一）理论培训

国内商学院教师对管理案例采编、案例撰写、案例教学的底层机理不明晰，是案例教学推广受阻的关键原因。中国管理案例共享中心通过专题培训的形式，向教师讲授案例教学的理论基础、基本流程、如何采编案例、如何撰写案例等基础知识，旨在规范教师案例活动行为以及解答教师在案例活动中遇到的问题。理论培训一般采取邀请经验丰富、成就卓越的专家学者进行主题报告活动的形式展开。培训前，专家学者需要就培训主题，结合自己的实践经验、案例成果、反思与感悟，对自身内部资源进行碰撞，并且通过文字、PPT、视频等形式对知识进行外化，形成结构化的教学素材。在培训过程中，专家学者讲授理论知识，结合实践由浅入深进行解释。参加培训的教师则通过认真倾听、做笔记的方式记录所学知识。汇报结束，参加培训的教师可以向作报告的学者提问，由专家学者进行答疑解惑。

理论培训的目标在于传递和普及与案例活动相关的基础知识，让教师掌握教育的基本原理、概念和先进的教育思想，这与现有绝大多数培训模式的原理是一致的。该培训建立在"教师在课堂中所掌握的教育理论知识将很容易地被运用到教育教学实践中"的假设基础上。虽然理论培训的模式简单易操作，但培训过程中更多的是知识的灌输与接收，知识的碰撞非常有限，教师记住了知识，但尚未转化为个体能力，这可能会导致教师非常熟悉教育理论，但一到教育实践中，还是不知道如何运用理论知识处理复杂教学场景中的实际问题。

（二）直面实践——情境学习和学企多层次碰撞

直面实践指中国管理案例共享中心在教师掌握了一定理论知识基础上，通过"深入实践"的方式，指导教师在"干中学"的过程中学习如何实践知识，属于情境学习的范畴。直面实践培训模式覆盖了从企业调研到案例编写的全过程。面向实践的师资培训依托于第三方独立运行机构（如竞争战略教研坊等平台）。下文将分别从企业调研和案例撰写两个环节对如何开展培训进行介绍。

企业调研——学企碰撞。通过企业调研进行师资培训包括三个流程：第一，竞争战略教研坊组织确定调研企业、与企业进行对接，并组建调研团队；第二，制订调研计划、组织调研现场；第三，由有经验的专家带领参加培训的教师进行现场访谈，在实践中传授技巧，如专家用行动示范在采集案例资料过程中如何同步关注"时间、空间、知识"三个要素、如何围绕教学主题和理论基础进行补充提问，教师在观察专家访谈过程的基础上，不断挖掘自身的存量知识进行自我碰撞。此外，教师还会参与到访谈企业家的实践中，在与企业家、专家互动学习的过程中进行反复的学企碰撞、教师间知识碰撞。

案例撰写——教师间碰撞。企业调研为案例撰写提供了素材的准备，在此基础上中国管理案例共享中心可以通过专家现场示范、现场辅导的方式向教师传授案例撰写的技巧。通过研讨会的形式，指导教师进行选题和撰写。专家指导可以帮助教师在实践中学习"如何发现问题？""如何提炼出好的研究问题？""案例应该包括哪些要素？""如何撰写使用说明？"等知识点。案例撰写指导还常常通过"百篇优秀案例获得者现身说法""手拉手活动""案例建议书大赛"等形式展开。在撰写指导过程中，教师首先会和调研中获得的素材进行碰撞，以提取有用的情境信息。此外，教师在"研讨"过程中还会和专家教师进行碰撞，在深入的交流互动、观点碰撞、相互质询过程中，获得对某一问题的新理解。

（三）现场模拟——情境学习和教师间多层次碰撞

中国管理案例共享中心常常通过现场模拟的方式向教师讲授如何进行案例教学、如何使用教学手册、如何设计案例教学课堂、不同类型案例的教学方法有何不同等问题。现场模拟是一种情境学习模式，通过将会议室设计成真实的案例教学课堂，将教师置于真实的工作场景，让教师通过观察培训者的教学行为，以及将教师设身处地地放在一个学员的位置上去体会学员感受，实现情境嵌入，进而将抽象的教育理论、概念与原则具体化和情境化，使他们可以充分认识到这些理论、概念和原则在实际生活中的用处、表现，以增进其学习兴趣、动力和理解力。

在情境学习过程中，参加培训的教师可以运用自身的案例教学理论去理解、分析、讨论、比较和解释复杂的、不确定的、典型的教学问题，在反复的知识碰撞过程中做出决策探索答案。这种具有高度实践性的培训设计能够使教师快速获得处理各种突发事件的能力，增强他们直面教学实践的本领。此外，示范性教学过程中，专家通过问题引导、热烈互动、辩论选择与倾情讲授，引导学员参与课堂讨论、主动发言、提出问题，经过专家与教师、教师与教师之间的反复碰撞，教师分析问题、解决问题的能力和创新精神也得到了发展。

综上，在中国管理案例共享中心师资培训的形式中，理论培训是直面实践和现场模拟培训的基础，不受人数限制，但培训效果与常规的培训无异，教师在培训中获得的理论知识难以转移到教学实践中。直面实践和现场模拟都属于情境学习模式。在直面实践培训过程中，教师进行了反复的自我碰撞、学企碰撞和教师间碰撞。在现场模拟教学中，教师进行反复的自我碰撞、与案例情境碰撞、教师间碰撞。直面实践和现场模拟培训中，教师都在反复的碰撞中建构了与案例教学、案例研究、案例开发相关的知识，情境教学模式拉近了理论与实践的距离，使教师获得的案例知识可以更好地应用于教育实践中。

本节通过探索案例教学、案例竞赛、师资培训三种案例知识传播途径，并基于管理案例知识传播的机理研究，对每种知识传播途径进行了设计。其中案例教学分为课前准备、课堂学习和课后评估三个环节，课前准备环节是异质性知识的起点，学员进行一次碰撞；在课堂学习环节，教师通过情境创设帮助学员情境嵌入，师生在案例讨论中进行异质性知识的反复碰撞；在课后评估环节，师生进行补充碰撞最终完成建构。案例竞赛中，通过逐级选拔制以及"大小 PK 制"的规则设计，学员在商学院内、地区商学院间及全国商学院间进行反复的知识碰撞。中国管理案例共享中心的师资培训分为理论培训、直面实践、现场模拟三种模式。直面实践及现场模拟培训中，教师通过情境学习及反复多层次的知识碰撞，构建案例相关知识。基于此，本节构建了管理案例知识传播的实现过程模型（图 6.6），以期为案例教学实践提供借鉴。

图 6.6 管理案例知识传播实现过程模型

第七章 管理案例的知识应用：机理与模型

管理案例作为兼具情境和实践在内的经验知识的载体，除以教学案例、案例论文的形态大量应用于商学院的教学、人才培养和科学研究之外，还可应用于更为广泛的其他领域。长期以来，教学和科研功能的广泛应用，使管理案例的其他功能多被忽略，对于管理案例应用的范围、表现形式、作用发挥及机理更缺乏系统性的研究，这阻碍了管理案例作用的进一步发挥，影响了管理案例在更广泛领域的应用。为此，本章对管理案例应用的机理开展研究，通过该研究，回答管理案例可以广泛应用的内在机理，为案例的后续应用奠定学理基础；鉴于不同类型的管理案例具有不同的功能，而不同功能的管理案例可以应用于不同领域，在此基础上，着重讨论管理案例的不同功能、适用的知识类型及领域，为挖掘管理案例应用的可能领域奠定基础；对管理案例前述部分进行总结和归纳，进而构建基于管理案例的案例功能、知识类型及应用领域的案例知识应用层级模型，通过对该模型的深入挖掘和使用，以助力挖掘案例知识的更多用途，为案例在更多领域创造更大价值奠定坚实基础。

第一节 案例何以得到广泛应用？——机理解释

目前，案例在教学和科研领域已得到了广泛应用，除此之外，案例是否能够应用于其他领域？答案是肯定的，实际上不仅如此，案例知识的应用在日常生活中随处可见，并且是人们最习惯的知识应用方式。比如，当电脑突然蓝屏，如果之前发生过同样的情况，那么直接照搬上次的经验来解决就好，但如果没有相关知识和经验，通常会在网络上检索"电脑蓝屏怎么办"，这时就会查找到不同网友分享蓝屏的解决方案，通过借鉴经验按步骤操作，就完成了一次案例知识的应用。诸如此类事例不胜枚举，但人们在日常生活和工作中遇到问题时，为何往往会从先前的经验或他人遇到相同问题的案例中找寻解决问题的方法？要想回答这个基本问题，需要对案例得以广泛应用的机理进行解析。然而目前学界对此鲜有研究，因此，本节将以人类底层思维方式为起点，层层剖析案例如何从一种辅助大脑认知的信息处理方式逐渐升级为一种基于计算机"大脑"的程序性问题解决方法论，探究案例得以广泛应用的内在机理。

一、案例知识与人类认知

(一) 两种重要的思维

人类的思维方式决定了其在遇到问题时首先考虑的知识应用方法，而案例知识的广泛应用涉及人类常用且重要的两种思维方式——联想思维和类比思维。

1. 联想思维

联想是一个从部分信息到与之相关信息的记忆提取过程，是人类思维的一种重要形式(史忠植，2006)。人们在生成事物的意义时总是与其先前的经验相结合，即对某种事物的理解或意义建构总是建立在学习者的认知过程及其认知结构之上(Wittrock，2013)，新知识的获取必须通过和现有认知建立起"联系"，才能够被理解和接纳。这样的认知特点造就了人类的联想思维，简单来讲，联想就是从一件事物而想到另一件事物，其特点在于通过某些共性特征将两件事物彼此联系起来，从而达到对事物的认识。这些共性特征可能是时间、地点、人物，也有可能是起因、经过、结果等，一般而言具有相似性或相关性，也有可能呈现相反性或因果性，因此联想也分为相似联想、相关联想、对比联想或因果联想。但无论何种联想，其重点均在于利用共性特征将两个原本独立的事物"连接"在一起，并将新事物"接入"已有的认知结构中，进而完成对新事物的意义建构。

2. 类比思维

类比思维是抽象逻辑思维的一种主要形式，是指若两个(或两类)对象在某些特征上的相同或相似之处，已知其中的一个(或一类)对象还具有其他特定属性，从而推出另一个(或另一类)对象也具有该特定属性的推理。例如，A 与 B 具有相同或相似之处，A 具有属性 a，那么类比思维下便可推出 B 也具有属性 a。人类的类比思维根源于一种认知假设——事物的发展存在一定的规律。实际上，类比思维是生物进化的结果，能够极大地简化生物体做决策的思考过程，以便生物体更好地与环境进行交互。大脑通过对规律的提炼，形成了一种处理复杂信息的简化模式——通过考虑两个事物或情境的属性相似度，以一种从特殊到特殊的直接嵌套式推理方法，达到形成新的认知或行为的目的，即类比思维。

著名哲学家康德、黑格尔都曾承认类比思维在问题解决上的重要地位，黑格尔甚至把类比视为"理性的本能"，认为"推理的方法应在经验科学史上占很高的地位，而且科学家也曾依照这种推论方式获得很重要的结果"(冯锐和杨红美，2011)。类比思维的核心是在一个事物与另一个事物之间寻求匹配，即映射。但在运用类比解决问题时映射的是什么，至今还没有一致的结论。比如，Gentner(1983)

认为类比推理是一个结构映射过程,结构映射就是把根据相似度从记忆中检索出的"源类比体"中各个因素之间的关系(结构)提取出来,并将其与现有的"目标类比体"的结构相匹配,从而运用"源问题"的方法解决"目标问题"。再如Holyoak(1985)及其同事提出了实用图式理论,实用图式指的是对问题因果关系的抽象概括,认为一个完整图示的发展和形成是成功类比的关键。除了上述两种理论,还有学者强调内容、路径对类比推理的重要作用(Ross,1989;Salvucci and Anderson,2001)。尽管不同的研究者对类比推理的映射核心和问题解决过程的认定存在一定差异,但类比这种"从特殊到特殊"的思维方式仍然在人们的生产生活及专业领域发挥着巨大作用,我们常说的"举一反三""触类旁通"正是这个道理。

(二)案例知识与两种思维的适配

人类天生的联想思维和类比思维为案例的广泛应用奠定了认知基础,那么案例是如何与这两种思维方式天然契合的?这其实是由案例知识本身的表征特性所决定的。

案例是对知识主体先前所遇到的问题及其解决方案的规范化表征,表征是指信息在人的记忆中的表示方式(朱晓斌,2002)。而案例知识是一种指向特定问题的具象化知识,它与指向通用问题的规则、概念等一般性抽象化知识不同,它反映的是过去的某个真实事件,蕴含着问题解决所需的相关要素,如提示信息、决策信息、警告信息等(冯锐和杨红美,2015)。案例知识往往蕴含着丰富的、有价值的隐性知识,而且这些知识是情境化的,并体现在具体的解决问题过程之中,使得案例知识拥有三个重要特性:整体性、情境性和实践性。这三种特性使得案例知识与联想思维和类比思维高度适配。

1. 整体性

一般可以认为,案例知识的表征由"问题情境描述、解决方案行动描述、问题解决结果描述",即"情境—行动—结果"三个部分构成(汤文宇和李玲娟,2006),这使得案例具有一定的经验叙事性。叙事能够使人们认识到信息有序联结的序列(Toolan,1988),这意味着案例能够将孤立的知识要素联结起来,使案例知识呈现出整体性特征(冯锐等,2012)。这样的表征方式使得联想思维和类比思维更易发挥作用。一方面,由于案例知识的整体性,通过联想思维激活记忆中的某一个案例表征,就可能会唤起人们对整个案例的回忆,从而使得知识的存储、记忆、提取和应用更加简单。另一方面,与孤立的、碎片化的知识相比,具有完整性的案例知识更易进行基于类比的知识迁移。一旦确定案例知识适用于目标问题,就可以将从一种情境中习得的一整套知识和技能应用到另一种情境中,即将案例知识进行整体的类比迁移，这极大地简化了知识应用的程序，避免了基于规则和模型等线性化知识应用方法中精细的知识提炼过程。

2. 情境性

案例知识是过去情境的一种反映，它通过故事、事例等形式来描述人们问题解决的真实而复杂的情境，蕴含着人们解决问题时的时间、空间等各种情境要素，因而具有情境性（冯锐等，2012）。首先，案例的情境性使得基于情境的联想更易发生，因为情境中的线索能够帮助人们回忆相似情境下发生的事情以及其中蕴含的知识（刘儒德，2002）。人们在利用案例知识来解决问题时，通常要先找到先源案例（也称前案例）与目标问题的共性特征，该共性特征能够促使人们从一个案例联想到另一个案例，无论是从案例的时间、地点、人物，抑或是案例的性质、结构、特点，这些因素都有可能成为在两个案例之间建立起联系的线索。换句话说，案例之间的情境共性促使了案例之间的联想发生。正是这种情境共性使新的问题与源案例在认知上建立起联系，这就是联想思维发生的过程。其次，案例知识的情境性也是进行知识类比迁移的基础，因为正是案例知识的情境性让人们知道在什么情况下可以使用它，只有情境相符，才能够对案例知识进行复用。

3. 实践性

案例知识不仅反映了问题解决的情境，也反映了在问题解决过程中不断探索的过程、方法和结果，因而具有实践性（冯锐等，2012）。案例知识的实践性使得类比思维有了发挥空间。首先，案例的"结果"表征为案例知识的类比迁移提供了预期。当人们根据目标问题的情境特征联想到相似的源案例后，便会开始评估先前的方案是否适合于现有问题，只有先前案例的结果是符合行动者预期时，行动者才有可能参考案例中的解决方案来采取行动。然后，案例的"行动"表征就会为案例知识的类比迁移提供行动的参照。Davies等（2005）将基于案例的问题解决类比迁移描述为：在新旧情境之间建立合乎逻辑的映射的基础上，一步步地将源案例中的解决方案应用于目标问题的过程。换句话说，实践性使类比思维充分发挥作用，从而使案例知识应用成为一种从特殊到特殊的解决问题的策略，从而达到简化思考的目的。

综上所述，由于案例知识的整体性、情境性和实践性，在面临新情境时行动者能够自发地联想先前案例经验，并对其进行案例知识的类比迁移和应用。这一过程涉及对案例知识表征中情境、行动和结果的多重类比，是案例知识能否实现迁移的关键。因此可以说，案例之所以在社会经济生活中得到应用，本质上是由案例知识本身的表征特性与人类认知思维方式的天然契合所决定的。

二、案例知识应用的内在机理

正是由于案例知识本身的表征特性与人类认知思维方式的天然契合，以案例为表征的知识应用成为日常生活司空见惯却不可分割的组成，然而关于案例知识应用机理的研究仍相当匮乏，影响了案例知识的进一步开发利用，因此，本节将对案例知识应用机理展开深入探讨。

一般来讲，知识应用是指运用知识解决实际问题的过程（张琼，2016），即知识外化。但知识的应用能够改变心智发展过程中的直接经验（怀特海，2016），而新经验的进入又会不同程度上带来原有认知结构的更新和变动，从而引发新知识的吸收，即知识内化（张琼，2016）。可见，由知识外化引发知识内化是个连续的过程。因此，我们认为，知识应用是既包含知识外化也包含知识内化的全过程。而案例知识应用指运用先前案例中的知识解决实践问题，实现知识外化，并根据实践反馈进行知识内化的过程。那么案例知识应用的具体过程是怎样的？联想思维和类比思维是如何嵌入案例应用过程中的？其内在机理是什么？下文将从知识视角打开案例知识的应用过程。

（一）案例知识外化过程

案例知识外化过程可以被简单地理解为：个人为解决实际问题而在其知识系统中搜索和提取相关知识，并将其实施到实践问题中去（张旭和温有奎，2008）。显然，这个过程包含了三个阶段——回忆相关案例、对它的适用性进行决策、应用所回忆出的内容，即案例知识的搜索、提取和实施。那么这个过程是怎样进行的？

首先，案例知识应用以解决实践问题为导向，这意味着案例知识应用拥有一个明确的目标问题。为解决该目标问题，行动者需充分激活和联系原有的相关知识，将当前的问题映射到原有的知识结构中（张建伟和孙燕青，2001），这时联想思维便开始发挥作用。行动者根据目标问题的某种特征在记忆中联想与之相关的案例，通过这种联想能够提取出与源案例相关的记忆和知识（柴伟佳和王连明，2018）。若行动者无法从记忆中联想到相关案例，为了解决目标问题，学习者需从外界搜寻新的资源（如查找相关案例、向他人请教相关问题等）以获得与目标问题相关的源案例。这个过程可以统称为搜索，即通过目标问题中的某种特征寻找与之具有共性特征的源案例。

其次，完成源案例的搜索后，便进入源案例的知识提取阶段。显然，要想以源案例中的知识解决目标问题，一个关键问题无可回避——源案例中的知识是否真正适用于目标问题？此时就要对源案例与目标问题进行适配。适配是指将目标问题与联想到的源案例进行更进一步的关键特征对比的过程，旨在确认源案例是否真正与目标问题情境相匹配。关键特征是指对目标问题情境具有决定性影响的因素。在进行案例知识的应用时，需要对源案例情境与目标问题情境的关键特征进行适配，使得我们最终确定下的案例尽可能地与目标问题相似或相关。只有二者的关键特征具有情境共性，即源案例与目标问题处于相同或相似情境下，将源案例的知识应用于目标问题才有可能带来相同的效果，否则将出现"橘生淮南则为橘，生于淮北则为枳"的结果。因此，如果经过适配后发现搜索到的源案例与目标问题情境共性较弱，此时基于案例的知识应用方法可能不再适用。

最后，便是用源案例中的知识去解决目标问题的过程，即案例知识的实施。这一步骤的关键在于"用什么"以及"如何用"，这时就要用到人类的类比思维。若搜索到的源案例情境与目标问题完全一致，且源案例的问题解决结果满足目标问题的需要，便可"比葫芦画瓢"，将源案例中的解决方案套用至目标问题中来；当遇到搜索到的源案例情境与目标问题不完全一致的情况，则需灵活运用除了先前的案例知识以外的其他知识来辅助案例知识应用的实施过程，即对不能直接应用的案例知识进行适应性调整，使其适应新的情境需求，再实施调整后的解决方案。面对前一种情况，则能够将源案例中的思路和操作一并复用到目标问题上去，而面对后者，可能只能借鉴解决问题的思路，而不能复用具体的操作。

（二）案例知识内化过程

当行动者通过搜索、提取案例知识并灵活地将其实施到目标问题后，案例知识应用过程并没有结束，而是一个新循环的开始——案例知识内化，行动者需要对当前案例问题解决方案进行评估，并生成一个新的案例，以便拓宽案例知识的应用范畴，实现知识的动态性、全面性、整体性，延展知识的心理外延（冯锐和杨红美，2015）。知识内化分为同化和顺应两种机制。同化是指行动者用已有的认知结构来解释新的情境，并将新知识有效地吸收到自己已有的知识结构中的过程；顺应则是指行动者用已有的认知结构不能够解释新的情境，那么就必须对已有的认知结构进行调整或重构，以适应新知识的过程（张旭和温有奎，2008）。在案例知识的内化过程中，当案例知识实施的结果符合行动者预期时，说明案例知识在新情境下仍然适用，则可将新的信息吸收到原有认知结构中，完成案例知识的同化；当案例知识实施的结果事与愿违，说明已有的案例知识与新的问题情境产生冲突，这时需要对新信息进行意义建构，同时又要对原有认知结构进行改造和重组（张建伟和陈琦，1996），即案例知识的顺应。最后经过完善的知识会连同新的案例被储存在记忆中，完成头脑中案例知识库的更新。

可见，基于案例的知识应用过程由知识外化和知识内化两个循环构成，既包含案例知识的联想、适配、调整和实施的过程，又包含案例知识运用后对新知识的同化、顺应、消除认知冲突的过程，具体地可以被描述为"搜索—提取—实施

（调整）—同化/顺应—存储"五个步骤。基于此，构建出的案例知识应用机理模型如图 7.1 所示。

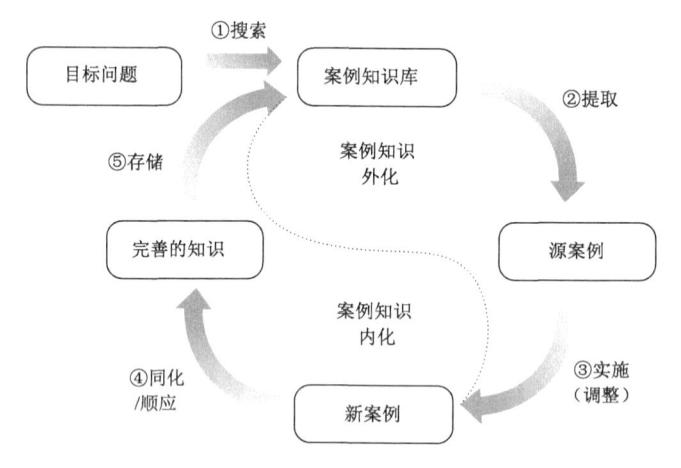

图 7.1 案例知识应用机理模型

三、基于案例的推理——案例推理

正如上文所述，案例的广泛应用与人类的认知习惯紧密相关，以至于人们在日常生活或专业领域遇到问题时，往往会从先前的案例中寻找解决问题的策略。在计算机出现之前，案例知识的应用在人类的认知、学习和解决问题方面发挥着重要作用，但由于大脑记忆存储的局限性，人们利用案例进行推理时能够使用的案例知识库仍然十分有限。1983 年，美国耶鲁大学认知科学和人工智能专家罗杰·沙克（Roger Schank）开创性地提出了基于案例推理（case-based reasoning，CBR）理论，将案例知识应用引入计算机领域，从此案例知识的应用迈入了无限广阔的数字化时代。案例推理借助计算机技术将人类利用案例进行推理的思维方式进一步地结构化、功能化、程序化，形成一种计算机问题解决方法论，使得案例在智能时代的应用具有更广阔的发展前景。

虽然不同学者提出的案例推理模型不尽相同，但其核心技术思想都是一致的：当面临一种崭新问题（如行动决策、故障分析等）时，首先在案例库内搜索过去类似问题及其解决方案，通过比较新、旧问题发生的情境差异对旧案例的解决方案进行适应性调整，并用其解决新问题（侯玉梅和许成媛，2011）。此外，案例推理采用增量式的学习方法，即新的解决问题的方法和问题案例一同被系统记录并存储起来以备将来之用，因此案例推理系统的学习能力也随着案例和知识的不断积累而提高（郭艳红和邓贵仕，2004）。可见，案例推理系统同样包含案例知识外化和案例知识内化的过程，案例推理思想仍未超出案例知识应用的认知机理范畴。

那么基于计算机的案例推理程序与案例知识应用机理模型有何联系与不同？Aamodt 和 Plaza（1994）将一个完整的案例推理系统归纳为"检索（retrieve）—复用（reuse）—修正（revise）—保存（retrain）"四个主要环节，其一般工作过程如图 7.2 所示。

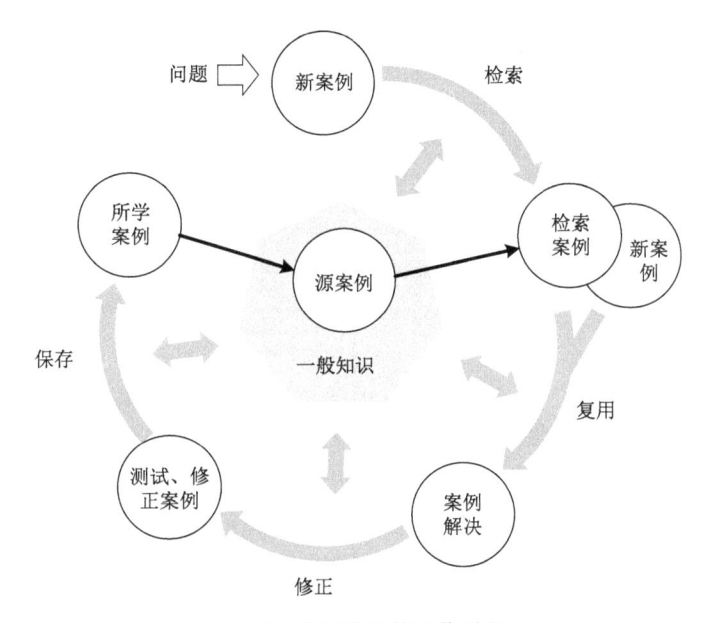

图 7.2 案例推理的工作过程

1. 检索

案例检索是查找和匹配源案例的过程，旨在从案例库中搜索与要解决的目标问题最为相似、对目标案例最有帮助的案例（侯玉梅和许成媛，2011）。案例检索本质上可以类比为人类进行案例知识外化时的知识搜索和适配。不同的是，人类的联想思维是自然发生的，而计算机就需要一系列的检索策略来为源案例的搜索设立规则。在案例推理中，案例检索有两个主要目标，一是要达到检索出的相似案例尽量少，二是检索出的案例与目标案例尽可能相似。这是因为检索的效率以及检索到的源案例与目标问题的匹配度直接决定了案例应用的效率和效果。目前比较常用的案例检索算法有知识引导法、神经网络法、归纳索引法和最近邻算法，为了在检索效率和效果之间实现平衡，这些算法可能被结合使用（侯玉梅和许成媛，2011）。

2. 复用

案例的复用就是将源案例中的解决方案用于解决目标问题。案例复用包括思路复用和过程复用两种类型。其中，前者是指重新应用旧案例中解决问题的思路到新案例中，后者是指重新应用整个解决问题的过程，即不仅包括思路，还包括具体的实施步骤、行为等细节（房文娟等，2005）。案例推理系统中的复用和修正两个环节就好比人类知识外化的实施阶段：当检索出的源案例与目标问题之间相同（相似度为百分之百）或很接近（相似度大于设定的阈值），就可以直接复用源案例中的解决方案来解决目标问题，即过程复用；当然，案例推理难免也会遇到仅靠源案例知识无法解决的问题，这时可能只能做到对源案例的思路复用，并需要对源案例中的知识进行适应性调整和修改，即案例推理的下一环节——修正。

3. 修正

正如上文所说，修正是指为了更好地解决目标问题，根据目标问题的情况对源案例中的解决方案进行调整和修改。对于人类而言，大脑能够依靠先前经验对源案例知识进行调整，而对于计算机来说，案例推理是一种"从特殊到特殊"的问题解决方法，这就导致了对案例的复用只能具体问题具体分析。因此，案例修正对于案例推理来说是个极大挑战。在案例推理系统中，一般来说有两种案例修正的方法：一是结构修正，即直接应用规则或公式修正所存储案例的结论以适应新的问题；二是诱导修正，即复用得出以前案例结果的规则或公式（张光前等，2002）。从案例修正的执行者角度划分，又可以分为系统修正和用户修正。前者是指案例推理系统根据提前预定义的某种案例修正策略来对源案例的解决方案进行调整和修改；后者是指用户根据问题的情况以及自身的要求，对源案例进行相应的调整和修改以得到新问题的解决方案（侯玉梅和许成媛，2011）。事实上，面对目标问题的多样性和特殊性，计算机要想从有限的案例中寻找出灵活的"经验"非常困难，系统修正和用户修正通常结合使用，这意味着案例推理系统有时不得不依靠更多领域的知识或人为介入修正的过程。

4. 保存

保存是指将新的案例保留到案例库中，便于后续问题的求解。这个过程往往包含对新案例的评价机制，评价是案例保存的一个前提条件。评价机制的作用在于一是保证存储在案例库中的案例质量，从而保障案例推理系统长期发挥增量式学习的准确性，二是防止案例库中出现过多相似、重复的案例而导致检索效率的下降。具体而言，案例评价是对新案例的应用效果做一个评述，若新案例的解决方案应用效果极好，则要对新案例进行存储；若新案例的解决方案应用效果不佳，则不再将其添加到案例库，并考虑为其寻找新的解决方案，之后再进行案例存储（侯玉梅和许成媛，2011）。该过程等同于人类进行的案例知识内化过程中的知识同化和知识顺应。

案例推理的发展是人类借助计算机科学技术模拟人类案例知识应用的思维和推理方式，实现认识和改造世界的一次尝试与飞跃（郭艳红和邓贵仕，2004）。作为一种从特殊到特殊的推理方法，案例推理只需考虑二者的属性相似度，拥有推理自由度大的特点。正是这种较高的推理自由度，使得案例推理免于演绎、归纳和溯因逻辑中精确的规则提炼，在解决复杂的、结构不良的问题上发挥着重要作用。案例推理将案例知识应用的机理凝练成了计算机也能够理解的解决问题方法论，案例知识的应用范围逐渐从人类认知和学习扩大到数字化社会的方方面面，并在诊断、设计、信息服务、规划、分类、辅助决策、法律案例推理、医学等领域得到了广泛应用。可以说，案例推理完成了案例知识的应用从人类认知过程到计算机问题解决的程序性过程的重大转变，使得案例知识在数智化时代的应用拥有巨大空间。

第二节 案例知识应用功能

案例知识具有的功能决定了案例知识能够被应用于何处以及如何应用，明晰案例知识的功能有助于进一步挖掘其更加广阔的应用场景，具有重大现实意义。然而目前学界对案例功能的讨论多被案例研究、案例教学以及案例推理相关文献零散地提及，鲜有对案例功能的严肃讨论和系统研究，这极大地影响了案例知识应用的推广。基于此，本节采取文献分析法对一些常用的案例功能进行系统梳理并进一步阐述其具备这些功能的原因，以拓展人们对案例功能的深度认知。

（1）信息/知识记录功能。案例是对以往事件或故事的记录，它描述和存储着人类认知活动过程中的静态和动态知识（Kolodner，1992），蕴含着人们解决问题的时间、空间和各种社会环境信息，以及人们解决问题的行动和结果。作为四大文明古国的古代中国是最早发掘案例知识记录功能并进行传播的国家之一（杨光富和张宏菊，2008）。诸如《战国策》《史记》《资治通鉴》等史料记载了历代较有影响人物及事迹，使读者从这些案例中得到启发，如明人之得失、知国之兴替。再如，人们熟知的"田忌赛马""围魏救赵"等成语也是古时真实案例的写照，借助案例的形式记录发生在自身或他人身上的事情，并将知识以隐喻的方式掩藏其中。可见，案例天生具有信息和知识记录的功能，能够融合规则、概念、技能等多类零散知识，涵盖复杂问题的故事和体验（冯锐等，2012），已成为探索人类经验现象的一条常用途径。

（2）知识发现功能。案例的信息/知识记录功能还可以更进一步衍生出知识发现功能。案例能够有效承载"情境、行动、结果"的信息,重要的是其包含的信息不是孤立或松散的,而是以案例的"情境、行动、结果"表征为线索串联起来,并包含情境、行动与结果之间的关系。案例研究正是通过典型案例的剖析,详细地描述案例现象是什么,分析其为什么,并从中发现或探求事物的一般规律和特殊性,推导出研究结论或新的研究命题的一种研究方法(欧阳桃花,2004)。可见,案例的知识发现功能也正是案例研究的合法性来源。

(3)知识管理功能。此外,案例知识还能够帮助人们进行知识管理。知识管理的核心是创建一个知识分享的环境,利用这个环境将个人知识转变为智力资本,因此创建一个知识库通常被认为是一个知识管理的起点(冯锐等,2012)。基于案例的知识库被称为案例库,案例库将基于经验的知识作为案例集合在一起,并依据某种知识表示方法来建立索引。借助案例库,能够将隐藏于个人思维和解决问题的故事之中的隐性知识记录下来,避免宝贵的经验被忘记或随着人员的离去而无法留存,使人们能够获取和分享他人或专家的经验,从而"站在巨人的肩膀之上"。

(4)学习功能。学习是行动主体通过原有认知结构与从环境中接受的感觉信息进行相互作用而生成信息意义的过程(Wittrock,1989)。人们在遇到无法理解的新知识时往往是由于新知识没有与现有的认知结构产生联系,人们自然无法完成对其的意义建构。而案例知识是以情境的方式记忆和组织的,正是案例知识与特定情境的融合,使得案例知识易存储、易利用、易回忆、易触发(Schank,1999)。案例知识与特定情境是高度相关的,即便是从记忆库中提取出来的,它仍然是与特定事件以及与事件相联系的工具、任务和技能融合在一起的(冯锐和董利亚,2012)。当人们遇到问题时,案例知识通过特定情境信息被激活,使行动者对现实情境与案例知识之间产生认知连接,这有助于行动者对新的情境进行意义建构。因此,案例知识可以作为帮助理解、支持学习的工具。

(5)教学功能。案例是沟通理论和实践之桥(舒尔曼,2007)。相对于个人视角下的学习,从教育视角来看,案例知识具备教学功能,实际上,案例教学已经成为医学、法学、管理学等领域最受欢迎的教学模式之一。案例知识往往具有典型性、叙述性、情境性、实践性、整体性等特征,有助于为学习者提供真实的、情境化的学习情境(冯锐等,2012),同时能够克服侧重概念、命题等传统学习的抽象性,加强理性与感性认知的有机联系,对提供知识所依托的情境、激发学习者的内在认知动机十分有利(高文,1999)。此外,已有实证研究表明,案例教学方法通过为学员创造开放式实践情境、以实践吸引学员积极参与、营造师生平等的学习氛围等方式能够有效提升管理学等应用性较强学科的知识转移效果(戴文博和朱方伟,2013)。

(6)传播功能。案例知识具有经验的叙事性,这是因为人们天生就是故事的叙述者，故事为人们的经历体验提供了一致性与连续性（冯锐和董利亚，2012），并在我们与他人的交流中扮演着加速信息、知识与文化共享的重要角色，因而案例知识具有传播功能。案例的叙事性使人们即使不需要太多的认知，也能够通过他人在案例中所表达的信息让自己走进其意义领域。例如，"龟兔赛跑""亡羊补牢"等小故事，至今还作为阐述哲理的典型例证被广泛用于启蒙教育，案例知识的传播功能可见一斑。

（7）意义建构功能。在传播功能的基础上，案例还常被用于意义建构，即人为地赋予案例知识以正面或负面意义，为后人作参照。这是由于一个案例的结果对于其他行动者来说都是一种信号，这种信号对行动者是否采取模仿行为发挥着决定性作用。例如，感动中国人物、新闻媒体推送的正能量事件，甚至校园里的光荣榜等都体现了案例的正面价值观和正面的结果，通过传播此类案例并进行正面意义建构，实现向人们传递出弘扬正确价值观的宣传效果。反观某些明星偷税被罚，随之负面新闻铺天盖地，对这些采取不良行为且受到惩罚的案例传播则体现为负面意义建构，向人们传达出警示的信号。

（8）问题解决功能。如本章第一节中所述，人们在遇到困难时往往倾向于从他人的经验中获取解决现有问题的办法，即采用先前案例的解决方案来解决类似的问题，可见案例具有问题解决功能。在问题解决过程中，案例知识发挥了三种功能：第一，案例知识为人们理解一个新的问题情境提供参照；第二，案例知识为新问题的解决方案提供建议；第三，案例知识对建立的问题解决方案提供评估（冯锐和杨红美，2011）。案例之所以能够用于问题解决，其实源于人们在解决问题时的一个基本逻辑：相似的情况引发相似的结果，同时亦有相似的解决办法（赵登福等，2003）。案例推理系统是案例应用在计算机领域的体现，因此这个逻辑也是案例推理方法的基础和前提，在此基本逻辑下，案例推理系统才能够通过案例的不断积累实现增量式学习，从而实现向未来推理。实际上，案例的"问题解决功能"是广义概念，其在不同问题下可以衍生出不同具体功能。比如，案例推理在解决决策问题时体现为决策辅助功能（刘红宇和乔立红，2008），解决故障诊断、病症诊断问题时体现为诊断功能（李青等，2007），需要对未来问题进行预判时体现为预测或预警功能（张涛等，2020），等等。从具体应用场景来看，案例推理系统在众多实际应用领域都发挥着重要作用，如法律诉讼、客户管理、电子商务、医疗诊断、机器组装、建筑设计、分子生物学、机器人控制、医药、企业管理、地质勘测、石油开采、语音识别等（郭艳红和邓贵仕，2004）。

通过对案例知识功能的阐述可以看出案例知识的应用范围非常广阔，除了上述常见功能外，案例还能够用于解释不幸的事件，用于理解、解释和指导诊断，用于应对不确定性，用于更改对问题的看法，用于警惕失败，用于拓宽问题空间，用于寻找问题起因，用于阐释某一观点，用于构建问题解决者的自信，以及用于预测未来的问题,等等(Orr,1996)。在数智化时代下,案例推理将案例知识应用转化为计算机问题解决的方法论,在各行各业发挥着重要作用,其具体功能以及应用领域还有很大的想象空间,有待深入挖掘。

第三节 案例知识应用类型及领域

一、案例知识应用的类型

从知识的复杂程度来看,Jonassen(1991)将知识从易到难划分为初级知识、高级知识和专家知识。其中,初级知识又称简单知识或入门级知识,其内容是结构良好领域的学科知识,大多由事实、概念、原理或定律组成,彼此之间存在着严密的逻辑关系和层次结构;高级知识多指结构不良领域的知识,也是有关知识应用的知识,具有概念的复杂性和跨案例的不规则性;而专家知识是结构良好且结构也更加精密复杂的知识。那么案例适用于哪些知识?

通常来说,案例与高级知识更加适配。从知识获取的角度来看,高级知识的获得是一种比较高级的学习类型,它要求学习者通过知识表征的建构掌握概念的复杂性与跨越案例的变化性,使认知具有更大的弹性与灵活性,具有非线性特征的超文本是适用于这种学习的最佳媒介(徐延宇和汤小红,2002)。Spiro 等(1991)提出了高级知识的"十字交叉"学习方法:使概念与案例构成多维与非线性的"十字交叉"形状,即每一个案例都可以从不同侧面对主题概念进行解释,每一个侧面都能够补充某些被其他方面遗漏的有用信息,使学习者对同一内容在不同的情境中、从不同角度进行多次的反复交叉学习。反之,从知识应用的角度来看,高级知识具有跨案例的不规则性,即高级知识的应用因情境不同而有一定的差异,使得基于案例的推理能够成为高级知识应用的一种重要方式。正如第一节中所述,基于案例的推理是一种由特殊到特殊的知识迁移方法,对于结构不良的问题尤其适用,能够使人们在相似情境下直接复用先前案例的解决方案(侯玉梅和许成媛,2011)。可见,案例是最适合解决具有情境性、结构不良问题的知识表征方式之一,而结构不良领域是普遍存在的,可以说,几乎所有领域,只要将知识运用到具体情境中去,都会有大量的结构不良特征(Spiro et al.,1991)。因此,在解决现实问题的情况下,案例知识应用是人们日常生活中知识应用最广泛的类型。

如果将案例在高级知识领域的应用比作"相同维度"下的应用,那么案例实际上也能进行"降维打击",其对于初级知识同样适用。一方面,虽然初级知识一般来讲属于结构良好、能够靠简单的字面编码来理解的知识,但初级知识的获取在案例的辅助下通常更易完成。例如,小孩子在刚学数学时对数字没有基础认知,家长往往通过实例来为孩子建立起"数字"的概念:一个香蕉代表"一",两个香蕉代表"二",从两个香蕉中拿走一个代表"二减一"。再如,中学物理教师往往会通过磁石实验来帮助同学理解看不见的磁力,生物教师会通过洋葱表皮细胞实验让同学们认识细胞。这就体现出了案例辅助学习的功能,通过直观的案例搭建起抽象知识与现实表象的桥梁,帮助对新知识进行意义建构。另一方面,当人们还没有能力对初级知识进行灵活运用时,案例也能辅助熟悉初级知识的应用过程。例如,当学生仅了解一个成语的意思,但还不熟悉它的用法时,老师便会用这个成语造句来做示范,以便孩子们更好地理解成语的用法和语境。

再者,案例同样能够进行"升维运用",即用于专家知识。一方面,案例能够辅助人们进行知识发现,将高级知识转化为专家知识。案例之所以能够进行专家知识的提炼是由于案例的信息记录属性,案例不仅能够包含事例情境、行动和结果信息,还包含它们之间的关系信息。因此专家可以从案例"情境、行动、结果"的表征中发现规律,对知识进行抽象、结构化和构念化,形成精细化、图示化的专家知识。另一方面,案例能够辅助专家知识的应用。在每个专业领域中,专家总是有限的,若能将专家的知识存储起来在相同情境下重复使用,便能够将专家所拥有的隐性知识充分利用,从而大大提高专家知识的应用效率,即基于案例推理方法的专家知识应用(江勤等,2002)。基于案例推理的专家系统便是借助计算机技术将专家知识储存在知识库中,形成由若干专家知识组成的针对某个案例的解决方案,并在用户遇到问题时将最恰当的知识在最恰当的时间传递给最恰当的人,使他们能够利用这些知识做出最恰当的决策(王君等,2006)。

二、案例知识应用的领域

案例知识拥有信息/知识记录、知识发现、知识管理、学习、教学、传播、意义建构、问题解决等功能,涵盖初级知识、高级知识及专家知识三个层面,那么案例能够具体应用到哪些领域?本节将从微观到宏观,选取案例知识在企业、产业和社会中的典型应用来直观地展现案例知识如何被用于社会生产生活的方方面面,以期通过对案例知识应用领域的初步梳理,为深入挖掘案例知识更丰富的价值奠定基础。

(一)案例知识在企业中的应用

企业是社会生产经营的一个重要组成单位。企业在经营过程中的各个环节总会面临纷繁复杂的管理问题,这时企业往往会借助案例知识寻找问题解决方法。为了对案例知识在企业的应用进行系统梳理,以下将从企业管理的战略管理、人力资源管理、研发设计、运营管理、市场营销等职能角度对案例知识的应用进行探讨,以期拓宽人们关于案例知识在企业中应用的认知。

1. 战略管理

标杆分析法是企业做战略决策时常用的辅助方法之一，也是案例知识应用于企业的典型方法之一。其本质在于将本企业各项活动与从事该项活动的最佳案例进行比较，从而提出行动方法，取长补短。标杆分析法通过将企业自身与行业内外的最佳案例之间进行对比分析来确认企业提升的潜力、路径与方法，从而拓宽企业提升的思路和灵感，是一种通过外部支持促进企业快速提升的科学方法。标杆分析法应用于战略管理是将本公司与对照公司进行全方位比较，找到自身的优势和劣势，从而将客户、市场和目标的设定结合在一起，进而确定企业的竞争力、竞争情报、竞争决策及其相互关系，为企业制定有竞争力的战略提供决策辅助。

在以 ABCDE（artificial intelligence、blockchain、cloud computing、big data、emerging technology，人工智能、区块链、云计算、大数据、新兴技术）和 VUCA 为特征的商业环境下，企业面临的战略决策问题往往具有结构不良的特性，使得计算机辅助在该领域的应用停滞不前。而案例推理技术则为计算机辅助企业制定合理战略和重大决策提供了一条新的路径。案例推理技术能够帮助企业从已有的成功企业的案例中汲取经验，根据类比的原则来制定适合自身当下情境的战略决策，有效地避免了复杂的规则提炼。目前，已有学者对案例推理技术在企业并购决策、专利战略制定等方面进行了研究（赖院根等，2007；吴清烈和冯勤超，2002），案例推理在企业战略管理中的更多应用还有待进一步探索。

2. 人力资源管理

案例知识除了能够应用于人力资源管理的标杆管理外，还能够应用于员工培训、工作复盘等方面，在知识经济时代，案例在知识型人力资源开发（knowledge-enabled human resource development，KHRD）方面尤见成效。KHRD 是指在强调知识管理的前提下进行人力资源开发活动，即通过知识管理的方法和工具，挖掘人力资源潜力，通过人力资源开发流程的优化来创造和提升智力资本价值（秦燕和张国梁，2009）。而案例推理正是 KHRD 的有效工具，它可以根据人力资源异质性进行量体裁衣式的培训、职业生涯开发、管理开发、组织开发等活动，大大提高 KHRD 的效率。其具体步骤为：首先，建立一个 KHRD 案例库，包括系统建立前的历次人力资源开发案例，作为生成新的人力资源开发解决方案的基础数据，并输入用来生成案例的特征指标；其次，在需要对员工进行 KHRD 时检索案例库，找到与问题相似的源案例，对源案例的解决方案进行自适应调整，并应用到问题案例；最后，将最终生成的人力资源开发解决方案形成新案例（秦燕和张国梁，2009）。

3. 研发设计

随着企业的数智化转型进程加快，产品研发设计等知识密集型活动也可以借助计算机的辅助，案例推理在其中就发挥了重要作用。从某种意义上来说，研发设计也是一个从需求到目标的问题求解过程，并很难运用一般性、规则性知识进行表达，而设计者可以通过借鉴设计案例的方法、工具甚至案例中设计的结果来完成设计任务，这就给予案例推理很大的发挥空间（王亚辉等，2018）。以基于案例推理的工业设计为例，其产品设计过程为：首先对问题情境的相似性进行比较，获得若干相似的设计案例；再对这些案例所涉及的"问题、求解过程和解"三个子情境进行知识获取，采用某种策略借鉴若干设计案例的优点；最后生成一个新的案例，即完成新的产品设计（谭浩等，2006）。

4. 运营管理

案例知识是企业诸多知识样态中的一种典型知识，在运营管理过程中居于重要地位（张俊杰，2011）。对案例知识的有效管理既有利于将组织中的隐性知识显性化，也有利于个体知识向团队知识乃至组织知识的跃迁，还有利于系统化地提升企业知识应用与创新的效率和有效性。案例推理有助于企业将经营过程中的成功经验、失败经验整理成案例，建立案例知识库进行企业的知识管理。其过程如下：根据客户知识需求，以规范的形式描述出新问题；遇到问题时，检索与新问题类似的源案例，修订解决方案使其更加适应新问题，并将其运用至新问题；审查和评估修订后的解决方案，判断是否有将其保留为新案例的必要；如有必要，便将其作为新案例存入案例库，保留相应的解决方案；如果需要，则修改案例库中的案例索引和特征权重（王君等，2006）。这样的知识管理系统同样可用于数字化的企业运营风险控制及质量管理，将发生的事故或次品当作案例，从已发生的事故或次品中的风险特征参数变化情况出发，按照某种推理算法逐步实现未来风险或质量缺陷的识别，起到防患于未然的作用。

5. 市场营销

案例具有传播功能和意义建构功能，往往能够加速信息、知识与文化共享，因此案例在市场营销中的应用最为广泛，许多经典案例更是耳熟能详。例如，乔布斯曾经赞赏过的一个营销案例，它就是通过对案例进行意义建构，改变了消费者的感性认知，从而让产品销量大涨。故事发生在20世纪80年代，当时碳酸饮料逐渐风靡美国，使得原来卖得很好的牛奶销量一路暴跌。因为在当时年轻人的认知里，喝牛奶是不酷的——"所有劝我喝牛奶的声音，都像是妈妈在唠叨我"。美国最大的牛奶企业——"加利福尼亚州牛奶加工委员会"，为了提升牛奶的销量，开展了一场名为"got milk"的营销。他们邀请最红的演员、主持人、模特甚至影视角色来拍宣传海报——所有海报人物的上唇，都有一抹"牛奶胡须"。这些长着"牛奶胡须"的名人不断亮相，并告诉大众他们认为牛奶很酷的理由。这场营销一招制敌，彻底扭转了人们对于牛奶的印象，并最终让牛奶重夺"市场霸主"地位。与此同时，这个案例也成为营销史上最经典的广告案例之一，海报人物嘴上的那抹"牛奶胡须"，则成为不可改变的经典标记（关键明和张阳，2021）。

除此之外，已有研究证明案例知识还可用于企业的预算管理（梁莱歆和冯延超，2010）、财务危机预警（李清和刘金全，2009）、欺诈危机预警（柳炳祥和盛昭翰，2003）等方面，可以看出，案例知识在企业的应用还有很大想象空间。

（二）案例知识在产业中的应用

产业是指由利益相互联系的、具有不同分工的、由各个相关行业所组成的业态总称。案例知识在产业中的应用非常广泛，甚至常常产生跨领域、跨产业的应用，尤其是在传统产业与数字化融合的过程中，案例推理技术已在许多产业的应用中发挥巨大作用，使得案例知识拥有更广阔的应用空间。下文将选取工业、农业、医疗、司法、建筑、交通等典型产业对案例知识在其中的应用进行详细阐述，以期拓展对案例知识应用范畴的全新认识。

1. 工业

案例在工业领域的应用主要是工程和机械的风险与质量管理、故障诊断等方面。在数智化时代，诸如采掘、制造、电力、煤气等工业领域大多需要大量机械装备或精密仪器，对于这类结构复杂的装备或系统而言，许多故障现象难以用结构化的数据进行表达，使得故障诊断规则的提炼变得相当困难，采用基于规则推理的故障诊断方法难度较大，因此当该领域积累了大量经验案例时，常常采用案例推理方法进行故障诊断和维修，以此来突破规则难以提取的瓶颈（胡良明等，2006）。同时，案例知识的表达形式更为直观、易于理解，对缺乏诊断经验的人员特别有参考价值。以工业领域最常见的故障诊断为例，案例推理的应用过程为：建立故障和维修方案案例库；当出现故障时，输入新故障已知的特征属性，包括故障现象或代码、发生时间和发生位置等，并根据索引策略检索出对应的相似案例集；计算问题案例与候选案例各特征属性的相似度，进行案例匹配；根据得到的案例匹配度排序结果，结合故障发生背景和实际情况，选用合适的案例作为排除故障的参考（李青等，2007）。

2. 农业

由于农业信息具有随机性、模糊性和不确定性，各种因果关系极难把握，使具有整体性、情境性和实践性的案例知识得以成为农业领域最常用的知识应用方法。例如，古人早已从经年积累的农业案例中总结出规律，并形成了诸如"清明早，立夏迟，谷雨种棉正当时""小暑不种薯，立伏不种豆"的谚语，指导着历代农民农耕劳作。随着现代农业逐渐步入规模化生产、精细化管理时代，案例推理技术在农业领域得到广泛应用。一方面，由于我国土地辽阔、农作物品种复杂，病虫害发生频繁且症状不断变化，如果要求专家把这些相关知识总结成规则不太现实；另一方面，农业专家在帮助农民排忧解难并进行科学研究的过程中，已经积累了丰富的经验，收集了大量的实际案例，为案例推理的运用积累了丰厚的土壤（郑宇鸣等，2010）。此外，由于农业领域特有的复杂性及农业专家系统的使用对象是农民及基层农技人员，采用基于案例的推理技术，通过案例来表示领域知识及过去的经验和教训，更容易被使用者所接受（李茹等，2004）。已有学者针对基于案例的推理在农业专家系统（李茹等，2004）以及病虫害诊断、防治和预测（唐晓敏等，2005）方面开展了相关研究，表明基于案例的推理在农业领域具有很好的应用价值。

3. 医疗

医疗是实践性极强的行业之一，每个患者的治疗过程都是一个独特的病例（案例），造就了医学是最早开始应用案例且应用最普遍的领域之一。例如，我国秦汉时期的《黄帝内经》、明代李时珍所著的《本草纲目》等医学著作中便记载了大量医学案例，使后来的医生能够根据一个个明了的案例来了解病症，对症下药。实际上，案例知识对于医者来说格外重要。有研究指出，专家比新手花更少的时间做出正确的诊断与基于案例的非分析性推理有很大关系（Norman et al.，2007）。专家医生在临床实践中积累了大量病例，故在诊断新病例时可以通过对先前相似案例的提取和识别做出诊断，而无须对患者所有体征和症状进行系统分析（王雁和姚梅林，2009）。医学也是最早开始应用案例教学的领域之一。19世纪末和20世纪初，案例教学法首先在美国被哈佛大学医学院引入医学教育，并在此后逐步在欧美发达国家展开，目前已经成为医学教育中最主要的教学法。随着智能化技术逐步进入医疗产业，案例推理在辅助医疗产业有着广泛应用。从Koton开发了基于案例推理的心脏病诊断系统CASEYC以来，有许多基于案例推理的医疗诊断系统面世并投入临床应用。目前，在医疗领域不但有辅助诊断系统，还出现了针对需要长期护理的慢性或绝症患者的案例推理护理治疗系统，如对癌症患者进行长期护理治疗的临床辅助系统CARE-PARTNER（姚志强和余嘉元，2004）。在国内，李旗号等（2000）、张治洪等（1997）开发的基于案例推理的辅助诊断系统也已经投入临床运用。

4. 司法

案例在司法领域最重要的应用是案例指导制度的建立。案例指导制度是在保持成文法的法律体制下，以成文法为主，结合司法解释，以案例指导为辅，运用典型案例对法律规则的准确理解和适用进行指导的制度（蒋安杰，2011）。在案例指导制度确立之前，我国由司法裁判尺度不一造成的同案不同判现象偶有出现。相同事实的案件在不同的法院、同一法院的不同法官手中判决结果有时候也不同，这损害了法律的严肃性与权威性。案例指导制度作为辅助和指导案件审判、维护法律判决公平性的创新制度，充分体现了案例应用的广泛性和情境性。首先，案例指导制度具有适用的广泛性，凡是法律存在缺陷或漏洞的地方，均可通过建立案例指导制度的方式予以弥补。此外，案例指导制度还具有规则的具体性，这体现出案例的情境性价值。案例指导制度的核心也是法律规则，但更注重对具体问题的分析，而且许多案例所确定的规则往往是在各种规则的评判和权衡中选择出来的，故更具现实价值（陈兴良，2012）。

此外，对司法领域从业者来说，从培养教育到实践应用都离不开案例知识的应用。当今，英美法系国家的法学教育均以案例分析法为主要教学方法，其将案例看作一种经验材料，以便学习者从中阐明法律理念，探究法律的渊源。学习者通过案例分析法进行学习，将法学理论与法律实践相结合，可以加深对法学基本知识的理解和认识，从而提高自身分析、判断和解决法律问题的能力，达到法律知识的有效学习。

5. 建筑

在建筑行业中，优秀的建筑案例通常会被行业当作典型案例，起到拓宽设计思路、整合行业资源、推动行业技术进步的作用。案例示范在建筑行业的应用非常广泛，涵盖设计、生产、施工等建筑全流程。例如，2021年12月，住房和城乡建设部办公厅印发通知，公布了第一批智能建造新技术新产品创新服务典型案例清单。该清单中确定了124个案例为第一批智能建造典型案例，以便总结推广智能建造可复制的经验做法，指导各地住房和城乡建设主管部门与企业全面了解、科学选用智能建造技术和产品，学习借鉴优秀经验。同时，建筑行业组织仍在不断通过优秀案例的评选和传播来促进业内交流、推动行业发展，如2015年的"绿色装饰空间"优秀案例展示活动、2019年以"新时代·新思想·新征程"为主题的城市更新和既有建筑改造优秀案例评选活动等。随着信息技术在建筑行业的推广，案例推理技术在建筑行业的应用变得更加广泛，如建筑工程成本估算、质量评价、工程缺陷问题诊断及解决、建筑方案设计等。

6. 交通

交通是一个复杂系统，通常包括人、车、路、环境等各种因素，其信息具有随机性、模糊性和不确定性，使得案例推理技术在交通运输产业数智化升级的过程中有了更大发挥空间。交通运输产业中，案例推理最常用的应用场景有三个——交通拥堵、事故处理及应急预警。第一，交通拥堵具有典型的时空属性，相应的管理方案需要交通控制系统、诱导系统、事件管理系统及现场指挥人员的综合协调，这决定了拥堵管理决策的复杂性。实例表明，案例推理能够面向拥堵管理的实际需要，依据拥堵的属性特征，从成功的拥堵管理案例中借鉴经验，给出合理的拥堵管理方案，大大提高推理求解的速度，并实现交通拥堵管理的智能化、知识化与通用性（戢晓峰和刘澜，2009）。第二，交通事故的形成是一个很复杂的过程，通常是人、车、路、环境等各种因素综合作用的结果，其知识难以表达、因果关系难以把握。用基于案例的推理来辅助规则推理，能够提高对决策过程的智能辅助程度，增强系统的灵活性和适应性（张荣梅和涂序彦，2002）。第三，由于交通运输的系统性和复杂性，一旦发生突发事件，将直接威胁公众生命安全和社会正常运行，交通运输的事件预警和预判十分必要。对此，案例推理技术能够发挥重要作用：通过对案例的描述和相似度分析，将事件发生时的零碎信息进行系统整合，检索出案例库中最相似的历史案例，从而获得决策处置的参考信息，这对于城市轨道交通应急事件管理来说，能有效提升智能化预警和辅助决策能力（卢弋等，2021）。

除了以上产业，案例还在国防、经贸、教育等更多领域发挥重要作用（胡良明等，2006；徐小利和姜进，2013）。随着数智化时代的到来，各个产业中曾经被遗忘或隐藏在人们自身经验中的隐性知识都将被信息技术记录下来，形成以案例为载体的知识库，可见基于案例的推理将在未来更多产业发挥出更大价值。

（三）案例知识在社会中的应用

目前，有关"社会"的定义在学术界尚无统一定论。一般来讲，社会有两层含义，一是指由一定的经济基础和上层建筑构成的整体；二是泛指由于共同物质条件而互相联系起来的人群（蒋占峰，2009）。从广义角度来看，社会是经济、政治、文化、环境等诸多领域的统一体；从狭义角度来看，社会是指经济、政治、文化以外的有关人类公共生活的领域（宋严，2008）。本节对案例在社会中应用的讨论采取的是"社会"概念的狭义视角，并且将上文讨论的企业和产业排除在外。案例的应用在人类社会中广泛存在，由于社会问题往往涉及领域众多且纷繁复杂，本节将选取几类典型的社会问题，重点介绍案例在社会治理、应急管理、环境保护、城市健康等领域的应用。

1. 社会治理

社会治理是治理主体通过一定的手段和方式，以社会理想目标为导向，推进各种社会事务有序开展，并对其进行协调管理的过程（Klijn et al.，2010）。对于农转居、农转工及农民工群体的就业安置、社会保障等社会治理问题，往往需要从国内各地（尤其是基层）社会治理典型案例中总结经验和规律（孟天广和赵娟，2018），这是由社会治理的实践性决定的。伴随着信息技术的发展，社会治理逐渐由线下向线上转移，众多城市的网格化管理系统或社会治理系统中留存了大量的案例数据，这就为案例在数字化社会治理的应用提供了广阔空间。例如，李军等（2019）构建了政务大数据环境下基于案例推理的网格事件数据应用系统，该系统能够通过对历史事件数据背后价值的充分挖掘，促进目标事件应对和决策制定科学化，实现了政务处理的信息化和自动化，满足了大数据环境下政府创新社会治理的新需求。

2. 应急管理

案例在解决应急问题上有独特优势。应急管理是社会应对公共安全突发事件的特殊决策行动，其涉及领域众多、社会影响较大，如自然灾害、事故灾难、外交与军事危机管理等。应急决策具有反应时间短、信息水平低、控制成本高等特点，面临的应急决策问题往往表现为新颖性、无结构、影响力大的特征，无法遵循一般决策"情报—设计—选择—实施"的四个阶段，而基于管理案例的知识应用为应急管理提供了程序性的问题解决机制，使应急决策过程的结构化水平显著提高（张英菊等，2009）。具体步骤为：事前收集有关的危机案例构建应急预案库，再由决策者和领域专家设定相应的预案机制，一旦遇到新的危机情境，就可以在危机信息的引导下找到类似的危机案例，再根据已有的预案对策进行应急决策。事后还可以将有价值的案例更新至预案库中，为未来的应急决策做准备（汪季玉和王金桃，2003）。

3. 环境保护

案例在环境保护方面最典型的应用是传播和导向方面。一方面，通过对环境治理效果良好的案例大力报道和宣传有利于形成良好的社会风尚。例如，多地区开始积极创建国家卫生城市，减少用煤，改善生态环境，通过创建生态工业园区对能耗大、污染重、效率低的产业进行限制和调整等，通过树立和宣传诸如此类的环境保护正面案例，将有力地促进政府协调好经济发展和环境保护工作（史开荣和廖蒙生，2017）。另一方面，通过曝光反面案例能够起到监督和警示作用，遏制破坏环境的投机行为。例如，部分企业不怕违规违法，也不怕执法部门罚款，就怕新闻媒体将其污染或破坏环境的事实公布于众，因为一旦被当作反面典型案例宣传，企业将承受巨大的舆论压力。因此，新闻媒体应该加大对环境保护正面案例和反面案例的公开报道力度，这有助于形成保护环境的风气，同时能够更好地保障公众在环境保护方面的知情权、监督权和参与权（史开荣和廖蒙生，2017）。

4. 城市健康

传染性疾病对全球民生影响重大，是影响城市健康最主要的公共卫生危机。如何在有效的疫情管控与稳定的城市运行之间保持平衡是亟待解决的问题。通过考察优秀的公共卫生治理案例，能够为未来城市健康规划和治理提供参考。例如，王兰等（2020）选取了美国、日本、英国、澳大利亚以及我国台湾地区等重要案例，分析其针对传染性疾病暴发等突发公共卫生事件的社区应对措施，并从中提取可供我国借鉴的优秀经验，在此基础上提出"将健康融入15分钟社区生活圈"的社区疫情应对方案，为提高城市社区健康治理能力提供了有效途径。

实际上，案例在社会的应用范围远不止上述领域，如还可以利用典型案例进行节约粮食、反对毒品等公益宣传，或是利用案例推理技术进行数字化物业管理、处理矛盾纠纷等，可见案例在社会中也有着广泛应用。

第四节 案例知识应用的层级模型

通过对案例功能及其适用的知识类型和领域的梳理可以看出，正是由于案例知识功能的多样性及适用范围的普遍性，案例知识得以在各个领域广泛适用。这实际上是案例知识的功能与知识面的交叉而呈现出的案例知识应用效果，即可以认为：案例功能×案例知识面=案例知识应用。

首先，知识类型与应用领域的交叉构成了知识应用的横截面，本书称其为案例应用的知识面。显然，每个领域都有自己独特的初级知识、高级知识和专家知识。以医学领域为例，其包含众多生理事实、概念、原理或定律组成的初级知识，如呼吸系统的运行机制、人体血液成分的构成等；又包含大量应用性的高级知识，如急性胰腺炎或腹痛的鉴别等，这涉及病因学、发病机制、临床表现、鉴别诊断等重要内容，涵盖的知识结构非常复杂；还包含大量专家知识，专家往往有一套组织良好但又各自迥然不同的图式，这使得他们对与图式不相符的事物更为敏感，在临床诊断中，专家无须对病人所有的体征和症状逐一分析，而是通过"模式识别"或"样例识别"对病人做出快速而准确的诊断（王雁和姚梅林，2009）。可见案例应用的知识面拥有无数多种组合，覆盖范围极其广泛。

其次，案例知识的不同功能构成了案例应用的纵向功能维度，并通过与案例知识面的交叉而呈现出相应的案例知识应用效果。例如，当一个农民不理解什么是农业产业链融资时,讲解一个农业产业链融资的案例就能够帮助其理解这个初级知识,即为案例在农业领域的初级知识层面发挥出辅助人们学习的功能。再如,一位企业首席执行官(chief executive officer,CEO)以行业中的标杆企业为参照制定本公司战略,这就是案例在企业战略管理的高级知识层面发挥出决策辅助的功能。再比如,学者通过对网络谣言样本进行案例分析发现了网络谣言的发生机制、传播强化机制、传染和扩散机制、扭曲机制及消散机制,为政府进行有效的网络谣言治理提供了参考(顾金喜,2017),这便是案例在社会治理中的专家知识层面发挥出知识发现功能。

基于以上分析,我们将案例知识应用中的"案例功能×案例知识面=案例知识应用"逻辑进行图示化描述,提出三维立体案例知识应用层级模型,如图 7.3 所示。

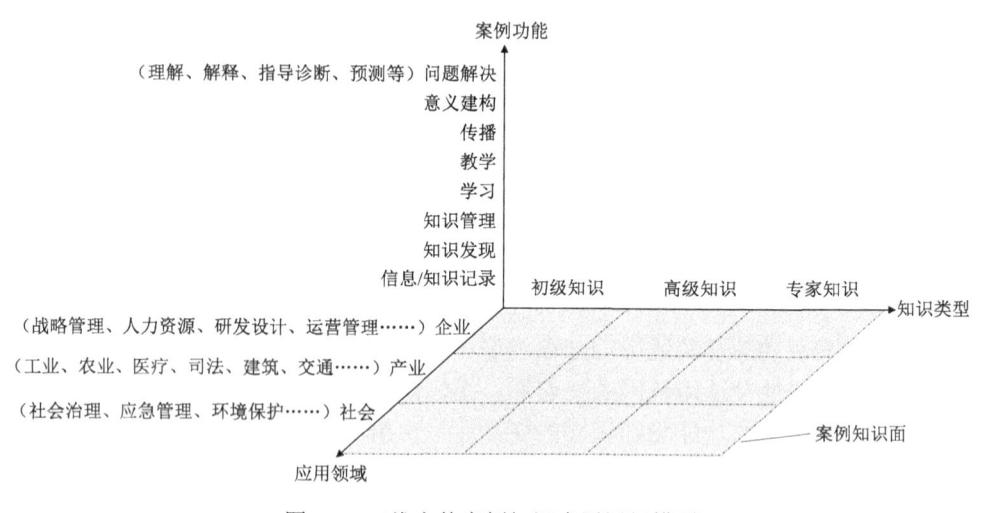

图 7.3 三维立体案例知识应用层级模型

该模型的核心思想在于案例知识的应用实际上是案例在某个应用领域、对于某种知识类型发挥某种案例功能的结果。反之,任何一个应用领域、知识类型及案例功能的组合都能够实现该场景下案例知识的应用。本章第三节中选取了案例知识应用的典型领域进行详细探讨,但这些领域仅仅是案例知识实际应用领域的冰山一角,案例知识具备的功能也有待进一步挖掘,可以想象案例知识应用层级模型还将创造出无穷多种组合,可见案例知识的应用领域非常宽广。实际上,虽然案例知识具有诸多功能,但其价值仍旧被大大低估,当前对案例知识的应用也缺乏应有的关注。尤其是在 VUCA 时代下,人类社会面临的不确定性事件与日俱增,基于规则的推理往往无法有效应用,在这种情况下,案例推理的高自由度、避免精细的规则提炼等特点对于处理复杂问题具有极大优势。加之大数据、云计算及人工智能等数字技术的飞速发展，为基于案例的推理积累了大量数据资源并提供了充沛的算力，相信案例推理与新技术的结合将为人类解决复杂问题提供一条新的路径。也希望通过本章的梳理能够丰富各界对案例知识应用价值的认知，并通过案例知识应用层级模型帮助人们挖掘出案例知识的更多用途，以期案例知识能够在更广阔的领域创造更大价值，造福国家和世界。

第八章　管理案例促进商学院学科建设：耦合与路径

随着 VUCA 时代的到来，日渐复杂的环境变量以及组织内部的新型关系虽为管理学理论的构建带来了空前的挑战,但案例研究愈发受到工商管理学者的青睐，越来越多的高质量案例研究得以在国内外权威期刊上发表并传播。同时，以情境性、实践性见长的案例教学法也已成为商学院中最主流的情境教学模式之一。此外，随着中国管理案例共享中心等案例库的成立，基础设施走向完备，全国管理案例精英赛、全国百篇优秀管理案例评选等案例活动方兴未艾，为管理学科的科学研究、人才培养及社会服务形成强有力的支撑。然而，案例活动在研究、教学及实践应用中不同程度地存在单打独斗现象，导致案例相关活动虽实践同源、内容重叠但未能形成有机融合（苏敬勤等，2021a），案例资源利用效率仍然低下，使得案例活动对管理学科发展的助推功效大打折扣。商学院作为管理案例应用的主要阵地，是否有必要更多地进行案例活动？如果是，那么如何最大程度发挥出案例活动的功效？什么样的嵌入路径最有效？目前商学院对这些重要问题仍缺乏系统思考和探讨，也并未找到有效的问题解决方案。鉴于此，首先，本章拟从学科建设系统的视角阐述管理案例建设的重要性和必要性，旨在为商学院学科建设建立起系统性概念，为后续学科建设系统框架的搭建奠定理论基础；其次，对案例体系及其与商学院学科建设的耦合机理进行系统性的梳理，为构建基于案例的商学院学科建设系统搭建提供依据；最后，在此基础上，逐步分析并构建基于案例的商学院学科建设 C-MAPs 框架,给出具有操作性的案例建设嵌入模式及路径。希望通过本章的梳理，能够排除商学院对管理案例体系建设之必要性的疑虑，为商学院的学科建设与发展建立起系统性概念，并为其进行案例活动的嵌入提供思考框架，以期对商学院加强学科建设与管理、提升商学院的办学实力提供参考。

第一节　商学院学科建设系统

商学院作为管理学科的主要阵地，应该如何更好地进行学科建设？对于这个问题，相信各个商学院都没有统一的答案。但商学院的学科建设真的没有规律可循吗？答案必然是否定的。管理学科与其他学科一样，其学科建设都是一个系统工程（谢桂华，2002）。然而，学科建设到底是一个怎样的系统，管理学科建设系统又有何特殊要求等重要问题尚缺乏深入讨论。鉴于此，本节首先对学科建设系统进行阐述，旨在建立起有关学科建设的系统性思维框架，在此基础上回答商学院的学科建设系统具有怎样的一般性与特殊性，为基于案例的学科建设系统框架的搭建奠定理论基础。

一、学科建设系统

19世纪，随着知识的科学化和专业化得以实现，学科作为一种以生产新知识、培养知识发现者为宗旨的永久性制度在大学中诞生（鲍嵘，2002）。多年来，国内外学者围绕学科建设进行了大量的研讨。学界的普遍共识是，学科是一个由若干体系构成的整体系统。第一，学科是一个知识体系，由不同却相互连接、具有一定内在逻辑联系的知识范畴所构成，具有分类化、学术化、专业化和课程化的特征（施晓光，2021）。第二，学科是一个制度体系，包括学科培养制度、学科评价制度及学科基金制度等制度结构（方文，2001），是支撑学科研究的物质基础。第三，学科是一个人才培养体系，其既是知识生产的发源地，又是知识传播的场所，使得以学科门类为核心的知识生产与人才培育合二为一。第四，学科是一个组织体系，以某领域的学科知识和活动为纽带所形成的人与人之间的组织状态，如以学科点、学位授权点、专门研究领域为中心组织而成的学者共同体、学术创新体、学术共生体（龙宝新，2018）。第五，学科是一个活动体系，如科学研究活动、学科教材的编撰活动、教师的教学活动和学员的学习活动等，构成了学科产生和发展的基础或前提。可见，学科建设是一个较为复杂的概念，涉及多个系统，然而正是由于这种复杂性，目前鲜有研究从整体的视角对学科建设进行探讨，缺乏对学科建设系统的整体考量。因此，要想厘清学科建设的要点，必须深刻理解学科建设的系统性。

那么，该如何理解学科建设的系统性？其中有三个关键问题：第一，系统的构成是什么？第二，系统构成的关系是什么？第三，系统是怎样变化的？

首先，任何一个系统都由三种要件构成，这三种要件为要素、连接和功能（梅多斯，2012）。事实上，人们往往更容易关注系统中的要素，而忽视系统的连接和功能，如著名的哲学悖论"忒修斯之船"：忒修斯有一艘可以在海上航行几百年的船，船体如果有木板腐烂就会被马上替换掉，久而久之，这条船上所有的木板都重新被换过一遍，那么这条船还是原来的那艘船吗？哲学家曾对此莫衷一是，争论不休。但如果从系统的视角来看，就能够轻松地明白这艘船真正变化和不变之所在了：更替的只是构成船体的木板"要素"，而木板的相对位置和铆合关系的"连接"以及航行的"功能"实际上并没有变。这就意味着系统不是一堆要素的简单集合，而是由一组相互连接、旨在完成某个目标的要素所构成的整体。然而，与建筑、船舶、火箭等物理系统不同，对于学科建设这类具有自生长性质的社会系统而言，在实现其功能的背后还有一个重要因素，那就是——方向。这就好比虽然企业的功能都是盈利，但每个企业盈利的方式、采取的行动却不尽相同，所以企业便用战略来形容企业发展的方向，从而更好地指引要素之间的连接。可以说，连接和方向均以功能为目的，但连接和方向对"要素"进行配置的层面有所不同，连接是直接的操作层面，而方向却相对宏观的（图8.1）。此外，不同系统的构成特点有所不同，需差别对待。

图 8.1 系统的构成

其次，要素、连接、方向和功能之间存在必然的联系。连接将要素组合起来形成一定结构，这个结构就决定了系统的功能。也可以说，方向引导着系统如何连接要素。例如，假设一个群体（人力要素）的目标是盈利（功能），他们可能会成立一家公司，制定某种战略（方向），并采用金字塔式的权力架构（连接），进而进行具体的行动；若他们的目标是社会服务（功能），则可能会成立一个自发性的非营利组织，这时组织中的人员地位便相对平等（连接），多靠共同的价值观和信念（方向）来维持组织运作。可以看出，系统的要素是系统构成的底层基础，连接是功能得以实现的核心，方向是指导连接的指南，而功能是系统的价值体现。

最后，系统的变化是各要素互动联结与外部环境共同作用的显性结果，可从外部和内部两个方面来考量。任何一个功能稳定的非静止系统都可以理解为要素流量与存量的动态变化，其中存量就好比浴缸里的水，而流量则是浴缸闸门控制下流入和流出的水流。系统的流量承接着系统与外界环境的要素交互，而系统内部的存量可以由于连接的不同而形成各种结构。同时，存量和流量还可以相互影响，形成反馈回路，共同影响着系统的发展。

那么，学科建设系统有何特点？

学科建设系统拥有独特的要素、连接、方向及功能。其中，学科建设的要素可以分为人力、知识、制度、组织、活动、财力、基础设施等要素类型，具体包括学科带头人、学科梯队、学位点、科研课题、经费配置、学科平台、硬件设施、制度供给等要素（郭必裕，2004；武建鑫，2016）；系统的连接可以是师生关系、制度设计、教学方法、学术生态、学术氛围等；系统的方向可以是研究导向、教学导向或实用导向；而系统的功能则一般被认为是科研、人才培养、师资建设和社会服务四个方面。

对于发展相对平稳的学科来讲，系统的连接和方向建设更加重要。首先，在无特殊情况下，其要素在一段时期内基本上是稳定的，虽然人力、财力、知识等要素会处于动态变化之中，但较少发生剧烈变化，所以要素相对而言并非关键。其次，任何一个学科均具备科研、人才培养、师资建设和社会服务的功能，这是学科的根本性质，也鲜少发生变化。然而如何配置有限的要素，即如何确定系统的连接和方向，却能够影响整个学科建设系统的效率和产出效果。

学科建设系统的连接是可以灵活变化的，学科建设系统要素如何连接直接决定了系统的结构、要素的使用效率及最终的绩效产出，同时受学科建设方向的引导。论文篇数、实验室个数、学科平台的搭建等，这些都是学科建设不可或缺的要素，但真正重要的是将这些要素有机地整合到一个有序的组织之中（宣勇，2016），形成高效、正确的系统连接。例如，偏向教学的学院文化会引导教师更加关注教学，从而将时间、精力花费在教学上，增加该学科的教学产出；注重科研成果的晋升制度有助于科研成果的产出；而更认可定量研究方法的学术环境可能抑制定性研究的发展；等等。换句话说，连接是决定已有要素如何配置的直接因素，是学科建设方向在操作层面的执行。

而学科建设方向主要受外部环境宏观层面和学校、院系微观层面的影响（图8.2）。首先，宏观层面主要指国家和社会对该学科的影响。例如，如果一定时期内某些学科满足国家的战略需求、社会重大问题的需要，便会得到国家的重点扶持，获得更多资源，就像为该学科开闸注水，这能够大大提高学科建设的要素存量，助推该学科的兴起。其次，学校、院系微观层面是学科建设的主力。学校是学科建设的主战场，但各个学校的学科建设功能各有侧重。例如，研究型大学和研究教学型大学更注重科研，教学研究型大学和教学型大学更倾向教学，应用型大学和高等专科院校更加注重社会服务。学校层面的不同侧重就像在学校这个学科建设的小蓄水池中为该学科的某个功能多分点水，但这同时意味着其他功能分得的水便少了。而院系是大学组织的基本单元，也是学科建设的主力军，院系是科研、人才培养、社会服务功能的执行者，院系如何利用有限的资源要素直接决定着学科建设的绩效。可以说，宏观层面的方向决定了该学科总蓄水池的流入量和流出量，高校层面"教学型""研究型""应用型"等方向决定了相应学科在人才培养、科研、社会服务三个小蓄水池的相对存量，而院系层面的方向决定了有限的蓄水池中要素的资源配置效率。站在学科层面视角来看，一定时期内，对于一个相对稳定的学科而言，宏观层面的情境不会轻易发生改变，而学科建设的最终组织者和实施者是院系，能够对学科建设系统起到长久影响的实则是学校和院系，因此学校和院系层面的学科建设方向是学科建设系统的重中之重。

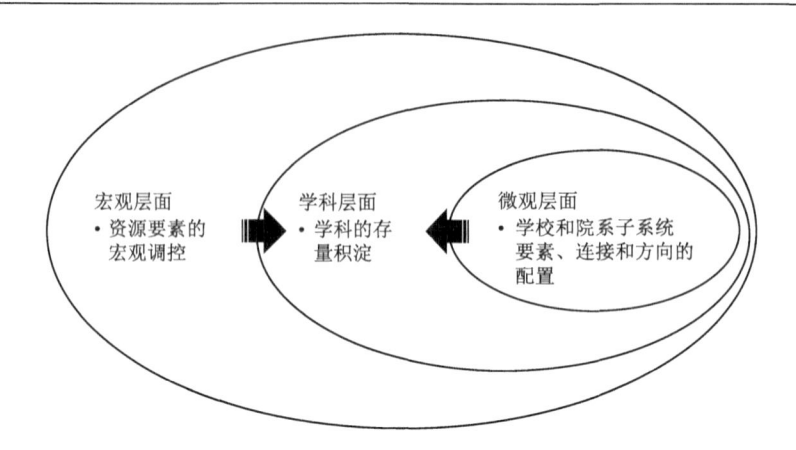

図8.2 影响学科建设方向的宏观、微观因素

显然，学科建设作为一个相对复杂的系统，要取得更好的绩效，必须使系统总体绩效较优，其中的关键点如下。第一，系统的要素配置合理，即需要系统的知识要素、师资队伍要素、基础设施要素、资源要素等的配置合理。不同的院校在资源的丰度和能力上存在差异，往往系统的要素配置在某一个阶段是相对固定的，所以改变要素配置的努力更多取决于学科建设单位的努力。第二，系统结构的连接相对科学合理，系统的各个要素虽然可能相对固化，但其连接和组合的结构却是可以调整与变化的，而不同的结构引致的产出效果是不同的，从这个意义上说，即使资源要素丰度有限，不同院系仍然有可能做出与众不同的学科建设成绩。第三，也是最易被忽略的关键点是——系统建设的方向，即学科建设的主攻方向是什么？现实中学科建设方向不明确、学科建设方向摇摆不定、学科建设方向错误等导致学科建设效果不尽如人意的案例比比皆是。因此，学科建设的要素、连接和方向是任何一个学科都需要重点关注并认真研究、具体实施的关键问题。其中，要素是基础，没有学科建设必需的学科点、队伍、经费、基础设施等要素，就谈不上学科建设；而学科建设对要素资源配置的连接是保障，由于学科建设要素在一个时期内往往是稳定的，在各个领域配置什么资源、配置多少资源、如何有效连接这些资源是学科建设单位需要重点研究和解决的结构性问题，也是提升学科建设效果的重要方面；而学科建设的方向无疑更为关键，它决定了一个学科是只关注论文、获奖和"帽子"，还是围绕国际学术前沿、针对性地解决社会经济发展中的问题，因此学科建设方向的选择是学科健康、自适应生长的基础。

二、商学院的管理学科建设系统

商学院处于管理学科知识发现和传播的核心节点，也是管理学科建设的主力军，这就对商学院的管理学科建设提出了更高的要求。与其他学科的建设一样，只有始终牢牢把握管理学科建设的要素、连接和方向，方有可能做好学科建设工作。显然，管理学科的方向建设具有首位度，它决定了学科建设的要素和连接的合理配置，而在正确的方向下对学科建设各个要素的连接性进行合理编排和拼凑，则是实现学科建设目标的具体举措，并起着基础性作用。

按照管理学科的特点和国家要求，管理学科建设的大方向可以概括为"顶天立地"。"顶天"，就是围绕人类尚未回答和解决的基础问题开展研究，解决基础性、原创性的科学问题，培养具有国际影响力的顶尖人才；"立地"，就是围绕现实存在、普遍困扰经济社会发展的核心问题开展科学研究和人才培养工作，造福人类和国家。

令学界困惑的是，这两个目标在现实中的关系存在一定的冲突，导致商学院在学科建设中存在分歧。具体体现在，一是部分商学院通过制定相关政策，仅仅以国际发表、国际认证、国际排名和"帽子"人才作为评价学科建设成效的主要方面，对于人才培养和社会经济发展中的突出管理问题缺乏应有的关注，引起政府和社会的不满；二是部分商学院仅以教学为主要任务，对于科学研究、社会服务等方面投入较少，商学院的学科建设步履维艰。如何有效兼顾"顶天"和"立地"的关系，成为商学院学科建设的关键问题。

本书认为，平衡两者之间关系的关键是——根据管理学科建设的特点，找准学科建设方向，采取切实有效的措施和政策，调整学科建设的资源结构，促进学科建设要素的有效聚集和连接，实现管理学科的健康发展。要想达到上述要求，商学院应做到以下几点。

第一，深入中国情境，扎根中国实践。为国家社会培养高水平管理人才、推动管理理论与实践向高质量发展是我国管理学科的基本任务，这决定了扎根中国管理实践是商学院进行学科建设的必由之路。在 VUCA 时代下，我国的管理实践面临着前所未有的挑战：全球疫情冲击以及政治格局的剧烈动荡使全球化商业关系重塑；网红经济、平台经济、共享经济等新业态逐渐形成；5G、区块链、人工智能、数字孪生等新技术成为产业迭代的新驱动力，为企业带来更多的机遇与挑战……管理实践的复杂性对商学院的人才培养与理论构建提出了更高要求，管理人才和理论只有充分适应多维复杂的现实情境才能够真正发挥作用，这就决定了深入中国情境、扎根本土管理实践是对商学院的必然选择。这要求商学院应在学科建设的过程中对多维现实情境进行深入剖析，深入企业洞察实践、把握企业现实问题、了解企业人才需求，只有如此才能发现企业"真"问题、做出"真"理论、培育"真"人才，才能真正立足中国经济社会发展的需要，为人类谋福祉，为世界贡献中国智慧。

第二，牢牢把握学科方向，打造先进理念体系。管理学科是由人力、财力、物力等多种要素构成的复杂社会系统，其系统建设的方向是至关重要的。只有确定了系统建设方向，系统中的要素才能朝着统一的方向聚合，使社会系统充分发挥其预期的功能和目的，从组织无序、效率低下走向组织有序、效率高效。但对于商学院而言，学科建设系统的方向并不容易把握，其中有众多问题需要协调。例如，未来几年学院要达到区域领先还是国内一流？学院应发展什么特色？学院资源是否需要向教学、科研和社会服务中的某方面倾斜？等等。可见商学院的学科建设与学院的定位、特色、资源配置等紧密相关，要把握好学科建设的方向，商学院必须打造一套先进的理念体系来进行全局性的统筹，具体应包括商学院的使命、愿景、战略和价值观等。该理念体系必须立足于中国现实情境以及学院自身的内部情境，全面分析现有的资源要素、特色和水平、优势和劣势，科学地确定学科发展方向，进而准确地进行目标定位，从而实现对商学院行动的全面性筹划、全方位决策和根本性指导。

第三，搭建有效行动体系，提高行动能力。学科建设是由知识发现、知识传播到知识应用构成的完整系统，包含了诸如人才培养、师资队伍建设、科研活动、对外交流、校企合作等各方面行动。由于学科建设所需要的人力、物力、财力、信息、环境及管理资源等均具有一定的稀缺性，而不同的行动拥有不同的资源分配策略，同时也决定了不同的绩效，可以说，商学院的行动系统直接关系到商学院的资源利用效率以及其立足社会的竞争力。实际上，商学院面临众多行动选择。例如，选择普通教学模式还是案例教学模式？选择何种学员实践模式，企业调研还是沙盘推演？等等。每一种行动都有其自身优劣，于商学院而言并没有统一的选择的标准。商学院需以自身的理念体系为指引，搭建适合自身且更加有效的行动体系，这样才能聚集学科建设各个要素，形成凝聚力，加强学科结构间的互促联动，激发学科建设的协同效应，从而为学院学科建设的战略实施做支撑。

第四，完善政策体系，形成系统保障。商学院的有序运行离不开制度设计的支持和规范，政策体系的制定应以贯彻理念体系为导向，以服务行动体系为宗旨，切实为实现商学院总体目标提供系统保障。商学院的政策体系具体可包括教师激励奖励机制、师资队伍培育机制、教学质量考核评价机制、学术积分体系、经费保障机制、平台保障机制等，若无统一的理念方向指引，则容易形成四处发力、求大求全的政策体系。一方面，学院的资源是有限的，只有"有所为、有所不为"才能够聚集力量、形成优势，因此政策体系必须起到引领作用，对符合理念系统的行动进行激励；另一方面，一套行之有效的政策体系应是连贯的、系统化的，从各个方面（如教学、科研、社会实践等）、各个阶段（事前引导、事中保障、事后评价）为行动体系形成保障，预防和解决行动系统可能出现的困难，为学院学科建设战略目标的达成提供精准有力的支撑。

商学院的学科建设是一个系统工程，从系统的视角来看，前两个要点旨在使商学院把握住学科建设与自身发展的系统方向，而后两个要点旨在使有限的要素资源实现高效配置，即进行商学院系统的连接建设。只有充分认清商学院的系统性以及系统建设中方向和连接两个关键点，才能真正把握商学院学科建设的核心。

第二节 管理案例与商学院学科建设嵌入和耦合机理

学科建设是院系发展的核心和灵魂，而管理案例则被称为商学院学科建设最有效的方法之一（黄江明等，2011；苏敬勤和高昕，2020）。目前，案例教学已成为管理学科的重要教学方法，在应用型管理人才的培养方面发挥着巨大作用；案例研究在国内外管理领域顶级期刊的发文量占比越来越高，且优秀论文的比例同样越来越高，为形成独特管理理论做出了巨大贡献；企业调研、案例分析、案例竞赛等案例活动也已越来越多地融入商学院的实践活动，管理案例体系的飞轮效应正在逐渐显现。可见，管理案例已深深嵌入商学院的学科建设系统之中。然而，管理案例为何与管理学的学科建设系统如此适配？其嵌入和耦合机理是什么？本节将以学科建设系统为视角，从要素、连接、方向和功能四个方面对管理案例与商学院学科建设的嵌入和耦合机理进行剖析，旨在找到管理案例与商学院学科建设适配的底层原因，为管理案例在商学院的进一步应用奠定基础。

一、要素耦合

管理案例体系是一种以管理案例为核心，由企业调研、案例开发、案例教学、案例研究、案例竞赛、企业咨询等若干案例活动组合形成的有机系统。管理案例体系涵盖了商学院学科建设系统中科研、人才培养、师资建设、社会服务等最主要的功能活动，包含了商学院学科建设所需的人力、物力与知识等要素。

在科学研究方面，案例研究一直以来都是管理学最重要的知识发现方法之一。案例研究基于具体实践现象的详细描述，通过研究构念间相互作用关系，揭示其内生机理及一般普适性规律，以实现对已有理论的升华。案例研究凭其独特优势，不仅是对前沿性研究内容进行探索的重要方法，更是我国构建本土化管理理论必不可少的手段，从而得到了不同领域诸多知名专家前所未有的关注及广泛运用。据研究统计，工商管理案例论文及国家自然科学基金项目从2006年起数量呈逐年稳定增长态势（苏敬勤和贾依帛，2018）。可见案例研究已深深嵌入管理学的知识系统之中。

在人才培养方面，案例相关的教学模式已在管理学科得到广泛应用。1980年，案例教学法经由中美合作举办的"中国工业科技管理大连培训中心"项目开始在国内推广，至今已成为商学院中最主要的情境教学模式和工商管理教育的标志性评价内容。已有研究证明，案例教学能够显著提升学员运用基本原理解决实际问题的能力，帮助学员架起理论知识与实践活动的桥梁（熊勇清，2004）。与此同时，粗案例教学、微案例教学、案例行动学习法等基于案例的教学模式也在国内各个商学院中相继得到探索和推广，基于案例的教学成为管理学科教学模式中不可或缺的重要部分。

在师资建设方面，案例不仅能够大大提升教师的自身能力和素养，还能够帮助教师与企业建立联系、了解企业实践、把握中国管理情境。借助于案例教学，不仅能够大大缩短教学情境与现实情境的差距，帮助教师更好地掌握管理理论，将管理知识充分内化，还有助于提高教师的表达、讨论技能，增强其面对困难的自信心（郑金洲，2002）。此外，通过案例研究能够使教师深入企业实践，了解和理解企业现象背后的规律，有助于教师提升思维能力、产生洞见。若能够进一步打通案例研究、案例教学和资政建议的之间的隔阂，将有助于教师成为"做得了研究、进得了课堂、当得了老板"的多面手，如此，将管理学科的知识学以致用，切实指导企业实践。

在社会服务方面，管理案例不仅能够用于学员教学，还能够成为企业学习的范本和标杆，这充分显示了管理案例的多元应用价值。此外，企业调研与诊断等案例活动已在众多商学院中实行，不仅能够提高学员分析问题、解决问题的能力，还能够帮助企业找出现有问题和对策，为企业带来正面效益，形成"实践产生先进理论，理论助推更好实践"的正循环，从而推动管理学科良性发展。

可见，管理案例体系与商学院学科建设系统要素高度重合，并已深深嵌入后者之中。可以说，管理案例体系与商学院学科建设系统在各个方面均具备要素适配性，这是其他任何一种科研或教学方式所不具备的优势之一。

二、连接耦合

商学院学科建设不同要素间的不同连接构成了商学院学科建设系统的结构，如行动结构、关系结构、绩效结构、知识结构、制度结构等。而管理案例体系自身便是一个连接的体系，其行动连接、关系连接、绩效连接能够对商学院学科建设系统产生重要影响。

第一，从行动结构来看，管理案例体系中的各个活动能够形成纵向的流程连接和横向的功能交叉。一方面，管理案例体系自身能够形成一套以深入企业为起点的纵贯式案例系统。例如，首先深入企业进行调研，接着将调研到的资料撰写成教学案例，随之可以将其用作课堂案例教学，在对材料深入理解之后发现独特研究问题，便可以用其进行案例研究，最后根据研究成果为企业提供发展建议。通过这样的流程实际上就形成了"深入企业—案例编排—案例教学—案例研究—案例咨询"的纵贯流程，当然，教师或商学院还可以根据自身需要对案例活动进行程序增减或顺序调整，如侧重于实践教学的商学院可以开发出"深入企业—案例编排—案例分析—案例竞赛—案例咨询"的案例活动系统等。另一方面，管理案例体系是一套有机系统，能够实现商学院学科建设功能上的交叉。例如，上面所述的"深入企业—案例编排—案例教学—案例研究—案例咨询"案例体系中，一并实现了人才培养、师资建设、科研、社会服务四种学科建设功能，使一个案例产生多种效益，大大提高了案例的使用效率。由此看来，管理案例体系能够将知识发现、知识传播和知识应用进行有效连接，打通管理学科"产—学—研—用"之间的隔离墙，既满足了管理学源于实践、走向实践的要求，又填补了理论与实践之间的脱节，与商学院学科建设的系统性要求天然适配。

第二，从关系结构来看，管理案例体系连接教师、学员、企业等多种主体，主体之间以管理案例为中介进行多向互动，这不仅有助于形成良好的师生关系，还能够帮助商学院搭建更广阔的外部生态。首先，管理案例能够有效地达到师生之间的双向提升。科研和教学是在校师生互动最为频繁的两个环节，传统模式下，教师的答疑式指导与灌输式教学具有明显的单向性，教师始终处于主动输出的一方，而学员处于被动接受的一方，学员对知识的吸收程度尚且存疑，教师也很难从学员身上获得有益成长（龙宝新，2017）。而案例研究和案例教学以管理案例为抓手，给予师生就特定管理问题深度交流与互动的场景，激发学员学习能动性和独特创造性，为教师带来新逻辑、新视角、新思维，形成共赢、共促、共创的师生关系形态。其次，管理案例体系有助于搭建起校企沟通的桥梁。商学院通过企业获得实践基地和鲜活案例，而企业同时可借助商学院雄厚的师资力量及其学术功底，发现企业真正问题，采用先进、适配的管理理论不断优化企业管理方法，及时解决经营难题，实现快速健康发展，达到双向甚至多向协同的效果。

第三，从绩效结构来看，管理案例能够在产出方面相互连接，助推商学院学科建设事半功倍。考虑到教师时间与精力的平衡，专职教师通常利用课余时间进行科研，若教学工作量过满，则无暇集中精力做研究，但如果教师选择采用案例方法，便能够借助案例实现教学科研的双重产出。案例研究和案例教学都以案例素材为原始材料，丰富的案例素材既能够发现独特管理现象，用来进行案例研究，又可以被编排为教学案例，用于课堂教学，甚至还可以用于撰写商业案例、教材或书籍，达到"一石多鸟"的效果。教师既是知识发现者又是知识传播者，是学科建设系统中最为基础的建设者，管理案例能够切实帮助教师事半功倍，从而助推管理学科更高效发展。

三、方向耦合

管理案例体系与商学院的学科建设系统具有方向耦合性，是平衡管理学科"顶天"和"立地"两大方向最有效的方式。

正所谓"先立地后顶天，不立地不顶天"，"立地"是"顶天"的根基，中国管理学要想"立地"，就必须立足于中国的实际问题。管理案例从实践中来，其根植于本土管理情境，自身便具备"立地"的属性，这也是管理案例最独特的价值之一。一方面，基于本土管理案例的科学研究关注的一定是本土实际的管理问题，脚踏中国情境的实地，帮助研究者涌现新的商业洞见，发现商业实践新的特点和规律，产生社会和学界需要的、高层次的研究成果，是中国管理学"立地"的基础。另一方面，管理学科作为"致用"的学科，其本质是解决管理实践面对的实际问题，而要解决实际问题，则要求管理学科的教师和学员真正了解实践，而不是仅靠书本上的经典理论去推测实践。管理案例包含企业实践的详细情境、过程和结果信息，能够使教师和学员充分了解企业的实际情况，明晰企业实践背后的本土情境，并通过课堂上的案例教学培养学员运用管理知识分析问题、解决问题能力以及团队合作和批判性精神等。由此使学员真正了解自己在学什么知识、学到的知识能够用在什么样的场景，从而实现理论与实践相结合，这也是国内外著名商学院的成功经验。只有拥有"立地"的管理理论以及拥有"立地"的管理人才，管理学科理论研究才能真正发挥出对社会发展的积极作用，使研究成果更加科学、正确地指导我国各类组织管理工作的进步。

另外，在"立地"的基础之上，管理案例还能够助推管理学走向"顶天"的目标。近年来，中国本土企业的飞速发展为管理学科积累了丰富的管理案例素材，为开展案例研究奠定了良好基础。案例研究作为扎根本土情境的重要研究方法，能够帮助研究者发现本土管理实践的独特视角，更加深刻、准确地描述、分析、解释中国本土管理现象及行为（梁觉和李福荔，2010）。基于此，从中国本土管理现象及管理行为中提炼的理论可以为中国乃至全球管理理论贡献价值（陈春花等，2014），为世界的管理知识宝库添砖加瓦。除此之外，通过高水平的案例研究，不仅能够造就一支高层次、能够在国际顶级期刊发表论文的学者团队，还能使这支队伍成为了解企业实际、能更好为学员答疑解惑的教师队伍，向管理学科高水平师资队伍建设的目标更进一步。

同时，由于更加深入地了解企业实际，商学院还能够为企业和社会提供其发展所需要的咨询建议与资政报告，为企业家提供更开阔的视野、更科学的管理方法，满足管理学科建设服务于社会的方向要求。可见，案例的系统建设与管理学科建设的方向要求高度契合，是不可多得的能够将"顶天"与"立地"目标有机衔接且互相促进的学科建设模式。

四、功能耦合

通过管理案例体系与管理学科的要素耦合可以看出，管理案例体系的科研、人才培养、师资建设、社会服务功能与管理学科系统功能高度一致，此外，其具有的独特性还能够弥补管理学科中其他方法的不足，产生功能上的互补耦合。

在科学研究方面，案例研究最重要的价值在于提出新构念、发现新关系、构建新理论。首先，案例研究是深入实践的，在此基础上才能挖掘出更具本土化意义的新构念。其次，案例研究有助于揭示深藏于动态、复杂现象背后的各种关系，而截面式研究则难以挖掘这些关系（黄江明等，2011）。最后，案例研究本质更偏重创建新理论，尤其对于目前我国经济转型升级时期的政治、经济、社会和技术等情境变迁所体现出的情境动态性，当已有理论不能完全或很好地解释现有现象时，案例研究便能够发挥探索性的研究功能。此外，在面对更为复杂的管理现象时，核心变量通常也难以进行准确的统计测量，且仅通过其他方法讨论变量间关系而引出的理论可靠性往往不足，案例研究情境化、过程化、关系化的特点则能够彰显出独特优势（苏敬勤和贾依帛，2018），弥补演绎逻辑的缺憾。

在人才培养方面，案例教学在教学目的、教学载体、教学方式、教师地位、教学效果等方面均与传统教学有很大不同，具有功能独特性（张家军和靳玉乐，2004）。例如，在教学目的方面，传统教学以传授知识为主，而案例教学则更加注重培养学员发现问题、分析问题、解决问题的能力，进而提高学员素养；在教学载体方面，传统教学主要使用固定的教科书，而案例教学则以多样的、情境化的案例为载体；在教学方式方面，传统教学以教师讲授为主，而案例教学则强调启发式，强调学员的亲自参与；在教师地位方面，传统教学中教师通常占主导地位，学员处于被动接受的状态，而案例教学中，教师作为引导者，学员则是积极的参与者；在教学效果方面，传统教学能够传授比较系统的知识，但在能力培养方面效果明显不足，而案例教学能够有效培养学员分析问题、解决问题的能力，但在传授系统知识方面效率较低。由此可见，案例教学既拥有传统教学模式所不具备的异质性优势，又存在一定的劣势，对管理学科的人才培养发挥着不可替代的独特作用。

在师资建设方面，管理案例在提升教师核心素养方面具有独特优势。一方面，案例研究要求教师深入企业实践，关注实践背后的情境，有助于培养研究者发现新现象的敏感度，发现新的商业洞见，从而培养更加开阔的视野和更加深入的思维。另一方面，案例教学对教师素养有更高的要求。例如，由于要选编经典、切实可行的案例，需要教师有深厚的专业知识和广博的案例积累，此外，为了发挥案例教学的能效，需要教师在讲解时注意启发性、艺术性、科学性相结合，这将反过来要求教师提高自己的专业素养（闫琰和郭亮，2008）。

在社会服务方面，基于案例的企业咨询能够与案例研究完美融合，更有助于科学、高效地解决实际问题。研究者通过深入企业了解企业实践情境以及与企业直接对话、了解企业真正面临和关心的问题，更易发现独特的管理现象和问题，此时可以采取案例研究方式对企业进行深入分析，在此基础上为企业提供的理论指导或发展建议不但更加科学，也将更加符合企业的需要。此外，研究者在服务社会的同时还拥有额外的科研产出，凸显了基于案例的社会服务的独特功能。

总的来看，案例体系在管理学科建设的各个功能上均具有异质性互补优势。但与此同时，案例体系也有一定的不足。例如，案例研究的严谨性不足是长期困扰案例学者的重要问题（毛基业，2020），案例教学不适合基础知识较弱的学员（熊勇清，2004），等等。可见，能够促进管理学科健康发展的不会仅仅是一种模式，而需要多种模式共同发展。但毫无疑问，案例活动在体系的结构性、成本发生和实施便利性等方面具有独特优势，所以已然成为国际领先商学院以及国内顶尖商学院普遍采用的重要方法。

第三节 基于案例的商学院学科建设系统搭建

学科建设系统既可以是基于理论而发展的，也可以是基于实践而发展的（康敏和王伟宜，2015）。于商学院而言，同样有不止一种选择，但基于实践的学科建设模式无疑是一个不可忽视的重要选项。2016 年 5 月 17 日，习近平在哲学社会科学工作座谈会上发表了关于"加快构建中国特色哲学社会科学"重要讲话[①]。基于上述精神，深入中国情境、扎根中国实践是对商学院的基本要求。管理案例是深入中国本土管理实践的重要载体，并与商学院学科建设系统在要素、连接、方向和功能上具有耦合作用，可以说，基于案例的学科建设是最符合中国情境，也最能满足商学院需求的一条路径。然而商学院如何构建基于案例的学科建设系统？其中有哪些关键要点？目前学界对此鲜有讨论。基于此，本节试图在已有实践基础上，从系统的视角构建基于案例的商学院学科建设系统，为商学院的学科建设提供思考框架。

一、情境

案例体系的情境性本质上源于实践的情境性，这意味着基于案例的商学院学科建设体系必然要以深入中国情境为基础。因此，深入中国情境是基于实践的学科建设系统的本质特征。但在当今的 VUCA 时代，国家和企业所面对的情境是快变和复杂的，这给管理学的发展带来了更大的挑战。商学院在搭建基于案例的学科建设系统过程中须做到对情境的多元认识，把握好多维、复杂的内外部情境特征，才能更好地把握学科建设方向。那么，具体有哪些情境要素需纳入考量？这些要素对商学院有何影响？接下来将逐一论述。

---

① 《习近平主持召开哲学社会科学工作座谈会》，http://www.xinhuanet.com//politics/2016-05/17/c_1118882832.htm[2016-05-17]。

（一）外部情境

研究发现，对我国管理实践产生重要影响的外部情境主要包含政治、经济、社会、技术等主要范畴（苏敬勤和刘畅，2016）。

1. 政治情境

政治情境是学科发展过程中不可忽略的影响因素。我国政治情境具有鲜明的中国特色：第一，中国共产党作为中国现代国家建设的领导核心，内嵌于国家权力体系中，并与之形成"两位一体"的治理结构形态（颜昌武，2019）；第二，民主集中制是党政体制发挥作用的根本原则，通过民主集中制，构建了由上至下的指挥链（命令链）和由下至上的反馈链（信息链）；第三，服务于政治路线是党的组织体系的发展动力，即党组织需同中国共产党阶段性目标与任务的总政策、总方针等相适应；第四，全面负责的领导核心机制、全面控制的归口管理机制以及净化政治生态的纪委机制是我国党政体制健康发展的内在支撑（樊士博，2021）。在实践中，我国形成了金字塔式逐级运作的政策推行机制，中央权威约束下的步调一致性保障了"全国一盘棋"的实现，充分发挥了社会主义"集中力量办大事"的制度优势。

基于我国独特的政治情境，党和国家的政策指引直接对管理学科的发展方向产生巨大影响。2016年习近平在哲学社会科学工作座谈会上指出，要"着力构建中国特色哲学社会科学，在指导思想、学科体系、学术体系、话语体系等方面充分体现中国特色、中国风格、中国气派"[①]，为包括管理学在内的哲学社会科学指明了发展方向。这要求中国管理学界树立实践导向意识，深入研究和回答我国经济社会发展过程中有关管理科学的重大理论和实践问题，从学科体系、学术体系、话语体系等方面打造出鲜明的中国特色、中国风格、中国气派（王永贵等，2021）。在此大方向的引导下，国家基金、课题、学术组织已经做出了积极回应。例如，为深入贯彻落实习近平重要讲话精神，2021年5月15日《管理世界》杂志社在北京举办"加快构建中国特色管理学体系"研讨会，围绕推动建设中国特色、中国风格、中国气派管理学体系展开深入研讨与交流，并出版了系列文章，在推动构建中国特色管理学体系等方面发挥出引领作用。同时，国家的方向引导也要求管理学者和商学院应对现有的学术范式、课程体系和人才培养体系等进行重新审视并做出相应调整。一方面应大力发展扎根中国管理实践的质性研究，使提炼出的管理理论更适应和体现中国国情（王永贵等，2021）；另一方面应注重

[①] 《习近平主持召开哲学社会科学工作座谈会》，http://www.xinhuanet.com//politics/2016-05/17/c_1118882832.htm[2016-05-17]。

人文教育、思政教育和情境教育，使培养出的管理学术人才更具独立精神、创新精神、担当精神，使管理应用人才更符合中国社会经济发展需要。

2. 经济情境

经济情境是研究中国企业外部情境的一个重要因素（苏敬勤和刘畅，2016）。近年来，中国经济增长开始结构性减速，即中国经济的基本面发生了历史性的实质变化，进入经济发展的"新常态"阶段（金碚，2015）。自2019年末，新冠疫情开始在全球蔓延，面对发达国家市场萎缩、新兴市场体量不足、贸易保护主义兴起等一系列持续演变的风险和挑战，我国正在加快形成以国内大循环为主体、国内国际双循环相互促进的经济发展新格局（姚树洁和房景，2020）。与此同时，我国经济还存在着经济体制市场化转型、经济转向创新驱动、经济结构优化升级、市场正式机制不完善、政府干预、市场分割等特征（高菲等，2019；苏敬勤和刘畅，2016），对中国企业和中国管理学科的发展有着重要影响。

"时代是思想之母，实践是理论之源"，管理理论始终伴随着企业情境的日益复杂逐步萌生和发展，经济情境通过对管理实践的塑造从而影响着管理学科的时代特征。在我国经济转型过程中，出现了市场机制不完善、法律不健全、法律执行不到位等问题，导致中国社会存在诸多制度真空（魏江等，2014），然而正是这样的经济情境给了企业进行商业模式创新的大好机会，催生了一大批诸如百度、阿里、腾讯、滴滴等互联网巨头，同时这些企业又重塑着中国新经济，不仅带动着中国全面进入移动互联网时代，还衍生出平台经济、共享经济、网红经济等新业态。目前，中国在数字化营销、金融科技、人工智能应用、共享经济、移动支付、3D打印、无人机等领域拥有一系列的全球范围内的最佳实践，这些企业和现象为管理学研究和创新提供了鲜活的素材，如以海尔为代表的平台型组织以及以阿里、小米、美团等为代表的生态型组织，极大地促进了平台理论、创新生态系统理论、动态能力理论等管理理论在中国的发展。当下，数字经济在中国快速发展，加之"双循环"经济发展新格局的形成，我国正处于百年未有之大变局的关键时期，新经济情境为新管理理论的诞生创造了千载难逢的机遇和前所未有的可能性。同时，快速变化的经济和市场情境对商学院的人才培养提出了更高要求，商学院的教材、教辅应与时俱进，教学模式应更加贴近中国管理实践，使培养出的管理人才能够充分适应当下的VUCA时代。

3. 社会情境

社会情境体现了具有普遍性、在相当长时期中具有稳定性的社会规范体系（林海芬和苏敬勤，2017），是社会传统价值观和信念的集合体，包括学科建设在内的任何社会性活动都离不开社会情境的范畴。社会情境的核心构成便是文化情境。

从文化价值来看，中华优秀传统文化中"天下观""大一统""华夷一体""和合"等思想共同构成中华民族共同体历史生成的文化基因（孔亭，2022），这也是中国社会最具独特性的渊源所在。在此基础上，中国独特的文化环境主要表现为集体主义、风险规避、高权力距离和关系利用倾向性等几个方面（蔡莉和单标安，2013）。其中，集体主义关注个体为集体带来的价值，其原则是"集体利益高于个体利益，或者说集体利益优先于个体利益"，个体可从中获得归属感并共享集体福利；风险规避体现出中国人的保守主义倾向，在学习新知识和技能、提升自我等方面意愿较低，更倾向于被动接受新事物或新挑战；高权力距离反映出中国人对于权力和角色不平衡性的接受程度较高，层级式决策和领导权威在中国得到普遍认同；关系利用倾向性则是儒家文化在当代中国文化的继承性表现，体现了中国使用"关系"来协调交易活动的传统，其强调的是社会关系——尤其是个人关系——在经济和社会组织中的重要作用。

中国特有的社会情境为建立具有中国特色、中国风格、中国气派的管理学派奠定了坚实的基础。一方面，中华民族拥有五千多年的文明和历史文化，大量中国现代企业的管理智慧根植于中国历史文化中的璀璨思想，越来越多的中国学者呼吁从中国传统文化、哲学以及更广泛的知识传统中汲取智慧，构建中国本土管理理论（谢佩洪，2016）。目前，中国学者对此已有不少探索，如席酉民的和谐管理理论、苏东水的东方管理学、成中英的 C 理论、齐善鸿的道本管理、曾仕强的 M 理论等。另一方面，中国特有的社会情境深刻地影响着民众的行为方式，造就了具有中国特色的企业管理模式，为构建适合当代中国情境的管理理论提供了必要支撑。从员工视角来看，中国传统价值观对员工行为产生了重要影响，并且很难在短时间内加以改变（李锐等，2012），此外，"关系"是华人社会很重要的现象，对组织内的人际行为具有广泛而深远的影响力，塑造了中国企业独特的内部情境；从管理者视角来看，中国众多优秀企业家往往擅长从中华传统文化中汲取优秀思想，如华为任正非的"灰度管理/中庸之道"等，创造了具有中国特色的本土企业管理实践，为中国情境下的管理研究提供了丰富素材。基于此，中国管理学者通过跟踪本土企业管理实践取得不少具有中国特色的研究成果，如陈春花等的《领先之道》、王育琨的《强者：企业家的梦想与痴醉》、苏小和的《局限：发现中国本土企业的命运》等。在这样的情况下，商学院的人才培养模式也应发生相应的转变。目前，大多数商学院的管理学教材仍以西方管理理论为主，我国优秀传统文化中的东方管理思想尚未得到充分重视，商学院应加强学员的传统文化教育，致力于培养出能够将中国传统文化智慧与现代管理相结合的应用型管理人才，用中华文明积淀的智慧造福当代人类和社会。

4. 技术情境

技术情境虽不如政治、经济和社会情境受关注,但技术已毋庸置疑成为社会进步的原动力,也是 VUCA 时代影响最大的变量之一。改革开放以来,中国逐渐加入全球信息化进程,开启了以信息化为核心的产业变革。21 世纪初,中国乘上了互联网的浪潮并显示出巨大的后发优势,孕育出华为、阿里、腾讯等一大批超级企业,成功实现弯道超车,跻身世界前列。现如今,伴随着 5G、云计算、大数据、人工智能等技术的出现,中国正面临着由信息化向数智化时代的全面转型。新技术的不断出现使新模式、新业态、新组织形式像物种大爆发般涌现。例如,近年来理论界出现了很多关于新兴组织的概念,如网络组织、无边界组织、倒三角组织、阿米巴型组织等,而韩都衣舍、阿里巴巴、华为等则在讲小团队平台。这都得益于日趋成熟的互联网经济、方兴未艾的大数据应用、异军突起的"工业 4.0"及声势浩大登上历史舞台的人工智能等各种新兴技术。

管理实践始终是管理理论发展的源泉,技术情境对人类社会经济的广泛渗透对企业管理变革造成了全方位、颠覆性的影响,从而影响着管理学科的发展。随着技术的爆炸式发展,复杂技术产品越来越多地参与到全球市场竞争中,处理同样问题所需的流程、工具、方法不断发生变化,用过去的经验和技能来解决新的问题,或者总是企图用同样的流程化模式来处理问题,很可能完全无效,或者无法得出我们所需的理想答案。现实证明,数字化、智能化技术已经为企业管理理论和实践带来了颠覆性的变化:生产管理模式从大规模流水生产范式向个性化智能制造范式转变,人力资源管理从针对"传统简单劳动者"的科学管理向针对"现代知识型员工"的人本管理转变,营销管理从以生产者为中心的商品主导逻辑转向以消费者为中心的服务主导逻辑,战略管理从核心能力战略主导向平台战略主导转变,组织管理从针对金字塔层级结构的机械管理模式向针对网络组织结构的有机管理模式转变(黄群慧,2018)。新技术的飞速发展处处彰显着 VUCA 时代的典型特征,不断地推动产业的全面升级甚至是颠覆,行业的更新换代达到史无前例的速度,同时也倒逼组织不断进行管理创新以适应新的环境。这样的技术情境为管理学科新知识的创造提供了得天独厚的条件,数智化甚至已经成为世界管理实践变革和学术研究创新的主线。

综合来看,政治情境、经济情境、社会情境及技术情境等共同构成了管理学科建设的外部情境,这些具有 VUCA 特征的外部情境相互交织并不断变化,不仅影响着管理理论诞生的实践土壤,催生着管理学理论发展的新前沿,还不断向商学院的管理理论和人才培养等方面提出更高要求。国家和社会中的组织更加看重具有专业知识、复合能力、开阔视野、理论实践的管理人才,更加需要贴近本土情境、更具备中国智慧的管理理论来指导实践,这就要求商学院了解国家政策、对人才培养和科研目标进行适应性调整以便更好地满足国家以及各用人单位的需要；同时也要求教师选择符合国家和社会需求的课题和研究方向，合理调整授课知识，为社会培养有用的人才。因此，深入中国情境是商学院构建基于实践的学科建设系统的内在要求，商学院只有准确把握复杂的外部情境才能真正回应国家和社会重大关切、把握住管理学科发展的方向，完成管理学科的使命。

（二）内部情境

商学院所面临的外部情境大多相同，但自身的内部情境却千差万别。商学院的内部情境是其进行学科建设的土壤，明确自身的优势与不足是进行学科建设规划的前提，否则谈学科建设就没有基础。因此，商学院在进行学科建设前必须仔细审视自身内部情境，对现有的学科建设要素进行充分梳理，具体来说可从办学条件、人才培养、师资力量、科研水平、办学特色、学院品牌等方面进行考量（王文治和赵智文，2013）。

1. 办学条件

商学院的办学条件可从物力和财力两方面进行评估，物力主要包括硬件设施和软件设施两方面，财力是指商学院的财务水平。其中，硬件设施包括行政用房、功能教室、实验室、教研室等及其内部设施；软件设施包括科研教学相关仪器设备、学术平台、对外合作平台等。财务水平主要包含学院的办公及院系工作经费，人员工资与薪酬、津贴、奖励以及其他专项资金等方面情况，财务水平决定了商学院未来对人力要素的动员能力和增加新的物质要素的支持能力。在对办学条件进行评估时应重点关注商学院的物力和财力能否满足当下以及未来人才培养的需求。

2. 人才培养

商学院的人才培养情境可从学员和教学两个视角进行分析，学员视角的情境可包括生员结构和毕业生就业水平，教学视角的情境包括课程体系、教学方法与手段、教学质量监控等。其中，生员结构是指本科、硕士、博士、MBA/EMBA[①]等各类学员的数量与比例，生员结构是教学体系设计的一个重要依据；毕业生就业水平指毕业生的就业率、就业去向（是否去向与所学专业相关的行业和企业）、就业满意率以及实习单位、用人单位对学员的综合素质和业务能力反映情况等方面，从毕业生的就业情况可直接看出商学院的人才培养是否有效，是否能够满足社会的人才需要；课程体系是指课程建设的总体思路、具体计划、配套措施和执行状况，商学院在对自身现有课程体系进行评估时应关注教学内容和教材是否与时俱

---

① EMBA 表示 executive master of business administration（高级管理人员工商管理硕士）。

进、是否符合国家和社会的人才需求等；教学方法与手段是指商学院现有的人才培养方式，如传统教学、案例教学、行动教学、多媒体教学等方式，商学院在进行教学方法评估时应注意现有教学方法的效果如何，是否需要通过其他人才培养方式进行补充；教学质量监控是指对各个教学环节的质量标准确定以及教学质量的动态监控，商学院在自我评估时应反思教学质量标准是否合理、对教学质量的监控是否得到有效反馈和改进。

3. 师资力量

商学院的师资力量情境可从常任教师数量、辅导员配备、教师队伍结构等方面考量（王文治和赵智文，2013）。常任教师数量是指具有高等教育教师资格证书，编制在独立学院或聘期一年（含）以上，承担教学工作的人员数；商学院的辅导员配备应按照国家《独立学院设置与管理办法》建立学员管理队伍，按不低于1：200的师生比配备辅导员，每个班级配备一名班主任；教师队伍结构包括常任教授、副教授数，常任教授、副教授占常任教师比例，专任教师占常任教师比例，"双师型"教师占常任教师比例，专任外籍教师数，等等。商学院在对自身的师资力量进行评估时应考虑师资力量是否与现阶段的人才培养情境相适配，以及是否能够支持未来一定时期的战略实施。

4. 科研水平

商学院的科研水平可从科研成果和研究方法两方面分析。首先，商学院的科研实力可直接从科研成果得以体现，如近年所承担的国家级、省级教学科研基金和项目，以及在国家核心期刊上发表论文的数量、出版的教材专著数量、科研成果在教学中的应用情况等。其次，管理学科的研究方法有很多，商学院虽无法规定每位教师运用何种研究方法，但既然选择构建基于实践的学科建设系统，就要求商学院应适时评估本学院是否缺乏基于实践的研究方法，如果缺乏，则有必要利用政策等手段进行引导和干预，保证学院系统方向的贯彻和落实。

5. 办学特色

商学院的办学特色可分为职能特色和学科特色两种类型。职能特色是指商学院在人才培养、科研和社会服务三种职能上的优势与特色，根据商学院在上述三种职能上的侧重不同可将商学院分为研究型、研究教学型、教学型、教学研究型、应用型、综合型等不同类型；学科特色是指商学院的国家级、省部级重点学科、重点建设专业、精品课程和教学成果等。

6. 学院品牌

对学院品牌的分析旨在从外界的视角对商学院进行评价，有助于商学院更准确地进行自我定位，主要可从学员报考情况、权威机构排名及社会关注度等方面进行分析。学员报考情况主要包括该学院在各省市的高考录取批次、考生录取分数等，录取生源的质量可以在一定程度上反映社会对该学院的整体认可水平；权威机构排名能够反映该学院与其他商学院在某些指标上的同业对比情况，有助于商学院进行横向对比；社会关注度可以从社会媒体对于该学院的媒体报道数量、网络新闻搜索量和网络网页搜索量等指标衡量，能够侧面反映出该学院的品牌声誉度。

以上要素构成了商学院内部情境分析的主要内容，如图8.3所示。

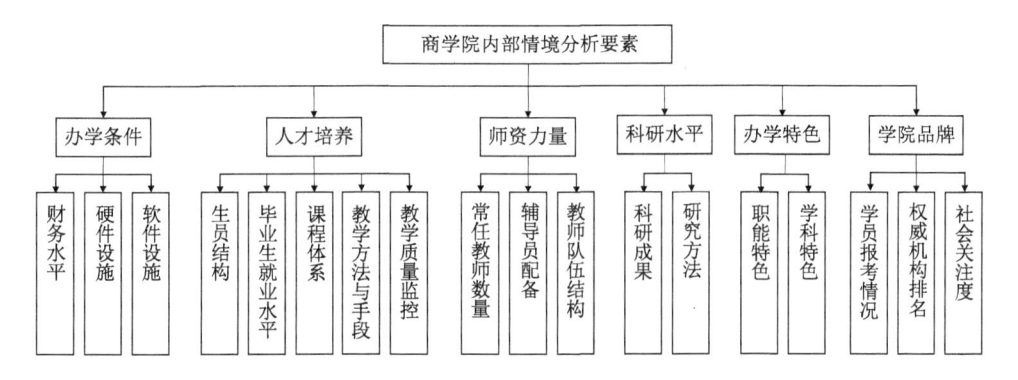

图8.3 商学院内部情境分析框架

综合来看，外部情境为商学院的学科建设提供了需求指引，而内部情境则决定了商学院有能力做什么、能够为学科建设提供怎样的供给。因此，对内外部情境进行综合分析和评判是商学院构建基于实践的学科建设系统的基石。

二、理念

学科建设系统作为一个社会系统，其方向建设居于首要地位，因为方向建设决定了整个系统的发展走向和结果。如果一所商学院仅仅以国际发表、国际认证、国际排名和"帽子"人才作为评价学科建设成效的标准，那么其对于人才培养和社会经济发展中的突出管理问题一定缺乏关注；如果商学院仅以教学和人才培养为宗旨，那么该院系的科学研究、社会服务一定步履维艰。方向对学科建设系统如此重要，但系统方向的确定并非易事。长期以来，我国商学院的方向建设存在两个重要问题：一是缺乏方向建设，二是系统方向不合理。一方面，目前我国许多商学院尚未意识到系统方向建设的重要性，这部分商学院往往采用绩效导向，什么活动能够为学科建设评估加分就做什么，导致学院有限的资源被分散使用，往往不仅没有取得可观的产出，也使得学院始终缺乏特色。此外，缺乏方向的学科建设往往不能与时俱进，不能按照时代的发展、国家和社会的需要来培养人才和创造知识，学科建设的价值难以体现。另一方面，部分商学院虽然拥有明确的发展规划和目标，但是存在不顾自身原有基础、盲目追求高水平、片面追求大规模等现象，导致学院在学科建设目标定位上不够准确、行动跟不上目标，最终目标形同虚设。这些做法显然不利于管理学的学科建设以及商学院的健康发展。

造成上述现象的原因主要在于许多商学院在学科建设方向规划方面缺乏严谨的态度和科学的方法。那么商学院应如何确定自己的系统发展方向？商学院具体来说可遵循以下两个步骤。

第一步，基于内外部情境进行自我定位。在进行学科建设方向确定时，不仅要考虑学科发展规律、国家经济建设和社会发展需要，更应从商学院自身的实际情况出发，在给学科准确定位的基础上，确定学科建设的战略目标（朱小平和刘毅，2005）。因此，商学院第一步应对内外部情境进行全面分析，充分了解自身现有的资源基础以及优劣势，明确"我们拥有什么"，同时牢牢把握住国家与社会的需求，明确"实践需要什么"，这样才能将供需结合，明确"我们能够做什么、未来将要做什么"，从而满足实践需求，切实发挥学科建设的功效。换句话说，系统方向的确定是由商学院的内外部情境共同决定的。如何进行内外部分析本节第一部分已进行详细阐述，在此不再赘述，接下来将对商学院如何进行自我定位做进一步展开。商学院在进行自我定位时，可以从以下三个维度来展开，一是区域影响力目标，二是层次目标，三是特色目标（图8.4）。

首先，商学院需结合当前自身基础，从区域影响力方面设立想要达到的目标，如具有国际、国内或省内影响力。其次，商学院需在影响力目标的基础上细化预期达到的层次目标，层次目标可分为"顶尖、一流、知名"三个层次，商学院也可同时设立多个层次目标，如"国内一流、国际知名"等。需要强调的是，区域影响力和层次目标仅是商学院结合自身现状设立的阶段性目标，因此不可盲目追求过高目标，防止产生目标被"架空"的结果。最后，商学院应审时度势、突出优势和重点，根据自身发展的历史和现状、教师队伍的特点和结构，选准自身重点发展的特色优势。一所商学院只有拥有特色，才能够创建出"品牌"，这也是商学院发展壮大的基本条件。特色目标一旦确定，就要"有所不为，有所为"，集中人力、物力、财力等资源要素发展特色优势。具体的学院特色没有统一标准，一般来说可从对科研、教学和应用的不同侧重来划分，如研究型、研究教学型、教学型、教学研究型、应用型、综合型等，此外，也可根据对于不同人才培养规格的侧重来确定特色，如本科、硕士、博士、MBA的特色培养等。

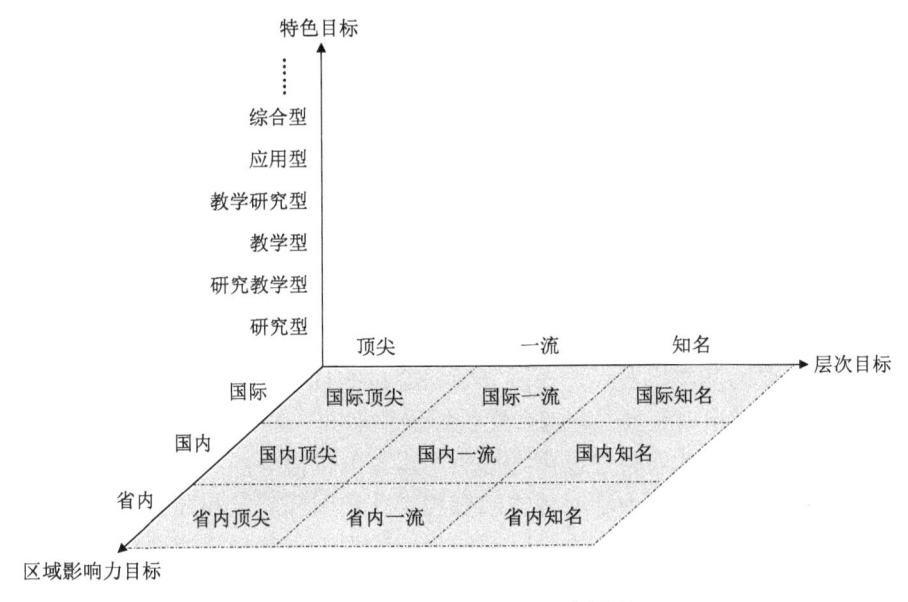

第八章 管理案例促进商学院学科建设：耦合与路径

图8.4 商学院自我定位三维模型

第二步，确定一套理念系统。方向对学科建设系统如此重要，但其抽象性和模糊性往往无法直接用来指引系统的行动。因此，需要一套理念体系来对系统方向进行明确表达。

那么如何打造商学院的理念系统？类比于企业，商学院也需要自己的使命、愿景、价值观和战略。商学院通过对内外部情境的分析，明确了"我们能够做什么"以及"未来将要做什么"，这实际上就是商学院的使命和愿景，而战略是对如何实现使命和愿景的进一步明确的阐述，价值观则是商学院的日常活动与行为的内在依据。"使命—愿景—价值观—战略"理念系统能够为商学院明确发展方向和核心活动，保持发展的统一性，并提供一种价值理念，建立统一的氛围环境，为商学院配置资源提供基础。

（1）使命与愿景。最前沿的、世界一流的学科建设首先要去评价其使命是不是一流的（宣勇，2016）。全球首屈一指的商学院非政府认证机构美国管理商学院联合会（The Association to Advance Collegiate Schools of Business，AACSB）执行副总裁兼欧洲、中东和非洲首席执行官 Tim Mescon 教授，以及贝鲁特美国大学商学院院长兼管理学教授 Steve Harvey 提出商学院发展的"战略—使命—愿景"框架，认为战略是商学院内部行动的蓝图，而使命和愿景则提供光明，以指导黑暗时刻的紧急行为和计划。AACSB 强调申请认证的学院要有符合自身情况和定位的使命及愿景，同时，学院的使命、愿景应与学校的使命、愿景保持一致，并贡献于学科发展。这种理念要求学院的教学、科研、服务、管理、合作交流等各项工作都要以使命和愿景为导向，不会因为人为因素而轻易改变。这样能够使学院的资源配置流程更加明晰高效，有助于学院充分利用有限资源驱动各项工作的开展和改善，以实现使命和愿景。

（2）价值观。研究表明，价值观始终不可避免地内化于商学院的整个运营流程，并对学科建设产生巨大影响（徐淑英，2016）。近年来，来自学院排名和评级的压力越来越大，商学院还时刻面临着财务压力以及合法性期望，因此，商学院科学已经成为运用各种标准对教学和研究进行判断评级的"游行秀"（徐淑英，2016）。这种商业化的价值观直接损害了商科的正直性和有用性，而学科建设必须以满足社会需要为基本出发点，在确立学科建设的目标时必须放弃对短期效益的追求，应树立高层次、高水平、综合性目标价值取向（朱小平和刘毅，2005）。因此，商学院面向实践的学科建设需考虑两个重要的价值导向：一是本土价值，二是通约价值。本土价值致力于服务本土管理实践，回应国家和社会的重大管理需要，实现管理学科"立地"之本。而通约价值致力于贡献世界管理知识体系，使本土管理理论走向国际化，实现管理学科"顶天"之志。商学院作为管理学科建设的主力军，应始终以"顶天立地"的学科建设价值观为基石，成为对社会负责任、对世界有贡献的商学院。

（3）战略。战略目标是针对具体任务制定的，而不是空谈大好前景——战略使得使命和愿景能够被落实执行。战略是商学院各方面行动的指引，同时要从学科建设的角度，在教学、科研、实践工作中，将使命和愿景融合进去。商学院在战略制定时需充分考虑学院内部情境与外部情境的匹配，清楚学院的关键问题，这样才能够把精力集中在关键问题上，调动优势资源。

好的商学院战略应做到三点：一是战略聚焦，二是扬长避短，三是战术协同（鲁梅尔特，2012）。首先，商学院不应将所有的资源平均分配在每个目标上，而应选择实现一些重要的关键目标，放弃其他目标。其次，商学院要想实现快速发展，应明确自己的"有利战场"，将自身已有的优势发挥到最大化。例如，在进行基于案例的学科建设时，偏向教学型的商学院可以先引入案例教学模式，以强化自身的教学优势，而更侧重科研的商学院可以先引入案例研究，继续增强自身的科研实力，这样的战略有利于商学院快速形成学院特色，从而吸引更多优秀资源。最后，商学院应确保战略能够被正确地执行，使战术服务于战略，而不能产生内在冲突。

总的来说，商学院通过进行基于情境的多维度自我定位，能够有效保障学科建设系统始终基于实践、面向实践，并需要一套包括愿景、使命、战略和价值观在内的理念体系来对系统方向进行明确表达（图8.5），以便对商学院的具体行动和制度进行指引。因此，商学院需要在仔细审视内外部情境的前提下，制定出适合自身发展的理念体系，以便牢牢把握管理学科发展方向，为学院的长远、健康、有特色的发展奠定基础。

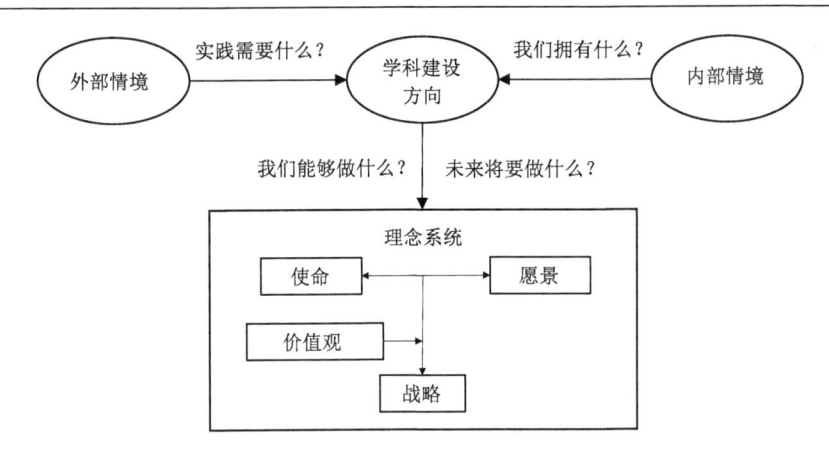

图 8.5　商学院学科建设方向和理念系统的构建

三、行动

行动系统是商学院在战略制定完成后所设计的一套连贯性的动作，旨在对战略进行战术层面的具体落实，因此行动系统是学科建设系统不可或缺的重要环节。各个战术行动之间要避免发生内部矛盾，所有战术应根据战略进行取舍，从而保证战略的连贯性。

管理学科是由管理知识发现、知识传播和知识应用构成的完整系统，主要有科研、教学、社会服务三大类活动。要想将案例建设有效嵌入学科建设体系中，就必须明确"如何行动"，这需要商学院形成一套行动系统来合理调动组织资源，使学科建设活动有规划地进行。那么商学院可以进行哪些类型的案例活动？具体包含哪些行动？

（1）企业调研。企业调研是案例数据收集最主要的方法之一，其中包括访谈和直接观察等重要方面。访谈可分为结构化访谈、半结构化访谈、非结构化访谈和非正式访谈，在通常情况下，半结构化访谈最有利于案例素材的收集，其在确定案例议题方面效率更高。直接观察是指进入企业现场，对正在进行的企业活动进行观察。访谈能够使教师和学员对发生过的企业行动的历史情境进行回溯，直接观察则能够帮助教师和学员获得当下发生的实时情境与数据。因此，通过深入企业直接观察以及和管理者正面沟通，能够使教师和学员了解企业行动背后的情境与原因，对管理实践积累更丰富的体会。可见，企业调研是教师和学员深入本土管理情境最直接的方式。

（2）案例开发。案例开发多指教学案例的开发，即围绕教学目标形成案例的过程。案例开发主要分为决策型案例和平台型案例两种类型，其中，前者是以管理决策为焦点，后者以管理行为为焦点。案例开发主要包括七个具体程序：①寻找与评估案例线索，即寻找足以被开发成教学案例的商业故事或决策情境；②形成初步案例计划和设想；③取得企业合作，做好访谈准备；④计划与实施实地参访和文献检索；⑤确定案例议题；⑥确定案例故事情节和案例类型；⑦形成案例（杨璐璐，2017）。一般而言，教师是案例开发的主体，但也可以鼓励学员积极地参与到案例开发的过程中，让学员发挥学习的主动性，以更高维度的教师视角去理解、整合知识，这有助于使学员更清晰地了解管理知识从哪里来、管理知识能够用到什么样的情境中去，加强学员对知识的吸收和外化。

（3）案例研究。案例研究是以案例为载体对管理现象进行深入分析的研究方式，主要包括研究设计、数据收集、数据分析和论文撰写等活动。首先，研究设计是初步确定研究选题以及数据收集和分析策略的过程，包括确定案例的筛选条件、案例的个数（单案例、双案例或多案例）、案例的类型（极端案例、启示性案例或纵向案例）等。在确定了研究设计的基础上，研究者需开展高质量的数据收集工作，其中最主要的数据收集方法有访谈、观察、文档资料和二手数据，为保证研究结论的信度，研究者往往需要将多种数据收集策略相结合并对数据进行三角验证。其次，数据分析是案例研究的核心，也是将案例从"好的故事"到"好的理论"的升华过程（黄江明等，2011），该阶段需要研究者在经验层面和理论层面不断对话，从实践经验中发现新构念和新关系，提炼新理论。最后，依据整体性原则和一致性原则进行案例论文的撰写。可以看出，案例研究是一个从管理实践中发现问题、分析问题的过程，有助于培养研究者对现实管理问题的敏锐度和洞见，是商学院人才培养的有力方式。

（4）案例教学。案例教学是以案例为载体，为学员提供问题情境，使学员通过主动参与案例分析、讨论和思考来深化知识理解、提升知识应用能力的教学方法。案例教学主要包括案例准备、课堂教学和课后评价三个活动。高质量的案例是保证案例教学效果的基础，这要求教师在案例的审选方面要格外慎重，如需要考虑案例的典型性以及与教学目标的匹配性等，同时要注意根据不同教学对象（如本科生、硕士生、博士生、MBA 学员等）设计案例分析的难易。课堂教学是案例教学的核心构成，主要分为预读案例、课堂讨论、点评报告三个环节。在课堂教学前，学员和教师都应做到对案例发生的历史情境充分了解，在此基础上进行课堂案例的分析和讨论。课堂讨论的过程中，学员应占据主要地位，教师则负责鼓励每个学员参与思考和发言，并尽量引导学员拓展思维，深入争论，以促进学员深化对问题的认识和对知识的理解，最后再组织点评和总结。课堂结束后，教师和学员应对课堂讨论的内容进行深度总结、梳理和评估，不断总结经验，完成知识和能力的进一步建构。

（5）案例竞赛。案例竞赛主要有案例分析比赛、案例采编比赛等形式，从实践来看，前者在国内的推广更为广泛，甚至国内普遍将案例竞赛默认为案例分析比赛。案例分析比赛以小组为单位,参赛选手需要在有限的时间内对案例进行诊断和分析并形成解决方案,在案例分析的过程中,需要学员自己去发现明确的实践问题、运用恰当的理论工具、构建清晰的分析框架。这一机制有助于提升学员发现问题、分析问题、解决问题的能力,将所学知识充分内化,同时能够培养学员团队合作精神和综合表达能力。因此,案例竞赛已成为商学院人才培养的重要工具之一。

(6)诊断咨询。诊断咨询是指在对企业进行深入调研的基础上,通过规范的管理诊断咨询流程,透视企业管理问题,探究管理问题的深层次成因,运用所学的相关管理理论与工具方法,形成管理咨询与解决方案。诊断咨询是商学院和业界进行人才和知识交流的一种重要形式,体现了商学院的社会服务功能,同时也是人才培养和科学研究的桥梁。一方面,教师可以利用企业诊断咨询服务进行横向课题研究;另一方面,学院可开发诊断咨询实践课程,利用诊断咨询进行人才培养。教师和学员通过分析现实管理问题,将管理知识应用于实践,提出可行的管理咨询解决方案,形成切实可行的企业诊断咨询报告。在此过程中,不但能够增进对管理实践的了解,还能够在实践中对管理知识进行巩固,真正实现知识的内化吸收和外化应用,同时带来管理理论与管理实践互动的正循环。

通过对各类案例活动的具体行动进行梳理可以看出,各类案例活动之间存在多方面交集甚至重合。例如,企业调研是案例研究、案例开发和诊断咨询活动的源头,再如,案例开发可作为案例教学的前期准备等。因此,商学院可以根据需要来对案例活动进行组合,形成连贯体系,用以支撑学科建设目标的实现。需要注意的是,构建案例嵌入的活动体系时应与其他模式相结合,形成优势互补。例如,实施案例教学的前提是学员已经掌握了一定的基础知识,对待专业基础较为薄弱的学员群体传统授课方式依旧不可或缺。

在将案例体系嵌入学科建设系统的过程中,可以将案例活动以功能归类,分类嵌入。例如,企业调研、案例开发、案例教学、诊断咨询、案例竞赛等案例活动均具有人才培养功能,可以将其嵌入学院原有的人才培养体系中。再比如,企业调研、诊断咨询、案例研究等案例活动均有助于科研建设,可以将其纳入学院原有的科研体系。具体而言,案例嵌入商学院学科建设系统主要有三种模式:人才培养型、科研驱动型及混合型。其中,人才培养型模式是指搭建以案例教学为核心的人才培养类案例活动体系,科研驱动型模式是指搭建以案例研究为核心的科研类案例活动体系,而混合型模式则是二者的融合。

那么如何选择案例嵌入学科建设的路径?总的来说,教学和科研仍是商学院的两大最基础且最重要的职能,基于此,商学院将案例建设嵌入行动系统的路径也大致分为两种:一是从构建人才培养型案例体系开始,再推进案例研究,最后进行案例的多元化利用和融合;二是以构建科研驱动型案例体系为起点,再进行基于案例的人才培养体系建设,最后形成案例的多元化利用和融合。商学院行动路径的选择应配合商学院的总体战略。对于以进一步增强教学质量为阶段性首要战略目标的商学院来说适合采用第一种路径,先将优势资源要素集中在人才培养方面,着力打造适合自身的案例教学模式,形成以案例教学为特色的商学院,之后再对案例资源进行进一步横向多元化开发,打通案例采编、案例研究、案例竞赛等系列活动。对于以进一步增强科研质量为阶段性首要战略目标的商学院来说适合采用第二种路径,首先引导学员、教师的注意力向案例研究倾斜,提升学院科研水平,之后再引入案例教学等模式,形成以学员能力提升为目标的案例活动生态。

小贴士:商学院如何构建行动体系

在将案例体系融入学科建设系统的过程中,大连理工大学经济管理学院创新性地构建了"知识(1K)—能力(3C)—素质(1Q)"的进阶式人才培养行动体系。该行动体统的基本思路是:首先是知识学习环节,逐步完善学员的基础知识系统,并适时更新面向情境需求的新理论;接着是能力培训环节,让学员通过案例了解商业实践并学会分析,进而通过实际商业实践的体验调研开展诊断咨询,并且通过实训开展创新创业能力培养;最后是素质提升环节,通过第一与第二课堂协作,全员、全过程、全方位地从视野、品格、人文素养、价值观等角度达到学员综合素质的提升。具体行动如下。

(1)奠定宽厚与适时更新的知识(knowledge)基础——1K。一是构建经管平台课程体系,夯实共性知识基础,包括管理学原理、经济学导论、系统工程概论、商业伦理、商法、社会心理学等课程。二是基于情境适时更新专业课程。例如,针对国际化增设世界经济、管理思想史、经济思想史等课程;针对"一带一路"倡议增设跨境电商实训、现代物流管理等课程;针对新技术变革增设商务智能方法与应用、商业数据分析工具、大数据分析、互联网产品设计与开发等课程。

(2)打造"案例分析(case)→诊断咨询(consultation)→创新创业(creation)"能力进阶塑造体系——3C。3C体系构建的总体思路是:首先通过案例促进学员了解商业实践并开展案例分析,以解决大规模"模拟真实情境"不足问题,重点提升学员分析问题的能力;进而通过实际商业实践的亲身体验和调研开展诊断咨询,以解决"坐而论道"问题,重点提升学员解决实际问题的能力;最后通过实训进一步提升学员创新性解决问题的能力并为创业打下坚实基础。

案例分析能力塑造模块,旨在提升学员分析问题和解决问题的能力,培养学员团队合作精神和综合表达能力,通过分析中国案例能够让学员加深对中国情境的理解,这是学员扎根中国管理实践的基础。该阶段重点开展的具体工作有案例教学的大范围课程应用、全程覆盖的案例教学方案设计、案例分析和采编大赛、案例教学方法研究、案例共享中心与案例库持续建设。但是,案例分析对于学员来说实际上还是在学习二手资料，学员对中国企业的管理实践只能拥有间接的体会，缺乏直接运用管理知识的实践机会，基于这种考量，学院决定引入诊断咨询能力塑造模块。

诊断咨询能力塑造模块针对经管专业教学中"课程体系与管理实践发展需求脱节"等问题，旨在以体验式、研究式的教学模式加强学员对中国本土管理实践的理解，提升学员自己发现问题、分析问题、解决问题的能力，培养学员的批判性思维。该模块以综合实习课程和诊断咨询大赛为基本载体，完成了实习基地建设、进阶课程构建、企业实践、改进提升等多个环节，构建了"以赛促学、教赛相长"的实践教学系统。诊断咨询虽能大大提升学员的管理实践能力，但终究是在"看别人做"而不是"自己做"，仍然无法培养出有洞见、有魄力的企业家，因此，学院决定加强学员创新创业能力的培养。

创新创业能力塑造模块旨在以研究和实训式教学模式提升学员的创新创业实践能力。该模块构建了课内外集成、多渠道结合、跨主题协作、分类化设计的创新创业教育体系，以培养企业家精神为核心思维目标，依托学科优势和校友资源推动创新创业体系的更新迭代。该模块重点完成的工作有课内外有机结合的理论学习体系、企业双创导师配备、开设卓英训练营、开设创新创业强化班、教学科研资源共享与校内外资源整合。

（3）全员全过程全方位育人的素质（quality）提升——1Q。该模块以第一和第二课堂协同为切入点，从学员身心状态、行为方式、思维模式、精神动力和眼界阅历等方面开展全员全过程全方位育人，以提升学员综合素质。全员教育是指各级党政领导干部、专任教师、辅导员、班主任、行政教辅员工等人员都参与到育人工作中来，在不同岗位发挥育人作用；全过程育人是指从学员入学教育、环境适应阶段，到各学年授课阶段、寒暑假课余活动指导，再到毕业生的求职和毕业教育，以及毕业后的校友对接，都做好对学员的全过程的支持和陪护；全方位育人是指充分发挥课程、科研、实践、心理等各方面的育人功能，完善育人机制，优化育人体系。

四、政策

一整套导向正确、行之有效的政策系统是贯彻理念系统、落实行动系统的保障。政策系统既要作为学院建设行动的具体指引，还应规定如何从工作中提取数据、进行反馈，对使命、愿景及战略的执行进行验证与量化，进而进行动态的修正和调整，如此才能够使商学院的建设始终保持高标准。一方面，政策系统必须与理念系统的导向高度一致，起到激励和引导作用；另一方面，政策系统必须为可预见的困难清除障碍，起到为行动系统保驾护航的作用。教师是商学院学科发展的主要建设者，教学、科研、人才培养都离不开教师的行动，因此，政策保障体系应在教师方面多加关注。那么，如何调动教师参与案例体系建设的积极性？需要有哪些措施来保障案例体系嵌入的顺利进行？……基于对上述问题的考虑，商学院需要构建合适的政策体系来为学院学科建设战略目标的达成提供精准有力的支撑，具体可包括教师激励奖励机制、师资队伍培育机制、教学质量考核评价机制、学术积分体系、经费保障机制、平台保障机制等方面。

（1）教师激励奖励机制。教师激励奖励机制是指在评价体系的基础上根据教师表现进行的物质及精神奖励，旨在促进教师保持积极上进的工作态度和努力奉献的工作激情。教师激励奖励机制的设计可以是分层次、分种类设立的物质奖励或精神奖项，也可以是职位晋升等职业发展方面的奖励。由于教师激励奖励机制与评价机制紧密相关，商学院在引入案例体系的过程中，可充分利用教师激励奖励机制来激发教师积极参与的热情。

（2）师资队伍培育机制。师资队伍培育机制是指定期或不定期对教师进行培训，旨在进一步提高教师的能力和素质，打造优质的教师队伍。具体而言，商学院可以通过入职培训、集中学习、专题教育、分享会、交流会等手段，充分发挥资深教授"传帮带"功能，从教学、科研、社会服务等各方面给予年轻教师多方位的经验传输及帮助。尤其是在案例体系搭建的初级阶段，师资队伍培育机制尤为重要，商学院需要通过在案例教学、案例研究方面拥有资深经验的带头人发挥"传帮带"功能。案例带头人在案例教学或案例研究方面的理念、流程、方法、投入的经验分享，能够有效减轻商学院推广案例教学和案例研究的阻力。商学院应主动邀请案例带头人为年轻教师提供案例活动指导，帮助年轻教师快速提高案例教学和科研水平，加速建成一流的案例教师队伍。

（3）教学质量考核评价机制。教学质量考核评价机制是指依据一定的教学质量标准对教师进行评价考核。教师的教学质量考核评价机制在很大程度上影响着商学院的教学效果和质量，因此构建科学合理的教学质量考核评价机制是培养具有先进水平的高层次师资队伍的基础。例如，构建起"教学计划审核—教学过程监督—教学质量评价—教学改进评价"的教学质量保障过程体系，组建教学质量管理机构，形成多机构合作、多主体参与的教学质量保障系统。在推进案例教学的过程中，商学院可适当地将教学质量考核评价机制向案例教学倾斜。例如，采用案例教学的教师在考核时可以获得额外加分，这样便能够形成激励机制，增加教师采用案例教学模式的动力。

（4）学术积分体系。学术积分体系是指对教师的学术贡献以积分的形式进行量化考核。一般来讲，学术积分体系可分为三大类：科研类、教学类及鼓励类项目。具体而言，科研类项目可分为科研类获奖、科研类研究项目、科研论文及学术专著、科研类人才荣誉、资政建议等子类别。教学类项目可分为教学类获奖、教学类研究项目、教材、教学论文等子项目。鼓励类项目则指学院注重的非科研及教学的其他项目。每个学术项目均按照层次、类别、等级和排名而获得不同加分。学术积分体系有助于为教师构建公平的竞争环境，实现教师间在竞争中合作、在合作中共赢。商学院将案例体系嵌入学科建设系统的过程中，可利用向案例倾斜的学术积分体系对教师活动进行引导。例如，将百优案例、毅伟案例及案例竞赛奖项等案例成果纳入学院教师学术贡献评价的积分体系，鼓励教师积极参与案例活动。

（5）经费保障机制。经费保障机制是指保障经费及时、足额地投入学院建设的目标工作中的制度设计。经费保障机制旨在使商学院的预算分配更加科学合理，将有限的财力资源进行更高效率的配置，突出经费配置的重点领域，优先保障商学院理念系统所倾向方面的经费配置，同时广泛发挥社会经费补充途径。在案例体系嵌入的过程中，商学院可以根据案例体系的构建阶段，适应性地将经费向某个方向倾斜。例如，在引入案例教学的初期，可加大对案例教学的室内基础设施的经费投入。同时也可为案例体系设立专项基金，如企业调研专项资金、案例竞赛专项资金等。

（6）平台保障机制。平台保障机制是指针对某项活动搭建资源互通平台，促进知识和资源的共享、流动和高效使用。为方便教师案例资源的获取，商学院可主动争取与企业的合作，搭建起基于案例的产学研共创平台。例如，中国管理案例共享中心与上海君智企业管理有限公司共同组建的竞争战略教研坊便是基于案例活动的一个成功平台，为商学院提供了良好范本。竞争战略教研坊通过搭建起前沿实践代表（咨询机构和企业）与商学院的沟通平台，共同挖掘中国企业优秀商业实践案例，为商学院提供实践基地、输送鲜活案例，同时借助商学院雄厚的师资力量及其学术功底帮助企业发现问题，并采用先进管理理论不断优化企业管理方法，及时解决经营难题，助力企业快速健康发展，形成双向共赢。

基于案例的商学院学科建设是一个系统工程，涉及以教师为核心的多种行动主体，如何积极调动人员要素、优化配置资源要素是政策体系的主要任务，包括高质量的案例教师队伍建设、案例建设成果的效益跟踪与反馈、教师激励和利益机制等。商学院的案例建设是一个长期积累、逐步推进的过程，只有建立有效的政策保障体系，并在实践中对案例活动进行动态的控制和协调，案例体系才能真正融入商学院的学科建设系统之中。

小贴士：商学院如何构建政策体系

大连理工大学经济管理学院在进行基于案例的商学院建设时，将诸如百优案例、毅伟案例及案例竞赛奖项等案例成果纳入学院教师学术贡献评价的积分体系，并给予更具竞争力的积分比重。以大连理工大学《经济管理学院学术贡献评价办法（2020）》中的"（十）教材、教学论文和案例"类积分为例，具体的加分情况如表 8.1 所示。

表 8.1 "（十）教材、教学论文和案例"类积分表

序号	种类	积分
10.1	国家规划教材	6
10.2	省规划教材	3
10.3	学院统编教材	2
10.4	被 CSSCI 检索的教学研究论文	1
10.5	全国百优重点案例	3
10.6	入选哈佛、毅伟案例库的案例	2
10.7	全国百优案例	1.5
10.8	入选全国 MBA 案例共享中心案例库的案例	0.5
10.9	专利	1
10.10	软件著作权	0.5

资料来源：大连理工大学《经济管理学院学术贡献评价办法（2020）》

此外，大连理工大学经济管理学院将基于案例的教学模式作为 MBA 人才培养的重点实践活动，并直接从学员培养模式上进行规范。学院采取全案例教学模式，即以真实或模拟的企业运营情境为背景、以企业管理实践信息为知识载体、以学员主导的协作和交流为核心、以教师的引导和协助为依托的教学模式，涵盖了学员在校学习的所有课程环节——基础课程、开放课程和实践课程。学院实行学分制培养，并规定了每位学员必须参加的案例课程和案例实践的最低学分要求，具体说明如下。

根据规定，每位学员总学分不低于 45 学分；必修课不低于 26 学分，实践环节不低于 7 学分，实践环节分为限选和任选两部分，每学年末进行实践学分审核和认定工作，具体学分分为以下几项。

（1）三大实践课程（限选 6 学分）：企业案例分析（3 学分）、企业诊断咨询（3 学分）、创新与创业实践（6 学分），按照研究生课程管理规定进行考勤、考核。

（2）全国管理案例精英赛：代表学校在东北地区比赛及全国比赛中取得前三名的团队的全体成员，可获得 3 学分；学分以最高奖项进行认定，不做累加；此学分与企业案例分析实践课程学分可对等互换。

（3）管理前沿讲座、校际交流：每 4 学时记 0.25 学分，以此类推核算。

（4）海外交流学习：参加交流并提交 2000 字以上的考察报告，记 1 学分。

（5）企业参访、社会公益：每次记 0.25 学分，以此类推核算。

五、商学院学科建设的 C-MAPs 框架

通过对内外部情境的分析,将商学院自身发展方向与学科建设相结合,再辅以能够将目标落地的行动体系和政策体系,实际上就构成了基于"情境(context)—理念(mindset)—行动(action)—政策(policy)"的商学院学科建设 C-MAPs 框架(图 8.6)。该框架展现了系统观下的商学院学科建设体系,分为由情境和理念构成的系统方向建设模块以及由行动和政策构成的系统连接建设模块。其中,系统方向建设模块旨在帮助商学院把握学科建设系统发展的总体方向。通过情境体系的分析,商学院能够看清自身发展之势,通过理念体系的构建,商学院能够掌握自身发展之舵,只有在情境体系引导下构建理念体系才能够使商学院的发展顺势而行,构建起基于实践的学科建设系统。而系统连接建设模块旨在使商学院的理念系统成为现实。行动体系的搭建能够实现要素的有效配置,政策体系的搭建能够为行动体系增加动力、减少阻力,但二者均必须在理念体系的指导下才能真正保证战略的连贯性与成功。

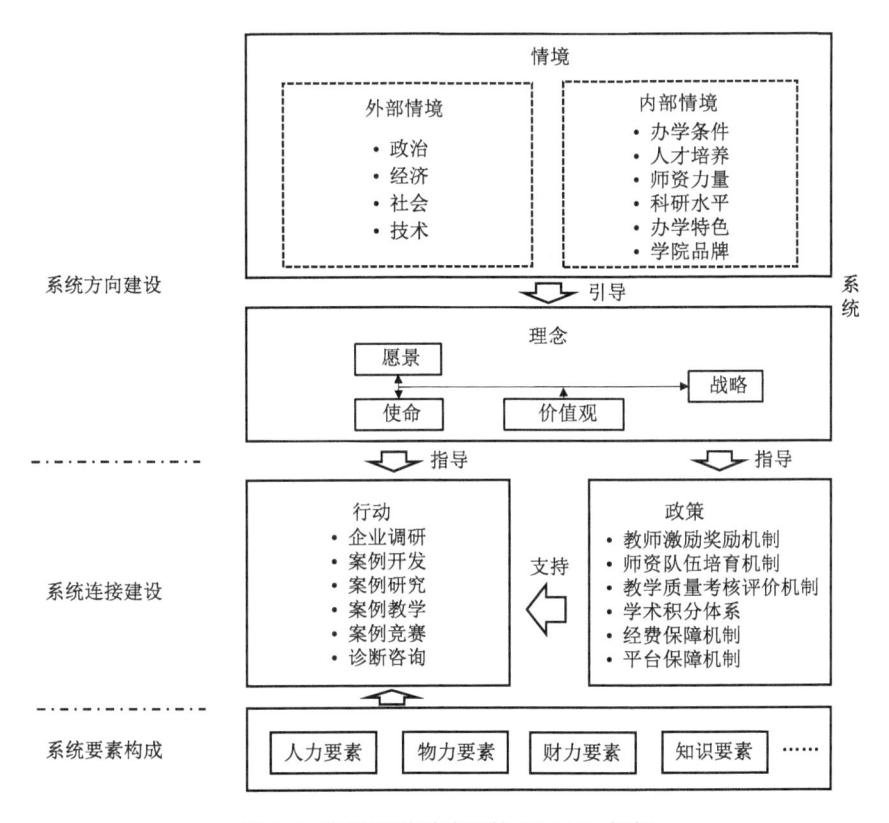

图 8.6 商学院学科建设的 C-MAPs 框架

案例是对复杂情境的描述，相比于其他载体，案例更适合对复杂情境的研究，也更适合将复杂情境引入课堂。可以说，在充满 VUCA 性质的内外部情境下，构建基于案例的商学院学科建设系统既是管理学科发展的内在要求，也是商学院自身发展的有力助手。C-MAPs 框架通过系统化地构建商学院学科建设体系，有助于商学院深入中国情境、把握学科发展方向、提高组织绩效、突出特色定位。希望该框架能够有效帮助商学院避开案例建设的弯路，开展卓有成效的学科建设，实现健康快速的自我发展。

第四节　基于案例的商学院学科建设模式与路径选择

一旦选择直面管理实践，构建基于案例的学科建设系统便是一个绝佳选择。依据 C-MAPs 框架，商学院可以根据内外部情境进行方向定位，并通过理念系统的搭建将方向进行明确表达，从而确定案例嵌入的具体行动和政策实施。因此，各个商学院的案例嵌入策略是"因地制宜、因人而异"的。那么商学院如何进行案例嵌入的实施？如何进行行动路径的选择？本节将提供三种案例嵌入学科建设体系的模式以及两种行动路径，为商学院的战略实施提供行动策略的参考。

一、三种模式的构建

满足本土管理实践的理论需求和人才需求是商学院学科建设的两个最重要的职能，因此，在将案例体系嵌入学科建设系统的过程中，科研和人才培养是案例建设的重中之重。根据案例活动的功能划分，案例嵌入商学院学科建设系统主要有科研驱动型模式和人才培养型模式，以及二者的混合，即混合型模式。其中，科研驱动型模式是指搭建以案例研究为核心的科研类案例活动体系，包括企业调研、案例研究、诊断咨询等具有科研功能的案例活动。人才培养型模式是指搭建以案例教学为核心的人才培养类案例活动体系，包括企业调研、案例开发、案例教学、诊断咨询、案例竞赛等在内的具有人才培养功能的案例活动。而混合型模式旨在对管理案例进行多元化利用，是对上述两种模式的进一步融合。

（一）科研驱动型案例体系的构建

科研驱动型案例体系是指以案例研究为核心的一系列案例活动。构建科研驱动型案例体系的基础条件是师资队伍具备较高的科研水平，学院的自我定位偏向于科研特色。换句话说，构建科研驱动型案例体系是商学院经过对自身内外部情境的仔细分析后才确定的。在这种情况下，学院的理念体系也应向科研倾斜，这意味着搭建科研驱动型案例体系的所有行动以及资源调配的需要都将得到院系的支持。在商学院进行战略制定时，需充分考虑案例研究在科研方面的嵌入。

在确定构建科研驱动型案例体系的方向和理念系统后，商学院需要构建支持案例研究的政策系统，以激励教师积极参与到案例研究的行动中来。可采取的政策手段有：制定偏向案例研究的学术积分体系，如将百优案例、毅伟案例、哈佛案例等案例成果纳入学术积分体系之中；制定偏向案例研究的激励机制，对采用案例研究方法的教师进行激励奖励；建立案例研究师资培训机制，邀请案例研究资深教师为年轻教师进行指导和培训；为案例研究设立经费保障机制，如对教师开展企业调研给予经费补助；建立案例研究平台保障机制，如与企业进行战略合作、为教师提供企业调研的平台等。总而言之，政策系统的搭建要努力达到形成案例研究文化、增加教师案例研究动力、减少案例研究阻力的目的。当然，政策系统不可力求一次就能够建设完善，需要在行动的过程中根据实际情况不断调整和修正。

接下来，介绍科研驱动型案例体系建设的具体行动，有以下几个关键点。

第一，规范案例研究方法，掌握案例研究流程。

科研驱动型案例体系建设的基础是做负责任的案例研究，因此首要任务是使研究者掌握规范的案例研究方法与操作流程，打牢案例研究的基础。负责任的案例研究意味着产出可靠且有用的知识，但案例研究方法由于扎根于个案的特性，其理论普适性和过程严谨性一度受到学界的质疑。因此，研究过程中是否遵循科学原则和方法，以及能否得出可外推至案例之外更广阔情境的结论，是案例研究需关注的两个核心问题。这要求研究者掌握一定的发现逻辑和外推逻辑，把握案例研究科学严谨性和价值性之间的平衡（苏敬勤等，2021a），保持研究步骤的高度透明，并不断进行审视和反思。同时，案例研究方法相较于定量研究方法而言更为灵活，对研究者的分析能力和写作技巧均有较高要求。在研究开始前，研究者应明确拟采用的研究范式及其对应的哲学基础，如艾森哈特的多案例研究范式、Gioia 的程序性案例研究范式等，并重点学习相应的范文；在论文写作过程中，应该避免研究范式含混不清或交叉使用；不得出现研究范式与数据分析方法以及引用文献不一致的情况（毛基业和苏芳，2019）。

需要注意的是，案例研究方法对于初学者来说可能会存在一些困难。学界普遍强调案例研究中一手资料的重要性，刚接触案例研究的研究者可能面临的一大难题便是一手案例资源不足，尤其是年轻教师或硕博研究生可能难以拥有获取合适一手案例的渠道。面对这种情况，建议研究者以二手数据的案例开始案例研究之路，已有证据表明，通过多种途径获取的二手数据提供的信息和资料同样能够进行科学研究（苏敬勤和刘静，2013）。

第二，深入企业扎根实践，发现独特管理现象。

科研驱动型案例体系建设的核心是做高质量的案例研究。要想做出高质量的案例研究，必须深入企业，扎根企业的管理情境，发现企业关注的真问题以及独特管理现象。案例研究本质上是一种现象驱动的质性研究方法，全面了解案例中特定管理问题发生的情境是对研究者的基本要求。案例体系构建初期在无法获得一手资料的情况下，研究者可以使用二手资料，当研究者掌握规范的案例研究方法和操作流程后，若希望做出更具价值性的管理研究，就必须深入企业。因为，唯有在不能被现有理论所解释的独特管理现象背后才最有可能挖掘出新的管理理论。这就要求商学院和教师不断开拓企业资源，深入企业展开调研，以便做出高质量的案例研究。商学院应帮助教师搭建起与企业沟通的桥梁，通过与企业开展战略合作或与其他商学院进行合作等形式，为案例研究团队提供深入企业调研的机会，从而获得更详细的一手资料，为进行高质量案例研究奠定基础。

第三，形成组织惯例，资源高效利用。

科研驱动型案例体系建设的高级目标是做高效率的案例研究。案例体系的建设要寻求案例资源的高效开发，充分发挥案例价值。例如，探索出一套适合自己的"采编—研究"一体化流程，形成组织惯例。再如，建立案例资源库，方便案例资源的共享和深度利用。

（二）人才培养型案例体系的构建

人才培养型案例体系是以案例教学为主的一系列案例活动，也包括案例开发、诊断咨询、案例竞赛等以案例为载体的人才培养形式。构建人才培养型案例体系的基础条件是师资队伍具有良好的教学能力，学院的自我定位偏向于教学特色。人才培养型案例体系构建的门槛较低，案例活动更容易嵌入，尤其是对于科研能力较弱的商学院来说，先构建人才培养型案例体系是更合适的选择。经过内外部情境分析，确定构建人才培养型案例体系的方向之后，学院的理念体系应向人才培养方面倾斜，这意味着基于案例的人才培养活动能够得到系统的保障。

同时，商学院需构建支持基于案例的人才培养模式的政策系统，为案例教学体系的形成、诊断咨询课程的构建等提供必要的支撑。具体可以采取以下政策手段：将案例教学、企业咨询等案例活动纳入现有学员培养体系（学分体系）之中，如规定学员每学年必须参与一次诸如企业调研、诊断咨询类的实践课程或案例课程才能拿到相应学分等；制定偏向案例教学的教学评价体系，促进学院的教学模式向案例教学进行转变，如对使用案例教学模式的教师进行额外加分等；制定倾向于案例教学的学术积分机制和教师激励机制，如举办案例教学竞赛，获奖教师能够得到相应的物质奖励和教学类学术积分等；设立案例教学师资队伍培训机制，定期邀请案例教学方面的资深教师为本院年轻教师进行指导和培训；设置倾向基于案例的人才培养活动的经费保障机制，如为案例教学、企业调研等设置专项基金等。

在构建人才培养型案例体系的具体行动中，其重点和难点在于案例教学。引入案例教学的过程有以下要点。

第一，案例教学模式需适合商学院内外部情境。

对于商学院而言没有最优的案例教学模式，只有最适合自身的模式，商学院需根据拥有的资源基础、教学目标及师资力量来选择或重新构建与自身条件相匹配的案例教学模式。以哈佛商学院案例教学法的经典范式为例，其不仅拥有一套完备的案例"培训、使用、开发、评价"运作系统，还对教室的结构布局、多媒体设备、声音传播和灯光控制等方面有相应要求，形成了一套强有力的"案例库平台、合作机制、硬件设备和制度规范"支持系统（李征博等，2018）。但哈佛案例教学模式对商学院的资金投入、师资素质、基础设施均有较高要求，模仿壁垒相对较高。再如，案例行动学习法将案例教学和行动学习的多种优势进行有机融合，是一种兼顾效率和效果的全新教学方法（苏敬勤和高昕，2020）。该方法同样需要对教师进行程序、方法、注意事项等指导和培训，但对商学院资源的投入要求相对较低，抑或实时性较强的即兴案例教学法，其对于商学院的投入要求更低，但是对教师能力素质要求相对较高（黄劲松和周宁，2018）。除此之外还有粗案例教学、探究式案例教学、综合案例课堂等多种案例教学方法，这些方法均各有优劣，商学院可根据需要来确定一种或多种案例教学方法，甚至可以对多种方法进行创新融合，构建适合自身的独特模式并形成惯例，作为本学院人才培养型案例体系的核心基础。

第二，案例教学应分层次、分类型开展。

商学院需要对不同年级和类型学员的案例课程进行分层设计。例如，对于低年级的学员，可以先通过讲授的方式让学员对理论和知识点有初步认知，然后通过案例教学促进学员对知识的吸收。而对于高年级学员，则可直接将理论融于案例之中，使学员通过深入讨论和思考剖析蕴藏于案例中的"理"。此外，MBA及EMBA教育与本硕博教育相比同样有其特殊性。MBA及EMBA学员通常实践经历较为丰富，以提升职业胜任力为明确导向，在对其进行课程设计时可更多地考虑知识和管理技能的综合性，华东师范大学MBA教育中心推出的综合案例课堂便是在此方面的一种探索性尝试。

需要强调的是，构建人才培养型案例体系本质上是以素质教育为核心，案例教学虽是人才培养型案例体系的重要构成，但绝不是唯一的方式，企业调研、案例开发、诊断咨询、案例竞赛等案例活动同样可以嵌入商学院的学科建设之中。商学院在搭建人才培养型案例体系时应循序渐进，根据自身情况选择难度最小的案例活动率先进行嵌入。在此过程中，商学院应把握好案例的广泛性和灵活性，充分利用案例活动之间的连接性，将多种案例活动逐步嵌入，发展多元化的案例教育，全面提升学员能力和素质。

（三）混合型案例体系的构建

混合型案例体系是在商学院已有案例活动的基础上，进一步对案例资源进行横向和纵向开发，充分利用案例活动之间的连接性打通案例体系，形成案例资源的多元化利用。混合型案例体系构建的基础条件是商学院已经拥有一定的案例教学或案例研究等案例活动基础，如已经构建了科研驱动型或人才培养型案例体系，并且学院通过内外部情境的分析，将自己的特色定位于综合型商学院，或者决定由教学型向教学研究型商学院（或由研究型转型为研究教学型商学院）发展。可以说，混合型案例体系相当于是科研驱动型和人才培养型案例体系的融合。在确定了混合型案例体系的方向后，商学院的理念系统应对其有所体现，如将发展综合型商学院作为战略目标等。

同样地，商学院需要配套的政策体系来保障混合型案例体系的顺利构建。但在此之前，商学院应明确要将什么案例活动纳入混合型案例体系中来，混合型案例体系并不意味着必须"大而全"，同样需要商学院对自身的人力、物力等资源禀赋进行评估，选择性地纳入所需的案例活动。比如，商学院在搭建起科研驱动的案例体系后决定继续构建综合型案例体系，但是暂时没有充裕资源引入案例教学模式，那么便可以由企业咨询、案例竞赛等其他人才培养型案例活动入手逐步推进。在这种情况下，商学院的政策体系就要向这些活动倾斜，如将企业咨询、案例竞赛纳入学员奖学金评选加分项，鼓励学员积极参与案例活动；制定倾向于企业咨询、案例竞赛的学术积分机制和教师激励机制，如案例竞赛获奖团队的指导教师可以获得学术积分等。

构建混合型案例体系的核心有两个：一是丰富现有的案例活动，即对现有案例体系进行进一步的横向开发；二是找到案例活动之间的连接，打通案例活动的纵向流程。其中，具体的行动要点如下。

第一，形成案例的多元化横向开发。

商学院既然选择构建混合型案例体系，就要明确现有体系在案例活动上的缺口。缺乏科研型案例活动则可借鉴科研驱动型案例体系构建中的行动，缺乏人才培养类案例活动则可借鉴人才培养型案例体系的行动。此外，案例具有较强的灵活性，商学院可以根据自身需要进一步对案例资源进行横向多元化开发，促进科研、教学和社会服务活动的融合。例如，创新教学模式，开发科研型案例教学，从本硕博学员的课程和作业中培养其案例开发能力，在提升学员知识理解与应用能力的同时，为研究型学员奠定案例研究的科研素养基础。再如，举行案例采编大赛、案例分析大赛等，鼓励学员进行多样的案例开发活动，也可开展体验与研究式诊断咨询，培养学员利用管理案例的科学研究和知识应用能力，有效做到"一例多用"。商学院亦可以尝试改变作业和结业论文评价标准，鼓励非学术性学员以学位论文和课程作业的形式来开发案例，借助管理案例全面提升学员的管理能力和素养。

第二，打通"采—写—教—研—用"的纵向流程。

打通案例的纵向流程的关键在于找到案例活动之间的连接点。例如，企业调研可作为所有案例活动的起点。以深入企业调研为起点，这样才能采集企业管理实践的一手素材、深入了解实践背后的情境，以便做出高质量的案例研究、案例教学，也能助于教师从实践中产生洞见、提升能力和素养。案例素材获取后，接着可以进行案例开发。一方面，案例开发自身便是一种案例活动，可以获得教学案例、商业案例等案例成果产出；另一方面，案例开发还能够帮助教师整理和熟悉素材，可作为案例教学和案例研究活动的前期准备。继而，撰写完成的案例可用于案例教学，对教师来说亲自采编的案例更为熟悉，对案例发生的情境也更为了解，有助于帮助学员更好地理解案例。同时，基于对企业案例的不断熟悉，教师更容易发现其中独特的管理现象，此时便可以开展案例研究，而案例研究的成果也能够反哺案例教学。这样教师对企业的实践就有了深入的认识，进而可将案例研究的成果反哺企业，为企业提供咨询建议，形成社会效益。这样便能够形成"企业调研—案例开发—案例教学—案例研究—企业咨询"的纵向流程，使得案例活动之间相互连接，有助于将案例资源充分利用。当然，案例活动的纵向连接方式不止一种，商学院需充分掌握自身现有案例活动的特点，对其进行异质性的连接和调整。

由此可见，混合型案例体系能够充分发挥案例与管理学科建设间的耦合作用，实现更有效的资源调配，用最少的投入获得质量更高、成果更多的产出，但同时也对商学院的创新能力和综合管理能力有更高要求。商学院在构建混合型案例体系之前应做好充足的准备，相信混合型案例体系的构建能够助力商学院的学科建设水平更上一层楼。

二、案例体系构建的路径选择

正如上面所说，案例嵌入商学院学科建设体系有科研驱动型、人才培养型和混合型三种模式，前两种模式均可以单独构建，而混合型案例体系需要对两者进行融合。假如商学院根据学科建设方向与目标决定仅构建科研驱动型和人才培养型体系中的其中一种，便无所谓路径选择之说，直接构建便可。但长远来讲，混合型案例体系能够更加充分地发挥案例活动的连接作用，帮助商学院的学科建设实现更全面、更有效的资源调配，并且商学院只有综合地进行学科建设才能达到更高水平。可以说，一旦选择了基于实践的学科建设，构建混合型案例体系是案例嵌入的最终归路。然而，在没有相关案例活动经验的基础上，若没有充沛的人力、物力、财力等资源要素以及丰厚的学科建设基础，直接构建混合型案例体系难度较大。因此，混合型案例体系的构建可分为两条路径：一是以建立科研驱动型案例体系为起点；二是以建立人才培养型案例体系为起点，之后循序渐进地建立混合型案例体系。

一般来说，对于科研基础较强、现阶段以科研为特色目标的商学院，可以选择"科研驱动型案例体系—人才培养型案例体系—混合型案例体系"的构建路径。商学院应注意政策体系的阶段性调整，确保在每个阶段都有适配于该阶段的政策保障体系，为该阶段的各种案例活动进行支撑和保障。总体来说，在科研驱动型案例体系构建阶段，商学院的资源要素应向案例研究倾斜，正面引导和侧面激励教师采用案例研究方法，并为教师提供对接企业的路径，为案例行动的实施提供保障。在完成了科研驱动型案例体系构建后，学院可再次结合内外部情境分析，对自身进行重新定位。这时，如果商学院达成了以科研为特色的阶段性目标，商学院可将学院的特色目标由研究型逐渐向研究教学型转变，根据自身条件逐步引入案例教学、案例开发、企业咨询、案例竞赛等人才培养类案例活动，进行人才培养型案例体系的建设。当人才培养类案例活动也已在商学院形成惯例时，商学院便可再次根据内外部情境，评估自身是否已具备构建混合型案例体系的能力和条件，是否应以建设综合型商学院为阶段性目标。如果答案是肯定的，商学院便可以着手于混合型案例体系的构建，进行多样的案例资源开发活动，培养学员利用管理案例的科学研究和知识应用能力，形成案例生态。

而对于科研基础较弱、在教学方面更加见长，并在现阶段侧重于以教学为特色方向的商学院，一般可以选择"人才培养型案例体系—科研驱动型案例体系—混合型案例体系"的构建路径。同样地，商学院的政策体系应根据案例体系构建的阶段适时调整。在构建人才培养型案例体系阶段，商学院应根据人才培养需求以及案例嵌入的难易程度逐步将案例教学、案例开发、企业咨询、案例竞赛等人才培养型案例活动嵌入现有学员培养体系中，其中案例教学是重点和难点，商学院在政策保障方面应予以一定倾斜。当基于案例的人才培养体系构建完成后，商学院可适时对自身进行重新定位，逐渐由教学型商学院向教学研究型商学院过渡，进一步提升学科建设的科研水平。此时，商学院可利用激励机制、学术积分机制、经费保障机制等政策手段鼓励教师采用案例研究方式，邀请案例研究方面的专家为本院教师进行指导和培训，减少教师采用案例研究的阻力。在人才培养型案例体系和科研驱动型案例体系搭建完成后，商学院可再次根据内外部情境对自身进行评估，当商学院做好构建混合型案例体系的准备后，便可以着手行动。该阶段，商学院可进一步打通现有的案例活动，开发更加多元化的案例活动，形成"采—写—教—研—用"的案例体系，促进案例在商学院活动中的多元化、生态化应用。

总的来讲，商学院应以动态和发展的眼光看待三种管理案例体系的构建以及构建路径的选择，其核心便在于阶段性地进行内外部情境分析，把握住商学院当下的学科建设阶段性方向,构建适宜的理念体系,并用连贯的行动体系和有效的政策体系对理念系统进行落实。在这个过程中,商学院应始终保持实事求是的态度,科学地进行方向定位和理念确定,选择与自身匹配的案例嵌入学科建设的模式和路径,视情况自主把握案例体系融合的阶段和时机。如果条件有限,也可仅构建人才培养型或科研驱动型案例体系,待时机成熟再进行后续融合。C-MAPs体系是一套基于实践的商学院学科建设框架,包括大连理工大学经济管理学院在内的国内多所商学院的实践已经验证了其科学性和有效性,我们希望该框架能够帮助更多商学院扎根中国实践、提高办学水平、突出学院特色,共同助力中国管理学科走向世界。

小贴士:C-MAPs 框架在商学院的应用

大连理工大学经济管理学院是利用 C-MAPs 体系进行基于案例的学科建设的一个成功案例。2007 年起,大连理工大学经济管理学院率先提出"全案例教学"理念,致力于案例教学的本土化实践与探索。2013 年,基于企业案例分析实践课程、企业诊断咨询实践课程等实践教学变革,情境教学课程体系被大连理工大学经济管理学院创造性地引入 MBA 教学中,并将其纳入实践教学的必修环节。目前,大连理工大学经济管理学院已经形成以真实或模拟的企业运营情境为背景,以企业管理实践信息为知识载体,以学员主导的协作和交流为核心,以教师的引导和协助为依托的情境教学体系,使得案例教学成为学院的核心竞争力之一。同时,院系内已形成多支具有国内外影响力的案例研究团队,多篇案例研究论文在国际顶级期刊发表。从绩效来看,大连理工大学经济管理学院管理科学与工程学科和工商管理学科在第四轮教育部学科评估中都进入 A 类学科,是国内六所同时拥有两个 A 类学科的商学院之一,同时 MBA 学科评估为 A 类学科,全国排名第五,基于案例的学科建设卓有成效。

那么,大连理工大学经济管理学院是如何利用 C-MAPs 体系进行基于案例的学科建设的?

第一,大连理工大学经济管理学院从当时国际、国家、市场/行业、微观经济主体层面系统梳理了学院所处的外部情境。在国际层面,经济一体化势头明显,同时国际化竞争不断加剧;在国家层面,中国是个庞大的、风格化的新兴市场,与底层技术相对发达国家仍有差距,但应用型技术方面明显增强,当前国家的技术方向要求加强新技术的开发和应用等;在市场/行业层面,各行各业都受到互联网、大数据、人工智能等新技术的影响而产生新的变革需求;而在微观层面,数智化新技术为商业实践带来了全新挑战,在国家大众创新万众创业的导向下,微观经济主体也面临很多挑战与机会。当时,在外部情境急剧变化的情况下,管理学科存在"理论和实践脱节,用人单位需求与学校人才供给脱节""局部改革多、系统性构建少""学员创新能力不强""重科研、轻教学，重学科、轻专业，重知识、轻能力"等诸多问题。而在院系层面，大连理工大学经济管理学院不仅拥有管理学科本硕博学位点，还具有 MBA、EMBA 学位授予权，2007 年被全国 MBA 教指委确立为全国 MBA 培养院校案例共享中心的承办单位。基于对内外部情境的分析，结合本土情境下的实际需求，大连理工大学经济管理学院将构建人才培养型案例体系作为阶段性的重点发展方向。

第二，为明确学院的发展方向，大连理工大学经济管理学院构建了自身独特的"价值观—愿景—使命—战略"理念系统。具体而言，以"笃行、厚学、贡献"为价值观，以"拥有国际影响力的中国领先的商学院"为愿景，以"连接商业实践、创造升学新知、培养卓越人才、服务社会发展"为使命，进而确定愿景与使命达成的战略为"国际融合"战略。

第三，为贯彻学院的理念系统，学院决定以案例教学为突破口启动案例体系建设。通过组织教师、企业家、毕业生代表等研讨，不断修订培养计划，大连理工大学经济管理学院创新性地构建了"知识（1K）—能力（3C）—素质（1Q）"的进阶式人才培养行动体系。该系统以基础知识学习为初级阶段，在完善学员基础知识系统的基础上适时更新面向情境需求的新理论；接着是能力培训环节，旨在让学员通过案例了解商业实践学会自主分析，进而通过商业实践的体验调研开展诊断咨询，并且通过企业实训开展创新创业能力培养；最后是在素质提升环节，通过第一与第二课堂协作，采用全员、全过程、全方位的人才培养模式，从视野、品格、人文素养、价值观等角度实现学员综合素质的提升。

第四，为保障行动系统对理念系统的贯彻，大连理工大学经济管理学院搭建了一整套政策体系为其保驾护航。大连理工大学经济管理学院从组织架构、经费保障、质量保障与提升、理论与实践结合、国际化与学术积分体系六方面构建组织政策体系，对案例采编、撰写、教学、科研各个环节予以支持和鼓励，激励教师对案例建设的投入以提高其案例教学和研究的水平。例如，大连理工大学经济管理学院将百优案例纳入学术积分体系来鼓励教师自己采编案例，对采用案例研究的教师给予奖励，等等。

第九章　总结与展望

　　本书立足直面实践的管理研究这一国内管理学界的主旋律，一方面，从学理基础、底层逻辑和运行系统等方面拓展了管理案例活动系统的理论价值；另一方面，力图通过实现案例研究、教学与应用的交织互联，使以管理案例为主要载体的商学院学科建设系统得以落地，为切实推动构建具有中国特色、中国风格与中国气派的哲学社会科学体系发挥实践价值。具体来说，本书以管理实践为基石，以情境为主线，首次将管理案例研究、教学与应用集成为一个系统，构建了"管理案例学"这一全新的交叉学科，为直面管理实践的本土理论研究奠定了学理基础，为本土管理理论成果的传播与应用提供了情境化的连接互促机制，也为商学院学科建设提供了以案例为抓手的系统化嵌入新路径，进而绘制出管理案例学构建与运行的全景图。

　　本书基于所介绍的管理案例学构建的模块化纵深框架与一体化协同思路，希望能够从多个层面为推动本土管理学科发展与管理的中国理论开发等做出贡献。在宏观层面，本书为中国情境下的管理科学发展指明了直面管理实践的总体方向，在实践基石与情境主线下深入厘清了直面管理实践的底层逻辑，探索了兼容平衡的管理案例学学理基础，搭建了管理案例系列活动的一体化运行系统，从而实现由"跟着讲"向"接着讲"的转变，为繁荣"管理的中国学派"做出贡献。在微观层面，本书为中国情境下直面实践的管理案例学科构建了互促联动的基本模式，突破了管理案例研究、教学与应用长期割裂的约束，推动了"数量"向"质量"的转变以及中国特色哲学社会科学学科体系的建设。结合本土情境构建的管理案例学学科体系将管理案例活动集成为一个系统，为直面管理实践但同源异构的各项管理案例活动提供了生态化整合思路，为"采—写—教—研—用"链条打通提供指导，以实现深入管理实践基础上的多点产出。四层嵌套式管理案例知识传播系统及 C-MAPs 管理案例知识应用框架将之前单打独斗的管理案例研究、教学与应用有机整合为商学院管理学科建设系统，亦有助于商学院深入中国情境、把握学科发展方向、提高组织绩效、突出特色定位，平衡管理学科建设"顶天"与"立地"两大使命，以管理案例学为排头兵和试验田，有效推动中国特色哲学社会科学学科体系的高质量发展。现将本书的主要观点与未来展望总结如下。

第一节 总　　结

一、管理案例学是知识发现、传播与应用的系统集成

基于管理学的实践本质和管理科学领域长期以来存在的管理案例研究、教学与应用分割式发展背景，本书在深入探讨了直面管理实践这一基础问题后，将立足实践同源异构的管理案例研究、教学与应用系统集成，构建了管理案例学这一全新学科。当前，我国正经历从模仿国外先进经验到创造商学新知的过程中，以管理案例学为代表的直面管理实践的研究成为学界和业界的共识。管理案例学扎根中国实践，案例研究、教学与应用等分支学科基本成熟并不断发展，亟待进行系统整合，并为管理的中国学派奠定基础。本书通过探讨管理案例的历史沿革、理论基础与发展脉络，在对基于实践的管理案例具体活动进行系统性梳理分类的基础上，识别出不同案例活动之间的始点、流程及知识连接等方面的协同互促关系，为构建一个有机的管理案例活动系统奠定了连接基础。

其中，既明确了管理案例的静态要素与类型特征，也厘清了案例的动态获取、开发与应用过程和具体环节，从而在流程连接与知识链接两个层面打通了管理案例活动间的交互作用与衍生关系，由此形成了集管理案例研究、教学与反哺实践为一体的知识"发现—传播—应用"系统化学科体系。通过管理案例学的建设将管理案例"教—研—用"有机串联，既将对直面实践的理论研究起到基础推动作用，也将通过整合社会、企业与商学院等多方核心资源，助力中国特色哲学社会科学学科体系的建设。

二、管理案例学以管理实践为基石、以情境贯穿为主线

通过回顾我国现代管理科学的历史背景、管理领域本土化探索的演进历程以及国内学者的本土管理理论研究成果，本书明确指出了各大本土管理学派虽然在管理视角、研究方法、理论贡献等方面自成一派、百家争鸣，但对于管理研究要直面实践这一管理学本体的态度与观点已经达成一致。而管理案例学中的三个主要分支——案例研究、案例教学和案例应用，也均建立在直面实践的基础上。由此，本书以管理实践作为不同管理案例活动得以系统集成的重要前提与基石。具体来说，案例研究需要深入管理实践，从实践中发现独特的管理现象，并以其为基础，通过一整套的研究流程和方法，做出理论贡献；案例教学则以企业真实的管理实践为情境，通过教师引导下的深度互动和碰撞，实现学员知识的自我建构；而案例应用活动，则是优秀企业实践在政府、行业组织、社会与个体等不同领域的凝练、推广与借鉴。聚焦本土实践构筑了不同案例活动的同源性，也成为管理

案例学构建的坚实基础。

此外，本书在对大量本土研究的差异性比较中发现本土主流管理理论的另一共性，即均关注到了本土企业成长的独特情境性。虽然中国现代管理科学依附西方管理知识体系而成长，但改革开放以来，在独特的转型背景下，从西方移植的管理理论并不能完全解释中国本土企业的追赶超越与中国经验，频频出现"结论失灵""水土不服"等问题。而对案例情境的识别、分离、整合与框架化不仅是案例研究所必需，也是案例教学与应用的成功秘籍，因而情境这一主线成为管理案例研究、教学及应用活动得以互动互联且贯穿始终的重要前提。基于此，管理案例学以管理实践为基石，以情境为主线，通过系统集成管理案例知识创造、传播及应用活动促进管理领域直面实践的纵深发展，而情境化的深度嵌入也将对中国特色管理学派的构建起到积极促进作用。

三、兼容平衡的四论框架奠定了管理案例学的学理基础

直面实践的管理研究需要有共同遵循的学理基础规范，而管理案例学的学理基础可为此规范的建立奠定重要的基础。鉴于学界对此尚处于探索阶段，亟待从哲学基础层面厘清目前广泛存在的研究范式之争，普适性、规范性与实用性之辩等，才能有效构建管理案例知识创造、传播与应用系统背后的学理基础。本书以哲学中最为基础的本体论、认识论、方法论和价值论为出发点开展深入讨论，不仅对于规范之争具有基础导向性作用，也将对以管理案例学为代表的直面实践的本土研究带来启发，从而有助于各个学派的开放包容和取长补短，共同为发展管理的中国学派而做出努力和贡献。

具体来说，管理案例学的学理基础是针对管理学界当下存在的"理论与实践脱节"、案例研究与案例教学相互割裂等问题，所构建的直面管理实践的、价值观相统一的哲学基石，用以指导本土理论的创新和发展。通过识别管理实践的本体角色，形成辩证统一的管理实践本体论，并由此发展出"统一"和"适配"的认识论原则、互补融合的方法论、本土价值和通约价值相辩证统一的价值论基础，从而共同构成了兼容平衡的四论框架。在此基础上，进一步明确了管理案例学的实践性、交叉横断性与融合性等学科属性，并从学科基础与学科结构两方面阐述了管理案例学的学科体系，为直面实践的管理研究与中国特色管理理论的确立奠定了合法性基础。

四、案例知识发现的底层逻辑是发现与外推的混合体

直面实践的管理研究之所以常遭诟病，表面上是方法之争、价值之争，但本质上是研究的底层逻辑之争。定量学派等往往以严谨的演绎逻辑来考量直面实践的管理研究，对诸如案例研究方法的合法性提出了诸多质疑。为此，学界一直呼

呼对以案例研究为代表的直面实践的研究的底层逻辑进行认真梳理。本书针对这一问题，以既往研究为样本，详细研究和分析了管理案例研究的功能属性，对案例研究的底层逻辑进行了分析与构建。底层逻辑，是从功能角度出发的一整套逻辑体系，明确了各逻辑的适用阶段以及逻辑的组合应用。在诸多本土管理学派百家争鸣的同时，通过挖掘直面实践的管理研究的底层逻辑从而建立起本土管理研究的共同逻辑起点，也将为管理的中国学派构建与发展奠定坚实基础。

具体地，本书围绕理论构建与知识发现的底层逻辑展开思考，并将其作为管理案例研究的本质出发点。首先，管理案例研究具有高度的情境敏感性特征。研究对象所处情境极有可能对组织结构的构建和管理运行有显著影响，使得管理案例的研究框架和整体思路发生改变。而管理案例研究的高度情境敏感性，主要体现在情境要素、情境架构和情境谱系三方面。其次，管理案例的底层逻辑是一个以"发现逻辑"为主，以"外推逻辑"为辅的逻辑体系。一方面，以探索性功能为核心的案例研究，本质在于创建新颖的构念、命题和管理理论，因而从功能性视角出发，管理案例发现的结构关系是一种"归纳—溯因—演绎"的逻辑框架。另一方面，为保障普适性功能的实现，管理案例还需要遵循一定条件的外推逻辑，而情境特征挖掘和动态情境组合的过程则分别确定了理论构建的外推边界和外推范围。最后，管理案例的底层逻辑是多重思维混合构成的最底层的逻辑框架。底层逻辑区别于归纳、溯因和演绎等逻辑形式。前者明确了不同逻辑的适用阶段以及逻辑的组合应用；后者则是强调实际研究中研究者的思维模式或是研究的某项功能。正是因为案例研究的底层逻辑区别于定量研究等方法，才形成了案例研究的独特功能，这也是案例研究合法性的体现。

五、案例知识传播系统包含情境化碰撞、建构与协同

在管理案例知识传播方面，本书系统整合了管理案例教学的知识传播情境、知识传播系统以及教学实现路径等全新的案例教学架构，搭建了完整的管理案例教学体系。案例知识传播方式之所以存在特殊性，主要源自情境性这一核心特征，而异质性知识的获取、碰撞和编排的有效性等则决定着教学策略、教学方式、教学评价、师生互动等一系列教学环节的创新。由于管理案例知识的结构不良特征，本书提出采用情境性的教学方式来传播知识，并基于建构主义、情境主义和资源行动三个理论进一步探讨了管理案例知识传播对学员能力的提升机理，发现案例知识是在案例情境中经过有广度、有深度、有指向性的反复碰撞建构起来的。因而，案例教学知识传播系统应该采用包含"特定情境+独特故事+焦点知识"的案例、建立互联平等的师生关系、设置开放互动的教学场景等，以充分发挥支持系统的协同优势。

具体地，本书首先明确了管理案例知识的情境性特征与传播机理。在对建构

主义和情境主义理论回顾的基础上，引入资源行动理论，识别出资源编排的广度、深度、指向性，这也是影响学员知识构建和传播的关键，由此整合了"三个主义"，为管理案例知识传播实践奠定理论基础。其次，通过知识观、师生观到运行环境、运行模式等多维变革视角，本书提出案例知识传播的四层嵌套式系统，该系统以案例为核心，以师生为两大主体，以包含案例载体、物质情境、社会情境的教学课堂为教学场景，以案例库、商学院、企业等社会组织（个体）构成的知识生产、集聚、搬运系统为社会支持系统。最后，基于对案例知识在传播过程中的结构化、捆绑与利用等流程的梳理，进一步描绘了各个环节内的知识传播关键节点以及逻辑顺序，进而完成案例知识传播实现过程模型的搭建。

六、案例知识应用价值是知识类型、功能与场景的集成

管理案例作为兼具情境和实践在内的经验知识的载体，除以教学案例的形态广泛运用于商学院的教学和人才培养外，也通过规范的案例研究，以论文的形式发表并用于商科知识的发现，在当下的数智化时代管理案例还能够推广到更为广泛的应用领域。本书通过系统性地梳理管理案例应用的范围、表现形式、作用发挥及机理等，发现案例知识表征与人类联想、类比思维的天然适配，加上案例知识内生的信息记录、知识创造、教学、学习、传播、意义建构等功能，以及案例对于初级、高级、专家知识三种知识层级的适用，决定了案例知识在人们生产生活中的广泛应用场景。

具体来说，首先，由于案例知识的整体性、情境性和实践性，行动者在面临新情境时能够自发地联想、类比、迁移并应用先前案例。该过程中涉及的对案例知识表征中情境、行动和结果的多重类比，则是案例知识能否实现迁移的关键。其次，鉴于不同类型的管理案例具有各自的功能和适合的应用场景，本书通过明确案例知识的升维和降维应用以及在企业、产业、社会等宏微观场景下的具体应用示例，讨论了管理案例的不同功能、适用的知识类型以及可能的应用领域。最后，本书发现案例知识功能的多样性以及适用范围的普遍性，使其得以在各个领域广泛应用，而案例知识的功能与知识面的交叉则呈现出案例知识应用效果，即可以认为：案例功能×案例知识面=案例知识应用。在此基础上，本书构建了基于案例功能、知识类型及应用领域三个维度的案例知识应用层级模型。

七、围绕案例的商学院学科建设有助于实现教研用一体化

虽然近年来案例研究愈发受到工商管理学者的青睐，同时，以情境性、实践性见长的案例教学法也已成为商学院中最主流的情境教学模式，但仍存在案例活动在研究、教学及应用过程中的单打独斗现象，导致案例相关活动虽实践同源、内容重叠，但未能形成有机融合，对管理学科发展的助推功效大打折扣。本书致

力于弥合同源性案例活动间长期割裂而制约学科发展的现状，提出了三个核心要点：系统要素建设、系统连接建设和系统方向建设。第一，系统的要素配置合理，其中需要系统的知识要素、师资队伍要素、基础设施要素、资源要素等的配置合理。第二，系统的连接相对科学和合理，系统的各个要素虽然可能相对固化，但其连接和组合的结构却可以调整和变化，而不同的结构引致的产出效果大不相同，因此即使资源要素丰度有限，不同院系仍然有可能做出与众不同的学科建设成绩。第三，系统建设的方向要正确，这也是最易被忽略的关键点。清晰且正确的系统建设方向是整个系统健康发展的基础，倘若学科建设方向不明确、学科建设方向摇摆不定、学科建设方向错误等，则必将导致学科建设效果不尽如人意。

具体来说，本书从学科建设系统的视角阐述基于案例的学科建设的重要性和必要性，从而建立起商学院学科建设的系统性思维框架。一方面，在"顶天立地"的管理学科建设大方向下，商学院既要扎根中国情境与实践打造先进理念体系，也要搭建有效行动体系与政策保障体系。另一方面，案例研究被称为管理学科建设中最有效的方法，不仅在案例教学与应用型管理人才培养方面均发挥着巨大作用，也在国内外顶级期刊中占比越来越高，使得案例活动的飞轮效应正在逐渐显现。通过在要素、连接、方向和结构四个方面对比管理案例体系与商学院学科建设系统，本书发现二者存在高度适配的耦合关系，且只有搭建出以案例建设为核心的学科建设体系，案例体系的价值才能充分体现。故通过逐步分析并构建基于案例的商学院学科建设 C-MAPs 框架，本书给出了具有操作性的案例嵌入模式及路径，以期对商学院加强学科建设、提升商学院的办学实力提供系统性参考。

第二节 展　　望

一、构建管理案例知识系统与新型交叉学科：直面本土管理实践新方向

随着中国经济的快速发展和本土企业在国际舞台上竞争力的提升，围绕以东方管理学、中国式创新、C 理论、和谐理论等为代表的本土理论的探讨与呼吁越来越多。在"把握新发展阶段，贯彻新发展理念，构建新发展格局"的宏观趋势下，如何加快构建本土管理理论以揭示并指导更多中国企业向高质量发展迈进也已迫在眉睫。本书一方面通过明晰直面管理实践的多项案例活动及其内在联系，将其有机整合为集知识发现、传播和应用于一体的管理案例知识系统；另一方面从其背后的学理基础入手，在四论平衡框架下对管理案例学这一新型交叉学科进行学科属性识别与学科体系搭建，在此基础上为管理学科的未来发展提供了直面管理实践的新方向。

但当今 ABCDE（人工智能、区块链、云计算、大数据和新兴技术）和 VUCA

（不确定性、模糊性、复杂性、动荡性）为特征的商业环境，加剧了本土企业管理实践的创新多样性与本土情境的复合多元性。在本书所提出的以直面实践为基石、以情境贯穿为主线的核心思想下，当前的复杂商业环境为直面实践的本土管理学科带来了大量发展机会。鉴于问题导向下的管理研究亟须兼顾复杂的情境与前沿的企业实践，由此形成不同知识体系的有机叠加与融合，为培育大量新型交叉学科（如计算商学等）提供了现实可能性。故我国管理学科亟待在以往的循迹性发展脉络基础上，积极关注在独特情境与领先实践的复杂交织下涌现出的新领域、新问题，敢于探索多学科知识的整合思路并勇于实施更多具有时代性、理论性与价值性的新型交叉学科构建。既有知识体系的融合与新型交叉学科的构建，也将给予中国特色管理学科从照搬西方、依附移植到同步建构的变轨跃迁机遇。从而实现立足国情与实践，丰富并强化中国特色管理学的学科体系、学术体系与话语体系，为繁荣中国特色哲学社会科学的中国风格与中国气派做出切实贡献。

二、夯实管理案例活动体系的内在哲学基础：融合东西方理念兼容并蓄

改革开放以来，中国企业管理实践不断颠覆既有西方理论假设，凸显了本土管理学在照搬移植西方的发展过程中不断积累的理论失灵与水土不服等问题。对此我国管理学者开展了关于"中国式管理理论"的存在性、"中国管理学"与"西方管理学"的区别与联系以及中国特色管理学的历史演进和未来发展等核心问题的深度探讨，也为中国特色管理学的构建奠定了方向性基础。本书在整合与本土特色情境下的企业实践相关的案例研究、教学与应用时，仍采用了西方理论构建的一般哲学基础，试图从本体论、认识论、方法论与价值论等层面阐释系列活动得以体系化并形成管理案例学科的学理基础。相反地，也有部分本土管理理论的提出完全基于中国传统文化、社会价值观与思维方式等，如势理论、水式管理等。在不同哲学基础导向下，既存在依附西方研究范式、过度追求规范化与模型化，导致忽视实践问题背后中国逻辑与中国规律的发现，也存在基于中国传统文化的不同管理思想之间的不可延展性或与西方理论难以对话等问题，造成中国特色管理学派日趋复杂的现状。

为解决百花齐放但各美其美的多元分立现状，未来中国特色管理学构建过程中可采取融合东西方理念兼容并蓄的发展方向，以此实现取长补短形成合力。比如，在"中学为体、西学为用"的基本融合思路下，一方面，积极关注中国企业的前沿管理实践现象，并以此为切入点，为凝练出的本土特色研究问题提供独特情境背景下的新解释与新思路。另一方面，多方汲取并整合西方既有的成熟研究范式中兼具探索性与严谨性的多种研究方法优势、科学的研究过程、形式与逻辑，以此为着力点在东西方思维间不断迭代、修正与完善，最终形成可与主流理论对话的兼容并蓄的新型研究路径。具体来说，以管理案例学的三个主要分支为例，

在管理理论研究方面,既要关注中国本土管理实践与研究问题的现实价值和意义,也要兼顾西方成熟研究范式的科学性与严谨性;在商科知识教学方面,则既要突出理论知识的情境依赖性和本土成功企业实践的独特适用性,也要关注其与既有西方理论框架的兼容性和拓展性,从而避免因凭空而出或完全照搬失去借鉴价值;在管理知识应用方面,则商学院既要在学科体系建设过程中持续优化舶来的学术评价体系与管理和运行机制,也要融入中国特色管理理念以找准学科建设的定位与发展特色,从而推动研究、教学与应用的有机融合并发挥飞轮效应。

三、强化本土管理知识发现的逻辑体系搭建:推动管理的中国学派发展

为揭示直面实践的案例研究与其他研究方法在合法性、效率性等方面的差异与联系,本书从底层逻辑入手,发现情境敏感性案例研究的理论建构过程需要建立一个以"发现逻辑"为主,以"外推逻辑"为辅的逻辑体系。尽管案例研究是紧密结合本土实践发现本土管理理论的重要探索性方法之一,但仍需要定量研究等其他方法基于大样本数据以支撑理论探索的科学性与严谨性,从而为本土管理理论的建构提供多方助力。鉴于本书尚未涉及管理学领域中其他研究方法在扎根本土实践研究过程中的底层逻辑,未来有待于进一步丰富完善,从而整合定性研究与定量研究的双重优势,共同支撑中国情境下的管理理论涌现与构建。此外,要对当前层出不穷、起点各异的本土管理思想进行融汇整合并形成管理的中国学派,则需要进一步拓展细化不同学派理论研究背后的底层逻辑特征,从中寻找同源性以支撑扎根本土实践的特色研究思路、框架与方法创新,从而形成一以贯之的中国特色管理研究范式。

具体来说,当前本土管理研究既存在完全基于本土文化的现象解读而难以与主流理论体系对话倾向,也存在大量追求西方研究范式下的复杂模型化研究倾向,在中观的研究问题与框架和微观的研究方法与流程等方面均存在割裂性,使得管理的中国学派构建成为无源之水、无本之木,难以进入实质性阶段。本书以管理案例研究为核心,提供了一种理论研究的底层逻辑参考与建构过程思路,但未来仍需本土学者辩证地兼顾中国管理实践、传统文化与西方研究范式,以及定性研究与定量研究的优势互补,从而在底层逻辑层面实现整合的基础上,进一步完善中观与微观层面的具体研究范式,为中国特色管理学派形成一以贯之的学术理念、学术工具与学术体系贡献中国智慧。

四、创新本土情境下管理案例知识传播方法:优化商学院人才培育成效

自哈佛商学院推行案例教学法以来,我国商学院逐步引入了案例教学、行动学习、翻转课堂等诸多情境教学模式,丰富了案例知识传播的途径。但西方案例教学方法论在我国商学院中的适用情境差异,使得案例资源的开发、使用效率与

效果等方面仍未尽如人意。本书通过挖掘基于情境的管理案例知识传播机理与模式，结合建构主义、情境主义和资源行动三大理论，从原理层面厘清了案例知识在我国本土商学院教学场景中的碰撞与建构过程。尽管本书明确了案例教学与知识传播系统应包含"特定情境+独特故事+焦点知识"，但鉴于舶来情境化教学方法在实践过程中的诸多适用性约束，未来亟待在具体的管理案例知识传播情境化方法层面，针对具体流程、实施要点乃至优势叠加与交叉融合等进行进一步探索。由此在底层的知识传播机理这一理念层面，和表层的情境化教学方法创新这一操作层面的共同助力下，本土商学院教学情境下的案例知识传播得以系统化与模块化，并在国内商学院中落地实施。

具体来说，一方面，实现本土案例知识传播方法的系统化，需要明确特定情境设计、教学目标和知识领域的匹配关系，既涉及商学院已有的教学环境与基础设施，也涉及不同类型学员的具体需求，还关乎教师的角色定位与评价机制等，多项因素相辅相成形成良性循环的生态系统，方能推进情境化教学模式的系统落地。而本书在关注多元场景设计、教学设施调整与师生角色回归等方面时，多从传播机理等底层理念入手，虽然试图解析各个模块所包含的关键要点，但模块间的关系相对独立，未来仍有待继续扩展细化形成自上而下的情境化教学"理念—框架—实施"等宏微观一体化的行动方案。另一方面，要在情境化教学方法实施过程中形成模块化，则亟待结合本土商学院人才体系、学员特征、培养目标等多方特征，在已有舶来方法的基础上提出直面本土管理实践的案例教学新方法与新模式，如改进行动学习等教学方法在具体实施过程中的准入难等弊端，或基于多种方法的优势整合提出创新性的案例行动学习法等。从而在有机性与实用性等方面切实推动本土情境化教学方法优化创新，提升对不同类型学员的培育成效。

五、拓展管理案例知识应用范畴与内在联动：引导政产学研的互促共生

鉴于管理领域隐性知识居多的表征，要将其从典型个例推广至特定群体乃至社会化、普适化，则亟待探究案例知识得以广泛应用的内在机理与联动形式，从而提升知识应用的效率与效果。本书为回答管理案例知识为何以及如何能够在企业、社会、产业等多个场景得到应用，以人类底层思维方式为起点，发现案例知识应用过程包括运用先前案例知识解决新问题的知识外化，以及根据实践反馈进行知识内化的双向过程，进而构建基于管理案例知识功能、知识类型及应用场景层级的三维立体案例知识应用层级模型。但当前学界对于案例研究、案例教学的原理与方式方法研究要远多于对案例应用范畴的关注，使得影响力与价值性更为显著的案例应用尚未得到系统完整的梳理研究，这也阻碍了管理案例应用价值在更大范畴、更多领域的放大与外溢。比如，对于如何拓展案例知识应用的范畴、如何促进案例知识在管理学、经济学、法学、社会学等不同学科中的应用以及如

何在不同领域主体间形成互促联动等仍尚付阙如，故未来尚需在案例应用领域加强理论研究与现实探索，并以动态过程视角或生态化视角进行微观层面的系统化方案设计。

事实上，在当今高度不确定的数字经济背景下，一方面亟须企业走在创新前沿，抓住与先发国家同一起跑线的难得机遇实现赶超；另一方面，在新兴场域中政府等相关机构在包容审慎的监管原则下也亟待同步调整治理策略，此外，不同产业或行业组织以及社会群体等也需要随时掌握相关领域动向以更新行业规制、及时发现问题。这不仅需要在企业间对典型案例进行广泛传播与经验借鉴，也需要依托企业创新经验或存在的问题及时反馈至行业组织、政府等监管机构或第三方，从而促进多层次主体间的互促联动。其中，对于商学院主体来说，首先要敏锐捕捉典型企业进行案例的采编和理论研究环节，进而走向课堂完成向学员传授的学习环节；对于政府来说，可通过对多个企业案例进行对比凝练以调整政策支持与监管方向和力度；对于产业及行业组织来说，通过及时把握领域内的企业创新动向与政策监管动向，制定并更新行业标准与惯例。而未来深入探讨案例知识的应用如何在政、产、学、研等不同主体间形成互促共生关系，则有助于进一步拓展管理案例知识应用范畴与效率效果。

六、树立中国特色商学院学科体系建设理念：引导各级主体躬身于实践

围绕管理案例研究、教学与应用的系列活动如何开展，已然得到了不同领域学者的高度重视，但各项活动在具体实施过程中存在大量单打独斗现象，导致案例相关活动虽实践同源、内容重叠但未能形成有机融合。对此，本书聚焦商学院这一天然的案例知识"教研用"综合体，探索了商学院学科建设的系统化特征及其与管理案例活动系统的匹配关系，基于要素、连接、方向与功能耦合，为商学院学科建设系统搭建提供了包含情境、理念、行动与政策的 C-MAPs 框架和三类驱动要素下的不同路径选择。尽管本书为不同特色的商学院提供了不同的学科建设体系路径，但要助力管理的中国学派发展，切实发挥商学院排头兵作用，仍有待于在树立理念、面向实践、用好方法的基础上，推动高校、商学院、学术组织等各级学术主体躬身实践。在本书所提出的 C-MAPs 框架下，进一步明确在微观实施过程中，案例教学、研究与应用在目标融合、教师培育、人才培养、学科建设等不同主线下得以落地的重难点与实施细则。

具体地，本书虽然将当前商学院学科体系建设分为科研驱动型、人才培养型和混合型三类模式，并给出了从单一驱动到混合驱动的学科建设路径，但在具体实施过程中如何匹配不同商学院的资源基础、外部情境与人才结构等，仍需要通过各级学术主体勇于实践，在实施过程中深入探索系统化落地策略、路径选择与方案设计。比如，在教师主线下，有待于在实施过程中发掘如何引导教师群体从

关注企业实践、主动采编案例，到在课堂上积极使用案例教学，在科研项目中积极梳理资政建议、参与企业咨询活动等，并为其配备相关支持政策与支持资源，从而形成教师以案例为核心的"一鱼多吃"主动融合意愿。在学员主线下，则亟待在理念落地过程中探索如何促进学员在课前广泛阅读基于本土实践的理论研究，在课上深度参与讨论以建构案例知识，在课后积极参与案例分析大赛等案例知识应用活动，从而打造并提升"知识获取—分析问题—解决问题"的进阶式人才培养效果。由此，通过多条主线下的共同推进与系统实施，在打造中国特色哲学社会科学学科体系的大趋势下，突出本土商学院建设的使命与特色。

参 考 文 献

白长虹. 2021. 商学教育的反思[J]. 南开管理评论, 24(5): 1, 3.
白胜. 2017. 国外管理理论建构研究述评:三种逻辑推理的视角[J]. 科技进步与对策, 34(4): 115-121.
鲍建生. 2003. 课堂教学视频案例：校本教学研修的多功能平台[J]. 教育发展研究, 23(12): 18-22.
鲍嵘. 2002. 学科制度的源起及走向初探[J]. 高等教育研究, 23(4): 102-106.
毕夏普 L. 2018. 社会科学哲学：导论[M]. 王亚男, 译. 北京：科学出版社.
蔡莉, 单标安. 2013. 中国情境下的创业研究：回顾与展望[J]. 管理世界, (12): 160-169.
曹祖毅, 谭力文, 贾慧英. 2018. 脱节还是弥合?中国组织管理研究的严谨性、相关性与合法性——基于中文管理学期刊 1979—2018 年的经验证据[J]. 管理世界, 34(10): 208-229.
曹祖毅, 伊真真, 谭力文. 2015. 回顾与展望:直面中国管理实践——基于"中国•实践•管理"论坛的探讨[J]. 管理学报, 12(3): 322-331.
柴伟佳, 王连明. 2018. 一种基于混合神经网络的车牌字符识别方法[J]. 东北师大学报(自然科学版), 50(1): 63-67.
陈春花. 2017. 管理研究与管理实践之弥合[J]. 管理学报, 14(10): 1421-1425.
陈春花, 刘祯. 2010. 案例研究的基本方法——对经典文献的综述[J]. 管理案例研究与评论, 3(2): 175-182.
陈春花, 马胜辉. 2017. 中国本土管理研究路径探索——基于实践理论的视角[J]. 管理世界, (11): 158-169.
陈春花, 宋一晓, 曹洲涛. 2014. 中国本土管理研究的回顾与展望[J]. 管理学报, 11(3): 321-329.
陈家刚. 2009. 认知学徒制研究[D]. 上海：华东师范大学.
陈晓萍, 沈伟. 2018. 组织与管理研究的实证方法[M]. 3 版. 北京：北京大学出版社.
陈晓萍, 徐淑英, 樊景立. 2012. 组织与管理研究的实证方法[M]. 3 版. 北京：北京大学出版社.
陈兴良. 2012. 案例指导制度的规范考察[J]. 法学评论, 30(3): 117-127.
陈勇. 2010. 让黑板亮起来——交互式电子白板系统在课堂教学中的应用研究[J]. 现代教育技术, 20(S1): 136-139.
成思危. 1998. 管理科学的现状与展望[J]. 管理科学学报, 1(1): 8-14.
成中英. 2006. C 理论：中国管理哲学[M]. 北京：中国人民大学出版社.
成中英, 晁罡, 姜胜林, 等. 2014. C 理论、C 原则与中国管理哲学[J]. 管理学报, 11(1): 22-36.
成中英, 吕力. 2012. 成中英教授论管理哲学的概念、体系、结构与中国管理哲学[J]. 管理学报, 9(8): 1099-1110.
戴文博, 朱方伟. 2013. 案例教学知识转移机理研究[J]. 管理案例研究与评论, 6(6): 501-511.

丁兴富, 蒋国珍. 2005. 白板终将替代黑板成为课堂教学的主流技术——革新课堂教与学的新生代技术(2)[J]. 电化教育研究, (5): 21-26.

杜运周, 李佳馨, 刘秋辰, 等. 2021. 复杂动态视角下的组态理论与QCA方法: 研究进展与未来方向[J]. 管理世界, 37(3): 180-197, 12-13.

樊士博. 2021. 习近平新时代中国共产党组织体系论纲——基于"结构—功能"视角的审思[J]. 福州大学学报(哲学社会科学版), 35(1): 5-12.

方文. 2001. 社会心理学的演化:一种学科制度视角[J]. 中国社会科学, (6): 126-136, 207.

房文娟, 李绍稳, 袁媛, 等. 2005. 基于案例推理技术的研究与应用[J]. 农业网络信息, (1): 13-17.

费孝通. 2001. 江村经济: 中国农民的生活[M]. 北京: 商务印书馆.

冯锐, 董利亚. 2012. 案例知识与复杂问题解决[J]. 远程教育杂志, 30(3): 81-87.

冯锐, 董利亚, 杨红美. 2012. 案例知识的特征及其教学应用研究[J]. 中国电化教育, (6): 1-8.

冯锐, 杨红美. 2011. 基于案例推理的问题解决[J]. 现代远程教育研究, (2): 14-21.

冯锐, 杨红美. 2015. 基于案例推理的学习迁移研究[J]. 电化教育研究, 36(7): 78-82.

弗里克 W. 2011. 质性研究导引[M]. 孙进, 译. 重庆: 重庆大学出版社.

福柯 M. 1999. 必须保卫社会[M]. 钱翰, 译. 上海: 上海人民出版社.

傅永刚, 王淑娟. 2008. 管理教育中的案例教学法: 案例认知·案例采编·案例教学[M]. 大连: 大连理工大学出版社.

高菲, 王峥, 龚轶. 2019. 创新型经济的内涵、架构与中国情境[J]. 云南财经大学学报, 35(12): 16-24.

高良谋, 高静美. 2011. 管理学的价值性困境:回顾、争鸣与评论[J]. 管理世界, (1): 145-167.

高文. 1999. 建构主义学习的特征[J]. 外国教育资料, 28(1): 35-39.

高文. 2002. 教学模式论[M]. 上海: 上海教育出版社.

龚小军, 李随成. 2011. 管理理论的实践相关性问题研究综述[J]. 管理学报, 8(5): 775-783.

谷传华, 张文新. 2003. 情境的心理学内涵探微[J]. 山东师范大学学报(人文社会科学版), 48(5): 99-102.

顾金喜. 2017. "微时代"网络谣言的传播机制研究——一种基于典型案例的分析[J]. 浙江大学学报(人文社会科学版), 47(3): 93-103.

关键明, 张阳. 2021. 让乔布斯都赞叹的营销案例, 是如何引爆销量的?[J]. 销售与市场(管理版), (10): 76-79.

郭必裕. 2004. 对"学科"与"专业"建设两张皮问题的对策研究[J]. 高等工程教育研究, (3): 23-26.

郭重庆. 2008. 中国管理学界的社会责任与历史使命[J]. 管理学报, 5(3): 320-322.

郭文臣, 代容, 孙韶声. 2016. 中国管理案例研究的现状与趋势刍议[J]. 管理学报, 13(5): 664-670.

郭文臣, 王楠楠, 李婷婷. 2014. 描述型案例和决策型案例的采编[J]. 管理案例研究与评论, 7(5): 427-435.

郭艳红, 邓贵仕. 2004. 基于事例的推理(CBR)研究综述[J]. 计算机工程与应用, 40(21): 1-5.
韩巍. 2008. 从批判性和建设性的视角看"管理学在中国"[J]. 管理学报, 5(2): 161-168, 176.
韩巍. 2011. 管理研究认识论的探索: 基于"管理学在中国"专题论文的梳理及反思[J]. 管理学报, 8(12): 1772-1781.
何志毅. 2003. 对中国企业管理案例库建设的思考[J]. 当代财经, (1): 93-95.
洪汉鼎. 2001. 诠释学——它的历史和当代发展[M]. 北京: 人民出版社.
洪永淼, 汪寿阳. 2020. 数学、模型与经济思想[J]. 管理世界, 36(10): 15-27.
洪勇, 苏敬勤. 2007. 发展中国家核心产业链与核心技术链的协同发展研究[J]. 中国工业经济, (6): 38-45.
侯玉梅, 许成媛. 2011. 基于案例推理法研究综述[J]. 燕山大学学报(哲学社会科学版), 12(4): 102-108.
胡国栋. 2016. 科学哲学视角下管理学的学科属性、理论拓展与范式整合[J]. 管理学报, 13(9): 1274-1285.
胡良明, 徐诚, 李万平. 2006. 基于案例推理的自行火炮故障诊断专家系统[J]. 火炮发射与控制学报, 27(2): 53-57.
怀特海 A N. 2016. 教育的目的(汉英双语版)[M]. 靳玉乐, 刘富利, 译. 北京: 中国轻工业出版社.
黄海昕, 苏敬勤, 杨松, 等. 2019. 中国本土企业内部情境的内涵解构与交互系统逻辑建构[J]. 管理学报, 16(3): 325-332.
黄江明, 李亮, 王伟. 2011. 案例研究:从好的故事到好的理论——中国企业管理案例与理论构建研究论坛(2010)综述[J]. 管理世界, (2): 118-126.
黄劲松, 周宁. 2018. 工商管理学科的即兴案例教学法[J]. 管理案例研究与评论, 11(6): 612-622.
黄明, 郭大伟. 2006. 案例教学中的案例选取与设计[J]. 教育探索, (3): 90.
黄群慧. 2018. 改革开放四十年中国企业管理学的发展——情境、历程、经验与使命[J]. 管理世界, 34(10): 86-94, 232.
黄如金. 2006. 中国式和合管理的方法论问题[J]. 经济管理, 28(18): 4-13.
黄如金. 2007. 和合管理:探索具有中国特色的管理理论[J]. 管理学报, 4(2): 135-140, 143.
黄如金. 2008. 中国式管理的灵魂[J]. 经济管理, 30(18): 60-68.
吉登斯 A. 1998. 社会的构成[M]. 李康, 李猛, 译. 上海: 生活·读书·新知三联书店.
戢晓峰, 刘澜. 2009. 基于案例推理的交通拥挤管理方法[J]. 西南交通大学学报, 44(3): 415-420.
贾旭东, 衡量. 2016. 基于"扎根精神"的中国本土管理理论构建范式初探[J]. 管理学报, 13(3): 336-346.
贾旭东, 孔子璇. 2020. 中国管理研究与实践的互动创新——第10届"中国·实践·管理"论坛评述[J]. 管理学报, 17(3): 338-343.
江畅, 左家辉. 2021. 重新认识价值论的性质[J]. 华中师范大学学报(人文社会科学版), 60(5): 80-89.
江勤, 葛燕, 李登道. 2002. 基于CBR专家系统案例知识的检索、匹配及其扩展[J]. 山东科技大学学报(自然科学版), 21(2): 35-37, 44.

蒋安杰. 2011. 最高人民检察院研究室主任陈国庆——检察机关案例指导制度的构建[J]. 法制资讯, (1): 82-85.
蒋红. 2017. 数字阅读能取代纸质阅读吗——基于36篇有关信息载体对阅读效果影响研究论文的元分析[J]. 上海教育科研, (9): 17-22.
蒋占峰. 2009. 社会建设语境中"社会"涵义析解[J]. 理论导刊, (3): 38-40.
教育大辞典编纂委员会. 1990. 教育大辞典 第1卷 教育学、课程和各科教学、中小学校[M]. 上海: 上海教育出版社.
金碚. 2015. 中国经济发展新常态研究[J]. 中国工业经济, (1): 5-18.
井润田, 程生强, 袁丹瑶. 2020. 本土管理研究何以重要？对质疑观点的回应及未来研究的建议[J]. 外国经济与管理, 42(8): 3-16.
井润田, 卢芳妹. 2012. 中国管理理论的本土研究:内涵、挑战与策略[J]. 管理学报, 9(11): 1569-1576.
井润田, 孙璇. 2021. 实证主义 vs. 诠释主义：两种经典案例研究范式的比较与启示[J]. 管理世界, 37(3): 198-216, 13.
康敏, 王伟宜. 2015. 我国高等教育学学科的建设与发展[J]. 教育与考试, (4): 65-68.
孔亭. 2022. 中华民族共同体的历史生成及其文化基因[J]. 新疆大学学报(哲学·人文社会科学版), 50(2): 85-92.
赖院根, 朱东华, 郭颖. 2007. 基于案例推理的企业专利战略制定研究[J]. 科学学与科学技术管理, 28(8): 132-135.
蓝海林, 宋铁波, 曾萍. 2012. 情境理论化:基于中国企业战略管理实践的探讨[J]. 管理学报, 9(1): 12-16.
乐国林. 2012. 实践导向管理研究评价的基本问题探讨——兼论由"出路与展望:直面中国管理实践"引发的学术争鸣[J]. 管理学报, 9(8): 1147-1153.
乐国林, 陈春花, 毛淑珍. 2013. 管理理论实践转化中的异化应用现象探析[J]. 管理学报, 10(3): 347-352.
雷良. 2006. 科学发现的本质及其逻辑机制的再发现[J]. 自然辩证法研究, 22(7): 18-22, 27.
李宝元, 董青, 仇勇. 2017. 中国管理学研究:大历史跨越中的逻辑困局——相关文献的一个整合性评论[J]. 管理世界, (7): 157-169.
李凤珍. 2007. 传统教学反思——解决结构不良问题的启发[J]. 当代教育科学, (12): 29-30.
李佳馨, 杜运周, 孙宁, 等. 2022. 新发展格局下的中国管理研究与实践：挑战和应对——第12届"中国·实践·管理"论坛回顾与展望[J]. 管理学报, 19(3): 326-332.
李军, 乔立民, 王加强, 等. 2019. 政务大数据环境下基于案例推理的网格事件数据应用研究[J]. 情报理论与实践, 42(2): 151-157.
李亮, 刘洋, 冯永春. 2020. 管理案例研究：方法与应用[M]. 北京: 北京大学出版社.
李平. 2013. 中国本土管理研究与中国传统哲学[J]. 管理学报, 10(9): 1249-1261.
李平, 杨政银, 陈春花. 2018. 管理学术研究的"知行合一"之道: 融合德鲁克与马奇的独特之路[J]. 外国经济与管理, 40(12): 28-45.
李旗号, 赵卫东, 杜雪寒. 2000. 一种基于案例的医疗诊断支持系统[J]. 计算机工程与应用,

36(6): 173-176.

李青, 史雅琴, 周扬. 2007. 基于案例推理方法在飞机故障诊断中的应用[J]. 北京航空航天大学学报, 33(5): 622-626.

李清, 刘金全. 2009. 基于案例推理的财务危机预测模型研究[J]. 经济管理, 31(6): 123-131.

李茹, 任海涛, 刘开瑛, 等. 2004. 基于案例的推理在农业专家系统中的应用[J]. 计算机工程与应用, 40(25): 196-198, 204.

李锐, 凌文辁, 柳士顺. 2012. 传统价值观、上下属关系与员工沉默行为——一项本土文化情境下的实证探索[J]. 管理世界, (3): 127-140, 150.

李鑫. 2015. 中国本土管理研究的 X 整合主义[J]. 管理学报, 12(2): 157-166.

李烜. 2018. 论皮尔士的溯因逻辑[J]. 逻辑学研究, 11(4): 125-135.

李征博, 曹红波, 郑月龙, 等. 2018. 哈佛大学商学院案例教学运行模式及对我国的启示[J]. 学位与研究生教育, (11): 66-71.

李茁新, 陆强. 2010. 中国管理学案例研究:综述与评估[J]. 科研管理, 31(5): 35-44, 101.

梁觉, 李福荔. 2010. 中国本土管理研究的进路[J]. 管理学报, 7(5): 642-648.

梁莱歆, 冯延超. 2010. 基于案例推理的 R&D 预算管理研究[J]. 科技进步与对策, 27(23): 12-15.

林海芬, 苏敬勤. 2017. 中国企业管理情境的形成根源、构成及内化机理[J]. 管理学报, 14(2): 159-167.

林坚, 刘文. 2015. 土地科学研究对象和学科属性的思考[J]. 中国土地科学, 29(4): 4-10.

林菁菁, 张雁鸣, 苏敬勤. 2021. 从资源拼凑到资源协奏——一个制度情境视角的解释[J]. 管理评论, 33(10): 249-262.

刘刚, 廖正贤, 殷建瓴. 2019. 微案例及其在管理教育中的应用[J]. 北京交通大学学报(社会科学版), 18(2): 98-104.

刘红宇, 乔立红. 2008. 基于案例推理的企业项目管理决策支持系统的研究[J]. 成组技术与生产现代化, 25(1): 4-8.

刘剑凌, 蔡曙山. 2014. 溯因推理、创造性与科学发现[J]. 学术界, (11): 61-69.

刘录护, 扈中平. 2015. 教师教育中的案例教学:理念、案例与研究批判[J]. 教师教育研究, 27(3): 79-85.

刘璞, 张紫微, 戴东, 等. 2020. 管理实证案例研究的规范性问题——以信息系统领域为例[J]. 管理案例研究与评论, 13(4): 476-492.

刘儒德. 2002. 基于问题学习对教学改革的启示[J]. 教育研究, 23(2): 73-77.

刘祯, 陈春花, 徐梅鑫. 2014. 和而不同:管理学者争鸣与反思的价值贡献[J]. 管理学报, 11(9): 1294-1301.

柳炳祥, 盛昭瀚. 2003. 基于案例推理的企业危机预警系统设计[J]. 中国软科学, (3): 67-70.

柳倩. 2017. 从"逻辑"到"意义"的个案研究外推分析——通过与统计调查对比[J]. 社会学评论, 5(1): 62-75.

龙宝新. 2017. 师生协同共生体:文科研究生日常指导的科学范型[J]. 学位与研究生教育, (11): 1-7.

龙宝新. 2018. 学科作为生命体:一流学科建设的新视角[J]. 高校教育管理, 12(5): 15-22.

卢格 G F. 2004. 人工智能: 复杂问题求解的结构和策略[M]. 史忠植, 张银奎, 赵志崑, 等译. 北京: 机械工业出版社.

卢弋, 陈霖, 冯伟. 2021. 基于案例推理的城市轨道交通应急预警决策[J]. 交通工程, 21(1): 74-79, 85.

鲁梅尔特 L. 2012. 好战略, 坏战略[M]. 蒋宗强, 译. 北京: 中信出版社.

陆亚东, 符正平. 2016. "水"隐喻在中国特色管理理论中的运用[J]. 外国经济与管理, 38(1): 3-14.

罗珉. 2009. 基于哲学视角的组织隐喻研究前沿探析[J]. 外国经济与管理, 31(4): 1-9.

罗素 B. 2016. 西方哲学史[M]. 3版. 耿丽, 译. 重庆: 重庆出版社.

罗素平, 丁文晴, 袁红梅. 2018. 基于建构主义的案例教学研究[J]. 科教文汇(下旬刊), 438(30): 23-24.

吕承文, 丁远. 2017. 案例教学再思考:内涵、设计及实践[J]. 扬州大学学报(高教研究版), 21(2): 85-89.

吕洁, 张钢. 2015. 知识异质性对知识型团队创造力的影响机制:基于互动认知的视角[J]. 心理学报, 47(4): 533-544.

吕力. 2010. "黑板管理学"的3个来源——操作主义视角下管理理论与实践脱节问题分析[J]. 管理学报, 7(8): 1123-1129.

吕力. 2011. 管理学如何才能"致用"——管理学技术化及其方法论[J]. 管理学报, 8(6): 796-804, 826.

吕力. 2012. "直面中国管理实践"的根本性问题与作为"系统反思"的元管理研究[J]. 管理学报, 9(4): 506-515.

吕力. 2013. 直面中国实践的管理伦理与哲学问题[J]. 管理学报, 10(12): 1725-1734.

吕力. 2014. 归纳逻辑在管理案例研究中的应用:以 AMJ 年度最佳论文为例[J]. 南开管理评论, 17(1): 151-160.

吕一博, 刘泉山, 马晓蕾, 等. 2017. 工商管理案例开发现状及撰写规范性研究[J]. 管理案例研究与评论, 10(2): 209-224.

马风才. 2022. MBA 案例教学的三重境界[J]. 学位与研究生教育, (2): 57-62.

毛基业. 2020. 运用结构化的数据分析方法做严谨的质性研究——中国企业管理案例与质性研究论坛(2019)综述[J]. 管理世界, 36(3): 221-227.

毛基业, 陈诚. 2017. 案例研究的理论构建:艾森哈特的新洞见——第十届"中国企业管理案例与质性研究论坛(2016)"会议综述[J]. 管理世界, (2): 135-141.

毛基业, 李高勇. 2014. 案例研究的"术"与"道"的反思——中国企业管理案例与质性研究论坛(2013)综述[J]. 管理世界, (2): 111-117.

毛基业, 李亮. 2018. 管理学质性研究的回顾、反思与展望[J]. 南开管理评论, 21(6): 12-16.

毛基业, 苏芳. 2019. 质性研究的科学哲学基础与若干常见缺陷——中国企业管理案例与质性研究论坛(2018)综述[J]. 管理世界, 35(2): 115-120, 199.

毛基业, 张霞. 2008. 案例研究方法的规范性及现状评估——中国企业管理案例论坛(2007)综述[J]. 管理世界, (4): 115-121.

梅多斯 D. 2012. 系统之美:决策者的系统思考[M]. 邱昭良, 译. 杭州: 浙江人民出版社.

梅钢. 2011. 从理性主义和经验主义看管理学的发展路径[J]. 华东经济管理, 25(9): 97-101.

孟天广, 赵娟. 2018. 大数据驱动的智能化社会治理:理论建构与治理体系[J]. 电子政务, (8): 2-11.

苗莉. 2012. 管理学百年回顾与展望——第4届"管理学在中国"学术研讨会述评[J]. 管理学报, 9(2): 184-194, 203.

牟晖, 郝卓凡, 陈婧. 2021. 中美案例教学法对比研究[J]. 管理案例研究与评论, 14(4): 457-463.

宁骚. 2006. 公共管理类学科的案例研究、案例教学与案例写作[J]. 新视野, (1): 34-36, 61.

欧阳桃花. 2004. 试论工商管理学科的案例研究方法[J]. 南开管理评论, 7(2): 100-105.

彭贺, 顾倩妮. 2010. "直面中国管理实践"的内涵与路径[J]. 管理学报, 7(11): 1665-1670.

彭贺, 苏宗伟. 2006. 东方管理学的创建与发展: 渊源、精髓与框架[J]. 管理学报, 3(1): 12-18.

齐善鸿, 白长虹, 陈春花, 等. 2010. 出路与展望: 直面中国管理实践[J]. 管理学报, 7(11): 1685-1691.

钱明辉, 李天明, 舒诗雅, 等. 2018. 教学案例开发框架模型的构建及其应用[J]. 管理案例研究与评论, 11(2): 210-220.

秦燕, 张国梁. 2009. 案例推理在知识型员工开发中的运用[J]. 中国人力资源开发, (3): 39-42.

阙祥才. 2016. 实证主义研究方法的历史演变[J]. 求索, (4): 71-76.

盛昭瀚, 薛小龙, 安实. 2019. 构建中国特色重大工程管理理论体系与话语体系[J]. 管理世界, 35(4): 2-16, 51, 195.

舒尔曼 Z H. 2007. 教师教育中的案例教学法[M]. 郅庭瑾, 译. 上海: 华东师范大学出版社.

施良方. 1994. 学习论:学习心理学的理论与原理[M]. 北京: 人民教育出版社.

施晓光. 2021. 重识学科本质特征、生长逻辑与价值功用——兼论学科建设的几点策略[J]. 大学与学科, 2(2): 1-12.

石里克 M. 2017. 普通认识论[M]. 李步楼, 译. 北京: 商务印书馆.

史开荣, 廖蒙生. 2017. 浅谈新闻媒体在环境保护中的责任[J]. 新闻研究导刊, 8(17): 174.

史忠植. 2006. 高级人工智能[M]. 2版. 北京: 科学出版社.

宋严. 2008. "社会"范畴的多维向度[J]. 湖北社会科学, (8): 31-34.

苏东水. 2002. 论东西方管理的融合与创新[J]. 学术研究, (5): 39-45.

苏敬勤, 崔淼. 2011. 工商管理案例研究方法[M]. 北京: 科学出版社.

苏敬勤, 崔淼, 王淑娟. 2012. 工商管理情境教育体系的内涵、架构与协同效应[J]. 管理案例研究与评论, 5(3): 222-230.

苏敬勤, 高昕. 2019. 中国制造企业的低端突破路径演化研究[J]. 科研管理, 40(2): 86-96.

苏敬勤, 高昕. 2020. 案例行动学习法——效率与效果的兼顾[J]. 管理世界, 36(3): 228-236.

苏敬勤, 洪勇. 2008a. 后发国家企业技术能力发展理论与实证研究[J]. 管理评论, 20(3): 31-38, 63-64.

苏敬勤, 洪勇. 2008b. 追赶战略下中国制造业的技术能力提升——以中国华录·松下公司视听设备产业发展为例[J]. 公共管理学报, 5(4): 26-35, 123-124.

苏敬勤, 贾依帛. 2018. 我国工商管理案例研究现状、应用前景及情境化深度[J]. 管理学报,

15(6): 791-802.

苏敬勤, 贾依帛. 2020. 案例行动学习法: 案例教学与行动学习的结合[J]. 管理案例研究与评论, 13(3): 345-355.

苏敬勤, 李召敏. 2011. 案例研究方法的运用模式及其关键指标[J]. 管理学报, 8(3): 340-347.

苏敬勤, 刘畅. 2015. 中国情境架构及作用机理——基于中国企业战略变革案例的质化研究[J]. 管理评论, 27(10): 218-229.

苏敬勤, 刘畅. 2016. 中国企业外部情境架构构建与研究述评[J]. 外国经济与管理, 38(3): 3-18.

苏敬勤, 刘电光. 2016. 含摄情境的管理理论是否具有普适性[J]. 管理学报, 13(8): 1105-1114.

苏敬勤, 刘静. 2012. 多元化战略影响因素的三棱锥模型——基于制造企业的多案例研究[J]. 科学学与科学技术管理, 33(1): 148-155.

苏敬勤, 刘静. 2013. 案例研究规范性视角下二手数据可靠性研究[J]. 管理学报, 10(10): 1405-1409, 1418.

苏敬勤, 刘静. 2014. 情境视角下的案例研究——基于国内外案例研究范文分析[J]. 管理学报, 11(6): 788-792, 818.

苏敬勤, 马欢欢, 张帅. 2020. 中小制造企业技术创新能力演化机理研究[J]. 科学学研究, 38(10): 1888-1898.

苏敬勤, 孙源远. 2010. 商业案例、教学案例和案例研究的关系[J]. 管理案例研究与评论, 3(3): 255-259.

苏敬勤, 王娜, 高昕, 等. 2021a. 案例学的构建——学理基础与现实可行性[J]. 管理世界, 37(9): 207-214.

苏敬勤, 张琳琳. 2013. 动态能力维度在企业创新国际化各阶段中的作用变化分析——基于海尔的案例研究[J]. 管理学报, 10(6): 802-809.

苏敬勤, 张琳琳. 2016. 情境内涵、分类与情境化研究现状[J]. 管理学报, 13(4): 491-497.

苏敬勤, 张帅, 马欢欢, 等. 2021b. 技术嵌入与数字化商业模式创新——基于飞贷金融科技的案例研究[J]. 管理评论, 33(11): 121-134.

苏敬勤, 张雅洁, 贾依帛. 2022. 我国工商管理探索性案例研究的发展现状及规范性评估[J]. 管理案例研究与评论, 15(1): 99-114.

苏勇, 段雅婧. 2019. 当西方遇见东方: 东方管理理论研究综述[J]. 外国经济与管理, 41(12): 3-18.

苏宗伟, 苏东水, 孟勇. 2013. 中国管理模式创新研究——第十六届世界暨东方管理论坛综述[J]. 经济管理, 35(7): 192-199.

孙海法, 朱莹楚. 2004. 案例研究法的理论与应用[J]. 科学管理研究, 22(1): 116-120.

孙继伟. 2009. 管理理论与实践脱节的界定依据、深层原因及解决思路[J]. 管理学报, 6(9): 1143-1149.

孙继伟. 2010. 论管理学界的价值迷失——实践迷失和客户迷失的深化研究[J]. 管理学报, 7(8): 1117-1122.

孙黎, 刘刚, 周楠. 2011. 基于认识论的案例教学法——美国商学院的经验[J]. 管理案例研究与评论, 4(4): 323-329.

孙雨生, 詹萌. 2005. 国内外本体论技术研究与进展[J]. 情报杂志, (12): 44-45, 48.
谭浩, 赵江洪, 王巍, 等. 2006. 基于案例的工业设计情境模型及其应用[J]. 机械工程学报, 42(12): 151-157.
谭劲松. 2006. 关于中国管理学科定位的讨论[J]. 管理世界, (2): 71-79.
谭劲松. 2007. 关于中国管理学科发展的讨论[J]. 管理世界, (1): 81-91, 104.
谭劲松. 2008. 关于管理研究及其理论和方法的讨论[J]. 管理科学学报, 11(2): 145-152.
汤文宇, 李玲娟. 2006. CBR方法中的案例表示和案例库的构造[J]. 西安邮电学院学报, 11(5): 75-78.
唐权. 2017. 混合案例研究法:混合研究法在质性-实证型案例研究法中的导入[J]. 科技进步与对策, 34(12): 155-160.
唐晓敏, 徐立鸿, 恽源世. 2005. 基于实例推理及其在农业病虫害诊断与防治中的应用研究[J]. 中国农机化, 26(1): 56-59.
梯利, 伍德. 2015. 西方哲学史(增补修订版)[M]. 葛力, 译. 北京: 商务印书馆.
汪季玉, 王金桃. 2003. 基于案例推理的应急决策支持系统研究[J]. 管理科学, 16(6): 46-51.
汪潇, 李平, 毕智慧. 2019. 商学院的未来之路:知行合一[J]. 外国经济与管理, 41(5): 141-152.
王冰, 齐海伦, 李立望. 2018. 如何做高质量的质性研究——中国企业管理案例与质性研究论坛(2017)综述[J]. 管理世界, 34(4): 140-145.
王福兴, 田宏杰, 申继亮. 2009. 场景知觉及其研究范式[J]. 心理科学进展, 17(2): 268-277.
王金红. 2007. 案例研究法及其相关学术规范[J]. 同济大学学报(社会科学版), 18(3): 87-95, 124.
王君, 潘星, 李静, 等. 2006. 基于案例推理的知识管理咨询系统[J]. 清华大学学报(自然科学版), 46(S1): 990-995.
王兰, 李潇天, 杨晓明. 2020. 健康融入15分钟社区生活圈:突发公共卫生事件下的社区应对[J]. 规划师, 36(6): 102-106, 120.
王玲玲, 赵文红, 魏泽龙. 2019. 因果逻辑和效果逻辑对新企业新颖型商业模式设计的影响:环境不确定性的调节作用[J]. 管理评论, 31(1): 90-100.
王梦洺, 方卫华. 2019. 案例研究方法及其在管理学领域的应用[J]. 科技进步与对策, 36(5): 33-39.
王宁. 2008. 个案研究中的样本属性与外推逻辑[J]. 公共行政评论, 1(3): 44-54, 198.
王少非. 2000. 案例法的历史及其对教学案例开发的启示[J]. 教育发展研究, 20(10): 42-45.
王淑娟, 马晓蕾. 2014. 基于案例教学的经管类研究生知识与能力建构机理研究[J]. 管理案例研究与评论, 7(3): 260-268.
王淑娟, 王晓天. 2008. 管理案例教学中案例难度适用性的实证研究[J]. 管理案例研究与评论, 1(2): 83-88.
王文静. 2005. 情境认知与学习理论:对建构主义的发展[J]. 全球教育展望, 34(4): 56-59, 33.
王文治, 赵智文. 2013. 独立学院竞争力指标体系的设计与应用[J]. 中国轻工教育, (6): 5-7, 14.
王晓晖, 风笑天. 2017. 定性研究的结论外推逻辑和抽样技巧[J]. 贵州社会科学, (3): 87-92.
王学秀. 2008. "管理学在中国"研究:概念、问题与方向——第1届"管理学在中国"学术研讨会观点评述[J]. 管理学报, 5(3): 313-319, 365.

王亚辉, 余隋怀, 陈登凯, 等. 2018. 案例驱动的协同设计知识管理模型及实现[J]. 计算机集成制造系统, 24(3): 741-751.

王雁, 姚梅林. 2009. 专家医生的知识结构及诊断推理方式[J]. 心理科学进展, 17(1): 64-70.

王迎军, 陆岚, 崔连广. 2015. 实践视角下的管理学学科属性[J]. 管理学报, 12(12): 1733-1740.

王永贵, 汪寿阳, 吴照云, 等. 2021. 深入贯彻落习近平总书记在哲学社会科学工作座谈会上的重要讲话精神 加快构建中国特色管理学体系[J]. 管理世界, 37(6): 1-35.

王玉樑. 2008. 关于价值本质的几个问题[J]. 学术研究, (8): 43-51.

韦伯 M. 2018. 学术与政治[M]. 冯克利, 译. 北京: 商务印书馆.

魏江, 邬爱其, 彭雪蓉. 2014. 中国战略管理研究:情境问题与理论前沿[J]. 管理世界, (12): 167-171.

吴清烈, 冯勤超. 2002. 基于案例推理技术在企业并购决策中的应用[R]. 2002年中国管理科学学术会议.

吴彤. 2007. 两种"地方性知识"——兼评吉尔兹和劳斯的观点[J]. 自然辩证法研究, 23(11): 87-94.

吴也显. 1991. 教学模式研究的方法与过程[J]. 教育研究与实验, (4): 38-39, 7.

武建鑫. 2016. 走向自组织:世界一流学科建设模式的反思与重构[J]. 湖北社会科学, (11): 158-164.

席酉民, 刘鹏, 孔芳, 等. 2013. 和谐管理理论:起源、启示与前景[J]. 管理工程学报, 27(2): 1-8.

席酉民, 刘文瑞. 2009. 组织与决策[M]. 北京: 中国人民大学出版社.

席酉民, 尚玉钒, 井辉, 等. 2009. 和谐管理理论及其应用思考[J]. 管理学报, 6(1): 12-18.

席酉民, 熊畅, 刘鹏. 2020. 和谐管理理论及其应用述评[J]. 管理世界, 36(2): 195-209, 227.

项保华, 张建东. 2005. 案例研究方法和战略管理研究[J]. 自然辩证法通讯, 27(5): 62-66, 111.

谢桂华. 2002. 关于学科建设的若干问题[J]. 高等教育研究, 23(5): 46-52.

谢佩洪. 2016. 基于中国传统文化与智慧的本土管理研究探析[J]. 管理学报, 13(8): 1115-1124.

谢维营, 姜文有. 2010. 实践与本体关系的反思——关于"实践本体论"的讨论述评[J]. 烟台大学学报(哲学社会科学版), 23(4): 16-25.

熊勇清. 2004. 案例教学在《管理学原理》教学中的实施效果分析[J]. 现代大学教育, (1): 85-88.

徐淑英. 2015. 科学精神和对社会负责的学术[J]. 管理世界, (1): 156-163.

徐淑英. 2016. 商学院的价值观和伦理: 做负责任的科学[J]. 管理学季刊, 1(S1): 1-23.

徐淑英, 刘忠明. 2004. 中国企业管理的前沿研究[M]. 北京: 北京大学出版社.

徐淑英, 吕力. 2015. 中国本土管理研究的理论与实践问题:对徐淑英的访谈[J]. 管理学报, 12(3): 313-321.

徐淑英, 张志学. 2005. 管理问题与理论建立:开展中国本土管理研究的策略[J]. 南大商学评论, (4): 1-18.

徐淑英, 张志学. 2011. 管理问题与理论建立:开展中国本土管理研究的策略[J]. 重庆大学学报(社会科学版), 17(4): 1-7.

徐小利, 姜进. 2013. 案例知识在课程教学中的应用模式探究[J]. 软件导刊(教育技术), 12(4): 31-32.

徐延宇, 汤小红. 2002. 案例教学理论基础探析[J]. 学位与研究生教育, (6): 38-40.

宣勤朗. 2019. 工商管理教育理念与教学空间模式初探——厦门大学德旺商学院建筑设计研究[D]. 厦门: 厦门大学.

宣勇. 2016. 大学学科建设应该建什么[J]. 探索与争鸣, (7): 30-31.

薛求知, 朱吉庆. 2006. 科学与人文:管理学研究方法论的分歧与融合[J]. 学术研究, (8): 5-11, 147.

亚历山大 J C. 2008. 社会学的理论逻辑: 实证主义、预设与当前的争论第 1 卷[M]. 于晓, 唐少杰, 蒋和明, 译. 北京: 商务印书馆.

闫琰, 郭亮. 2008. 案例教学法在中职计算机教学中的运用探讨[J]. 科教文汇(上旬刊), (22): 67.

颜昌武. 2019. 党政体制下的中国行政国家建设:特色与路向[J]. 暨南学报(哲学社会科学版), 41(7): 37-45.

杨光富, 张宏菊. 2008. 案例教学:从哈佛走向世界——案例教学发展历史研究[J]. 外国中小学教育, (6): 1-5.

杨桂明, 许凤姣, 陈新, 等. 2020. 基于实践本体论的嵌入式档案开发服务探析——以北京师范大学档案实践为例[J]. 档案学通讯, (2): 67-71.

杨璐璐. 2017. 教师教育中的案例教学:逻辑、保障条件及误区辨析[J]. 教师教育论坛, 30(5): 14-19.

姚树洁, 房景. 2020. "双循环"发展战略的内在逻辑和理论机制研究[J]. 重庆大学学报(社会科学版), 26(6): 10-23.

姚志强, 余嘉元. 2004. 基于范例推理:原理、研究及应用[J]. 宁波大学学报(教育科学版), 26(4): 13-18.

叶成城, 唐世平. 2019. 基于因果机制的案例选择方法[J]. 世界经济与政治, (10): 22-47, 157.

殷建瓴, 费少卿. 2020. 探索式学习还是利用式学习——员工个人学习双元性探析[J]. 新经济, (S1): 57-63.

于鸣, 岳占仁. 2012. 本土管理案例的再出发[J]. 管理案例研究与评论, 5(1): 64-68.

张兵红, 吴照云. 2021. 中国管理理论概念研究: 演变、重构及延伸[J]. 商业经济与管理, (11): 47-61.

张东娇. 2016. 比较视野中的中国"案例教学"——基于毅伟商学院案例教学经验的分析[J]. 比较教育研究, 38(11): 71-77.

张光前, 邓贵仕, 李朝晖. 2002. 基于事例推理的技术及其应用前景[J]. 计算机工程与应用, 38(20): 52-55.

张佳良, 刘军. 2018. 本土管理理论探索 10 年征程评述——来自《管理学报》2008—2018 年 438 篇论文的文本分析[J]. 管理学报, 15(12): 1739-1749.

张家军, 靳玉乐. 2004. 论案例教学的本质与特点[J]. 中国教育学刊, (1): 48-50, 62.

张建民, 何宾. 2011. 案例研究概推性的理论逻辑与评价体系——基于公共管理案例研究样本论文的实证分析[J]. 公共管理学报, 8(2): 1-20, 124.

张建伟, 陈琦. 1996. 从认知主义到建构主义[J]. 北京师范大学学报(社会科学版), (4): 75-82, 108.

张建伟, 孙燕青. 2001. 通过问题解决来建构知识——内在条件分析[J]. 教育理论与实践, 21(11): 43-45.

张剑, 岳红, 唐中正. 2009. 情绪智力三维结构模型的验证与应用[J]. 管理学报, 6(6): 788-793.

张敬伟, 杜鑫, 田志凯, 等. 2021. 效果逻辑和因果逻辑在商业模式构建过程中如何发挥作用——基于互联网创业企业的多案例研究[J]. 南开管理评论, 24(4): 27-40.

张俊杰. 2011. 企业知识管理中的案例推理思路与系统架构[J]. 情报杂志, 30(5): 130-133, 129.

张丽华, 刘松博. 2006. 案例研究：从跨案例的分析到拓展现有理论的解释力——中国第二届管理案例学术研讨会综述[J]. 管理世界, (12): 142-145.

张琼. 2016. 知识运用与创新能力培养——基于创新教育理念的大学专业课程变革[J]. 高等教育研究, 37(3): 62-67.

张荣梅, 涂序彦. 2002. 基于CBR的交通事故处理智能决策支持系统[J]. 计算机工程与应用, 38(2): 247-249.

张涛, 翁康年, 张倩帆, 等. 2020. 基于情境案例推理的播前收视率预测方法[J]. 管理工程学报, 34(6): 156-164.

张旭, 温有奎. 2008. 基于认知的知识内化和外化研究[J]. 情报杂志, 27(3): 61-62, 65.

张英菊, 仲秋雁, 叶鑫, 等. 2009. 基于案例推理的应急辅助决策方法研究[J]. 计算机应用研究, 26(4): 1412-1415.

张玉利. 2008. 管理学术界与企业界脱节的问题分析[J]. 管理学报, 5(3): 336-339, 370.

张玉利, 李静薇. 2012. 基于实践的学术问题提炼与中国管理模式总结[J]. 管理学报, 9(2): 179-183.

张治洪, 童溶, 王仲元, 等. 1997. 基于范例推理的结核病专家系统[J]. 天津理工学院学报, 13(3): 77-82, 88.

赵登福, 吴娟, 刘昱, 等. 2003. 基于事例推理的短期负荷预测[J]. 西安交通大学学报, 37(6): 608-611.

赵良勇, 齐善鸿. 2016. 直面实践的管理研究与德鲁克之路[J]. 管理学报, 13(11): 1606-1613.

赵曙明, 于静静. 2012. 视频案例教学在管理学课程教学中的应用探析[J]. 管理案例研究与评论, 5(4): 315-322.

郑金洲. 2002. 案例教学:教师专业发展的新途径[J]. 教育理论与实践, 22(7): 36-41.

郑宇鸣, 李淑斌, 肖植文, 等. 2010. 基于案例推理(CBR)技术在病虫害预测中的应用[J]. 安徽农业科学, 38(35): 20083-20084.

中国大百科全书总编辑委员会《哲学》编辑委员会, 中国大百科全书出版社编辑部. 1987. 中国大百科全书: 哲学Ⅱ[M]. 北京: 中国大百科全书出版社.

周春柳, 胡芬, 刘晓冰. 2017. 管理案例资料及其收集方法研究[J]. 管理案例研究与评论, 10(3): 327-338.

周学荣, 黄青青, 郝若曦. 2021. 加强案例教学 培养高素质人才[J]. 中国高等教育, (8): 47-49.

周英男, 陈芳. 2008. 建构主义理论在MBA案例教学中的应用研究[J]. 管理案例研究与评论, 1(1): 68-72.

周泽将, 王浩然, 修宗峰. 2021. 积极构建中国特色管理学理论体系——基于NSFC管理科学A

类期刊刊文(2013—2020 年)的分析[J]. 管理世界, 37(9): 57-77.

朱方伟, 孙秀霞, 宋昊阳. 2014. 管理案例采编[M]. 北京: 科学出版社.

朱小平, 刘毅. 2005. 高校学科建设存在的问题及对策探讨[J]. 西北医学教育, 13(3): 232-234.

朱小燕, 王磊. 2019. UACC 时代的管理理论研究与探索——"管理学在中国" 2018 年会(第 11 届)述评[J]. 管理学报, 16(5): 652-655.

朱晓斌. 2002. 论知识表征类型对写作研究的影响[J]. 杭州师范学院学报(人文社会科学版), 24(1): 117-120.

Aamodt A, Plaza E. 1994. Case-based reasoning: foundational issues, methodological variations, and system approaches[J]. AI Communications, 7(1): 39-59.

Amabile T M, Conti R, Coon H, et al. 1996. Assessing the work environment for creativity[J]. Academy of Management Journal, 39(5): 1154-1184.

Aristotle. 1989. Prior Analytics[M]. Indianapolis: Hackett Publishing Co Inc.

Bacharach S B. 1989. Organizational theories: some criteria for evaluation[J]. Academy of Management Review, 14(4): 496-515.

Bamberger P A. 2018. AMD—clarifying what we are about and where we are going[J]. Academy of Management Discoveries, 4(1): 1-10.

Bansal P T. 2017. Qualitative research: new ways of seeing management and business[R]. Forum on Case-based and Qualitative Research in Business Administration in China.

Barnes B. 2002. Thomas Kuhn and the problem of social order in science[M]//Nickles T. Thomas Kuhn. Cambridge: Cambridge University Press: 122-141.

Beckman T. 1999. The current state of knowledge management[M]//Liebowitz J. Knowledge Management Handbook. Boca Raton: CRC Press: 1-22.

Bennis W G, O'Toole J. 2005. How business schools lost their way[J]. Harvard Business Review, 83(5): 96-104, 154.

Berger K A, Stratton W, Thomas J, et al. 2012. Critical incidents: demand for short cases elicits a new genre[J]. Business Case Journal, 19(1): 6-16.

Bichindaritz I, Siadak M F, Jocom J, et al. 1998. CARE-PARTNER: a computerized knowledge-support system for stem-cell post-transplant long-term follow-up on the World-Wide-Web[J]. Journal of the American Medical Informatics Association, 41(2): 386-390.

Brandom R. 2002. Tales of the Mighty Dead[M]. Cambridge: Harvard University Press.

Brooks J G, Brooks M G. 1999. In search of understanding[J]. Journal of the Canadian Dental Association, 34(2): 55.

Bruner J S. 1961. The act of discovery[J]. Harvard Educational Review, 31: 21-32.

Burrell G, Morgan G. 1979. Sociological Paradigms and Organisational Analysis[M]. London: Routledge.

Chen C C. 1995. New trends in rewards allocation preferences: a sino-U.S. comparison[J]. Academy of Management Journal, 38(2): 408-428.

Chen J M, Lijesen M G, Nijkamp P. 2017. Interpretation of cruise industry in a two-sided market context: an exploration on Japan[J]. Maritime Policy & Management, 44(6): 790-801.

Chen M J, Miller D. 2010. West meets east: toward an ambicultural approach to management[J]. Academy of Management Perspectives, 24(4): 17-24.

Chen M J, Miller D. 2012. Competitive dynamics: themes, trends, and a prospective research platform[J]. Academy of Management Annals, 6(1): 135-210.

Cheng B S, Wang A C, Huang M P. 2009. The road more popular versus the road less travelled: an "Insider's" perspective of advancing Chinese management research[J]. Management and Organization Review, 5(1): 91-105.

Child J. 2009. Context, comparison, and methodology in Chinese management research[J]. Management and Organization Review, 5(1): 57-73.

Clark P A. 2000. Organisations in Action: Competition Between Contexts[M]. London: Routledge.

Collins A M. 1976. Processing in acquiring knowledge[M]//Anderson R C. Schooling and the Acquisition of Knowledge. Hillsdale: Lawrence Erlbaum Associates: 109-125.

Collins A M, Stevens A L A. 1983. Cognitive theory of inquiry teaching[M]//Reigeluth C M. Instructional Design Theories and Models: An Overview of Their Current Status. New York: LEA Publishers : 247-278.

Colquitt J A, George G. 2011. Publishing in AMJ—part 1: topic choice[J]. Academy of Management Journal, 54(3): 432-435.

Corley K G, Gioia D A. 2004. Identity ambiguity and change in the wake of a corporate spin-off[J]. Administrative Science Quarterly, 49(2): 173-208.

Cummings J L, Teng B S. 2003. Transferring R&D knowledge: the key factors affecting knowledge transfer success[J]. Journal of Engineering and Technology Management, 20(1/2): 39-68.

Davidson D. 1990. The structure and content of truth[J]. Journal of Philosophy, 87(6): 279-328.

Davies J, Goel A K, Nersessian N J. 2005. Transfer in visual case-based problem solving[M]// Montani S, Hüllermeier E, Malý M. Case-Based Reasoning Research and Development. Berlin, Heidelberg: Springer Berlin Heidelberg: 163-176.

Dube L, Pare G. 2003. Rigor in information systems positivist case research: current practices, trends, and recommendations[J]. MIS Quarterly, 27(4): 597.

Edmondson A C, McManus S E. 2007. Methodological fit in management field research[J]. Academy of Management Review, 32(4): 1246-1264.

Eisenhardt K M. 1989. Building theories from case study research[J]. Academy of Management Review, 14(4): 532-550.

Eisenhardt K M. 1991. Better stories and better constructs: the case for rigor and comparative logic[J]. Academy of Management Review, 16(3): 620-627.

Eisenhardt K M, Graebner M E. 2007. Theory building from cases: opportunities and challenges[J]. Academy of Management Journal, 50(1): 25-32.

Engin M. 2011. Research diary: a tool for scaffolding[J]. International Journal of Qualitative Methods, 10(3): 296-306.

Feldman M S, Orlikowski W J. 2011. Theorizing practice and practicing theory[J]. Organization Science, 22(5): 1240-1253.

Flyvbjerg B. 2006. Five misunderstandings about case-study research[J]. Qualitative Inquiry, 12(2), 219-245.

Fuchs D, Fuchs L S, Mathes P G, et al. 1997. Peer-assisted learning strategies: making classrooms more responsive to diversity[J]. American Educational Research Journal, 34(1): 174-206.

Furnari S, Crilly D, Misangyi V F, et al. 2021. Capturing causal complexity: heuristics for configurational theorizing[J]. Academy of Management Review, 46(4): 778-799.

Gentner D. 1983. Structure-mapping: a theoretical framework for analogy[J]. Cognitive Science, 7(2): 155-170.

Glaser B G, Strauss A L. 1967. The Discovery of Grounded Theory: Strategies for Qualitative Research[M]. New York: Aldine de Gruyter.

Grix J. 2010. The Foundations of Research [M]. 2nd ed. Basingstoke: Palgrave Macmillan.

Guo Y Q, Xu G J, Yang X T, et al. 2018. Significantly enhanced and precisely modeled thermal conductivity in polyimide nanocomposites with chemically modified graphene via in situ polymerization and electrospinning-hot press technology[J]. Journal of Materials Chemistry C, 6(12): 3004-3015.

Hackett R D, Bycio P. 1996. An evaluation of employee absenteeism as a coping mechanism among hospital nurses[J]. Journal of Occupational and Organizational Psychology, 69(4): 327-338.

Hambrick D C. 2007. The field of management's devotion to theory: too much of a good thing?[J]. Academy of Management Journal, 50(6): 1346-1352.

Henderson J G. 1996. Reflective teaching: the study of your constructivist practices[M]. 2nd ed. New Jersey: Prentice Hall.

Henderson J G. 2005. Introduction to real-world scene perception[J]. Visual Cognition, 12(6): 849-851.

Hogan D, Tudge J. 1999. Implications of Vygotsky's theory for peer learning[M]//O'donnell A M, King A. Cognitive Perspectives on Peer Learning. Mahwah: Erlbaum: 39-64.

Holyoak K J. 1985. The pragmatics of analogical transfer[J]. Psychology of Learning and Motivation, 19: 59-87.

Honig B, Lampel J, Baum J A C, et al. 2018. Reflections on scientific misconduct in management: unfortunate incidents or a normative crisis?[J]. Academy of Management Perspectives, 32(4): 412-442.

Jia L D, You S Y, Du Y Z. 2012. Chinese context and theoretical contributions to management and organization research: a three-decade review[J]. Management and Organization Review, 8(1): 173-209.

Jing R T, van de Ven A H. 2014. A Yin-Yang model of organizational change: the case of Chengdu bus group[J]. Management and Organization Review, 10(1): 29-54.

Jonassen D H. 1991. Objectivism versus constructivism: do we need a new philosophical paradigm?[J]. Educational Technology Research and Development, 39(3): 5-14.

Jonassen D H, Land S M. 2000. Theoretical Foundations of Learning Environments[M]. Mahwah: Erlbaum Associates.

Jonathan G. 2010. The Foundations of Research[M]. 2nd ed. Basingstoke: Palgrave Macmillan.

Kirschner P A, Sweller J, Clark R E. 2006. Why minimal guidance during instruction does not work: an analysis of the failure of constructivist, discovery, problem-based, experiential, and inquiry-based teaching[J]. Educational Psychologist, 41(2): 75-86.

Klahr D, Simon H A. 1999. Studies of scientific discovery: complementary approaches and convergent findings[J]. Psychological Bulletin, 125(5): 524-543.

Klijn E H, Steijn B, Edelenbos J. 2010. The impact of network management on outcomes in governance networks[J]. Public Administration, 88(4): 1063-1082.

Kolodner J L. 1992. An introduction to case-based reasoning[J]. Artificial Intelligence Review, 6(1):3-34.

Koontz H. 1961. The management theory jungle[J]. Academy of Management Journal, 4(3): 174-188.

Koontz H. 1980. The management theory jungle revisited[J]. The Academy of Management Review, 5(2): 175.

Koton P. 1989. A medical reasoning program that improves with experience[J]. Computer Methods and Programs in Biomedicine, 30: 177-184.

Kuhn T S. 2000. The Road Since Structure: Philosophical Essays, 1970-1993, with an Autobiographical Interview[M]. Chicago: University of Chicago Press.

Laudan L. 1978. Progress and Its Problems: Towards a Theory of Scientific Growth[M]. Oakland: University of California Press.

Lewin K. 1939. Field theory and experiment in social psychology: concepts and methods[J]. American Journal of Sociology, 44(6): 868-896.

Li P P. 2012. Toward an integrative framework of indigenous research: the geocentric implications of Yin-Yang balance[J]. Asia Pacific Journal of Management, 29(4): 849-872.

Locke K, Golden-Biddle K. 1997. Constructing opportunities for contribution: structuring intertextual coherence and "problematizing" in organizational studies[J]. Academy of Management Journal, 40(5): 1023-1062.

Machlup F. 1978. Methodology of Economics and Other Social Sciences[M]. New York: Academic Press.

March J G. 2005. Parochialism in the evolution of a research community: the case of organization studies[J]. Management and Organization Review, 1(1): 5-22.

Mauffette-leenders L A, Erskine J A, Leenders M R, et al. 2001. Learning with Cases[M]. 3rd ed. London: Richard Ivey School of Business.

Mayer R E, Fennell S, Farmer L, et al. 2004. A personalization effect in multimedia learning: students learn better when words are in conversational style rather than formal style[J]. Journal of Educational Psychology, 96(2): 389-395.

Merseth K K. 1991. The early history of case-based instruction: insights for teacher education today[J]. Journal of Teacher Education, 42(4): 243-249.

Miles M B, Huberman A M. 1994. Qualitative Data Analysis: An Expanded Sourcebook[M]. 2nd ed. Thousand Oaks: Sage Publications.

Moan F E. 1975. The managing of management: the academic role in a changing society[J]. Academy of Management Proceedings, 1975(1): 104-106.

Morgan G. 1986. Images of Organization[M]. Beverly Hills: Sage Publications.

Morgenstern O. 1976. The collaboration between Oskar Morgenstern and John von Neumann on the theory of games[J]. Journal of Economic Literature, 14(3): 805-816.

Mowday R T, Sutton R I. 1993. Organizational behavior: linking individuals and groups to organizational contexts[J]. Annual Review of Psychology, 44: 195-229.

Norman G, Young M, Brooks L. 2007. Non-analytical models of clinical reasoning: the role of experience[J]. Medical Education, 41: 1140-1145.

Orr J E. 1996. Talking About Machines: An Ethnography of a Modern Job[M]. Ithaca: ILR Press.

Palinscar A S, Brown A L. 1984. Reciprocal teaching of comprehension-fostering and comprehension-monitoring activities[J]. Cognition and Instruction, 1(2): 117-175.

Pan S L, Tan B. 2011. Demystifying case research: a structured-pragmatic-situational(SPS)approach to conducting case studies[J]. Information and Organization, 21(3): 161-176.

Park S H, Luo Y D. 2001. Guanxi and organizational dynamics: organizational networking in Chinese firms[J]. Strategic Management Journal, 22(5): 455-477.

Peirce C S, Deely J N, Burks A W, et al. 1994. Collected Papers of Charles Sanders Peirce[M]. Charlotteville: Intelex Corporation.

Perry G, Talley S. 2014. Online video case studies and teacher education[J]. Journal of Computing in Teacher Education, 17(4): 26-31.

Perry-Smith J E, Shalley C E. The social side of creativity: a static and dynamic social network perspective[J]. Academy of Management Review, 2003, 28(1): 89-106.

Pettigrew A M. 1990. Longitudinal field research on change: theory and practice[J]. Organization Science, 1(3): 267-292.

Pfeffer J. 1993. Barriers to the advance of organizational science: paradigm development as a dependent variable[J]. Academy of Management Review, 18(4): 599-620.

Phelps C C. 2010. A longitudinal study of the influence of alliance network structure and composition on firm exploratory innovation[J]. Academy of Management Journal, 53(4): 890-913.

Philipsen K. 2017. Theory building: using abductive search strategies[M]//Freytag P V, Young L. Collaborative Research Design. Singapore: Springer: 45-71.

Porter L W. 1996. Forty years of organization studies: reflections from a micro perspective[J]. Administrative Science Quarterly, 41(2): 262.

Pullins E B, Timonen H, Kaski T, et al. 2017. An investigation of the theory practice gap in professional sales[J]. Journal of Marketing Theory and Practice, 25(1): 17-38.

Ragin C C. 1987. The Comparative Method: Moving Beyond Qualitative and Quantitative Strategies: With a New Introduction[M]. Oakland: University of California Press.

Reckwitz A. 2002. Toward a theory of social practices[J]. European Journal of Social Theory, 5(2): 243-263.

Rohrbeck C A, Ginsburg-Block M D, Fantuzzo J W, et al. 2003. Peer-assisted learning interventions with elementary school students: a meta-analytic review[J]. Journal of Educational Psychology, 95(2): 240-257.

Rosenzweig P M. 1994. When can management science research be generalized internationally?[J]. Management Science, 40(1): 28-39.

Ross B H. 1989. Distinguishing types of superficial similarities: different effects on the access and use of earlier problems[J]. Journal of Experimental Psychology: Learning, Memory, and Cognition, 15(3): 456-468.

Rousseau D M, Fried Y. 2001. Location, location, location: contextualizing organizational research[J]. Journal of Organizational Behavior, 22(1): 1-13.

Salvucci D D, Anderson J R. 2001. Integrating analogical mapping and general problem solving: the path-mapping theory[J]. Cognitive Science, 25(1): 67-110.

Schank R C. 1999. Dynamic Memory Revisited[M]. 2nd ed. Cambridge: Cambridge University Press.

Schuh K L. 2003. Knowledge construction in the learner-centered classroom[J]. Journal of Educational Psychology, 95(2): 426-442.

Schulze A, Brojerdi G J C. 2012. The effect of the distance between partners' knowledge components on collaborative innovation[J]. European Management Review, 9(2): 85-98.

Schunk D H. 1995. Self-efficacy and education and instruction[M]//Maddux J E. Self-efficacy, Adaptation, and Adjustment: Theory, Research, and Application. Boston: Springer: 281-303.

Shapiro D L, Kirkman B L, Courtney H G. 2007. Perceived causes and solutions of the translation problem in management research[J]. Academy of Management Journal, 50(2): 249-266.

Sheldon O. 2003. A Philosophy of Management[M]. London: Routledge.

Shin S Y, Miller S. 2022. A review of the participant observation method in journalism: designing and reporting[J]. Review of Communication Research, 10: 114-145.

Siggelkow N. 2007. Persuasion with case studies[J]. Academy of Management Journal, 50(1): 20-24.

Sirmon D G, Hitt M A, Ireland R D, et al. 2011. Resource orchestration to create competitive advantage: breadth, depth, and life cycle effects[J]. Journal of Management, 37(5): 1390-1412.

Skyrms B. 1966. Choice and Chance: An Introduction to Inductive Logic[M]. Belmont: Dickenson Pub. Co.

Slavin R E. 1980. Cooperative learning[J]. Review of Educational Research, 50(2): 315-342.

Sloss G S, Philliber S G, Schwab M R. 1980. Social Research: Guides to a Decision-Making Process[M]. New York: Peacock Publishing.

Spiro R J, Coulson R L, Feltovich P J, et al. 1988. Cognitive flexibility theory: advanced knowledge acquisition in ill-structured domains[C]. Proceedings of the 10th Annual Conference of the Cognitive Science Society.

Spiro R J, Feltovich P J, Jacobson M J, et al. 1991. Cognitive flexibility, constructivism, and hypertext: advanced knowledge acquisition in ill-structured domains[J]. Educational Technology, 31: 24-33.

Steinberg P F. 2015. Can we generalize from case studies?[J]. Global Environmental Politics, 15(3): 152-175.

Strauss A L, Corbin J M. 1998. Basics of Qualitative Research: Techniques and Procedures for Developing Grounded Theory[M]. 2nd ed. Thousand Oaks: Sage Publications.

Teece D J. 1998. Research directions for knowledge management[J]. California Management Review, 40(3): 289-292.

Thorne S L, Black R W, Sykes J M. 2009. Second language use, socialization, and learning in Internet interest communities and online gaming[J]. The Modern Language Journal, 93: 802-821.

Toolan M J. 1988. Narrative: A critical Linguistic Introduction[M]. 2nd ed. London: Routledge.

Tsui A S. 2004. Contributing to global management knowledge: a case for high quality indigenous research[J]. Asia Pacific Journal of Management, 21(4): 491-513.

Tsui A S. 2006. Contextualization in Chinese management research[J]. Management and Organization Review, 2(1): 1-13.

Tsui A S. 2007. From homogenization to pluralism: international management research in the academy and beyond[J]. Academy of Management Journal, 50(6): 1353-1364.

Tsui A S, Nifadkar S S, Ou A Y. 2007. Cross-national, cross-cultural organizational behavior research: advances, gaps, and recommendations[J]. Journal of Management, 33(3): 426-478.

Tushman M, O'Reilly C III. 2007. Research and relevance: implications of Pasteur's quadrant for doctoral programs and faculty development[J]. Academy of Management Journal, 50(4): 769-774.

Vanacker T, Collewaert V, Zahra S A. 2017. Slack resources, firm performance, and the institutional context: evidence from privately heldEuropean firms[J]. Strategic Management Journal, 38(6): 1305-1326.

Verona G, Ravasi D. 2003. Unbundling dynamic capabilities: an exploratory study of continuous product innovation[J]. Industrial and Corporate Change, 12(3): 577-606.

Webb J W, Tihanyi L, Ireland R D, et al. 2009. You say illegal, I say legitimate: entrepreneurship in the informal economy[J]. The Academy of Management Review, 34(3): 492-510.

Whetten D A. 1989. What constitutes a theoretical contribution?[J]. Academy of Management Review, 14(4): 490-495.

Whetten D A. 2002. Constructing Cross-context Scholarly Conversations[M]. Boston: Springer.

Whetten D A. 2009. An examination of the interface between context and theory applied to the study of Chinese organizations[J]. Management and Organization Review, 5(1): 29-56.

Whittington R. 2006. Completing the practice turn in strategy research[J]. Organization Studies, 27(5): 613-634.

Wittrock, M C. 1989. Generative processes of comprehension[J]. Educational Psychologist, 24(4): 345-376.

Wittrock M C. 2013. The Brain and Psychology[M]. New York: Academic Press.

Xin K K, Pearce J L. 1996. Guanxi: connections as substitutes for formal institutional support[J]. Academy of Management Journal, 39(6): 1641-1658.

Yin R K. 1981. The case study crisis: some answers[J]. Administrative Science Quarterly, 26(1): 58-65.

Yin R K. 1984. Case Study Research: Design and Methods[M]. Beverly Hills: Sage Publications.

Yin R K. 1994. Case Study Research: Design and Methods[M]. 2nd ed. Beverly Hills: Sage Publications.

Yin R K, Davis D. 2007. Adding new dimensions to case study evaluations: the case of evaluating comprehensive reforms[J]. New Directions for Evaluation, (113): 75-93.

Zhou L X, Wu W P, Luo X M. 2007. Internationalization and the performance of born-global SMEs: the mediating role of social networks[J]. Journal of International Business Studies, 38(4): 673-690.